现代市场营销学

MARKETING

江林　徐磊◎主　编

首都经济贸易大学出版社
Capital University of Economics and Business Press
·北京·

前言

近年来，随着经济全球化的推进、信息技术的普及和移动互联网的快速发展，市场营销的环境发生了巨大变化，品牌和商业模式创新不断，企业市场营销技术频繁升级。与此同时，消费者的环保意识日益增强，自我意识也趋于成熟。这些都对市场营销的理论研究，专业学习以及企业的营销实践提出了更多的要求。为此，营销理论和教学工作者必须密切关注国内外市场营销理论与实践发展，注重二者的结合、创新，帮助营销专业学生和企业营销人员运用现代营销理论与方法，发现、分析和解决纷繁复杂的营销问题。本书正是在这样的背景下应运而生。

一、本书的意义及作用

市场营销学是一门实践性很强的课程。本书旨在兼顾知识性和趣味性的基础上，向学生或营销人员介绍营销知识，让学生理解中国营销管理者在信息时代和经济全球化背景下，如何以全新的视野和方法研究顾客的价值观念及其购买行为的变化，分析产业发展与竞争的演化规律，从而以科学与创新的营销战略和策略来满足目标顾客的需求，实现组织的营销目标。可见，营销不仅是一个孤立的商务技能，而且是一种指引组织行为的哲学，是一门执行的艺术。营销是公司范畴内的事务，涉及公司选择谁作为自己的顾客、需要满足什么样的需求、提供什么产品和服务、如何定价、如何推广、如何合作以及与谁合作等一系列广泛的决策。营销部门必须和其他部门紧密配合，以创造最优的价值来赢得和取悦顾客。

本书将以一种创新却又务实和富于乐趣的方式，引导市场营销专业的学生融会贯通，踏入营销这个令人惊奇的世界。在准确阐明营销基本理论的基础上，本书力求理论和实践相结合，注重前沿性、针对性和可操作性。本书以学生为中心，注重分析和解决问题能力的提升及实践能力的培养。在每章始末，我们分别设计了可以用作课堂讨论的公司案例，这些案例为学生将营销理论应用到真实公司提供了机会。根据以上特点，本书既可作为高等院校相关专业的教科书，也可作为营销相关领域在职人员的专业培训教材。

二、本书的组织结构及内容

本书在篇章结构上，既对市场营销的基本原理、理论和方法进行了深入全面的阐述，又反映了市场营销的最新发展动态，对学科前沿问题和新的营销实践展开全面的介绍。具体内容安排如下：

第一部分为绪论，共2章。首先为读者提供市场营销的背景知识和工具，主要介绍市场及市场营销的内涵，市场营销学科的发展，市场营销观念的演进，以及市场营销的研究对象、研究内容和研究方法等基本理论（第一章）。随后，分析企业所处的市场营销环境，包括宏观环境（如政治、法律、经济、科技、人口、社会文化、自然环境等）、微观环境（如企业内部、供应商、营销中介、顾客和竞争者），及其给企业营销活动带来的机会和威胁（第二章）。

第二部分为市场分析，共2章。本部分主要分析：市场的构成和类型，详细阐述最终消费者的需要、购买心理与动机、购买行为，以及组织市场的购买行为等（第三章）；营销调研系统，以及营销调研和预测方法及内容（第四章）。

第三部分为市场营销运作，共7章。本部分主要包括市场营销战略（第五章），市场细分、目标市场选择和定位（第六章），市场营销组合策略涉及产品和品牌、价格、渠道与促销和沟通策略（第七至十章），以及市场营销组织与绩效管理（第十一章）的内容。

第四部分是市场营销的新发展和新课题，共4章。此部分主要介绍网络营销，尤其是大数据下的网络营销（第十二章）、关系营销和顾客关系管理（第十三章）、体验营销（第十四章）和社会责任营销（第十五章）等20世纪90年代以来营销研究的新课题。

三、本书的主要特色

本书的主要特色体现在以下几个方面：

第一，每章开篇的引导案例为本章的内容讨论安排了既定的“舞台”背景。引导案例所探讨的营销事件，是帮助学习本章内容的课堂讨论素材。

第二，在每章最后都编写了一个有关“营销实践”的卓越营销案例，突出市场领先企业在营销实践中所取得的富有见解和创新性的营销成就。此外，章末还列出一些可以引导课堂讨论和分析的思考题。

第三，本书新增了广泛的营销新议题。众所周知，当前的营销环境已发生重大变化，市场营销技术不断创新升级。本教材自始至终都充分体现这些变化，强调可持续发展、社会化媒体兴起和信息技术高速发展等背景下的营销新实践及其相关的营销管理问题。此外，本书在第四部分还专门介绍了网络营销尤其是大数据下的网络营销、关系营销和顾客关系管理、体验营销和社会责任营销等20世纪 90 年代以来营销研究的新课题。

第四，本书整合了来自不同学科领域，如经济学、行为科学、管理理论以及数学等的研究成果，其中的基本概念与工具可以直接应用到市场营销的实践当中。

四、本书的学习方法

在本书每一章的开头、中间和末尾，为了帮助学生联系和应用主要的概念，设置了以下项目：

学习目标：每章的开头部分都列举了本章要学习的内容，以及对其实现程度的要求，如了解、熟悉或掌握，并以此强调了通过学习本章将收获的知识。

引导案例：每章开头都设有一个近两年发生的真实营销故事，以便引领学习者并导出随后的章节内容，激发读者的兴趣。

章末案例：每章结束时提供一个可以用作课堂或作业讨论的公司案例，这些案例为学生将营销理论应用到企业实践提供了机会，也为课堂讨论和案例教学提供了必备的宝贵资料。

最新的事件与文献：本书部分章节包括了许多简短的、最新的营销事件和前沿文献，它们可以激发读者就相关问题进行讨论和思考。

小结、关键术语和复习思考题：各章末设置的小结、关键术语和复习思考题有助于读者复习主要的学习内容。

本书是多位营销学者共同努力的结果，其中，北京工业大学经济与管理学院徐磊（第 1、第 15 章和第 5、第 12、第 13 章的部分内容），中国人民大学商学院韦斐琼（第 2、第 8 章）、樊亚凤（第 3、第 4、第 11 章），首都经济贸易大学杨静（第 5、第 12、第 13 章）、宫秀双（第 6、第 14 章）、曹菲（第 7 章）、张勇强（第 9、第 10 章），直接参与了各章的撰写工作，最后由中国人民大学商学院江林教授和北京工业大学经济与管理学院徐磊老师共同完成全书的修改、统稿。

作者写作本书的初衷，是希求为推进我国市场营销学的教学和理论研究略尽绵薄之力。由于时间和水平有限，不足之处敬请国内同行不吝赐教，以便今后不断完善。同时，本书如对相关专业的教学和理论研究工作者、学生、企业管理和营销人员有所裨益，我们将不胜欣慰。

作者

2016 年 8 月于中国人民大学

Contents

目 录

第一章　市场营销概述

【学习目标】

市场营销是研究面向市场的一切个人和组织如何根据市场需求和竞争状况来构想和出售自己产出物和价值的学问。市场和营销的产生有其必然性和动态性，通过营销主体的变化、营销客体的变化、营销内容的变化及其核心概念的变化来体现。通过本章的学习，应该达到如下目标：

- 掌握市场与市场营销的概念；
- 了解市场营销学的产生和发展；
- 掌握市场营销学的知识体系。

引导案例

在 2014 年“双十一”购物节中，经过统计，国产手机在“双十一”创造了惊人的销量，在天猫 2014 年“双十一”全类目 TOP10 排名中占据三席，小米、华为、魅族分别排在第一、第二和第九位，上演了三强争霸的好戏。小米手机从几年前的名不见经传一跃成为三季度全球销量第三的手机品牌，着实让我们钦佩。这除了归功于其不断发展的技术实力以外，强大的营销无疑是关键因素，让我们来剖析一下小米的营销方法。

1. 培养忠实粉丝

从小米论坛可以看出，他们利用论坛的互动来带动忠实粉丝帮助口碑宣传。虽然我们不知道目前小米的忠实用户有多少，但可以肯定的一点是，小米的忠实粉丝非常多，这就是小米当家人雷军采取的“利用用户引来客户”的口碑宣传策略。类似的例子很多，我们可能在某一个领域默默无闻，但在另一个领域有非常多的粉丝，我们就可以利用后一个领域的忠实粉丝来带动前一个领域的口碑宣传。

2. 发布会

发布会都是土豪做的事情，但一般来讲，有能力做这样的产品自然有能力来做发布会。召开发布会在外人看起来是在打广告，但实际是把新闻发布会在线下做推广，同时在线上让忠实粉丝进行口碑宣传。雷军本人就有不少粉丝。小米的微博阵地有两个：一个是雷军本人的，利用自己在 IT 产业的影响力不断发声，目前已有粉丝 500 多万，也就是雷军每一次发声有 200 多万人在收听！另一个是小米手机的官网微博，目前有粉丝100多万，同样是一个庞大的数字。

3. **饥饿营销**

放在外人手里，饥饿营销还真做不出来，我们经常可以看到有淘宝小店铺在做饥饿营销，但饥饿后还是无法营销。小米手机首批发货时间在10月15日，数量10万台，限量销售，一抢而空。该方式多次采用，累计销售逾180万部！饥饿营销的意义在于：首先，造成一种物以稀为贵的假象；其次，批量销售有利于厂家控制产品的质量，即使出了问题也可以控制在一定范围之内，后一批产品在销售前可杜绝同类问题的发生；最后，人为造成供不应求的热销假象。

4. **产品体验**

用户想要一个什么样的手机？高配置？低价格？美外观？在大家眼里这几点小米手机都做到了，无论是价格、性能还是外观，可以说是做到了用户体验的极致，而且小米在附加产品上同样做到了极致。

第一节　市场与市场营销

“市场”是社会分工的产物，是产品经济的产物。随着社会分工越来越细化，产品交换日益复杂，形成了买方和卖方的集合，也就是经济学对市场的定义，即“市场是某一特定产品或一类产品进行交易的买方与卖方的集合”①。“市场营销”是企业以顾客需要为出发点，有计划地组织各项经营活动，为顾客提供满意的商品和服务而实现企业目标的过程。由此可见，它既是企业的一种职能，又是企业面向社会取得效益的通道和窗口。

一、市场及其相关概念

什么是市场？从人类社会发展的历史来看，不是自从有了人类社会就有了市场的。市场是社会分工和商品交换的产物，属于商品经济的范畴。随着商品经济的发展，市场也在不断变化和发展，人们对市场的认识也在发展。

（一）市场的界定

对市场的定义，有各种不同的说法和解释，在理论上表述不一样。归纳起来，主要有以下三种。

1. 市场是商品交换的场所。

（1）从地理位置、形式而言，它是具体的，看得见、找得着的，是指商品

---

① 菲利普·科特勒，凯文·莱恩·凯勒．营销管理［M］．13版．王永贵，于洪彦，等，译．上海：格致出版社，上海人民出版社，2010：9.

买与卖的地方，例如某某市场、某某百货商场等。这是人们对市场的一般认识，也是市场最早出现的形态。

（2）从微观的角度来说，美国市场营销协会（AMA）（1960）将市场定义为“一种产品和劳务的所有潜在购买者的需求综合”。菲利普·科特勒指出：市场是由一切具有特定需求或欲望，愿意并且可能从事交换来满足其需求和欲望的潜在顾客组成的，即有市场 = 人群 + 购买欲望 + 购买力，也就是说，市场是由有购买意向、具有支付能力的人群构成的，缺少任何一个条件都难以构成市场。

2. 市场是商品交换关系或供求关系的总和。这是从经济关系、内容上而言的，是对市场的进一步抽象概括。市场从表面上看，是商品交换的场所；实质上，它体现了人与人之间的经济关系，反映了人们对商品的供求关系，反映了人们维持再生产而互相交换劳动的关系。人们有各种各样的需求，同时由于社会分工的存在，生产资料归不同所有者所有。各个生产者都是相对独立的商品生产者，而生产者与消费者之间，生产者与生产者之间，部门与部门之间，企业与企业之间，不能无偿地占有对方的产品，即自己的东西不能白给别人，别人的东西也不能白拿，他们之间各种各样的需求与供给，必须通过交换的方式、买卖的方式去获得，这就形成了市场。这种买与卖，从本质上是交易双方为维持再生产而交换其劳动。生产者交换劳动，是为了取得生活所需的生活资料以维持劳动力的再生产。劳动的交换，通过商品交换形式来进行。这种交换，成为整个经济社会各生产者之间以及生产者与消费者之间经常性的、内在的商品交换关系的总和，体现社会再生产过程中各环节之间的内在因果关系。

3. 市场是现实和潜在的购买者。这是西方最常见的解释，它站在卖方的营销角度去分析，市场只是指需求的一方，不包括供给一方，是指某种商品的现实购买者和潜在购买者的需求量总和。对于一切既定的商品来说，市场包含三个要素，即有某种需要的人、满足这种需要的购买力和购买欲望。如果用公式来表示，就是：

市场 = 人口 + 购买力 + 购买欲望

从上面的公式看，市场首先是指人口，因为人是构成市场的主体，但仅有人口还不能形成市场，还必须使人们有钱去买，同时还必须有购买的欲望，才能形成市场。就是说，市场的三个要素是相互影响和相互制约的统一体，缺少某一个要素，都不能形成一个现实的市场，只有三者结合起来才能构成现实的市场，才能决定市场的规模和容量。

以上三种对市场的表述，从市场学的角度来看，并不矛盾，只是各自强调的角度不同而已。全面地把握好这些表述，对于正确理解市场和市场营销系统（如图 1－1 所

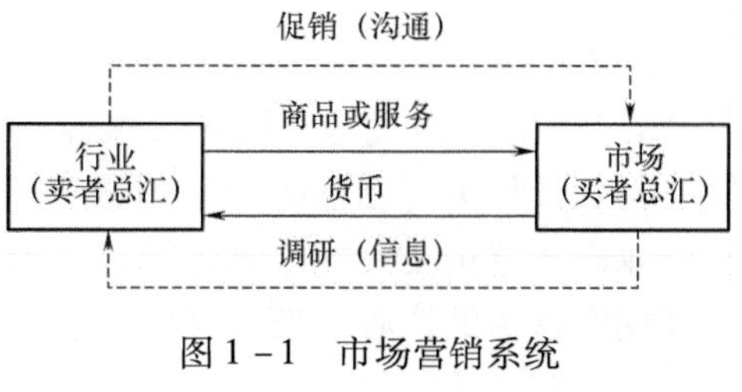

图 1－1　市场营销系统

示），对于学好市场营销学、做好市场营销工作都具有重要的意义和帮助。

（二）市场营销的界定

1. 经典定义。市场营销是一门发展中的新兴学科，在学科发展的不同阶段，营销学家们从不同角度对“市场营销”进行了界定。如：“市场营销是一个过程，在这个过程中一个组织对市场进行生产性的和营利性的活动”；“市场营销是创新和满足顾客的艺术”；“市场营销就是在适当的时间、适当的地点，以适当的价格、适当的信息沟通和促销手段，向适当的消费者提供适当的产品和服务”；等等。而最有代表性、最能说明学科发展进程的是美国市场营销协会（AMA）分别于1960年和1985年所下的两个经典定义。

定义1（AMA，1960）：“市场营销是引导货物和劳务从生产者流向消费者或用户所进行的一切企业活动。”这一定义将市场营销界定为商品流通过程中的企业活动。在此定义下，“营销”等同于“销售”，它只是企业在产品生产出来以后，为产品的销售而做出的各种努力。

定义2（AMA，1985）：“市场营销是计划和执行关于产品、服务和创意的观念、定价、促销和分销的过程，目的是完成交换并实现个人及组织的目标。”根据这一定义，市场营销活动已经超越了流通过程，是一个包含分析、计划、执行与控制等活动的管理过程。

2. 权威定义。除美国市场营销协会（AMA）的两个经典定义以外，营销管理学派的代表人物——美国西北大学教授菲利普·科特勒、欧洲关系营销学派的代表人物——格隆罗斯于20世纪90年代对市场营销所下的定义也被世界各国市场营销界广泛引用，成为两个学术流派的权威定义。

定义3（格隆罗斯，1990）：“市场营销是在一种利益之下，通过相互交换和承诺，建立、维持、巩固与消费者及其他参与者的关系，实现各方的目的。”这一定义强调营销的目的是在共同的利益下，建立、维持、巩固“关系”，实现双赢或多赢。

定义4（菲利普·科特勒，1994）：“市场营销是个人和集体通过创造并同他人交换产品和价值以满足需求和欲望的一种社会和管理过程。”这个定义告诉人们，有效的市场营销包括三个方面的问题：第一，通过市场营销要达成满足个人和群体需求和欲望的目标；第二，交换是市场营销的核心；第三，交换是以产品和价值为基础的。

3. 最新定义。

定义5（AMA，2004）：“市场营销是一项有组织的活动，它包括创造‘价值’，将‘价值’通过沟通输送给顾客，以及维系管理公司与顾客间的关系，从而使公司及其相关者受益的一系列过程。”这一新定义肯定了近年来市场营销研究及企业市场营销实践越来越将顾客、顾客价值、顾客满意、顾客忠诚与客户关系管理视作营销的核心。新定义的表达完全是围绕顾客展开的，换句话说，顾客在今天的市场营销中占据着中心地位，是顾客价值在驱动着市场。

定义 6（AMA，2006）：“营销是公司创造价值，建立牢固的客户关系来从客户身上获得价值的过程。”营销人员需要了解顾客需要，生产产品和服务以提供出众的顾客价值，定价、分销以及有效地促销。

定义 7（AMA，2008）：“市场营销是一项有组织的活动，包括创造、传播和交付顾客价值和管理顾客关系的一系列过程，从而使利益相关者和企业都从中受益。”

4. 市场营销定义的诠释。什么是市场营销？它是一门发展中的新兴学科，在学科的不同发展阶段，营销学家们从不同角度对其进行界定和诠释。发展到今天，营销已经成为一种强调价值的营销，图 1－2 给出了营销是一种通过为客户创造价值建立可获利的客户关系，同时获取价值作为回报的全过程。

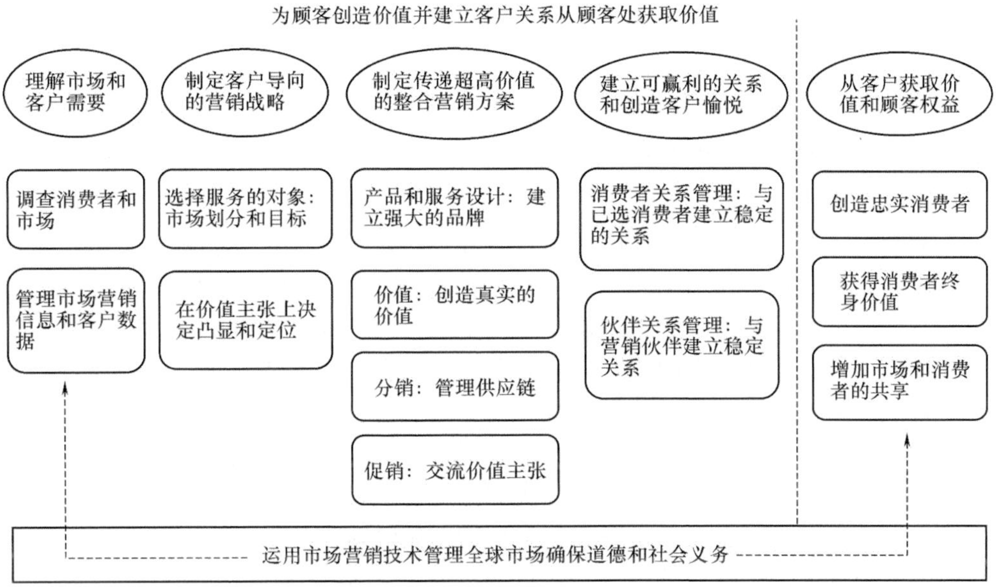

图 1－2　市场营销全过程

资料来源：菲利普·科特勒，加里·阿姆斯特朗，洪瑞云，等. 市场营销原理［M］. 亚洲版·3 版. 李季，赵占波，译. 北京：机械工业出版社，2013：19.

二、市场营销及其相关概念

为进一步理解市场营销的深刻内涵，有必要讨论与之相关的三组概念。这三组概念相互关联，既揭示出市场营销的核心特征，又反映了市场营销达到目标的基本过程。它们分别是：需要、欲望与需求；价值与满意；交换、交易与关系。

（一）需要、欲望与需求

需要（needs）是人类与生俱来的本性。当人们有了某种需要后，内心会产生紧张感，并试图通过某种方式消除这种紧张感。比如，饥饿时会产生对食物的需要。营销者的任务并非创造人类的需要，而是发现需要，并通过提供产品或服务满足人们的需要。

欲望（wants）是指为满足基本需要而希望得到某种具体物品的愿望，它往往受到个人社会、文化背景的影响。比如，同样为了充饥，南方人可能会要一碗米饭，但北方人也许会要馒头或者面条。这说明欲望可以用满足需要的具体实物来描述。营销者的任务是开发并提供适当的产品，不但要能满足人们的需要，更要能与他们的欲望相一致。

需求（demands）则是有购买力的欲望。人类的欲望无穷无尽，但可支配的资源却有限。因此，人们会在购买力水平的约束下，选择能够最大限度满足他们欲望的产品或服务。许多人都想要一辆梅赛德斯汽车，但只有极少数人能够并愿意买一辆。企业不仅要估量有多少人想要本企业的产品，更重要的是，应该了解有多少人真正愿意并且有能力购买。比如，20 多年前的中国人与现在的中国人，都对代步的交通工具有购买欲望，但现在有能力购买汽车的人更多。

（二）价值与满意

消费者之所以选择某企业的产品或服务，一定是认为它们能够为自己带来更大的顾客让渡价值，即在权衡所获得的产品、服务、形象价值以及所付出的时间、金钱、精力、体力等成本基础上所作出的价值判断和决策。比如，价格较高的海尔冰箱之所以能为中国消费者所喜爱，不仅在于消费者获得了质量、性能较高的直接产品利益，还在于获得了更多的服务利益、品牌利益等。

消费者在消费产品或服务的过程中，如果所感知的效用超过了事前的预期，则感到满意，也才会有第二次、第三次的重复购买发生，如果每次都能令消费者满意，那么就有可能为企业争取到一位长期忠诚顾客，其意义通常比争取到一位新顾客更为重要。这就要求企业处理好企业利润与消费者满意之间的微妙关系。提高顾客满意程度经常会增加企业成本，导致利润下降，因此，企业必须不断创新，创新服务流程、生产流程，通过降低其他成本来抵补因提高顾客满意程度所不得不增加的成本。比如，丰田汽车就是通过改革生产方式，创造了汽车制造业的 JIT 模式，极大地降低了生产成本，凭此为消费者提供了更多的产品款式与服务。

（三）交换、交易与关系

交换（exchange）是指通过提供某种东西作为回报，从交换对象处取得所需的行为。交换是市场营销的核心概念，营销者向消费者提供产品或服务，目的是欲从消费者处获取销售额、消费者满意以及对于品牌的认可等。要达到此目的，产品或服务符合消费者需要显然是前提。

交易（transaction）是市场营销的度量单位，是指买卖双方价值的交换过程。比如，支付2 000元从经销商购买一台电视机，就是一次交易过程。

理解交换与交易能够帮助人们认识市场营销。另一更具营销价值的概念是关系，是指精明的市场营销者为促使企业交易的成功而与其顾客、分销商、经销商、供应商等建立起长期的互信互利关系。在这些关系中，尤其要指出企业与顾客之间的关系，通常会形成交易型关系和合作型关系两大类，具体见表1－1。如果通过交换与交易过程，能够与顾客建立起以价值、情感和社会利益为纽带的长期关系，则利于达成企业长期发展的目标。例如，众多企业都希望构建强势品牌，目的就在于借助著名品牌增加与消费者之间的情感联系，提高顾客忠诚度，建立长期互利的关系。一般而言，企业的所有市场营销活动在市场中进行，通过市场来完成，对于市场的认识，必须把握其需求和竞争要素的特征。

表1－1　交易型关系与合作型关系的比较

	交易型关系	合作型关系
目标	达成交易（销售的终点和成功的标志），顾客需求的满足（顾客购买价值）	创造顾客（销售的起点和关系的标志）、顾客整合（与顾客共同创造价值）
顾客理解	匿名顾客，独立的买方和卖方	熟悉的顾客、买卖双方相互依赖
营销人员的任务和绩效目标	基于产品和价格的评价，关注获取新顾客	基于问题解决能力的评价，关注提升现有顾客的价值
交易的核心	关注产品，把销售视作征服活动，面向大众的沟通	关注服务，把销售视作一种协定，与顾客的个人对话

资料来源：王永贵．服务营销［M］．北京：北京师范大学出版社，2007：178.

三、市场营销管理

（一）市场营销管理的实质和任务

市场营销管理，又称营销管理，是企业管理的重要组成部分。市场营销管理是指规划和实施理念，商品和劳务的设计、定价、促销、分销，为满足顾客需要和组织目标而创造交换机会的过程。

市场营销管理的主要任务是刺激消费者对产品的需求，但不能局限于此。它还帮助公司在实现其营销目标的过程中，影响需求水平、需求时间和需求构成。因此，市场营销管理的任务是刺激、创造、适应及影响消费者的需求。从此意义上说，市场营销管理的本质是需求管理。围绕这一本质任务，我们可以识别出一系列具体的任务，也是成功的营销管理和营销领导必须做的工作，具体包括：

1. 制订营销战略和营销计划。营销者必须根据其在市场上的经验和核心竞争力识别出自己的长期机会，无论选择哪一种发展方向，都必须制订出具体的营销计划，以详细阐明即将实施的营销战略和营销战术。

2. 获取营销洞察。企业需要建立一个可靠的营销信息系统，以便清晰地监视营销环境的变化。与此同时，还需建立一个可以依赖的营销调研系统。为了能够把营销战略转化成营销计划，营销者必须测量市场潜力、预测市场需求并就营销费用、营销活动和营销资源的分配做出基本决策。

3. 与顾客建立联系。企业必须考虑如何为自己所选择的目标市场创造价值，并与顾客建立起牢固的、有利可图的长期关系。要对市场进行细分，评估每个细分市场，并从中选择自己能够为其提供最好的产品与服务的目标市场。

4. 塑造强势品牌。企业营销者必须明白，本企业品牌的优劣势在哪里。此外，还需关注竞争对手的情况，了解竞争者的动向，并知道如何快速做出反应，以预测竞争对手很可能会做出怎样的反应。

5. 设计市场供应物。营销项目的核心就是产品。企业向市场提供的有形供应物，其中包括产品质量、设计、特性和包装。为了获取竞争优势，企业还可以提供各种服务，如租赁、送货、修理和培训等，并将其看作整体产品的一部分。

6. 交付价值。企业必须决定如何向目标市场交付产品和服务的价值，这就涉及营销渠道。营销渠道活动主要包括企业旨在确保顾客能够获取它的产品（并提供便利）而采取的所有活动。此外，企业还必须与各类型的零售商、批发商和实体分销公司建立联系，了解它们是如何做出决策的。

7. 传播价值。企业须面对顾客，充分传播体现其产品与服务的价值。此时，企业可能需要制定一套整合营销项目，以实现每种传播活动贡献的最大化和综合效果的最优化。

8. 实现长期成长。企业须从长远的角度出发，积极进行新产品的开发、测试，并及时将其投放到市场上，还须充分考虑全球的机会和挑战，更要重新审视其与社会价值和责任以及维持我们生存的地球的关系，要对其行动对社会和环境造成的影响承担更大的责任，要将尽社会责任视为做善事来提升自己的机会，通过对客户和社会提供长期的利益获取利润。

（二）市场营销管理过程

所谓市场营销管理过程，也就是企业为实现企业任务和目标而发现、分析、选择和利用市场机会的管理过程。更具体地说，市场营销管理过程包括以下步骤：

一是发现和评价市场机会；

二是细分市场和选择目标市场；

三是发展市场营销组合和决定市场营销预算；

四是执行和控制市场营销计划。

第二节　市场营销学科的发展

市场营销学是在经济学、行为科学等学科基础上发展起来的。正如营销大师菲利普·科特勒1987年在美国市场营销协会成立50周年纪念大会上所言：营销学之父是经济学，其母是行为学，哲学和数学为其祖父、祖母。

一、市场营销学的产生与发展

市场营销理论于20世纪初诞生于美国。其产生的实践背景是：

第一，市场规模迅速扩大。扩大的市场给大规模生产带来了机会，同时也引进了新的竞争因素，信息、促销变得越来越重要。

第二，工业生产急剧发展。卖方市场开始向买方市场转化，大量新产品涌入市场，随着中间商、广告、促销活动的出现，消费者迫切希望能有一门新的学科或理论来对此做出解释，以便更有效地指导其经济生活实践。

第三，分销系统发生变化。正规的专门化分销渠道买卖商品的趋势日益明显，并出现了同一流生产企业并驾齐驱的百货商店、邮购商店和连锁商店等。

第四，传统理论面临挑战。整个19世纪，企业经营的环境在很大程度上是由企业主决定的，强调经济自由。20世纪初出现了一种论点，即完全的自由竞争并不能使社会总体利益达到最佳水平，自由竞争在市场上必然有效的论断已经过时，而这些新现象在当时的经济理论中无法找到现成的答案。

1902—1905年，美国的爱德华·D. 琼斯（Edward D. Jones）、西蒙·李特曼（Simon Litman）、乔治·M. 费斯克（Georege M. Fisk）、詹姆斯·E. 海杰蒂（James E. Hangerty）分别在密执安大学、加州大学、依里诺斯大学和俄亥俄大学率先开设了市场营销课程，出现了一批被视为当代市场营销研究先驱的人物，其中最著名的有阿切·肖（Arch W. Shaw）、拉尔夫·斯达·巴特勒（Ralph Starr Butler）、约翰·斯威尼（John B. Swinney）、威尔达（L. D. H. Weld）。

市场营销学大体经历了以下4个发展阶段。

（一）初创阶段（1900—1920年）

19世纪末至20世纪20年代，是市场营销学的初创时期。在这期间，经过工业革命的资本主义国家的劳动生产率提高，生产迅速发展，经济增长很快。原来以求大于供为特征的“卖方市场”发生了变化，敏感的、具有远见卓识的企业家开始进行市场分析、市场研究及采用经销方式为顾客服务等。美国哈佛大学赫杰特齐（J. E. Hegertg）教授编写的第一本市场营销学的教科书于1912年出版。它的问世成为市场营销学诞生的标志。早期市场营销理论的研究仅限于推销与广告的方法，这一阶段的研究仍然是以传统经济学理论为依据、以供给为中心、以生产观念为导向，主要在理论界进行研究。

（二）功能研究阶段（1921—1945年）

第一次世界大战爆发以后，随着美国经济的发展和国际地位的提高，美国一跃成为全球消费水平最高的国家，消费结构发生变化，蕴藏大量未被满足的消费需求，这些引起了营销理论界和实业界的重视，开始关注对市场营销功能的探讨和研究。这一时期，市场营销的研究范围扩大，市场营销理论研究开始与企业的市场营销实践结合起来，迈入了应用研究阶段。1937 年“全美市场营销协会”（AMA）成立，这一协会的成立是市场学发展史上一个重要的里程碑，标志着市场营销学已经跨出了大学讲坛，成为一门实用的经济科学。

（三）发展阶段（1946—1980 年）

第二次世界大战后到 70 年代末期是市场营销学的发展阶段，在市场营销思想的发展史上标出了分水岭。第二次世界大战后，生产迅速发展，市场需求剧增，加之科技进步，市场一派繁荣的景象，企业间的市场竞争加剧，这种趋势必然地推进了市场营销学的研究进程。与此同时，市场营销学的研究，特别是美国对市场营销理论的研究进入了一个蓬勃发展的新阶段。市场营销学逐步从经济学中独立出来，吸收了行为科学、心理学、社会学、管理科学等学科的若干理论，形成了自身的理论体系，提出了以消费者为中心的新的市场营销观念，提出了“交换”这一营销的核心概念。在这一阶段，市场营销研究的一个突出特点是：人们将营销理论和企业管理的实践密切地结合起来，市场营销理论的发展被世界各国广泛引进和运用。

（四）扩展或重构阶段（1981 年至今）

扩展或重构阶段又称成熟阶段。20 世纪 80 年代至今，市场营销的研究进入一个新的发展阶段。随着现代科学的进步，不同的学科日益相互渗透，市场营销学已经与社会学、经济学、统计学、心理学等学科紧密结合，成为一门很接近实际的应用科学。同时，它的研究内容也更为广泛，并且向纵深发展，市场营销理论更加完善，提出了许多新观点和思想，如“战略营销”的思想，“全球营销”的概念，以及 1986 年以后提出和重点强调的“大市场营销”“网络营销”“关系营销”“服务营销”“全方位营销”“整合营销”“内部营销”“绩效营销”等概念。总之，探索市场营销在新经济、新技术革命条件下的走向，成为这一时期市场营销教学与研究的热点。

二、主要的学术流派

米歇尔·艾伯特（1991）和克里斯蒂安·达萨特（1994）归纳出两个模型：盎格鲁撒克逊模型（英、美等国），即以近期性和交易性为基础；阿尔卑斯/日耳曼模型（斯堪的纳维亚、日本等国），强调以长期合作关系作为买方满意和卖方利润的源泉。它在 20 世纪 90 年代以后打破了美国营销理论一统天下的局面，形成了营销学的两大流派。

（一）美国的营销管理学派

市场营销理论于 20 世纪初诞生在美国，至今已有近百年的发展历史。美国早期市场营销思想主要形成了四大主要学术流派。

1. 威斯康星学派。20 世纪初，威斯康星大学成为激进的自由经济思想的论坛。它吸引了许多早期市场营销先驱，如琼斯（Jones）、希巴德（Benjamin H. Hibbard）、麦克林（Theodore Machlin）、巴特勒（Butler）、康沃斯（Commons）、考米什（Comish）和瓦汉（Vaughan）。在市场营销思想发展史上，威斯康星大学扮演着开路先锋的角色。1991 年，拉尔夫·斯达·巴特勒首先使用“市场营销”（marketing）一词，并明确了市场营销概念的范畴；率先开设了有关农产品的市场营销问题课程。

2. 纽约学派。该学派主要是由哥伦比亚大学和纽约大学的相关学者组成，主要代表人物：尼斯特罗姆（Nystrom）、阿格钮（Agnew）、亚历山大（Alexand）、温盖特（Wingate）等。其主要贡献是首创了市场营销机构研究法，并注重对广告和沟通方面实际问题的研究。

3. 哈佛学派。对早期市场营销思想发展起到了重要影响的是哈佛大学商学院和经济系。早期在哈佛大学对市场营销思想作出贡献的先驱有：切林顿（Cherington）、肖（Shaw）、科普兰（Copeland）、托斯德（Todal）、威德勒（Weidler）、梅纳德（Maynard）、麦克纳尔（McNair）、博顿（Borden）和韦尔（Vaile）。他们主要的贡献是对市场营销问题的编辑整理，出版了有关广告、推销管理、零售、市场营销等方面的专著。

4. 中西部学派。中西部学派对美国早期市场营销思想的发展贡献巨大。代表人物主要有：韦尔德（Weidler）、克拉克（Clark）、康沃斯（Converse）及贝克曼（Beckman）。其主要贡献在于，在 1920 年左右掀起了市场营销理论研究的第二次浪潮，并开展了市场营销职能和原理的研究。他们将这门学科加以定型，并不断丰富了市场营销理论体系。

（二）欧洲斯堪的纳维亚学派

斯堪的纳维亚学派以瑞典斯德哥尔摩大学埃佛特·古麦逊（Everest Gumson）和克里斯琴·格隆罗斯（Christian Grönroos）为首，他们抨击美国营销学派对结构的过多偏好远胜于对过程的关注。该学派提出新的营销理论与模型，如网络营销、关系营销等，明确将营销视为社会环境中建立在人际关系这块基石上的相互作用的过程。

三、市场营销观念的演变

营销管理可描述为与目标顾客建立盈利关系的规划工作。那么，什么理念在引领这些营销活动呢？伴随着营销实践的发展，市场营销观念经历了以产品生产或销售为中心的产品导向营销观向满足市场需求为中心的顾客导向营销观的漫长的演变过程，营销学中将它归纳为生产观念、产品观念和推销观念。此后，也经历了一个由单纯的满足需求到创导需求，再到顾客满意的过程。新时期市场营销观念的变革和发展，出现了市场导向营销观念、社会导向营销观等新的营销观念。

（一）以企业为中心的经营观念

在早期的企业经营活动中，企业经营观念的基本特征是以企业为中心，以资源和利润为导向。以企业为中心的经营观念按其发展顺序来看主要有以下三种：

1. 生产观念。生产观念（production concept）是商业领域最古老的观念之一。生产观念认为消费者更偏爱易购、价格低廉的产品，企业的主要任务就是扩大生产、提高效率、降低成本，生产出尽可能多的产品获取利润。以这种经营观念为指导的企业认为，获得产品的基本效用是消费者的主要目的，企业的任务就是生产并向市场提供顾客买得起的产品。提高生产的效率和降低生产的成本是经营者所关心的全部问题。企业很少关注除此之外的其他市场因素，甚至不注意对产品的更新和改良。因此说，生产观念是一种“以产定销”的观念，表现为重生产轻营销、重数量轻特色。采取这种观念的企业面临的一个最主要的隐患是：企业只是狭隘地聚焦于生产运作上，而忽视了其真正的目标——满足客户需要并建立客户关系。

2. 产品观念。产品观念（product concept）是在生产观念的基础上发展而来的。产品观念认为消费者喜欢那些高质量、性能好、有特色的产品，只要提高产品质量，就会开拓新的市场并占领市场，设计和开发优良产品是企业市场竞争的主要手段。此时企业的口号常常是“皇帝的女儿不愁嫁”“酒香不怕巷子深”。能注意以产品质量的改变和提高去赢得企业的市场地位比只重视产量和成本的“生产观念”有所进步，但它仍是一种“以产定销”的观念，会导致所谓的“市场营销近视症”（Marketing Myopia）。

正如西奥多·莱维特（Theodore Levitt）指出的，“市场营销近视症”是指企业管理者在市场营销中缺乏远见，只注视其产品，认为只要生产出优质产品，顾客自然会找上门，而不注重市场需求的变化趋势。其主要表现为两大方面：一是企业经营目标的“狭隘性”。这些企业将自己所经营的任务人为地限制在一个特定的狭隘目标上，以致限制了自身的发展。二是企业经营观念上的目光短浅。仅将注意力集中在现有产品上，常常看不到市场需求的新特点，看不到新产品取代旧产品的趋势，看不到市场经营策略的新变化。固步自封，必将失败。

相应地，西奥多·莱维特（Theodore Levitt）也给出了预防和治疗“市场营销近视症”的“处方”，即“企业逆向经营过程”，将传统的经营过程倒转过来：第一，了解消费者市场需求；第二，分析消费者需求，找出企业能够满足的部分；第三，确定满足需求的具体产品形式；第四，购进必需的原材料；第五，确定生产工艺；第六，生产产品；最后，将产品推向市场，满足消费者需求。

3. 推销观念。推销观念（selling concept）认为消费者不会足量购买商品，除非企业进行大规模推销和促销。推销观念将顾客看成是被动的、迟钝的，认为只有强化刺激才能吸引顾客。它假设：“被诱惑的消费者会喜欢所购买的产品，如果不喜欢，他们也不会退货，也不会进行负面的口碑传播，更不会向消费者组织抱怨，而且他们还会再次购买。”这种假设是站不住脚的。

推销观念仍是一种“以产定销”的营销观念，其主要特点有：

（1）产品不变。企业仍根据自己的条件决定生产方向及生产数量。

（2）加强了推销。注重产品的销售，研究和运用推销和促销方法及技巧。

（3）开始关注顾客。主要是寻找潜在顾客，并研究吸引顾客的方法与手段。

（4）开始设立销售部门。主要寻找潜在顾客，并研究吸引顾客的方法与手段。

相比生产观念和产品观念，推销观念有明显的进步，当市场刚刚进入供过于求阶段时，推销观念确实能产生很强的实际效应。然而，再好的推销手段也不能使消费者真正接受他所不需要或不喜欢的产品，尤其是当市场竞争变得日益激烈时，推销的效应会逐渐递减。实际上，推销工作只是市场营销中的一部分，而且不是最重要的部分。正如菲利普·科特勒所言：“推销只不过是营销冰山上的顶峰。推销要变得有效，必须要以其他营销功能为前提。”

当大量的推销活动仍不能使企业摆脱产品滞销积压、经营每况愈下的局面时，一些企业就会从市场上去寻找原因，就会考虑根据顾客的需要和市场的变化来调整自己的经营，从而导致新的企业经营观念应运而生。

（二）以顾客需求为中心的营销观念

市场营销观念形成于20世纪50年代，是在市场激烈竞争的条件下产生的，是一种“以消费者需求为中心，以市场为出发点”的指导思想。当然，随着营销理论与实践的发展，以消费者需求为中心的营销观的内涵也在不断发生变化：从以适应需求为目标的市场营销观念，到以创导需求为目标的大市场营销观念，再到以顾客满意为目标的顾客满意营销观念，使企业的营销活动越来越贴近顾客。本质上说，市场营销观念是一种以顾客需要和欲望为导向的哲学，是消费者主权论在企业市场营销管理中的体现①。

1. 适应需求/顾客驱动——传统市场营销观念。营销观念认为组织目标的实现在于理解目标市场的需求和欲望，并且比竞争者更好地向顾客提供其渴望的产品。20世纪60年代美国西奥多·莱维特（Theodore Levitt）提出“顾客导向”概念，开启了营销观念的新局面。他曾经形象地对推销观念和营销观念进行了比较：“推销观念注重卖方的需要，而营销观念注重买方的需要。推销观念以卖方的需要为出发点，考虑的是如何将产品变成现金；而营销观念考虑的则是如何通过产品以及与创造、交付产品和消费最终产品有关的所有环节来满足顾客的需要。”市场营销观念是在根本上区别于前两个阶段的“以产定销”观念的现代企业经营思想，实行“以销定产”。图1－3比较了推销观念与营销观念在出发点、

① Christopher Lovelock, Jochen Wirtz. Sevice Marketing [M]. 5th, New Jersey: Pearson Education, 2004: 20－23.

中心、手段和目的等方面的差异。

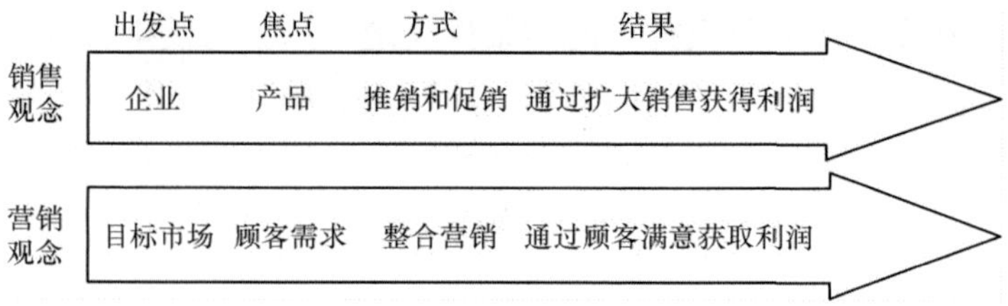

图 1－3　推销观念和营销观念比较

总的来讲，市场营销观念的基本特征可表现在以下 4 个方面。

第一，市场营销观念把企业经营的重点放在消费者身上，一切营销努力都在于使消费者（顾客）满意。而以前的经营观念则是把经营的重点放在产品上。

第二，市场营销观念要求从市场的整体出发，运用各种市场营销方法，不断对市场动态进行预测和研究，以满足消费者需要为前提来组织全部营销活动。而以前的经营观念只是把销售作为一般手段和经营的一个环节，将其放在次要的位置上。

第三，市场营销观念对利润的取得不拘泥于每一次交易，而是从市场全局考虑，着眼于长期的、综合的、最后的利益。而以前的经营观念对利润的取得则着眼于每一次的交易活动上，有利则干，无利则休。

第四，市场营销观念要求企业的管理体制和组织结构要服从于满足消费者需要的共同目标，合理分工，协调行动，以经营部门或销售部门为核心部门，不允许各部门只根据本位利益而各行其是。而以前的经营观念则要求企业管理体制和组织结构以生产部门、采购部门和财务部门为主，销售部门和经营部门在企业经营管理中处于次要地位。

当清晰的需求存在且顾客知道自己想要什么时，这种顾客驱动的营销观念通常效果显著。但是，在许多案例中，消费者并不知道自己需要什么，甚至不知道自己想要什么。这种情况就需要顾客导向的营销——比顾客自己还要理解他们的需求，并且创造产品和服务来满足已存在和潜在的需求。

2. 创导需求/顾客导向——大市场营销观念。20 世纪 80 年代，贸易保护主义抬头，菲利普·科特勒提出了大市场营销观念。大市场营销观念，是指企业为了成功进入特定市场，并在那里从事业务经营，在策略上协调地使用经济的、心理的、政治的和公共关系等手段，以博取各有关方面的支持和合作的活动过程。简言之，在实行贸易保护的条件下，企业的市场营销战略除了 4Ps（产品、价格、渠道、促销）之外还必须加上 2Ps，即“政治力量”和“公共关系”。

大市场营销观念和传统市场营销观念的区别主要表现在以下 3 个方面：

（1）企业市场营销管理与企业外部经营环境的关系有所不同。市场营销观念认为外部环境是不可控制的，企业要善于安排市场营销组合，使企业的市场营销管理决策与不可控的外部环境相适应，这是企业能否成功、能否生存和发展的关键；“大市场营销”则认为，企业可以影响其周围的经营环境，而不是仅仅顺从和适应它。

（2）企业的营销目标有所不同。在市场营销观念指导下，企业的市场营销目标是“千方百计地发展和满足目标顾客的需要”；在“大市场营销”指导下，企业的市场营销目标是“采取一切手段，打开和进入某一市场，或者改造、改变目标顾客的需要”。

（3）市场营销手段有所不同。在市场营销观念指导下，企业集中一切资源、力量，适当安排4Ps以满足目标顾客的需要；而在“大市场营销”指导下，企业要用6Ps来打开和进入某一市场，创造或改变目标顾客的需要。

（三）营销观念的发展和完善

营销观念的形成是企业经营哲学的重大变化，它科学地阐明了企业经营成功的要旨。随着企业经营实践的发展和市场环境的变化，企业的营销观念也不断地发展和变化，进而不断充实和完善。其中有几个重要的观念值得注意。

1. 关系营销观念。“关系营销”观念起源于20世纪70年代欧洲的服务营销学派和产业营销学派（Industrial Marketing & Purchasing，IMP），主要致力于实行顾客关系管理，通过发展长期稳定的顾客关系来建立顾客忠诚，提高企业的市场竞争力。以后，美国等一些国家和地区的学者对关系营销的思想进行了发展，开始对关系的营利性、关系价值（顾客终身价值）、关系生命周期甚至关系资产等问题展开了研究，形成了比较完整的顾客关系管理理论（本书第13章将详细讨论）。关系营销观念的提出和发展使市场营销学有了很大的发展，突破了交易营销的思想局限，而把企业在市场上竞争致胜的焦点着眼于忠诚顾客的培养和关系资产的积累。

关系营销（relationship marketing）观念强调企业的营销活动不仅是为了实现与顾客之间的某种交易，而且是为了建立起对双方都有利的长期稳定的关系。关系营销中，主要包括四个关键的利益相关者，分别是顾客、员工、营销合作伙伴（渠道、供应商、分销商、经销商和代理商）、财务团体（股东、投资者和分析者）。营销者应该尊重利益相关者的需求，使各个利益相关者可以各取所需，并制定出可以平衡利益相关者收益的政策和战略。因此说，关系营销的最终结果是要建立其独特的公司资产——营销网络（marketing network）。

2. 整合营销观念。20世纪90年代后半期，“整合营销”（integrated marketing）开始成为企业的一种新的营销观念。整合营销是指企业必须调动其所有的资源，并有效地协调各部门的努力，来提高对顾客的服务水平和满足程度。当满足顾客的需要成为企业全部经营活动的中心之后，企业内部资源的协调配置就成为提高企业经营效益的重要问题。在这种理念的指导下，营销者的任务就是设计营销活动和全面整合营销计划，以便为消费者创造、传播和交付价值，就像整体总是大于部分之和。通常，整合营销包括两大主题：①许多不同的营销活动都能够传播和交付价值；②在有效协调的情况下，实现各项营销活动的综合效果的最大化，也即营销者在设计和执行任何一项营销活动时都必须全盘考虑。整合营销观念的形成反映了系统哲学理论在企业经营观念发展方面的深化。

3. 生态营销观念。以消费者需求为中心的营销观念，使企业建立了以市场为导向的经营指导思想，确实使很多企业的经营活动取得了很大的成功。然而，若只片面考虑市场需求，而忽略了企业对市场需求满足的资源和能力，不量力而行，去做自己做不到或不占优势的事情，结果必然失败，于是就产生了“生态营销观念”（ecological marketing concept）。

生态营销观念是强调市场需求与满足需求的资源相一致的经营指导思想。其借鉴了生态学中“适者生存”的原理。根据这一原理，无论是大企业还是小企业，只要能根据自己的资源和能力去寻找适合自己进入的目标市场，就有可能获得成功。生态营销观念可以有效地提高企业的营销效益和竞争能力，因此备受企业重视。

此外，生态营销观念认为，企业经营者的任务是要合理地组织自身的资源去满足相适应的市场需求。这里的“相适应”包含二方面的意思：一是业有能力去满足相应的市场需求；二是企业在这一市场中占有竞争优势或具有相应的抗衡能力。

4. 体验营销观念。1998 年，约瑟夫·派恩（B. Joseph Pine II）和詹姆士·吉尔摩（James H. Gilmore）在《哈佛商业评论》上发表题为《欢迎体验经济到来》（Welcome to the Experience Economy）的文章，提出了体验经济的概念，指出体验经济是继农业经济、工业经济和服务经济后的一种新的经济形态；经济形态的变迁、生产和消费行为的变化，要求企业的营销观念和营销模式必须与之相适应，由原来的重视产品和服务、为消费者提供更多功效向给消费者提供更多的体验转换。于是体验营销应运而生。

体验营销（experimental marketing）是指企业通过采用一定方式，使目标顾客的感官（sense）、情感（feel）、思考（think）、行动（act）、关联（relate）五个方面因素得到调动，亲身体验企业提供的产品或服务，切身体会产品或服务的品质或性能，从而促使顾客认知、喜好并购买的一种营销方式。体验营销主要具备以下三大特征：①体验营销不仅注重顾客对产品或服务本身的消费，更重要的是注重顾客在这一过程中的体验；②体验营销认为顾客是有理智的感性动物；③体验营销是真正以顾客为中心的营销。许多企业为了在竞争中立于不败之地，广泛关注并实施体验营销，取得了令人瞩目的业绩，如星巴克咖啡店、迪斯尼、微软和惠普公司等。

5. 社会营销观念。所谓社会营销观念（societal marketing concept），即企业在其经营活动中必须承担起相应的社会责任，保持企业利益、消费者利益同社会利益的一致性。企业是一种营利性的组织，处于经济循环系统之中。然而企业又不可避免地属于社会生活的一员，处于整个社会系统之中。因此，企业的经营活动不仅要受到经济规律的制约，而且也会受到社会规律的制约。随着企业经营活动的发展，企业行为对于社会的影响变强。首先是企业的产品服务及其宣传直接影响着社会的生活方式和思想意识；其次是企业生产经营行为所产生的一些污染会对社会环境产生影响；最后是企业在国民经济中所发挥的作用会对整个社会发展带来影响。因此，企业在其经营活动中必须同时兼顾企业的利益、顾客的利益和社会的利益，谋求企业同社会的共同发展（如图 1 –4 所示）。随着企业经营实践的发展，社会营销观念正逐步为企业所接受。

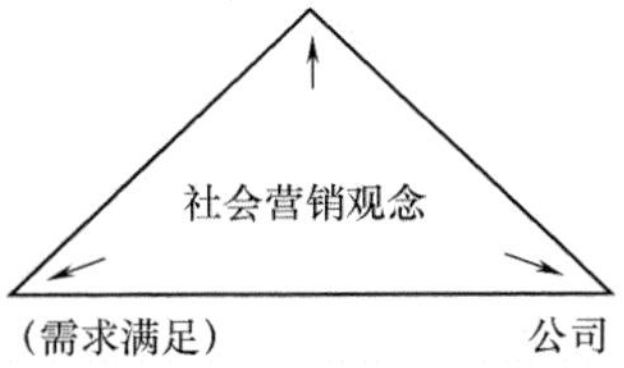

图 1 –4　社会营销观念下的三种考虑因素

6. 全方位营销观念。当世界进入 21 世纪之际，一个以数字化经济为代表的新经济时代开始形成，数字、网络、信息经济开始深入社会生产和生活的各个方面，从而也对市场营销的理论和实践提出了挑战。以菲利普·科特勒为代表的一些营销学者开始对新经济条件下的市场营销哲学进行新的探索，他们提出了新经济条件下的“全方位营销”（holistic marketing）的观念。

全方位营销观念是以开发、设计和实施营销计划、过程及活动为基础的，但同时也深刻认识到上述营销计划、营销过程和营销活动的广度和彼此之间的相互依赖性。全方位营销者认为，在营销实践中每个细节都非常重要，广泛的、整合的视角不可或缺。

全方位市场营销试图认识和协调市场营销活动的范围和复杂度。图 1 –5 给出了该理论的简图和它的四个主题：关系营销、整合营销、内部营销和绩效营销。

四、市场营销学在中国

市场营销学是一门以市场经济为前提的应用学科。1949 年以前，我国曾一度引进市场营销学，早在 20 世纪 30 年代复旦大学丁馨伯先生就编著出版了有关著作。1949 年以后，我国（除台湾、香港、澳门等地以外）市场营销学的引进和研究工作整整中断了 30 年。1978 年，北京、上海、广州的部分学者和专家开始着手市场营销学的引进研究工作，虽然在名称上还称为外国商业概论或销售学

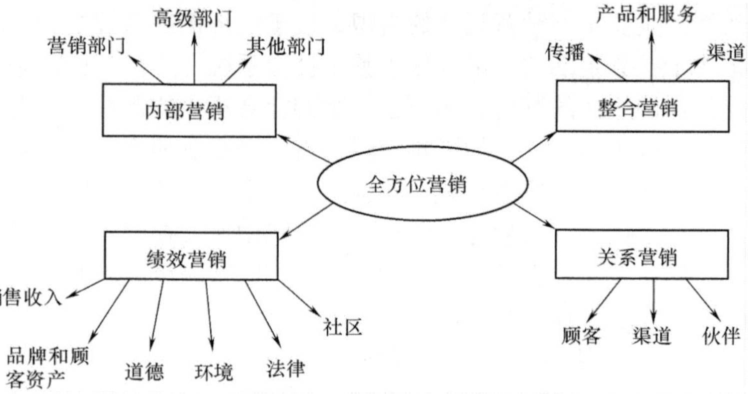

图 1-5　全方位营销的维度

资料来源：菲利普·科特勒．营销管理［M］．全球版．14 版．王永贵，等，译．北京：中国人民大学出版社，2012：22.

原理，却是在市场营销学的引进上迈出的第一步。自此，市场营销学在中国的发展可大致划分以下几个阶段：

（一）引进时期（1978—1982 年）

1978 年市场营销学被正式引入。当时该学科的研究主要局限于部分大专院校和研究机构。最早开设市场营销学课程的是广州的暨南大学，随后，北京和上海的一些大学也开设了类似的课程，着手对市场营销学进行较为系统的研究。可以说，在学科引进之初，对于学科的命名、性质及一些基本概念等方面的认识存在一定的分歧。

在学科命名方面，对于学科的英文名“Marketing”，在国内曾一度被译为“市场学”“销售学”“市场经营学”“市场营销学”等不同的学科名（见早期市场营销学各个版本的教材）。

在对学科性质的认识方面，主要分歧在于对市场营销学和商业经济学的关系的认识。一部分学者认为，市场营销学主要研究商品的销售问题，与商业经济学同属于商品流通领域的学科。另一部分学者则认为，市场营销学是一门不同于商业经济学的新兴学科，市场营销学以企业的经营活动为研究对象，其研究领域不仅限于流通领域，而是从生产前的市场需求研究开始，从确定企业“生产经营什么”开始；其研究主体也不限于商业企业，而是包括工业企业及一切面向市场进行经营的各类企业。

（二）传播时期（1983—1985 年）

经过前一时期的努力，全国各地从事市场营销学研究、教学的专家和学者开始意识到，要使市场营销学在中国得到进一步的应用和发展，必须在各地成立市场营销学的研究团体，以便相互交流和切磋研究成果，并利用团体的力量扩大市场营销学的影响，推进市场营销学研究的进一步发展。1984 年 1 月，全国高等综合大学、财经院校市场学教学研究会成立，在以后的几年时间里，全国各地、各种类型的市场营销学研究团体纷纷成立。各团体在做好学术研究和学术交流的同时，还做了大量的传播工作。例如，广东市场营销学会定期出版了会刊《营销管理》，全国高等综合大学、财经院校市场学教学研究会在每届年会后都向会员印发各种类型的简报。这些团体也分别举办了各种类型的培训班、讲习班，有些还通过当地电视台、广播电台举办了市场营销学的电视讲座和广播讲座。通过这些活动，既传播了市场营销学知识，又扩大了学术团体的影响。在此期间，市场营销学在学校教学中也开始受到重视，有关市场营销学的著作、教材、论文在质量和数量上都有很大的提高。

（三）应用时期（1986—1988 年）

1986 年以后，我国经济体制改革的步伐进一步加快，市场环境的改善为企业应用现代市场营销原理指导经营管理实践提供了有利条件，但各地区、各行业的应用情况又不尽相同，具体表现为：①以生产经营指令性计划产品为主的企业应用得较少；以生产经营指导性计划产品或以市场调节为主的产品的企业应用得较多、较成功。②重工业、交通业、原材料工业等和以经营生产资料为主的行业所属的企业应用得较少；而轻工业、食品工业、纺织业、服装业等以生产经营消费品为主的行业所属的企业应用得较多、较成功。③经营自主权小、经营机制僵化的企业应用得较少；而经营自主权较大、经营机制灵活的企业应用得较多、较成功。④商品经济发展较快的地区（尤其是深圳、珠海等经济特区）的企业应用市场营销原理的自觉性较高，应用得也比较好。在此期间，多数企业应用市场营销原理时，偏重于分销渠道、促销、市场细分和市场营销调研部分。

（四）扩展时期（1989—1994 年）

在此期间，无论是市场营销教学研究队伍，还是市场营销教学、研究和应用的内容，都有了极大的扩展。全国各地的市场营销学学术团体，改变了过去只有学术界、教育界人士参加的状况，开始吸收企业界人士参加，其研究重点也由过去的单纯教学研究改为结合企业的市场营销实践进行研究。全国高等综合大学、财经院校市场学教学研究会也于 1987 年 8 月更名为“中国高等院校市场学研究会”。学者们已不满足于仅仅对市场营销一般原理的教学研究，而对其各分支学科的研究日益深入，并取得了一定的研究成果。在此期间，市场营销理论的国际研讨活动进一步发展，极大地开阔了学者们的眼界。1991 年 3 月，在全国各地纷纷成立市场营销学会（协会）的基础上，中国市场学会在北京正式成立。中国市场学会的成立，标志着中国市场营销学的发展已开始走理论与实践相结合的道路，并逐渐为各阶层和各方面所接受。1992 年春，邓小平南巡讲话以后，学者们还对市场经济体制的市场营销管理，中国市场营销的现状与未来，跨世纪中国市场营销面临的挑战、机遇与对策等重大理论课题展开了研究，这也有力地扩展了市场营销学的研究领域。

（五）国际化时期（1995 年至今）

1995 年 6 月，由中国人民大学、加拿大麦吉尔大学和康克迪亚大学联合举办的第五届市场营销与社会发展国际会议在北京召开。中国市场营销学者开始全方位、大团队地登上国际舞台，与国际学术界、企业界的合作进一步加强。通过与世界各国营销学界的广泛交流，我国已拥有一大批高水平的市场营销专家和学者。他们一方面关注和研究市场营销学发展的国际动向，与世界同步研究营销发展中的前沿问题；另一方面，进入 21 世纪，尤其是进入营销理论的本土化及创新阶段后，他们开始着手研究中国国情下的营销问题。

第三节　市场营销学的研究对象、内容及方法

一、市场营销学的研究对象

市场营销学的研究对象，是以社会市场为导向的企业市场营销活动及其规律性。市场营销学强调企业的市场营销活动必须树立以“市场价值需求”和“社会关系”两者为焦点的“社会市场导向”；研究如何树立这一新的导向，以及在这一新导向指导下的企业的市场营销活动及其规律性。

二、市场营销学的研究内容

任何学科研究的主要内容，都是由其研究的对象所决定的。市场营销学研究的范围非常广泛，内容也极其丰富。市场营销活动的内在联系可以概括为三方面：一是关于市场营销外部竞争诸因素之间的关系及其发展变化的规律性，以及掌握这种关系规律性的基本原理；二是企业内部营销环境诸因素之间的关系及其组合，以及建立和调整这种组合的策略；三是企业内外环境诸因素之间的关系及其协调发展的规律，以及建立和保持这种协调和平衡的具体方法。

市场营销学主要对下列三个问题展开研究：消费者的需求和欲望及其形成、影响因素、满足方式等（即消费者行为）；供应商如何满足并影响消费者的欲望和购买行为（即供应商行为）；辅助完成交易行为，从而满足消费者欲望的机构及其活动（即市场营销机构行为）。

市场营销学既是一种哲学，又可被看作一种职能。其中心是以市场价值需求与社会关系管理两者为焦点的“社会市场导向”，自始至终贯穿市场导向这一新形势下的新兴导向。总体而言，本书共分为 4 个部分。

第一，绪论。首先提供一些市场营销的背景知识和工具，主要介绍市场及市场营销的内涵，市场营销学科的发展，市场营销观念的演进，以及市场营销的研

究对象、研究内容和研究方法等基本理论。随后，分析企业所处的市场营销环境，包括宏观环境（如政治、法律、经济、科技、人口、社会文化、自然）和微观环境（如企业内部、供应商、营销中介、顾客和竞争者），及其给企业营销活动带来的机会和威胁。

第二，市场分析。这一部分主要分析市场的构成和类型，详细阐述：最终消费者的需要、购买心理与动机、购买行为，以及组织市场的购买行为等；营销调研系统，以及营销调研和预测的方法与内容。

第三，市场营销运作。这一部分主要包括市场营销战略，市场细分和目标市场选择，市场营销组织与绩效管理，市场营销组合策略（涉及产品和品牌、价格、渠道与促销和沟通策略），以及市场营销组织与绩效管理的内容。

第四，市场营销的新发展和新课题。这一部分主要介绍网络营销（尤其是大数据下的网络营销）、关系营销和顾客关系管理、体验营销和社会责任营销等20世纪90年代以来营销研究的新课题。

三、市场营销学的研究方法

研究市场营销学的方法是随着市场营销学的发展而变化的。20世纪50年代以后，市场营销学从传统市场营销学演变为现代市场营销学，研究方法逐步发展为产品研究方法、职能研究方法、机构研究方法、管理研究方法、系统研究方法和社会研究方法6种。

第一，产品研究方法。这种研究方法以产品为主体，根据不同类型产品的特征，对诸如农产品、工业品、矿产品、消费品及劳务等分别进行研究。主要研究这些产品的设计、包装、厂牌、商标、定价、分销、广告及各类产品的市场开拓。该研究方法可详细地分析研究各类产品市场营销中遇到的具体问题，针对性强，但需耗费巨量人力、物力和财力，而且重复性很大。

第二，职能研究方法。这种方法是通过具体分析研究各种营销职能（如市场调研、开发、购买、销售、仓储、促销等）和执行各种营销职能中所碰到的问题，来研究和熟悉市场营销。

第三，机构研究方法。机构研究方法主要是研究市场营销渠道系统中的各个层次和各种类型的营销机构的市场营销问题。这种方法以研究市场营销制度为出发点，即研究渠道制度中各个环节及各种类型的市场营销机构，诸如代理商、批发商、零售商等市场营销问题。

第四，管理研究方法。管理研究方法是从管理决策的角度研究市场营销管理。与传统营销学的研究方法相比，它脱离了具体的产品和业务，把市场营销管理的概念和规律（如营销管理的两个“4Ps”）抽象出来，将这些具有规律性的营销理论与企业的市场营销管理实践相结合，研究企业如何最有效地为目标市场服务，实现既定的战略目标。这种方法非常重视和强调营销战略、营销策略的制定，以及营销计划的执行、控制和调整等。

第五，系统研究方法。系统研究方法主要应用了系统工程的原理和方法，从市场营销管理系统的角度出发，分析了各系统之间相互影响、相互制约和相互作用的关系，认为系统各层次只有保持相互适应、协调和平衡的状态，才能使整个系统达到有序和平衡运转。具体来说，系统研究法认为企业、行业、社会环境等都是不同层次的系统，并且有相互制约、相互影响的作用，进而强调不同层次之间的变化会影响到企业市场营销。

第六，社会研究方法。这种方法主要是研究企业的市场营销管理活动和各种市场营销机构为社会做出的贡献及付出的成本。

本章小结

本章阐述了市场的基本概念，介绍了市场营销的定义、演进、发展趋势和研究方法，以及本书的基本框架。

市场一词来源久远。近代意义上的市场概念内涵丰富，外延宽泛。在市场营销学发展的不同时期，对市场的界定也不相同。

本章还介绍了市场营销的权威定义。不同时期的界定，体现了市场营销概念的演进和营销内涵的扩展。在此基础上，回顾了市场营销学的产生和发展历程、主要的学术流派、营销观念演变及其在我国的发展过程。

本章最后介绍了本书的研究对象、框架结构和研究方法。作为一门学科，市场营销学将以市场为导向的企业市场营销活动及其规律性作为研究对象。市场营销学的研究方法主要包括产品研究方法、职能研究方法、机构研究方法、管理研究方法、系统研究方法和社会研究方法 6 种。

关键术语

市场（Market）；市场营销（Marketing）；需要（Want）；欲望（Desire）；需求（Demand）；市场营销管理（Marketing Management）

复习思考题

1. 从企业营销的角度如何对市场进行界定？
2. 如何界定市场营销？
3. 说明营销观念与推销观念的主要区别？营销观念有哪些主要特征？
4. 试说明市场营销概念的演进过程。
5. 试分析全方位营销的内涵。

6. 试说明市场营销学的发展过程，并预测营销学的发展趋势。

本章案例

QQ浏览器的弹幕海报营销——90后式的营销表达

在很多微博与社交网络上你或许会频繁看到不同的明星、品牌、创业者在分享自己的弹幕海报。弹幕海报作为一种新形式的营销媒介，受到了90后这一年轻群体的关注和跟风。

定位为“最懂年轻人的浏览器”的QQ浏览器，继2013年“我要的现在就要”唤醒90后的“拥有梦想立即行动”后，2014年再度出招，邀请当红演员李易峰为品牌站台，为“90后的选择”代言，高喊“选择我要的现在就要”。

第1招：90后“脑洞系”互联网

QQ浏览器对90后人群有自己的分析解读。90后更注重内涵式的表达，他们更愿意接受萌化、娘化、无厘头、吐槽、内涵等互联网元素，这些内容形式令人精神愉悦，脑洞大开。而在90后中风靡的“二次元”亚文化更是促进了“脑洞系”互联网迭代，进一步催生弹幕视频、垂直兴趣社区及个性化表达产品兴起，如：A，B，…，Z站，崩坏学园，暖暖的换装，脸萌，emoji等产品。在90后的世界里，评论才是本体，他们更喜欢表达自己。正是基于这一洞察，QQ浏览器在社会化媒体上发起了一场弹幕风潮，把弹幕视频的形式衍生成更利于互联网传播的弹幕海报。

第2招：国民男神李易峰，引爆“弹幕海报”

在2014年10月下旬，QQ浏览器签约国民校草李易峰“袋盐”，首发李易峰弹幕海报，拉开此次弹幕海报的风靡战役，转眼间催生出众多网友粉丝自发为李易峰制作弹幕海报。其间手机QQ浏览器官方微博共收到了超过100种网友自制弹幕海报，各类相关互动高达2 000余条。男神成了新潮流的引爆点，而弹幕海报的方式则像一个催化剂，让用户用自己喜爱的方式来和品牌真正玩起来。此次QQ浏览器巧用代言人，打破了以往粉丝盲目追星、忽略品牌和产品的弊端，充分调动了粉丝的积极性，成功把李易峰的粉丝转化成为QQ浏览器的粉丝，让粉丝UGC（网友自发的弹幕海报）代替品牌发声，影响力可谓四两拨千斤。

第3招：创意媒介“弹幕海报”，持续扩大影响力

随即QQ浏览器又陆续发起了几轮不同维度的弹幕海报攻势，从明星合作，选择互联网圈中深受90后欢迎的意见领袖，包括当红明星华晨宇、白举纲、乔振宇、左立等，情感偶像陆琪、苏岑，青年导师陈默以及当红编剧“叫兽”易小星等参与，到品牌蓝V们，@京东、@可口可乐、@乐视TV、@极路由等一线蓝V品牌纷纷参与，以及后期90后青年创业者意见领袖的一同加入，让李易峰粉丝圈之外的更多年轻用户，即QQ浏览器的目标用户们一同参与到“弹幕海报”的活动中来，加深对品牌号召和品牌理念的认知。

弹幕海报不仅是一个由用户产生的创意作品，更成了品牌的一个固定的媒介产品，基于它衍生了更多的话题性的动态的弹幕内容，如“万圣节海报”“APEC Blue”“双十一”等热门话题弹幕海报，让更多用户了解到弹幕海报的多种玩法。

第4招：弹幕封神榜，微信朋友圈里的粉丝互黑利器

趁热打铁，紧随弹幕海报的热潮，QQ浏览器在11月推出了“弹幕封神榜”微信APP，一款由微信好友评论产生弹幕的生成游戏，用户可以通过简单的“逗比”测试选择题封神，生成自己的弹幕海报后，邀请好友给自己的照片加上弹幕。弹幕封神榜APP一经上线就引发朋友圈好友“互黑”风潮，让不少90后都大呼过瘾的同时，也通过游戏彩蛋的方式，贯穿了此次手机QQ浏览器年度品牌Campagin的核心理念，即“选择我要的，现在就要”。目前，该游戏累计PV近170万次，累计UV近75 000余次。

QQ浏览器的弹幕海报营销的启示：

（1）营销战役与产品功能结合。不论品牌战役打得如何热闹，营销活动最终也是需要为产品服务。QQ浏览器产品更新版本顺应而生，最新发布的QQ浏览器5.5版本，最突出的新功能即“看视频，发弹幕”，恰好呼应了这次营销战役，让QQ浏览器用户从花哨的弹幕海报，回归到产品本身，剥去光鲜的包装，为产品沉淀出更多新用户。

（2）洞察用户，90后式的营销表达。在社会化媒体平台上，品牌如果希望与自己的用户进行互动，就应该基于对用户的洞察，找到目标用户的心跳，以他们喜闻乐见的方式鼓励用户参与进来以获得真正的传播效果。QQ浏览器正是通过深刻洞察，找准弹幕的新颖形式，制作弹幕海报、弹幕生成器等互动游戏。它不仅迎合今天年轻人的阅读方式，同时也使年轻人参与到营销活动中，从“到达”（Impression）转换成用户的“参与”（Engagement）。

（资料来源：品牌案例展示：弹幕海报——90后式的营销表达［EB/OL］.［2014-11-26］. http://www.socialbeta.com/articles/browser-qq-case-study-2014-11.html，有改动。）

案例思考题

1. QQ浏览器产品的营销有哪些创新？
2. QQ浏览器产品的市场有什么特征？

第二章　市场营销环境

【学习目标】

市场营销环境是企业以消费者为核心的一切营销活动生存的环境。市场营销环境对顾客需求与行为、企业与顾客之间关系的影响有其特有的动态性和多变性，并通过市场机会的变化、威胁的产生及其自身多维度的内容来表现。通过本章学习，应该达到如下目标：

- 掌握市场营销环境的概念；
- 了解市场营销环境所包含的宏观和微观内容；
- 掌握面对环境变化时一系列的决策管理的基本路径。

引导案例

1. 五星酒店早点摊设在公交站台旁

凯悦酒店，印象中一直很“高大上”，现卖起早点。巨大醒目的广告牌标明“素包 1.5 元/个，肉包 2 元/个”。除了平价早点，这家酒店今年新推出的年夜饭价格也变得平民化了。“八宝饭 18 元，黄焖鸡 28 元，小酥肉 28 元……”在该酒店的年夜饭菜品单上，往年最低价上千元的年夜饭套餐，今年最低只有 888 元，还可以单点，单品都和普通饭店的菜品一样，价格也基本相当。

2. 住宿价下降，一间房每天均价仅 500 多元

西安一家五星级酒店，2014 年推出了绿色环保房间每天 399 元。又如建国饭店，推出高级间 299 元特惠价，这和一些非星级酒店的价位相当。

3. 五星酒店“杀入”婚宴市场，一桌饭降到 2 000 多元

许多星级酒店的餐饮部，除了日常降低标准，调整菜单，吸引大众消费外，这两年也加入了年夜饭市场的争夺，从最初的“旁观”到后来的“浅尝”，发展到今年的“积极参与”，并出现了越发火热的发展态势。高档企业以前均通过客户经理的人情关系和公关来拉客户，原来这部分客户主要是政府和国企，而现在这两个大客户群体消费急剧萎缩，使得高端酒店的转型迫在眉睫。高端酒店不得不放下身段，把营销目标转向普通市民和企业客户，星级酒店越来越“接地气儿”。

酒店比拼的不是价格，而是服务、配套等软环境。五星级酒店并不能和高价格画上等号，有的精品酒店价格已经持平或高过星级酒店。目前，中档及精品酒店在国内呈遍地开花态势，酒店业下一个爆发点在中档酒店、精品酒店，讲究舒适个性和性价比，只有回归大众消费、理性消费，走亲民化道路，酒店业才有长远的发展。

总结：在环境发生变化的时候，只有通过选择一定方式迎合环境的改变，才能够生存下来，即便是高档酒店也必须顺应发展，在环境变化中发现自身优势，同时转变营销思想，找出能与环境变化相契合的营销方式方法。

第一节　市场营销环境概述

“环境”是影响和制约某一事物生存和发展的外部因素的总和。作为卖方与买方交易集合的市场，其单位个体是不断为其提供商品和劳务的企业。企业具有独立性，要求其内部各要素必须协调一致；也具有开放性，必须与外界不断发生物质、能量以及信息的交换，继而受到外界因素的影响和制约。由此可见，要规划企业的市场活动，就必须以其所处的市场营销环境为基础。

一、市场营销环境的概念

营销环境是影响企业的市场和营销活动的不可控制的参与者与影响力，即影响企业的市场营销管理能力，判断其是否拥有利用外在参与者和影响力来发展和维持目标顾客交易与关系的能力的标准之一。

（一）企业与营销环境的关系

企业的营销活动脱离不了一定的社会环境，任何活动的计划和执行都需要受到社会环境的检验。企业与市场之间的关系决定了企业必须时刻做出适应性的反应，调整自身组织、战略和策略，以达到与市场、环境的协调。具体来说，企业营销活动与营销环境的关系可以从两方面体现。

1. 营销环境的客观改变性与企业的主观适应性。环境客观存在，而企业可以主观变化，企业唯有适应环境，无法要求其反行之。这是由环境的客观性决定的。企业在环境中的发展其实是努力维持一种与环境相适应的平衡关系。一旦环境发生改变，企业必须主观做出改变，寻求新的平衡点。

2. 企业对环境的能动性与反作用。强调企业对环境的不可控制，并不意味着企业对待变化的环境只能采取消极、被动接受从而改变自身而适应环境。在现代市场营销中，更加强调对环境的反作用，即运用自己可以控制的手段和方式方法，对环境进行改造。

以上两种对企业与营销环境关系的表达并不矛盾，其核心在于企业是否能对环境变化的趋势做出正确判断和适时把握企业机会。对两者的关系进行灵活地处理要求企业重视和加强对营销环境变化的监测，以及重视和增强自身战略的可调整性。

（二）市场营销环境的构成要素

市场营销环境的构成因其与企业关系的紧密程度和影响企业的方式效果不同，分为宏观市场营销环境与微观市场营销环境两部分。

1. 宏观市场营销环境。宏观市场营销环境又称间接营销环境，主要包括间接影响企业的因素，如社会文化、法律法规、经济发展，涉及人口、经济、政治、法律、科学技术、社会文化及自然生态等因素。其影响效果通常需要媒介，但在特定场合也可以直接参与影响。因素之间派生出若干层级，互相制约和影响，形成极其复杂的因果关系。

2. 微观市场营销环境。微观市场营销环境又称直接营销环境，主要包括直接影响企业的因素，如供应商、营销中介、竞争者，涉及企业内部的环境或与企业活动直接利益相关者。其影响效果可以直接作用于企业营销活动，体现了宏观营销环境因素在某一领域里的综合作用。

3. 宏观市场营销环境与微观市场营销环境的关系。两者之间并不是并列关系，而是主从关系，如图 2－1 所示。微观市场营销环境受制于宏观市场营销环境，宏观市场营销环境一般以微观市场营销环境为媒介去影响与制约企业的营销活动。两者共同构成了多因素、多层次、多变的企业市场营销环境综合体。

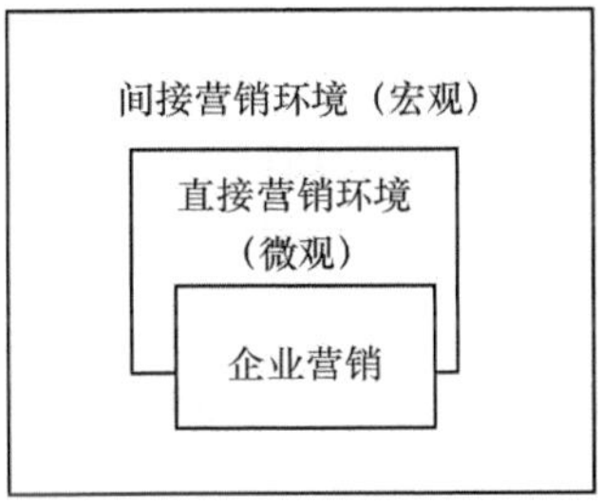

图 2－1　宏观环境、微观环境及企业营销的关系

二、市场营销环境的特点

市场营销环境是一个与企业生存有关，必须考虑各种因素的复杂结合体，而这些因素本身之间的关联性质也决定了市场营销环境的特征。

（一）客观性

环境作为企业外在的不以营销者的意志为转移的因素，对企业营销活动的影响具有强制性和不可控制性的特点。通常而言，企业无法摆脱和控制客观存在的营销环境及其变化，尤其是宏观环境，其变化和发展企业通常难以撼动半分，故而难以要求其根据自身的要求和意愿改变。如企业无法改变人口因素，对政治、法律和社会文化因素的影响力也比较小。环境的客观性存在，提醒企业必须以适应的、积极的态度，制定并不断调整企业的市场营销策略。只有适应或与营销环境不相违背，才是企业生存和不断发展的真理。

（二）差异性

市场营销环境的差异性不仅表现在企业在不同地域或国家之间受到的不同影响，还表现在同一环境因素对不同企业的影响。例如，阿里巴巴推出了某“宝”系列，不仅对网络贸易产生影响，同时也影响了消费者的储存习惯。所以企业应根据环境变化的趋势和自身行业的特点，采取相应的营销策略。

（三）多变性

构成营销环境的因素是多方面的，而每个因素随着经济、社会发展，其自身的变化程度是不同的，也就是说营销环境是一个动态的、时刻变化的环境。环境变化的速度可快可慢，可以是根据已有趋势预期到的，也可能是突然的、跨时代的。应对这种多变性的环境，更要求企业随时做好环境分析，调整自身战略。

（四）相关性

正如其多因素构成特征，其对结果的影响也并非由单一因素决定，而是受到一系列相关因素的影响。例如企业的商品定价，需要考虑的不仅局限于其市场供求状态，还应考虑科技及财政等多因素的影响。而相关因素之间的作用程度也是不同的，这种相关作用力有时候可以根据已有经验或者数据进行评估，有时候则难以预测和估计。而这种相关因素之间复杂的、不易预测的作用力，也增加了企业根据环境变化调整策略时需要承担的风险。

市场营销环境的多层次，涵盖宏观和微观环境，以及在环境中相关因素之间复杂的、不可见的影响力，使得对营销环境的认知与推断变得比较困难。因此，企业应该投入更多的力量，加强对营销环境变化的监测和准备。

第二节　宏观市场营销环境

宏观市场营销环境是指由一系列巨大的社会力量和因素构成的环境，包括人口（people）、经济（economic）、自然环境（environment）、科学技术（technology）、社会文化（culture）和政治法律（political）六大主要因素，如表 2－1 所示，又称为 PEETCP 宏观环境。企业的微观市场营销环境，无时无刻不受到宏观市场营销环境的影响。分析宏观市场营销环境，不仅仅有助于实现认识环境的基本目的，更有利于制定有力的营销战略和策略，适应环境变化，努力实现企业目标。

表 2-1　宏观环境各部分特征概述

宏观环境	特　征
人口	人口统计特征，结构特点，旨在描述消费者特征和挖掘潜在群体
经济	经济发展，收入、支出，储蓄消费习惯，旨在验证消费者购买力
自然	资源使用情况，消费者环保消费概念
科技	科技发展水平、创新能力，旨在说明技术的使用能力和创新性
文化	人文特征、风俗习惯，旨在告知企业在营销活动中文化的重要性
政法	政治制度、法律保障，旨在明确企业遵循的法规和所受到的法律保护

一、人口环境

构成市场的最基本单元就是具有购买欲望且有购买能力的消费者，因此对消费者人口的研究是环境研究的基础。人口的性别、年龄、民族、婚姻状况、职业、居住分布、流动性与文化教育等都对整个市场的格局有着深远的影响。

（一）人口数量

一个国家或者地区的人口总量的多少，是确定该市场潜在容量的重要因素之一。发展中国家，尤其是中国和印度，作为人口大国，随着其人民收入水平不断提高，已然成为世界最大的潜在市场。目前，全球人口的总量及分布状态可概括为两个明显特征。

1. 全球人口持续增长。据联合国人口统计数据显示，2014 年全球人口已达到 71.57 亿，估计 2050 年将超过 80 亿，在 2080 年达到巅峰，而后降至 21 世纪末约为 103.5 亿。中国人口（包括香港、澳门特别行政区和台湾地区）总数预计在 2015 年达到 13.9 亿左右。人口过亿的国家除美国外都为发展中国家（印度、印度尼西亚、巴西）。

2. 全球人口增长速度不平衡。根据联合国测算，2011 年日本的总和生育率为 1.39，韩国是 1.23，全球总和生育率最低的四个国家或地区分别是我国的台、港、澳地区（1.16，1.09 和 0.92）和新加坡（0.78）。在中、美、印、日四国中，中国劳动年龄人口的下降远早于美国和印度，而劳动年龄人口占总人口的比例也远低于美国和印度①。

（二）人口年龄结构

对人口年龄结构的了解程度决定了企业营销者是否能寻找到适合企业进入和发展的目标市场。年龄结构通常分为六个阶段：学龄前儿童（0-7 岁）、学龄儿童（8-14 岁）、青少年（15-24 岁）、成年（25-40 岁）、中年人（40-60 岁）

---

① 左学金．中国人口负增长前瞻［EB/OL］．［2014-06-09］．http：//opinion. caixin. com/2014-06-09/ 100687876_ all. html.

和60岁以上的老年人。由于经济发展、科学技术的进步、生活条件的提高和医疗条件的改善，人口的平均寿命被延长。目前的人口年龄结构呈现以下变化趋势。

1. 人口老龄化加速。21世纪是人口老龄化时代。根据穆迪的报告，到2020年，13个国家将成为“超高龄国”，即20%以上的人口超过65岁。史无前例的人口老龄化将对全球未来经济产生重大影响。人口老龄化问题从发达国家蔓延至发展中国家。截至2014年年底，我国60岁以上老年人口已经达到2.12亿，占总人口的15.5%。当前和今后一个时期，我国将进入一个快速老龄化阶段，表现为老年人口增长快，规模大；高龄、失能老人增长快，社会负担重；农村老龄问题突出；老年人家庭空巢化、独居化加速；未富先老矛盾凸显；老人“年轻化”趋势明显；“高知老人”比例逐步提升；老年人养老呈现多层次差异需求；养老投资主体多元化等特征①。

2. 新生比率下降。随着全球生育率下降使年轻人口萎缩，“人口金字塔”开始变型，向圆拱形发展，到2060年甚至会变成圆柱状②。2015年全球15岁以下人口占整体的10%，但15－50岁人口也占9.5%。在1970－2015年，相比20－39岁人口增加128%，0至19岁人口仅增长42%。新生比率在发达国家和较好的发展中国家出现下降，说明未来青壮年数量将减少，而且随着独身观念的日益明显和丁克夫妻的增加，未来人口占比中儿童和青少年的数量占比会进一步下降。

（三）人口地理分布

企业以人口密度和地理分布为标准寻找其目标市场和渠道分布。主要考虑人口密度和人口流动性两个指标。

1. 人口密度。人口密度指一定时间内一定地区的居住人数与该地区的土地面积之比，即单位面积上的人口数，通常以每平方千米的居民人数表示。这一因素会影响单一市场规模大小和企业的销售成本。人口密度高使得市场相对集中，加快产品的周转速度。受世界各国自然地理条件以及经济发展程度不同等多方面因素的影响，人口分布不均，即相同土地面积上的人口数不等，人口密度也不相同。

人口密度不均不仅表现在各国之间的差异，也表现在一国各地区之间的差异。就中国而言，东南沿海一带集中了超过90%的全国人口，而西北地区仅占6%。人口密度从东南沿海向内陆西北地区递减。同一地区城市与农村之间也差异显著，少数大城市（如上海、北京）则人口密度过高。

---

① 中国人口老龄问题已成重大战略性问题［EB/OL］.［2015－04－24］. http://world.people.com.cn/n/2015/0424/c190970－26900906.html.

②“生育率降寿命延长，全球人口金字塔将变圆柱”［EB/OL］.［2014－12－25］. http://world.people.com.cn/n/2014/1225/c157278－26275055.html.

2. 人口流动性。各个国家、地区的经济发展水平不同，经济增速不同，加之科技发展使得交通更为便利，使得人口的区域流动性增加。除了常见的国家之间、地区之间、城市之间的人口流动外，人口由农村流向城市是另一突出现象。人口的流动不仅使得某地区的消费者需求在数量上发生变化，而且会引起消费者结构的变化，给企业带来较多的市场份额并产生营销机会。

（四）人口家庭结构

构成市场需求，即对商品和服务进行购买、消费的基本单位是家庭，且很多商品的购买均是以家庭而非个人为单位购买的。不同的家庭结构类型，即家庭的生命周期、家庭构成、家庭平均人数，均会对市场需求总量和需求结构产生重要影响，继而影响企业的营销行为。家庭生命周期指一个以家长为代表的家庭生活的全过程，通常按年龄、婚姻以及子女等情况进行分类。目前世界的家庭规模呈现出由扩大型向核心型转化的趋势，家庭规模趋于小型化，引起家庭数量增加，对相关商品的需求也出现新的变化，如适合较少人居住的住房等。

二、经济环境

经济环境是指企业营销活动所面临的外部经济因素，其运行状况及发展趋势主要作用于消费者购买力上，而消费者购买力又会影响市场容量大小，因而是市场主要的因素之一。在进行营销活动之前必须进行经济环境分析，从而知晓市场的购买力，因为购买力的大小取决于一个国家或者地区的经济发展水平和人均收入水平。构成经济环境的因素主要有以下方面。

（一）经济发展水平

经济发展水平指一个国家或者地区的总的经济发展的状况。企业的营销活动受其制约，故企业应重点分析其两方面的内容：经济发展阶段和经济发展趋势。处于不同经济发展阶段和拥有不同经济发展趋势的国家或者地区，消费者需求总量和结构是不同的。

1. 经济发展阶段。由经济发展阶段的不同区分为发展中国家和发达国家。发展中国家已经基本完成了从传统经济社会到经济起飞的阶段。在这一过程中，经济发展的迅速扩张使得收入大幅增加，从而增加了对消费品的需求。而发达国家处于从经济成熟到追求生活质量阶段。这一阶段除了对耐用品的需求急剧上升外，对服务消费的占比也有所增加，主导部门发展为公共服务业和私人服务业。

2. 经济发展形势。全球化使得各国之间的联系日益紧密，相互依存度增加，使得在面对机遇或者威胁时，全球经济的发展呈现相类似的趋势。然而经济全球化也加剧了发展的不平衡，国家内部贫富差距增大，各国民生问题凸显。同时国际贸易争端增加，保护主义抬头。就我国而言，当下正面临经济转型期，经济结构的不合理得到了进一步调整，贫富差距的扩大受到了抑制，通过完成收入再分配和倡导“全面创业”，就业压力得以减轻。企业的生存和发展离不开国内国际的经济背景，只有对经济形势的复杂性和多变性做出准确的认识与判断，才能把握其中机遇，规避风险。

（二）消费者收入

购买力是构成市场的基本因素，也是影响企业一切营销活动和决策的直接因素。市场需求就是指具有支付能力并愿意支付的消费者的总需求，而消费者的总需求与购买力和收入呈正向影响关系，即收入水平越高，市场的总需求越大。收入指标又受到国家经济发展水平和分配制度的影响，它不是一个单一的指标，而是由一系列指标构成的。

1. 人均国内生产总值。人均国内生产总值一般指价值形态的人均 GDP。它表示一个国家或地区的所有常住单位，在一定时期内，按人口平均所生产的全部货物和服务的价值超过同期投入的全部非固定资产货物和服务价值的差额。一个国家或地区的 GDP 总量是衡量一个国家经济实力与购买力的重要指标，其增长幅度说明了一个国家经济发展的状况和速度。GDP 越大，增长速度越快，说明商品的需求量、购买力总量和增长速度都较为乐观。人均 GDP 从总体上影响和决定了消费结构与消费水平。因其是反映一个国家人民生活水平高低的重要指标，所以影响了消费者的选择。如一个人均 GDP 较低的国家，居民是不可能将收入消费在高档商品上面的。

2. 个人收入。消费者的购买力取决于个人收入的高低，个人收入即从各种来源获得的收入。各地区居民的总收入可以用来衡量该地区的消费市场容量，预测消费者的消费能力。但消费者不可能将全部的收入用来购买商品或者服务，这也就决定了购买力往往受一部分收入的影响。

3. 个人可支配收入。个人可支配收入指在个人收入中扣除税款和交给政府的非商业性开支后的余额，它是个人收入中可以用来消费支出或者储蓄的部分，构成了消费者的实际购买力。

4. 个人可任意支配收入。个人可任意支配收入指在个人收入中减去用于维持个人与家庭基本生活所不可缺少的费用（如房租、水电费）后剩余的部分。这部分才是实际中最能够说明消费者购买力的因素，也是企业展开营销活动时主要考虑的对象，因为消费者的基本需求得到满足后，会将其余产品，如高档消费品、服务消费品作为目标。它是影响非生活必需品和服务销售的主要因素。

（三）消费者支出

消费者收入的变化，也会影响消费者支出模式，继而影响消费结构。理论上说，随着家庭收入的增加，用于生活必需品的开支占总收入的比重会下降，用于家庭经营支出的占比基本不变，而用于其他服务和非生活必需品的支出占比应上升。这也是恩格尔系数所揭示的消费者的支出模式。

$$恩格尔系数 = 生活必需品支出额/家庭总收入额$$

恩格尔系数是衡量一个国家、地区、城市家庭生活水平高低的重要参数。该系数说明，食物支出占总支出的比重越大，系数越大，说明生活水平越低；反之，食物支出占比越小，系数越小，说明生活水平越高。消费者支出除了用恩格尔系数进行衡量外，还可通过消费结构加以理解。消费结构指人们所消耗的各种消费品及服务的构成，即各种消费支出占总支出的比例关系。消费结构是产业和产品结构优化的客观依据，也是企业展开营销活动的根本立足点。而消费结构的变化是一个长期的过程，如同恩格尔系数一样，对于经济发展水平不高的国家和地区，两者均显示出变化的缓慢性，与国家或者地区的经济增长不成比例。其发生变化受到诸多因素复杂的相互作用，如家庭生命周期、商品化水平以及国家政策（房改、医改等）。

（四）消费者储蓄和信贷

消费者的购买能力还与消费者的储蓄和信贷行为有关。消费者的个人收入不可能全部用来消费，一部分将以储蓄的形式保留起来，这是一种推迟的、潜在的购买力。它反映了未来消费的潜力。较高的储蓄率会推迟消费的出现，加大潜在购买力，削弱当下购买力。正常情况下，储蓄和国民收入成正比，即收入越高，储蓄能力越强。但在通货膨胀时期，消费者会将储蓄变成现金，购买保值商品，显示出消费者对经济前景的不信任或是悲观态度。消费者信贷对购买力的影响也很大，即消费者凭信用先取得商品使用权，然后按期归还贷款。信贷消费允许消费者超过自己现实的购买力进行消费，产生了更多的需求。

不同国家消费者的储蓄行为差异明显。在经济发达的西方国家，贷款消费是一种普遍的现象。就美国而言，欠债越多的人表示其越有财力、有信用。而在我国，传统的消费观念更看重无债，认为无债说明经济情况良好。但随着改革开放和全球经济的共同作用，这种传统的储蓄观念受到西方观念的冲击，当下已发生了明显的变化，但仍处于信贷消费的初级阶段。无论是哪种储蓄行为，过犹不及，都会对经济环境造成不利影响，从而影响企业开展正常的营销活动。

三、自然环境

自然环境是企业营销的空间，指营销活动所需要或受到影响的自然资源和生态。营销活动受到自然环境和生态环境的影响和限定，这种影响对企业的生存和发展起决定性作用。自然环境包括物质资源环境、绿色保护环境以及地理环境三方面。

（一）物质资源环境

自然物质资源是自然界提供给人类的物质财富，根据其数量和再生周期的不同可以分为三类：一是“无限”资源，如太阳能、空气、水等；二是有限但可再生的资源，如森林、粮食；三是有限但很难再生的资源，如石油、煤等。无限资源虽总体上数量无须过分担心，但与其相关的污染问题却亟待解决。有限但可再生资源短期内不会有太大问题，但要防止过度使用，应当有计划地利用。为此，企业在考虑选择原材料时需考虑其再生体系是否完备，对有限但不可再生资源的利用则要十分小心，要努力寻求新的替代资源。

自然资源是进行产品生产和实现经济繁荣的基础，其与人类社会经济活动息息相关。但资源的过度开采、污染和替代资源寻求的困难都要求企业必须在执行营销活动时将资源作为一个重要因素深入思考。

（二）绿色保护环境

工业化、城镇化的进程，不可避免地加重了各国的环境污染程度。从长远考虑，自然生态的平衡对国家和人民的生活有至关重要的影响作用。这使得国家开始通过立法的形式对环境污染和治理问题做出回应。同时，环境保护组织的活跃也使得消费者和企业开始注意到资源保护的重要性，促使企业销售对环境影响最小的产品，从而减少对环境污染和破坏的程度。消费者对此表示认同并积极加入企业有益于环境的活动中。强调区别于传统营销的社会环境利益与商业道德，要求企业在追求自身利益最大化的同时，兼顾人类的长期发展利益。

工业化导致的资源短缺，能源成本的上升以及政府干预的加强，都使得企业在执行营销活动时面对的压力增加，但同时也蕴含着若干有利于新产品开发的机会。除此以外，政府对环境问题的控制也带来新的市场机会：为治理污染的技术和设备提供一个大市场，为不破坏生态环境的新生产技术和包装方法等提供营销机会。所以，只要企业明确了政府对资源使用的限制和污染治理的措施，就能发现保证企业发展、提高经济效益的机会。

配合绿色营销的概念，要执行绿色产品策略。这种信息的传达可以通过产品自身，也可以通过分销渠道等其他方面进行说明。还要围绕绿色产品开展促销活动，树立企业的绿色形象。如麦当劳就要求其使用的餐具和文具用品均为纸制品，减少污染物，同时还要求利用可回收材料进行餐厅建设。

（三）地理环境

地理环境主要包括地理位置、地形地貌、气候等因素。这也是企业在执行营销活动时必须考虑的。因为这些因素影响的不仅仅是一个地区的经济、人口分布，还会影响企业的生产成本、运输、分销等多方面的活动。

地理位置对企业活动的影响首先反映在其选址上，选址优化的企业在原料开发、运输等多项环节上的成本相对较小，且对环境的污染也会较小。地形地貌会影响相同产品在不同地势状态（平原、丘陵）、海拔高度等因素时的不同效果，从而有利于企业发现目标市场或针对不同情况合理开发、改良产品。气候条件，如温度、湿度等气候特征会影响企业的营销成本，要求在产品的保存、运输上相应改进，同时也会因为可能造成的自然灾害而对企业营销造成威胁或者商机。

四、科学技术环境

科学技术是第一生产力，是潜在的生产力。而技术的应用对现实生产力水平的提高有至关重要的作用。技术环境是目前影响营销的最引人注目的因素之一。

（一）科学技术环境及其作用

科学技术环境指企业营销活动中所涉及的与技术、科学知识和机能等息息相关的环境。其作为营销总体环境的一部分，不仅影响企业的内部环境，也与其他环境因素一起作用于企业活动。

1. 科学技术发展的水平直接影响企业的营销活动。科学技术发展使得生产力水平有了显著提高，主要依靠生产设备的改造、工艺流程的不断创新。同时，技术开发扩大和提高了劳动对象利用的广度和深度，使得原料的创造和使用更加具有创新性。这些融合在企业各项活动中的创新，无不影响着企业的营销计划。所以科学技术发展为企业营销提供了创新的依据，使得企业的营销活动更具有科学性。

2. 科学技术发展影响人们的生活方式、消费模式。新技术是一种创造性的力量，新科技的兴起成就了许多新的行业，也对一些已有的行业造成威胁。IT 技术使得营销方式发生了重大变革。网络营销使得消费者的购买途径更加多元化，选择更加多样化，购买方式更加复杂化。以网络为平台展开的营销活动对传统方式下的营销造成了巨大的冲击。可见，科学技术不仅对企业产生了影响，甚至还可以直接作用于消费者，继而间接使得企业必须改变以适应。

3. 科学技术发展有利于帮助企业明确消费者群体。新技术增强了企业获取、存储以及分析信息的能力。企业通过科学技术的运用能够建立涵盖消费者各方面信息的数据库，比起传统的消费者定位方法，以数据为依托的新型方式更加有效且能以较低成本达到企业的目的。

4. 科学技术发展的水平影响了决策风险。企业自身和其利益相关者（消费者、竞争者）等都受到科学带来的冲击，这也意味着科学技术发展在带来机会的同时，可能也隐藏着风险和威胁。消费者的购买决策行为可能受到科学技术发展的影响，尤其在面对不断推出的新产品时。科学技术发展的复杂性和不确定性增加了企业在做出决策时所承担的风险，使得决策的考量变得更加困难。

（二）科学技术发展趋势

科学技术环境的作用还表现在科学技术迅猛的发展趋势上。企业在开展营销活动时必须时刻了解科学技术的改变和更新才能保持其优势，建立核心竞争力。其特点主要表现在以下四个方面：

1. 技术的高速发展。技术发展的速度很多时候是超过企业和消费者想象的，且其带来的效果也很难以简单地预测和判断。所以当今社会，跟不上技术发展的企业就会发现自身的产品很难在市场中找到立足之地。最经典的例子就是柯达的胶卷，因为消费者不再需要这类产品，从而失去了市场。高速发展的技术使得产品更新换代的速度加快，稍有不慎，企业就有可能失去市场份额。比如摩托罗拉手机就失去了进入智能手机市场的先机。

2. 研究与开发的高投入。研究与开发的投入在不同国家之间有显著差异，其衡量标准主要是研究与试验发展（R&D）经费以及其与国内生产总值的比值。美国是全世界研究与开发支出最高的国家。从2002年开始，中国的研究与开发支出连续六年在世界排名第六，2007年开始位于发展中国家首位，但远远低于排名前三的美国、日本以及欧美国家总体。但进入2010年后，中国加大投入，2014年R&D经费支出超过万亿元大关，为13 312亿元，比上年增长12.4%。同时其与国内生产总值的比值为2.09%，成功突破2%，表明我国科技实力在不断加强，说明政府对自主创新的引领作用和企业的投入主体地位日益加强，同时也表明我国同发达国家的差距正在不断缩小。具体如表2－2所示，该表反映了近10年来中国R&D经费投入及其与国内生产总值比值的变化情况。

表2－2　2004—2013年中国R&D经费投入以及投入强度

年份	2004	2005	2006	2007	2008	2009	2010	2011	2012	2013
R&D经费投入（单位：亿元）	1 966.3	2 450	3 003.1	3 710.2	4 616	5 802.1	7 062.6	8 687	10 298.4	11 846.6
投入经费强度	1.23%	1.34%	1.42%	1.49%	1.54%	1.70%	1.76%	1.84%	1.98%	2.08%

资料来源：国家统计局．2013年全国科技经费投入公报，2014.

随着信息革命和知识经济的发展，有实力的企业也开始将研究与开发放在最重要的位置上。企业侧重点的转移说明在全球化趋势下，放眼国内外市场，扩大市场影响力是关系企业生死存亡的大事。而其又与研究与开发存在紧密关系，即高投入意味着更多的产品创新、渠道优化等，更好地服务于多元化、多样化的消费者需求。研究与开发的高投入对于规模相对小的企业而言还是很难达到的。所以规模小的企业更需要关注所在行业和相关领域的科学技术变化，分析其影响，优化资源配置，适时地进行研究与开发。

3. 注重小微技术改进。由于完全意义上的创新性研究与开发的高投入具有高风险，大多数企业对此都显得十分谨慎和保守。其主要采用的方式是对已有的产品进行技术的升级，或者对竞争对手采取一定的模仿，做出细微的改进或简单的延伸。

五、社会文化环境

社会文化主要指一个国家、地区的民族特征、价值观念、生活方式、风俗习惯、宗教信仰、伦理道德、教育水平、语言文字等的总和。社会文化又可以分为主体文化和次级文化。主体文化占支配地位，起到凝聚整个国家和民族的作用。它由悠久历史所形成，包括价值观、人生观等。次级文化是在主体文化下所形成的文化分支，包括种族、地域、宗教等。社会文化对营销的直接、间接参与者的影响都是多层次、多方位、渗透性的。简单来说，它不仅直接影响了企业的营销活动组合，也影响了消费者的购买习惯、消费心理等。社会文化要素具体体现在语言、教育、宗教信仰、风俗习惯、态度与价值观等方面。

（一）语言

语言是人类表达思想的工具，也是企业营销活动必须使用的工具之一，因为语言是营销信息传播的工具。企业在进入某个市场时，必须研究目标市场所在国家或者地区的语言特点，制定符合目标市场语言习惯的营销沟通策略。如果企业直接参与沟通耗时较长且存在困难，企业需要利用当地经销商进行间接沟通。这也是为了向顾客介绍自己的产品和服务，了解顾客需求的重要前提。错误的语言沟通会影响整个营销活动的策划和执行，错误地展开营销活动不仅可能危害产品的进入，还会有损于企业的形象。语言的多样性不仅产生于不同国界，即便在同一国家，不同地区之间语言差异的巨大也不容忽视。如在中国各地区皆有其自身的方言，只有了解各类语言的特点，才能够规避风险。

（二）教育

教育水平决定了受教育者的受教育程度，也说明了整个社会的文化程度。教育水平的不同不单单影响受教育者的收入水平，更多时候也作用于其精神层次的需求。教育会影响消费者对商品的鉴赏能力，表现为对产品名称的理解，对包装、广告的审美，同时也影响消费者的理解程度。消费者理解程度的高低直接决定了信息能否正确传递以及是否对信息错误解读等。

（三）宗教信仰

具有不同宗教信仰的群体有着不同的文化倾向和戒律，也就影响了人们认知事物的方式、价值观念和行为准则，继而影响了消费者的行为，也带来了一些特殊的市场需求。信仰者对于相关戒律的遵循是企业在进行营销活动时必须考虑的。需要传递的产品及其相关信息必须与信仰者的宗教信息相一致，而不能发生冲突。很多时候也需要了解不同地区、民族以及消费者的宗教信仰，因为拥有同样信仰的消费者在购买行为等方面有很强的相似性。抓住影响其购买行为的核心因素，即可抓住这类消费者。

（四）风俗习惯

风俗习惯是人们根据自己的生活内容、生活方式和自然环境，在一定的社会物质生产条件下长期形成的，由于重复而巩固下来，世代相袭的一种风尚需要和行动的总和。而消费习俗是其中的一项重要内容，在饮食、服饰、居住、婚丧、节日、人情来往等方面都有所表现。不同的国家，对于数字、图案、颜色、动物等方面都具有不同的习惯和爱好。而同一个国家内不同地区之间也有着自己的风俗习惯。风俗习惯的多样化使得企业营销者必须注意不同国家、民族的消费和爱好，迎合其偏好，规避其厌恶，做到入乡随俗。

（五）态度与价值观

态度是人们思想意识以及心理活动的倾向，这种倾向会影响消费者的购买偏好，且这种态度因人、因事、因情况不同而不同。比如，对时间的态度体现在强调时间节约的观念以及在休闲时的慢速，这种对时间的不同态度因为人们所面对的状况不同而有所差异。又如，对新潮和传统的态度，有时候人们更愿意尝试新潮的东西，因其代表了一种新的方式；但对传统的认可使得这两种看似矛盾的态度经常共存。所以态度不是一个既定的内容，它会依据多种因素而发生改变。

价值观是人们对社会生活中各事物的态度和看法，是人们对事物的判别，其主要依据自己的信念和行为准则。价值观强调对事物评价并依此采取的某种行为的态度或者倾向，所以其也是与消费者行为直接相关的因素之一。价值观会受到传统文化的影响，不过在全球化趋势下，单一的文化影响正在被几种文化的共同影响所取代，如国人对提前消费的接受和认可。

六、政治法律环境

政治法律环境是影响企业营销活动的主要因素之一，因为企业的任何活动都受到政治情况和法律法规的制约。构成政治法律环境的因素是政治环境和法律环境。政治环境引导企业的营销活动方向，法律环境为企业营销活动提供准则，两者相互联系，共同对营销活动产生作用。

（一）政治环境

政治环境是指企业营销活动的外部政治形势和状况。政治稳定与否，会给企业的营销活动带来重大影响。良好的政局是指国家经济发展，社会稳定，民族和谐。政局的稳定使得市场保持稳定，能给企业营造良好的营销环境；相反，政局不稳，社会矛盾凸显，秩序混乱，会影响消费者的正常消费能力。所以企业在开拓对外市场时，一定要考虑东道国的政局情况和社会稳定性。

政治环境通常可以通过国家政府制定的政策体现出来，如人口政策、能源政策、物价政策、财政政策、金融与货币政策等。这些对企业的营销活动均构成影响，如降低税率鼓励消费者消费，征收个人所得税调节个人收入等。另外，一些国家也会制定一些政策来干预外来企业在本国的营销活动，这就造成外拓市场时企业将面对营销风险。这种干预通常被称为“政治权利”，而造成的风险包括外企强硬国有化、政策干预企业行为、进口限制、税收调整政策、价格管制和外汇管制等。

（二）法律环境

法律环境是指国家或者地方制定或者认可的，由国家强制实施的行为规范。

其主要表现形式为国家或者地方颁布的各项法规、法令和条例等。法律环境是开展一切营销活动所必须遵守的前提。只有依法开展营销活动，才能受到法律的保护。所以企业要了解法律法规中对自己有益的部分，合理规避对自己不利的。在法律允许范围内发挥自身的管理能力，利用法律手段保护自身权益。而对从事国际营销活动的企业来说，除了要遵守本国的法律制度外，还必须十分熟悉和遵守东道国的法律制度和相关的国际惯例和准则。

第三节　微观市场营销环境

微观市场营销环境是指与企业的营销活动直接发生关系的组织与行为者的力量和因素，对企业营销活动的影响主要体现于企业的具体业务中。与宏观市场营销环境相类似的，微观市场营销环境也具有一定不可控性。不同的是，其对企业营销活动的影响更加直接。且微观市场营销环境中的某些因素，通过企业主观努力可进行一定程度的控制。因此，对微观市场营销环境监测的重要性对企业管理者而言可与目标市场同日而语。

构成微观市场营销环境的因素可以通过企业的价值链系统显示出来。企业以满足顾客目标为目的，将自己与供应者和营销中介联系起来，形成了供应者—企业—营销中介—顾客的系统，还要受到竞争者和公众的影响。简单来说，构成微观市场营销环境的因素包含企业内部环境、供应商、营销中介、顾客、竞争者和公众，如图 2 –2 所示。

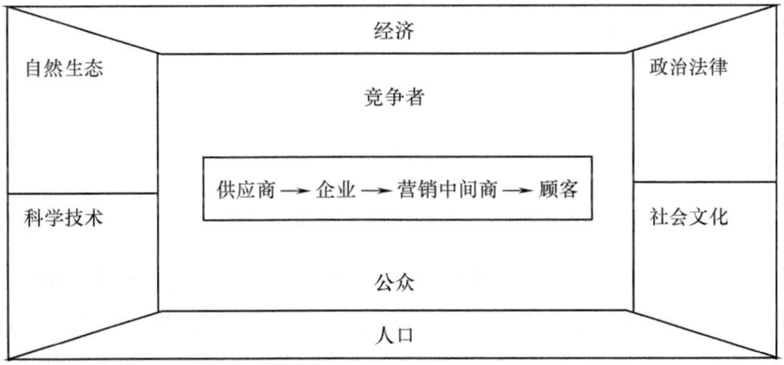

图 2 –2　营销环境的沟通及相互关系

一、企业内部环境

企业是由各职能机构，如计划、财会、技术、供销、后勤等多部门组成的，以营利为目的的经济单位。企业要开展营销活动，必须设立营销部门。企业内各部门之间不是孤立存在的，而是科学分工合作。各部门之间关于资源等多方面的矛盾的处理情况决定了企业的整个经营活动。营销部门在制订计划时需要统筹规划，兼顾企业各相关部门的要求或业务的开展。财务部门负责决定营销活动的资金来源；研究和开发部门负责产品的开发和更新；采购部门负责产品的原料等。只有各部门之间保持良好的关系，才能利于营销活动的开展。此外，企业内还有高层管理部门，用于制定公司的使命、目标、战略和决策。营销部门的规划要依据高层的管理决策，而营销部门规划的实施又需要得到管理部门的首肯。

二、供应商及其意义

企业的产品生产，首先需要各种相关原料、燃料和辅助材料作为基础保障。供应商就是向企业机器竞争者提供生产经营所需要的资源（如机器设备、原料、零部件、能源物资）的企业或个人。供应商是公司整个价值链系统中的一个重要环节，对企业的营销业务有实质性的影响。供应商提供的相关原料的数量和质量直接影响企业生产活动的结果，如供应短缺会造成产品无法生产。供应商的因素在短期内会影响产品的销售，长期则会影响消费者满意度和企业信誉。所以供应商对企业供货的稳定性和及时性，是企业开展生产活动的重要基础。企业对供应商的影响力的认识要求企业与供应商保持良好关系，了解供货的变化和动态，使其在时间上和连续性上得到保证。另外还要对原材料的市场信息了如指掌，寻找综合评价高、信誉好、价格低的供应商，或根据不同供应商在营销活动中的重要性，按照一定标准将其分类。为了少受供应商的约束，应开拓多渠道供给，拥有多个供应商，必要的时候可以考虑采取一体化战略，收购或者兼并供应商。

三、市场营销中介与分类

营销中介指协助企业进行产品促销、销售和经销从而将产品转移给最终购买者的机构。其主要包括中间商、物流实体分配公司、营销服务机构以及财务金融中介机构。

（一）中间商

中间商是帮助企业寻找顾客或直接与顾客进行交易的商业性企业。其主要有两类，即代理中间商和商人中间商。代理中间商又称经纪商，包括代理商、经纪人和生产商代表，负责介绍客户以及与客户洽商签订合同。其主要职能是协助达成交易，推销产品，但其不拥有商品的所有权。商人中间商从事商品购销活动，对其经营的商品有所有权，又称经销中间商或经销商，在市场中的主要类型是批发商和零售商。无论是哪一类型的中间商，其对企业而言有共同的角色，即企业拓展市场的合作者，是生产者与消费者之间的桥梁，协调两者的矛盾。中间商的基本情况与营销行为，企业必须知晓清楚，防止产生误会，减少因其工作效率和服务质量对企业产品销售、售后满意度造成影响。

（二）物流实体分配公司

物流实体分配公司是指协助厂商储存并将货物运送至目的地的专业组织。其基本功能是解决产销时空背离的矛盾，提供商品时间和空间效用，适时、适地、适量地帮助完成商品从厂商到最终顾客的传递过程。其工作职能包括包装、运输、仓储、装卸、搬运、库存控制和订单处理等。其运输的商品可以是供应商向生产企业提供的原材料物资，也可以是生产企业最终的产成品，或者是中间商的货物，涵盖的运输内容具有多样性特征。物流公司的效率、速度、安全性和方便性都会影响企业的生产活动以及最终顾客对企业、产品的评价。如网络购物后的物流配送，已然成为影响消费者满意程度的一个重要的衡量指标。

（三）营销服务机构

营销服务机构是指为企业生产提供营销服务，协助企业开拓产品市场及销售渠道推广、宣传的各种机构。常见的营销服务机构有营销调研机构、广告公司、营销咨询公司等。企业可以自设营销服务机构，也可以委托外部营销服务机构代理与自身营销活动有关的业务。这些服务机构提供的信息和服务能够帮助企业更加清晰地了解目标市场、人群的需求，帮助产品定位、传递产品信息、宣传企业形象等，定期评估营销绩效，使得企业的营销活动更加有效率地开展，促使其提高创造力、质量和服务水平，从而实现利润最大化的目标。

（四）财务金融中介机构

财务金融中介机构是指协助生产企业融资和降低货物赊销储运风险的各种机构，常见的有银行、保险公司。财务金融中介机构不直接从事与企业生产活动、产品流转直接相关的谈判、信息传递等商业活动，但其对工商企业的经营发展至关重要。这是因为企业与这类机构的关系密切，如企业往来的财务需要通过银行结算、企业的财务和货物需要通过保险取得保障，贷款利率的变动会影响企业的成本支出。财务金融中介会直接或者间接影响企业的生产活动。

四、顾客

顾客即产品的最终购买者，指向企业购买产品、服务的组织和个人，包括个人购买者和组织购买者。顾客是企业的目标市场的基本单位，是影响营销决策最直接、最重要的因素。顾客不断变化的需求，要求企业适时地提供不同的产品和服务，验证一个企业营销决策的制定和服务能力。

对顾客信息的了解和认知程度决定了企业在多大程度上能够吸引目标顾客。而在整个购买决策中，顾客所扮演的角色可能是单一的，也可能是多元的。这就决定了企业必须要清楚地了解消费者的角色扮演（如发起者、影响者、购买者等）以及对不同角色信息的要求和处理的不同。另外，还需要了解未来顾客的信息，即已有顾客信息的变化和潜在顾客信息的收集。

顾客的多样性导致其角色扮演和信息需求有所不同。据此可将消费市场分为消费者市场、生产市场、中间商市场等。消费者市场的目标顾客为消费者自身或家庭，信息与消费者自身直接相关；生产市场的购买对象为产品和服务的进一步加工；中间商市场的目标是再次销售或者租赁；而以政府部门为主的购买产品和服务公众的机构，则侧重转移支付。对不同类型顾客及其信息的了解决定了企业是否能够准确知晓顾客的需求。

五、竞争者

在市场经济条件下，企业不可避免地会遇到已有或者潜在竞争对手的挑战。简单来说，企业的竞争者是指与企业争夺市场的其他企业。从行业、产业角度来看，竞争者是指提供相似、相近或可以互相替代的产品或者服务的企业；从市场、顾客角度看，竞争者是指为相同或者相似顾客提供产品、服务的企业。从消费者角度看，竞争者可以分为四类：提供不同品牌的相同规格、型号的同种产品的品牌竞争者（如相同容量的不同品牌洗衣机生产商）；提供不同形式的形似、同类产品的形式竞争者（如不同的排气量、型号的轿车生产商）；提供不同品种的相近产品，通过不同方式满足顾客同种愿望、需要的一般竞争者（如作为交通工具的自行车和汽车生产商）；提供不同类产品、满足不同顾客需求、争夺同一顾客群的愿望竞争者（如对电视制造商产生竞争的洗衣机制造商）。

形式竞争者和品牌竞争者是同行业的竞争者，是企业需要重点研究的。企业必须清楚地了解自己在目标市场的竞争者是谁，竞争者的战略、策略是什么；自己同竞争者相比优势在哪儿、劣势在哪儿，如何扬长避短；自身和竞争者在目标市场的地位和反应类型等。企业必须要了解竞争者当前和未来的目标，评估其当前的战略和活动，对其拥有的资源也要有所了解，进而预测和判定其未来的战略方向，为企业自身规划提供帮助。

六、公众

广义的公众是指面临共同问题，因共有的目的、利益、兴趣、意识等联系起来的社会群体。狭义的公众，即在营销观念中涉及的公众，指对企业完成营销目的的能力具有实际或者潜在的利益关系和影响力的一切团体和个人。公众对企业的影响主要通过其对企业的态度显示出来，这种作用可以是积极的，即帮助企业实现自身的盈利目标，也可能是消极的。企业与公众的关系决定这种效果的性质。所以企业要适当处理与公众的关系，获得公众的支持，从而为自身营销活动赢得一个相对宽松的环境。企业面临的社会公众可以分为金融公众、媒介公众、政府公众、社团公众、社区公众、一般公众、内部公众几个类别。

（一）金融公众

金融公众是指对企业获得资金的能力以及企业市值评估产生影响的团体，主要是指银行、投资公司、证券公司、股东等。其主要对企业的融资能力有所影响。金融公众与企业的关系决定了其是否能长久地成为企业的强大后盾。企业必须正确地处理其与金融公众的关系，而并非只想着获得资金，逃避债务和应承担的风险与义务。金融公众想谋利也需要提供企业需要的服务，只有提高服务质量，才能获得企业认可，从而建立长期合作关系。两者良性合作才能够双赢。

（二）媒介公众

媒介公众是指对企业的信誉、声誉、社会形象等公共关系方面产生影响的团体，主要指大众传媒，包括报纸、杂志、广播以及电视四大传统大众传媒机构。同时互联网的普及使得公共信息服务网站、网络平台也担当了传媒公众的角色。这类团体掌握传媒工具，有广泛的社会联系，通过社会舆论对企业进行认知和评价。

（三）政府公众

政府公众是指与企业营销活动相关的各级政府机构和部门。其制定的方针、政策，对企业的活动有重大意义。有些公众还负责对企业实行监管。企业获得这类公众的帮助和认可，其营销活动的开展会更加顺利和高效。

（四）社团公众

社团公众是指具有某种共同利益的人或者机构组成的社会团体，主要包括三类，即政治利益团体（工会）、公共利益团体（消费者组织）和经济利益团体（行业协会）。前两类社会团体会保障团体利益和公共利益，对企业的活动进行监管，对企业的产品发表看法和评价。其给出的评价和反馈会直接影响企业在消费者中的形象和消费者对其形成的态度。如消费者组织公布的产品质量和投诉数据，会使得消费者对通报企业产生负面的评价，从而减少对其产品的购买。而经济利益团体则侧重于在企业和政府之间形成纽带，并在行业内进行自查。

（五）社区公众

社区公众是指在企业附近的居民、单位和社区组织。社区是企业的邻里。企业与社区保持良好关系，为社区的发展做出贡献，有助于赢得公众的认同。

（六）一般公众

一般公众是指社会的一般个体公众，是消费者在进行产品选择时作为参照的人群。还可以将其细分为现实公众和潜在公众，顺意公众、逆意公众和独立公众，稳定性公众，等等。其中具有较强影响力的人员、网络传媒、团体称为意见领导者，其余的为意见追随者。

（七）内部公众

内部公众是指企业内部管理人员和员工。企业应该处理好员工的关系，争取他们对营销计划的理解和支持，激发员工的责任感和主人翁意识，发挥其聪明才智，增强他们的福利，增强内部凝聚力，提高员工满意度和忠诚度。

本章小结

本章阐述了营销市场环境的特征，介绍了其构成因素，即包含宏观和微观两个维度，并说明了营销市场环境的特征和内涵。

本章首先给出营销宏观环境的定义，介绍了其包含的六个主要构成因素，分别是人口、经济、自然、科学技术、社会文化和政治法律环境，并对六个方面的环境做了详细的解释，说明了其对营销活动的作用，揭示其对营销活动的重要性。

随后，本章给出营销微观环境的定义，介绍了其包含的六个主要构成因素，分别是企业内部环境、中间商、营销中介、竞争者、顾客以及公众，并对六个方面的环境做了阐述，说明微观营销环境对企业营销活动的重要性和影响力。

关键术语

营销环境（Market Environment）；宏观营销分析（PEETCP Analysis）；顾客（Customer）；竞争者（Competitor）；公众（Public）

复习思考题

1. 简述市场营销环境对企业整个营销活动的重要性体现在哪些方面。
2. 市场营销宏观、微观环境包含哪些内容？
3. 试述企业应该以何种态度面对营销环境的变化。
4. 宏观营销环境和微观营销环境是怎样相互影响的？请举例说明。

本章案例

贝恩发布最新奢侈品报告：中国奢侈品市场首次出现下滑

2015 年 1 月 20 日，全球著名咨询公司贝恩最新发布了《2014 年中国奢侈品市场研究报告》。报告显示，2014 年，中国内地奢侈品市场首次出现负增长，较 2013 年下降了 1%。与之相对应的是，2014 年，在全球奢侈品市场，中国内地消费者的奢侈品消费上涨 9%，达到 3 800 亿元，约占全球奢侈品市场 30% 的份额。去海外购买和代购越来越成为中国内地消费者奢侈品消费的新选择。

“两方面的原因导致中国内地奢侈品市场下滑，一是受中国政府反腐新政的冲击，二是越来越多有能力的中国消费者去海外购物。”贝恩公司全球合伙人、2014 年奢侈品研究报告的作者布鲁诺·兰纳（Bruno Lannes）告诉界面新闻记者。

贝恩公司的报告是在对全国十多个城市的1 400名月收入1万元以上的奢侈品消费者进行调查访谈，并对部分奢侈品公司进行分析调查的基础上完成的。此前，贝恩公司已连续8年发布该报告。以下是该报告对中国内地奢侈品市场归纳的几个主要特点：

一、市场增速方面

2014年，中国内地奢侈品市场下滑1%，整个中国内地奢侈品市场的规模下降至1 150亿元，和2012年的市场规模持平。其中，配饰和箱包的销售无增长，男士服装和腕表的销售跌幅最大，分别为－10%和－13%的复合年增长率。2013—2014年度实现增长最大的为女士服装，为11%。鞋履、化妆品、香水和个人护理品分别为第二和第三，增长率分别为8%和7%。珠宝部分的增长仅为2%。

二、消费者方面

中国消费者越来越成熟，越来越多的中国消费者开始尝试新兴奢侈品牌，这些新兴品牌和轻奢品牌与传统大牌一样受人青睐。这些不断变化的消费者需求正在重新界定奢侈品的典范。在受调研的多数奢侈品消费者中，接近50%的受访者同意，比起传统的奢侈品大品牌如路易·威登、古驰、普拉达等，未来三年更愿意尝试购买新兴的奢侈品牌。其中，巴黎世家、迈克·高仕和凯特·丝蓓位列前三名。

三、产品偏好方面

中国消费者的奢侈品消费偏好发生了诸多变化，比如他们更加注重设计感、时尚、潮流，对品牌的偏好呈现多样化、专属性以及无须明显品牌标识等特点。中国消费者越来越喜欢限量版、以时尚为重点的产品以及与设计师合作的产品。相比传统大牌，中国消费者对新兴奢侈品牌的认同感很高。受此影响，不同类别的顶级品牌排名都发生了变化。

四、渠道方面

中国内地奢侈品门店的同店销售额严重下滑，开新店不再是奢侈品在中国获得销售增长的制胜法宝，各大品牌更加关心核心门店的翻新装修，并积极拓展网络渠道。选择关闭的店面多以男装品牌为主，很多店面呈现负增长。在购买渠道上，代购越来越成为主要渠道，70%的消费者通过代购渠道购买过奢侈品。贝恩预计中国代购市场规模约在550亿元至750亿元，这相当于中国内地奢侈品门店2014年销售额的约50%。而受日韩货币贬值和香港占中事件影响，越来越多的中国消费者选择前往日韩旅游购物，2014年前往日韩旅游消费的游客增长了约60%。

（资料来源：报告称中国奢侈品市场2014年首次出现下滑［EB/OL］.［2015－01－21］. http：//finance. sina. com. cn/chanjing/cyxw/20150121/072921350073. shtml，有改动。）

案例思考题

1. 分析影响奢侈品市场趋势变动的宏观、微观营销环境。
2. 面对这样的营销环境，奢侈品销售商应该做出什么改变？

第三章　购买者的行为研究

【学习目标】

在市场上，购买者不仅包括普通的消费者，还包括企业、政府、机构等组织，他们的购买行为往往呈现出不同的特点和规律。因此，研究影响市场购买主体的因素及其决策过程，对企业有效开展市场营销活动至关重要。通过本章学习，应努力达到以下目标：

- 掌握市场分类和需求类型；
- 了解消费者市场的特点；
- 掌握消费者的购买决策过程和影响因素；
- 了解组织市场的特点；
- 掌握组织市场的顾客及其购买行为。

引导案例

有关数据显示，随着人口众多的“80后”一代陆续成家立业，在2015年前，我国将迎来新一轮的生育高峰，这也将构成第四次婴儿潮。业内人士也指出，中国孕婴童市场需求至少在1万亿元，预计2015年可达到2万亿元规模，孕婴童服装市场已成为中国最有增长性的市场之一，中国的孕婴童市场正进入黄金发展期。从调查中可以发现，“80后”的家长对于孕婴童服饰产品的传统消费观念在悄然转变，体验与分享正成为这些“新手家长们”消费背后的乐趣所在。

“80后”家长通过多样化的渠道进行消费。随着孕婴童服饰消费群体的不断壮大，对于伴随互联网和计算机一同成长的年轻消费者而言，他们的思想更为开放，更愿意通过多样化的在线渠道获取孕婴童服饰产品的信息。有关数据显示，在众多在线信息渠道中，妈妈贴吧和论坛、品牌的官方微博和微信等名列前茅。此外，名人博客、在线视频共享网站也是年轻消费者获得资讯的重要途径。

第一节　市场分类

在经济活动中，市场并非一个抽象的概念，而是表现为多种不同的分类市场。市场最基本的分类及其相互关系，如图3－1所示。制造商从资源市场购得各种要素资源，包括原材料、劳动力、资金、能源等，通过生产过程将产出的产品或服务出售给中间商以获利。中间商向消费者转售产品或服务。消费者则通过出售劳动力、生产技能、智力等劳动要素换取收入以购买产品或服务。作为特殊的市场主体，政府通过向各经营性市场主体征税来支撑其职能活动，向各类市场提供公共服务，同时，政府也需要采购其开展职能活动所需的各类产品。正是这些市场主体的活动及相互关系构成了复杂的市场体系。

图 3－1 仅仅描述了经济活动中最基本的市场类型和交换关系。在现实生活中，市场的类型更多样，关系更复杂。常见的市场类型有以下几种：

（1）按照购买者主体划分，市场可以分为消费者市场、生产者市场、中间商市场、非营利组织市场、政府市场等。消费者市场是为生活消费而购买产品和服务的个人和家庭的组合。生产者市场是为生产某种产品并通过出售以获利而购买生产要素的企业和个人的集合。中间商市场是购买产品直接用于转售以获利的企业和个人的集合。政府市场是指政府为行使政府职能而购买产品的集合。

（2）按照市场交易对象划分，市场可细分为产品市场、服务市场、技术市场、金融市场、劳动力市场、房地产市场、旅游市场、文化市场等。按照国民经济的产业分类，每一个产业都是一个独立的市场。

（3）按市场的竞争状况划分，市场可以划分为完全垄断市场、寡头垄断市场、垄断竞争市场和完全竞争市场。完全垄断市场是指一定地理区域内某一行业只有一家企业供应某产品和服务，或者说一种产品只有一个生产者或经营者而没有替代供应商的市场。寡头垄断市场是指由少数几家大企业控制了某一产品绝大部分产量和销量的市场。垄断竞争市场是指一个行业内有很多企业生产销售同一

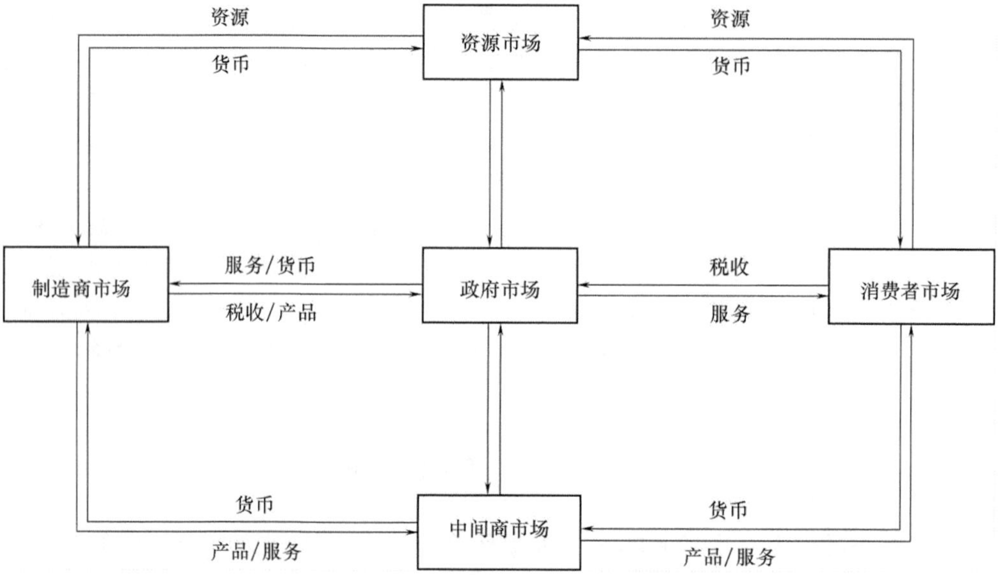

图 3－1　现实经济中的基本市场关系

产品，且每一个企业的产量或销量只是需求总量的一小部分，不同企业的产品间存在质量、性能、服务等差异的市场。完全竞争市场是指某一行业中有很多企业以相同方式向市场提供相同产品的市场。

（4）按照交换双方力量对比划分，市场可以划分为卖方市场和买方市场。卖方市场是指商品供给量小于需求量、商品价格趋于上涨、由卖方支配交易关系的市场类型。与之相反，买方市场是指商品供给量大于需求量、商品价格趋于下跌、由买方支配交易关系的市场类型。处于不同供求关系中的企业，其营销任务不同，营销战略与策略也存在较大差异。

第二节　消费者市场购买行为

消费者行为研究在市场营销理论体系中占有重要的基础性地位，以消费者为导向也逐渐成为企业营销最基本的理念。了解消费者行为的相关内容是进行市场细分、目标市场选择、市场定位、制定营销战略与策略组合的基本出发点。对人类消费活动中的心理规律和行为表现的研究，构成了消费者行为研究的基本内容。

一、消费者市场概述

消费者市场是指所有为了满足个人消费而购买产品和服务的个人和家庭所构成的市场。生活消费是产品和服务流通的终点，故消费者市场也称最终产品市场。一般而言，组织市场虽然购买数量庞大，但最终服务对象还是消费者，仍要以满足消费者的需求为中心。因而，消费者市场是市场体系的基础，是起决定作用的市场，是现代市场营销理论研究的主要对象。

消费者市场有着分散性、多样性和替代性等特点，具体如下：

（1）分散性。从交易的规模和方式看，消费者市场购买者众多，市场分散。虽然消费者市场的成交次数频繁，但总体的交易数量却远小于组织市场。从空间上来看，消费行为发生在人类生活的每一个角落，从城市到乡村，从国外到国内，消费者市场无处不在。从时间上来看，人类的消费一刻都不能停止。消费者市场的分散性要求企业采用多样化的分销渠道来进行产品的销售。

（2）多样性。消费者市场提供生活消费用产品，购买者是受不同因素影响的个人或家庭，因而市场需求呈现出较大的差异性、多样性。这些因素主要有消费者的年龄、性别、身体状况、生活经历、习惯偏好、教育程度、社会地位、收入水平、家庭环境等。随着消费者购买力的不断提高，人们更加注重个性选择、个性消费，消费需求更加多样化。

（3）替代性。消费者市场产品种类繁多，不同产品之间往往可以相互替代，这与组织市场情况差异较大。一方面，不同种类的商品（如液态奶与奶粉），因其使用价值相近，很容易相互替代；另一方面，同一种类的商品（如各个品牌的牙膏），虽然规格、价格、质量或品牌可能存在差异，但其功能大致相同，因而也容易相互替代。消费品中的大多数商品都可以找到替代品或可以互换使用的商品，可以说消费者市场中的商品具有较强的替代性。

二、消费者的购买决策过程

（一）消费者行为模式

1. 消费者。消费者是与消费紧密联系的概念。消费是指人们消耗物质生活资料和精神产品的行为活动。消费者则是从事消费行为活动的主体——人。根据研究角度的不同，对消费者概念的界定也有广义和狭义之分。

广义的消费者是指所有从事物质产品和精神产品消费活动的人。在一定意义上，社会上的每一个人，无论其身份、地位、职业、年龄、性别如何，都是消费者。因此，消费者是等同于总人口的最大社会群体。

狭义的消费者是从市场需求的角度界定的。将消费者放到市场需求的框架中加以考察，可以认为消费者是指那些对某种产品或服务有现实或潜在需求的人。由于对商品的需求表现不同，狭义的消费者又可以分为现实消费者和潜在消费者。现实消费者是指对某种商品或服务有现实需求，并实际从事商品购买或使用活动的消费者。潜在消费者是指当前尚未购买、使用或需要某种商品，但在未来可能对其产生需求并付诸购买及使用的消费者。

2. 消费者行为。根据美国市场营销协会（AMA）的定义，消费者行为是“感知、认知、行为以及环境因素的动态互动过程，是人类履行生活中交易职能的行为基础”。该定义较为全面地体现了消费者行为概念的丰富内涵。

按此定义，消费者几乎时时刻刻都在受到周围环境的刺激，不仅包括政治、文化、经济和科技等社会因素的刺激，还有商家提供的产品、广告和促销等营销刺激。这些刺激使得消费者内心发生一系列的心理活动，进而做出相应的购买决策，包括产品选择、品牌选择、经销商选择和购买数量选择等。这一过程被称为消费者行为的刺激—反应模型（SOR，Stimulus - Organism - Response），是指外在环境会影响个体的感知评估和情绪状态，从而影响其心理反应，并通过心理反应间接影响个体表现的行为，如图 3 - 2 所示。

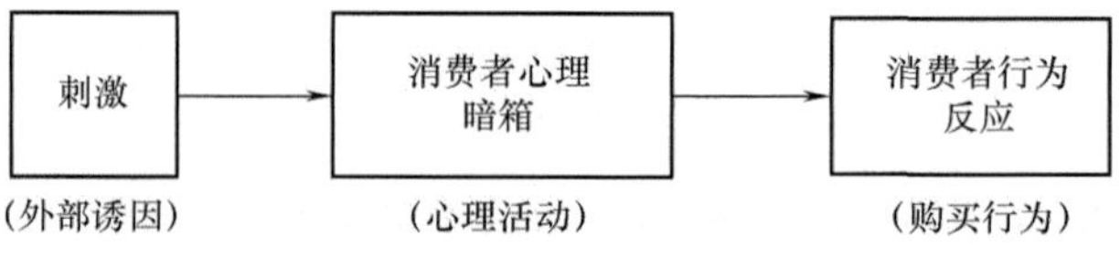

图 3 - 2　消费者行为的刺激—反应模型

资料来源：江林．消费者行为学［M］．上海：上海交通大学出版社，2010：105.

（二）消费者购买决策过程

消费者购买行为是消费者行为研究的核心，研究消费者为什么做出购买行为决策以及具体的决策过程。消费者购买行为是指与购买商品和服务有关的各种活动的集合。

1. 消费者购买决策的含义。对于消费者而言，购买决策是指消费者作为决策主体，为了实现满足需求这一特定目标，在购买过程中进行的评价、选择、判断、决定等一系列活动。

购买决策在消费者购买行为活动中处于关键性地位。首先，消费者决策决定了购买行为发生或不发生；其次，决策的内容确定了购买行为的方式、时间及地点；再次，决策的质量决定了购买行为的效用大小。因此，正确的决策会促使消费者以较少的费用、时间和精力投入买到质价相符、称心如意的商品，最大限度地满足自身的消费需要。

2. 消费者购买决策的内容。消费者购买决策的内容因人而异，但所有购买决策都离不开5个W和2个H，如图3－3所示。

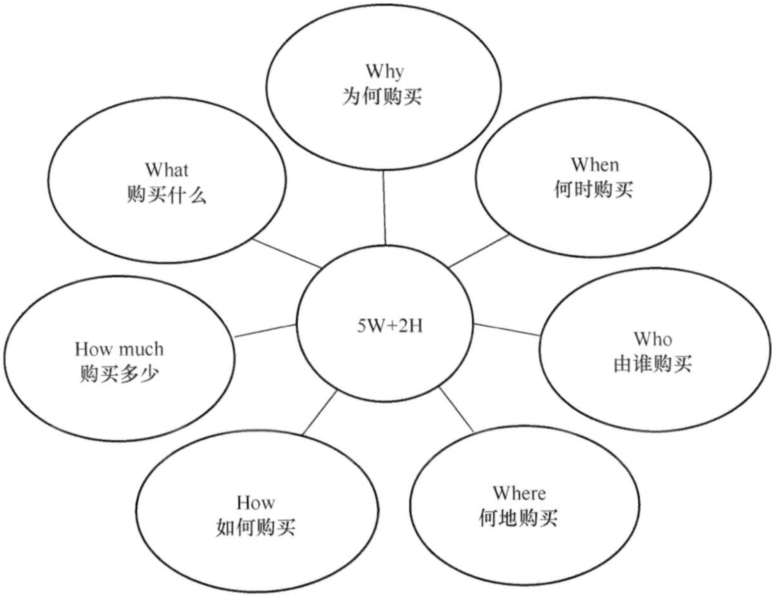

图3－3　消费者购买决策的内容

资料来源：江林．消费者行为学［M］．上海：上海交通大学出版社，2010：108.

（1）由谁购买（who）？即确定购买主体。在购买过程中，消费者扮演的角色有所不同，有人充当决策者，有人具体实施购买，有人则是商品的使用者。

（2）为什么购买（why）？即权衡购买动机。消费者的购买动机多种多样。同样购买一台洗衣机，有人是为了减轻家务劳动，有人则是为了炫耀攀比。

（3）购买什么商品（what）？即明确购买对象，这是决策的核心。购买目标不只是停留在一般类别上，而是要确定具体的对象及内容，包括商品的品牌、性能、质量、款式、规格及价格等。

（4）购买多少（how much）？即确定购买总额。购买总额一般取决于实际需要、支付能力及市场供求情况。如果市场供应充裕，消费者便不急于买，买的数量也不会太多；如果市场供应紧张，即使目前不是急需或支付能力不足，消费者也会负债购买。

（5）什么时间购买（when）？即确定购买时间。它与主导购买动机的迫切性有关。在消费者的多种动机中，往往由需求强度高的主导性动机来决定购买的先后缓急；同时，购买时间也与市场供应状况、购买场所营业时间、节假日及消费习俗等有直接关系。

（6）什么地方购买（where）？即确定购买地点。购买地点是由多种因素决定的，如购物场所的环境品位、商家信誉、交通便利程度、可挑选的品种数量、价格水平以及服务态度等。这项决策既与消费者的惠顾动机有关，也与求名、求速、求廉等动机有关。

（7）如何购买（how）？即确定购买方式，消费者是函购、邮购、预购还是代购，是付现金、信用卡还是分期付款等。随着电视购物、直销、网络购物等新型销售方式不断涌现，现代消费者的购买方式也趋于多样化。

3. 消费者购买决策过程。消费者的购买决策过程由引起需要、收集信息、评价方案、决定购买和购后评价五个阶段构成，如图 3－4 所示。

图 3－4　消费者的购买决策程序

资料来源：江林．消费者心理与行为［M］．4 版．北京：中国人民大学出版社，2011：188.

（1）引起需要。消费者对某类商品的购买需求源于其自身的生理或心理需要。当某种需要未得到满足时，满意状态与实际缺乏状态之间的差异会构成一种刺激，促使消费者发现需求所在进而产生寻求满足需求的方法、途径的动机。引起消费者需要的刺激可以来自个体内部的未满足需要，如饥饿、寒冷，也可以来自外部环境，如流行时尚、他人购买等。经内外刺激引起的消费者对自身需求的认知，起着为决策限定范围、明确指向的作用，因此是有效决策的前提。

（2）收集信息。在认知需求的基础上，消费者受满足需要的动机驱使，开始寻找各种解决问题的方案。为使解决方案具有充分性和可靠性，消费者必须广泛收集有关信息，包括能够满足需要的商品种类、规格、型号、价格、质量、维修服务、有无替代品、何处何时购买等。上述信息可以通过各种渠道获得，如报纸、广播、电视、杂志等传统媒体和网络等新型媒体刊载的商业信息；亲友、熟人等口碑传播提供的信息；来自个人经验或记忆中存储的信息；从他人或群体行为方式中获得的启示等。消费者收集信息的快慢取决于对所需商品的迫切程度、对该商品的了解程度、信息获取的难易程度等。

（3）评价方案。在广泛搜寻的基础上对所获信息进行适当筛选、整理加工，即可建立解决问题的多种方案，但各种方案的利弊不一，需要加以比较选择。选择的标准因消费观念的不同而异。例如，有人以价格低廉作为基本需求，有人以符合时尚作为选择标准；有人要求外观新颖，有人则希望结实耐用；有的人追求个性化，求新求异，有的人则宁可从众，与群体保持一致。面对各种备选方案，消费者可能做出完全不同的选择。比较选择是择优决定方案的基础。

（4）决定购买。在对各种方案进行充分比较后，便可从中选择最优决策方案。所谓最优方案，是指能够最大限度地满足消费者需要的方案。确立最优方案是消费者购买决策中的关键环节，直接决定决策正确与否、质量高低。为保证决策科学有效，需要消费者具备较强的分析判断能力和较高的决策水平。

（5）购后评价。在购后评价中，消费者通过比较商品效用与预先期望的差距，得出自己的满意程度。当产品的可感知效果与欲望相符或者大于期望，消费者会感到满意，这种情况被称为购后协调。在购后协调的情况下，消费者不仅会发生重复性购买行为，还会积极地宣传推广该产品，促进他人购买。当产品的可感知效果未达到期望的水平，消费者会对自己的购买决策产生不满意，这种情形被称为购后不协调，此时消费者会产生认知失调。认知失调是指个体的态度与行为发生不一致进而引发的不舒服的感觉。认知失调常常会引发心理的紧张，为了缓解这种紧张心理，个体会选择改变态度或改变行为等方式来减少认知不一致。在购后不协调的情况下，消费者主要有两种选择，一是选择沉默，包括改变对产品的评价、寻找新的支持信息、提高心理效用水平和降低决策的重要性；二是选择发泄，包括抱怨、消极宣传、向厂家提出退换货和向有关部门投诉等情况。

由此可见，购后评价常常作为一种经验，反馈到购买活动的初始阶段，对消费者以后的态度和购买行为发生影响，同时还会通过口碑扩散至其他消费者，影响他们的态度和行为。对于企业来说，顾客满意有着十分重要的意义。顾客满意不仅可以使企业拥有一大批忠诚的顾客源，形成稳定的收入来源，还可以帮助企业在市场上建立良好的企业形象，形成良好的口碑，与顾客、供应商和经销商等利益相关者建立良好的关系，促进企业健康发展。

4. 消费者购买决策类型。购买决策方式受到购买涉入度的影响，因涉入程度不同，消费者的购买决策呈现不同的类型。所谓购买涉入度，是指消费者由需要或价值观而产生的对购买决策过程关心或感兴趣的程度。当消费者的购买涉入度由低到高变化时，决策过程也随之复杂化，由此呈现不同的类型。具体从两个层面表现购买决策类型的差异：决策的复杂程度、涉入购买程度。第一个层面表示从决策到习惯的一个连续集合，消费者将其决策构建在搜寻信息和评价品牌的认识过程基础上，当消费者满意并且一直购买某一品牌的产品时，就几乎不用进行决策了。第二个层面描述了从高度涉入到低度涉入的集合。高度涉入购买是指那些对消费者而言非常重要的购买活动，它与消费者的自我意识及自我形象紧密联系，消费者会花费时间和精力仔细考察可供选择的产品；低度涉入购买对消费者并不很重要，其财务、社会和心理的风险也不大，消费者不会花大量时间和精力去考察可选产品。

决策与习惯、低度与高度这两个层面的交叉可以产生四种类型的购买决策行为，如表 3－1 所示。

表 3－1　消费者购买决策类型

	高度涉入的购买决策	低度涉入的购买决策
决策 （信息搜寻，考虑对品牌的选择）	复杂决策 （汽车、电器等）	有限决策 （麦片、快餐食品等）
习惯 （很少或没有信息搜索）	品牌忠诚决策 （运动鞋、化妆品等）	惯性决策 （纸巾、饮用水等）

资料来源：江林．消费者心理与行为［M］．4 版．北京：中国人民大学出版社，2011：191.

（1）复杂决策。复杂决策即消费者详细和全面地对不同品牌进行评估。与其他类型的决策相比，这种决策需要搜寻更多的信息，评估更多的品牌。由于产品品牌差异大，购买风险大，消费者需要有一个学习过程，要广泛地收集产品的性能、特点、价格等信息，对产品进行全面的评估，进而做出购买决策。复杂决策在下列情况下更有可能发生：

- 高价位产品；
- 与操作风险相关的产品（医药、汽车）；
- 复杂产品（音响、电脑）；
- 与自尊、形象密切相关的产品（服装、化妆品）。

（2）有限决策。有限购买决策也称寻求多样化的购买行为，是消费者在低涉入度购买的情况下进行的决策。消费者在这类购买决策中具有很大的随意性，不全面收集信息和与其他品牌进行比较就决定购买某一品牌，而在下次购买时又有可能会转换其他的品牌。

例如，当消费者去超市购买麦片、饼干等食品时，这次购买一种品牌，下次可能会购买别的品牌，当超市有新食品做促销时，消费者还有可能出于尝试心理选择购买，在这种情况下，消费者对信息的搜寻是有限的。现存品牌的改变和对多样性的渴求都会导使消费者发生寻求多样化的购买行为。

（3）品牌忠诚决策。过去购买的满意评价和对某品牌的强烈认同，使消费者几乎不进行任何比较选择就决定购买。品牌忠诚决策也称为减少失调的购买行为（dissonance－reducing buying behavior），是指消费者并不广泛收集产品信息，并不精心挑选品牌，购买决策过程简单而迅速，购买之后，消费者也许会感到某些不协调或不够满意，在使用过程中，会了解更多产品的情况，并寻求种种理由来减轻、化解这种不协调，来证明自己的购买决定是正确的。

（4）惯性决策。这是指消费者始终购买同一品牌的商品，然而，重复购买并非出于消费者对该品牌的忠诚，而是他们认为不值得花费时间和精力去寻购替代品。消费者只是被动地接受信息，出于熟悉而购买，也不一定进行购后评价。例如，消费者始终购买超能牌的洗衣皂，农夫山泉牌的矿泉水，清风牌的纸巾等，并不是出于对这些品牌的忠诚，而只是习惯于购买自己熟悉的品牌，节约搜寻产品的时间和精力。

三、消费者购买行为的影响因素

人们的购买行为在很大程度上受到文化、社会、个人和心理等因素的影响，如图 3－5 所示。

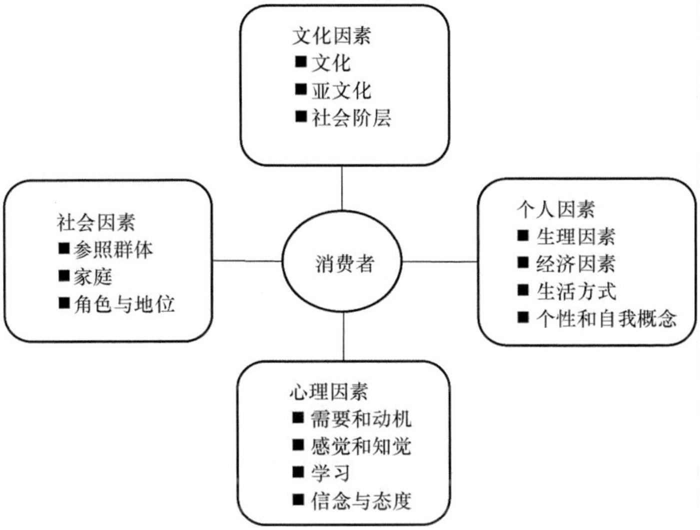

图 3－5　消费者行为影响因素

（一）文化因素

1. 文化。文化是区分一个社会群体与另一个社会群体的主要因素，是人们通过学习获得的区别于其他群体行为的集合。文化所包含的潜在元素有：价值观、文字、语言、伦理道德、风俗习惯、宗教仪式、法律及产品和服务等。每一个个体都在特定文化环境中成长，文化是人类欲望和行为最基本的决定因素，对消费者行为具有最广泛和最深远的影响。文化的差异会引起消费行为的差异。大量事实表明，不同国家、民族、地区的消费者，由于文化背景、宗教信仰、道德观念、风俗习惯以及社会价值标准不同，在消费观念及消费行为方式上会表现出明显差异。例如，受东方传统文化影响，中国人历来以勤俭持家、精打细算、未雨绸缪、量入为出为美德，而对超过自身支付能力的消费视为奢侈浪费，借债消费更是为人所不齿的行为。体现在消费观念上，就是人们崇尚勤俭节约，因此注重储蓄，居民储蓄率居高不下。而以西方文化为主导的消费者则恰恰相反，他们更重视个人价值的实现和当前需要的满足，视负债消费为天经地义，因此，其居民储蓄率不断下降，家庭负债率持续上升。由此可见，文化对消费观念、态度以及行为方式具有深刻影响。

2. 亚文化。亚文化是指某一文化群体中的次级群体所拥有的文化。亚文化以特定的认同感和社会影响力将群体成员联系在一起，例如民族亚文化、宗教亚文化、地理亚文化、种族亚文化等。

（1）民族亚文化。世界上许多国家都存在不同的民族，民族文化在预测消费者购买习惯、消费偏好时是非常重要的参考依据，它就像一个标签，标识出自己和其他人。同一个民族的人拥有相似的思想、认知和相似的消费行为，不同的民族间则会有较大差异。有的民族对于某些动物、花鸟、图案敬若神明，视为高贵，而有的民族则可能恰恰相反，视其为丧气或禁忌。这种差异对于市场分析、市场细分等企业营销活动都很有帮助。

（2）宗教亚文化。世界上存在许许多多不同的宗教，不同的宗教信仰有不同的文化倾向和戒律，从而形成对商品不同的偏好和禁忌，使分属不同宗教群体的消费者在购买行为和消费习惯上表现出各自的特征。从企业角度来看，宗教不仅仅是一种信仰，更重要的是，它反映了消费者的理想、愿望和追求。因此市场营销人员在制定营销策略时，应该考虑到各民族的特点，制定相应的市场营销策略，回避宗教禁忌。

（3）地理亚文化。由于自然条件与地理上的差异，不同的地区往往具有不同的文化特色，使人们的消费习惯和消费特点体现出差异。比如，在我国，饮食口味的特点是南甜北咸，东酸西辣，菜系也是按地域分的，食品生产商就应充分考虑不同地区的饮食习惯。气候特征也是影响消费行为的重要因素。适合温带地区的产品未必适合热带和寒带地区，适合高湿度地区的产品可能就不适合气候干燥的地区。对于跨地区销售的产品，设计人员与营销人员应注重地理亚文化的差异。

（4）种族亚文化。一个国家可能有不同的种族，不同的种族有不同的文化传统与生活习惯。比如，白种人、黑种人、黄种人的文化差异较大，其购买行为也差异较大。

3. 社会阶层。社会阶层是指一个社会中具有相对同质性和持久性的群体，它们是按等级排列的，每一阶层成员具有类似的价值观、兴趣爱好和行为规范。社会阶层不是由一个变量决定的。要全面把握社会阶层的状况，通常使用综合的标准来进行划分。我国划分社会阶层的标准包括：①收入，收入的多少会影响人们的社会表现和消费方式；②职业，这是现代社会反映人们社会地位的一个主要标志，不仅影响人们的经济收入、社会声望，而且影响人们的消费方式和消费水平；③受教育程度，它直接影响人们的知识、能力、兴趣、价值观、审美观和消费观；④权力，它反映出人们的政治地位。

社会阶层对消费行为有着重要的影响。不同阶层的人有不同的生活方式和消费习惯，比如对待促销，中等层次的消费者注重商品的外观，低层次的消费者则存在立刻获得和立刻满足的消费倾向。研究社会阶层对于深入了解消费者行为具有特别重要的意义，一方面可以研究不同阶层的消费者在信息收集、品牌偏好和购买动机等方面具有哪些独特性，另一方面有助于了解哪些消费行为被限定在某一特定阶层之内，哪些消费行为则是各阶层消费者所共同具有的。事实上，对于许多不同类型和档次的产品与品牌，消费者会自觉或不自觉地按其社会阶层加以区分和选择。

（二）社会因素

消费者的购买行为也是一种社会行为，受到相关群体、角色、家庭等一系列社会因素的影响。

1. 参照群体和社交网络。一个人的行为受到许多小的群体的影响。群体是指通过一定的社会关系结合起来进行共同活动而产生相互作用的集体。属于同一群体的成员彼此依附，彼此意识到对方的存在，并进行相对频繁的沟通和交往，大家具有相似的价值观、基本一致的行为方式，以及同属于一个群体的体验。一个人的兴趣、爱好以及思想和行为准则都不是天生的，而要受到后天环境的影响。在各种因素中，群体的影响不可忽视，它会潜移默化地影响人的心理与行为。

（1）参照群体和口碑营销。参照群体是一个人在特定情况下作为行为向导而使用的群体概念。消费参照群体是指个人在形成其购买或消费决策时用以作为参照、比较的个人或群体。参照群体可分为直接参照群体和间接参照群体。

直接参照群体又称为成员群体，即某人所属的群体或与其有直接关系的群体。成员群体又分为首要群体和次要群体。首要群体是指与某人直接和经常接触的一群人，一般都是非正式群体，如家庭成员、亲戚朋友、同事、邻居等。次要群体是并不经常影响其成员但一般较为正式的群体，如宗教组织、职业协会等。间接参照群体是指某人的非成员群体，即此人不属于其中的成员，但又受其影响的一群人。这种参照群体又分为向往群体和厌恶群体。向往群体是指某人推崇的一切人或希望加入的集体，例如体育明星、影视明星就是其崇拜的向往群体。厌恶群体是指某人讨厌或反对的一群人。一个人总是不愿意与厌恶群体发生任何联系，在各方面都希望与其保持一定距离，甚至经常反其道而行之。

参照群体主要从两个方面对消费者购买行为产生影响：一是参照群体为消

费者展示出新的行为模式和生活方式；二是参照群体影响消费者的消费态度。

鉴于参照群体对于消费者行为的影响，企业应充分运用参照群体对消费者施加影响，扩大产品销售。其中，口碑营销就是一种非常好的方式。最早的口碑营销是指企业通过朋友、亲戚的相互交流将自己的产品信息或者品牌传播开来。如今的口碑营销是指企业在调查市场需求的情况下，为消费者提供需要的产品和服务，同时制订一定的口碑推广计划，让消费者自动传播企业产品和服务的良好评价，从而让人们通过口碑了解产品、树立品牌形象、加强市场认知度，最终达到企业销售产品和提供服务的目的。口碑营销充分利用了参照群体对个体消费态度的影响，由于人际的充分信任和频繁互动，口碑营销往往成功率高、可信度强，是企业进行营销的很好选择。

（2）社交网络。社交网络即社交网络服务，源自英文 SNS（Social Network Service），即社交网络服务。社交网络是让人们在线进行社会互动、交流信息和观点的地方，包括博客、微博、微信等社交网站和工具，以及整个网络世界。随着互联网的发展，社交网络在人们的生活中扮演着越来越重要的角色，它已成为人们生活的一部分，并对人们的信息获得、思考和生活产生不可低估的影响。我们在社交网络上的好友或粉丝成为我们在虚拟世界中的参照群体，他们的言论和行为会潜移默化地影响我们的态度和行为。社交网络的崛起不仅改变了消费者的生活方式，也改变了企业的营销策略。随着 facebook、twitter、微博和微信等国内外社交媒体的兴起，社交网络营销的优势日益体现，越来越多的企业开始在社交网络上进行营销并获得了非常好的营销效果。

社交网络营销具有传统营销无法比拟的优势：首先，社交网络营销可以满足企业多元化的营销策略，无论是促销活动、产品植入，还是市场调研，抑或是病毒营销，都可以在社交网络上实现。其次，社交网络可以有效地降低企业的营销成本，社交网络营销“多对多”的信息传递模式具有更强的互动性，受到更多人的关注。社交网络用户高度的参与性、分享性和互动性可以加强人们对于品牌的认知，更容易形成深刻的印象，进而产生较好的传播效果。最后，社交网络是真正符合用户需求的营销方式。社交网络营销符合网络用户参与、分享和互动的社交需求，可以通过营销方式拉近人与人之间的距离，而不会引起用户较大的反感。在互联网时代，如何使社交网络营销成为企业有效的宣传及管理工具，从而最终实现利益的最大化，越来越成为企业营销活动中非常关键的一项内容。

2. 家庭。家庭是以婚姻或血缘为纽带，成员间存在持久性情感关联的群体。家庭是社会的基本单位，也是社会中最重要的消费者购买组织，它深刻地影响着人们的价值观、人生态度和购买行为。

家庭对于个体消费者的消费活动的影响体现在三个方面：

（1）家庭是大部分商品和商品类型的主要销售对象。与个体消费不同，无论是在消费数量还是在消费种类上，家庭消费都要远远超过个体消费。从日常消费的各种普通商品到满足各种特殊用途的专用商品，大多是以家庭为单位进行购买和消费的。因此，家庭是消费活动的主力军，是最基本的销售对象。

（2）家庭决定其成员的消费方式。组建家庭之后，夫妻双方都要协调和改变自己的消费行为，建立适合双方的消费方式。家庭对子女的消费方式也有着重要影响，子女消费行为的习得最初是从家庭开始的，子女往往是通过观察、模仿父母或年长成员的消费行为而懂得如何消费的。

（3）家庭影响其成员的消费观念。这主要表现在对消费行为的价值和意义的认识上。家庭主要成员的消费观念会通过购买行为表现出来，子女会通过观察和学习逐渐接受这种消费价值观。比如，父母热衷于名牌商品，子女往往也容易形成追求名牌、讲排场的消费心理；父母勤俭持家，子女往往也不乱花钱。当然，这种影响不是绝对的，随着社会的发展，时代的变化，上一代与下一代在认识与观念上的差异逐步加大，家庭对年轻人的影响有所减小。

家庭成员的消费以家庭为核心，但在实际的购买活动中，并不是每个家庭成员都可做出决定，决定消费的往往是一两个成员。在家庭消费决策中，不同的家庭有不同的特点，家庭消费决策主要有三种类型：一人独自做主；全家参与意见，一人做主；全家共同决定。这里的“全家”虽然包括子女，但主要还是夫妻二人。夫妻二人购买决策权的大小取决于多种因素，如各地的生活习惯、妇女就业状况、双方工资及教育水平、家庭内部的劳动分工以及产品种类等。孩子在家庭购买决策中的影响力也不容忽视，随着孩子的成长、知识的增加和经济上的独立，他们在家庭购买决策中的影响力逐渐加大。

3. 角色和地位。社会角色是指与人们的社会地位、身份相一致的一整套权利、义务的规范与行为模式，它是人们对具有特定身份的人的行为期望，也是构成社会群体或组织的基础。按照拉尔夫·林顿（Ralph Linton）（1936）的说法，一个人占有的是地位，而扮演的是角色。在每一次高度结构化的社会互动中，社会都为其提供了一个“剧本”，用于指导和分配给不同社会成员扮演不同的角色。角色的学习就是要领会某一特定身份被期待的或者规定的行为。每个人在社会和所属群体中的位置可以用角色来确定，其角色随着社会阶层和地位的变化而变化。

在现实生活中每个人会同时担当多种角色。一个人每担当一种角色，实际上都是增加了一种责任，而且角色也是可以变换的。随着社会的发展，个人从事的事业和所处的地位都可能发生变更和迁移，由此扮演的角色也随之变换。另外，个人因自己更适于充当某种角色而重新进行社会选择，也会造成角色的变换。如同戏中的新角色，扮演起来一开始总是生疏甚至忘词，无法立即演得出神入化，人们在社会生活中充当新的角色时，也有一个从生疏到熟悉的过程。

社会角色的多样化使得消费者的购买行为出现差异。我们每个人往往同时属于几个不同的群体，在其中担任不同的角色，每一角色都会不同程度地影响其消费行为。比如，一位职业女性在为约会而选择衣服时，会选择时尚性感、款式新潮的裙子；在为参加面试而选购衣服时，则会购买职业、干练的职业套装；在为参加周末外出郊游而选购衣服时，宽松、舒适的休闲服则是最佳选择。

（三）个人因素

消费者购买决策也受其个人特性的影响，特别是受生理因素、经济因素、生活方式、个性与自我概念等因素的影响。

1. 生理因素。生理因素具体包括人体身高、体型、相貌、年龄和性别等方面的外在特性以及耐久力、爆发力、抵抗力、灵敏性、适应性等方面的内在特性。这些生理特性是先天遗传的，同时也受到后天环境的影响。生理特性的差异可以引起不同的消费需求，从而会导致不同的消费行为活动。有关生理学与解剖学的研究表明，人的生理构造与机能是行为产生的物质基础，任何行为活动都是以生理器官为载体，在一定的生理机制的作用下形成的，消费行为亦如此。以人的身高和体型为例，人的身高、体型等身体特点的差异对消费者的影响是显而易见的。有的人身材魁梧、体型肥胖，有的人身材矮小、体型瘦弱，他们所表现出来的购买倾向就有很大差别。首先，在服装尺寸的选择上，毫无疑问，前一类人选择的服装尺寸较大，后一类人选择的服装尺寸相对较小。其次，在颜色的选择上，前者多会选择深色服装，如黑、蓝、绿、灰等冷色调，这样会使自己显得瘦一些，而后者多会选择浅色或色彩强烈的服装，如白、淡黄、橙、红等暖色调，以显得高大强壮一些。

2. 经济因素。经济因素是指个人可支配的收入、储蓄、资产以及借贷的能力，是决定消费者购买行为的首要因素。个人经济状况的好坏、收入水平的高低对消费者的消费需求、生活方式、消费结构甚至消费态度都有直接的影响。随着个人收入、储蓄、资产的增减，以及信贷能力的变化，其消费行为必然会发生重大变化。可以说，经济因素是影响消费者行为的最重要因素。

3. 生活方式。生活方式是指一个人在生活中表现出来的活动、兴趣和看法的模式。生活方式能够反映出一个人所作所为的倾向。不同生活方式的人对产品和服务的见解及对营销策略的反应有很多差异，直接影响其购买行为。

不同的生活方式有着不同的消费需求。生活方式对消费者行为的影响日益受到重视，研究者开发了多种生活方式的细分方法。其中，较为完善的细分生活方式的方法有两种：AIO（activity，interest，opinion）模式和 VALS（values and lifestyles）方法。AIO 模式通过描述消费者的活动、兴趣和态度来度量生活方式的实际形式。而 VALS 方法按照自我导向和资源丰缺两个标准，定义了八个类别的生活方式，将消费者细分为现实者、满足者、信念者、成就者、奋斗者、经历者、工作者和挣扎者。这种细分有助于企业选择目标顾客、进行营销沟通、明确产品定位策略等，如图 3 –6 所示。

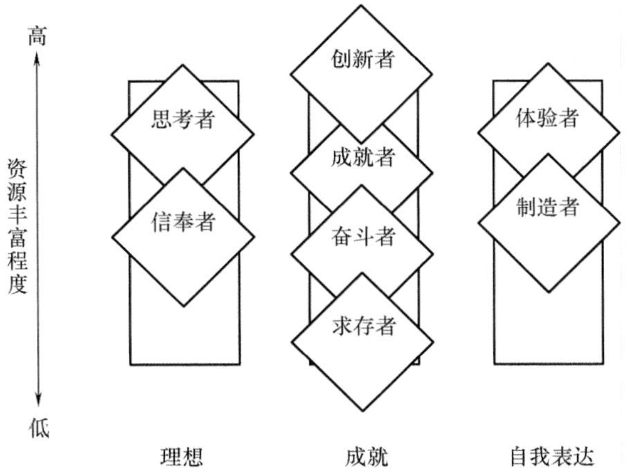

图 3 –6　VALS 生活方式

资料来源：江林. 消费者行为学［M］. 上海：上海交通大学出版社，2010：56.

4. 个性和自我概念。个性是指决定个人如何适应环境的内在心理特征，包括使某一个体与其他个体相区别的具体特质、属性、特征、因素和态度等多个方面。个性作为个体带有倾向性的、比较稳定的、本质的心理特征的总和，是个体独有的并与其他个体区别开来的整体特性。正如自然界没有两片完全相同的树叶，人类没有两张完全相同的面孔一样，世界上也没有两个人具有完全相同的个性。在消费实践中，正是个性的绝对差异性，决定了消费者心理特征和行为方式的千差万别，同时显示出每个消费者独有的个人风格和特点。例如，面对新的消费时尚，有的消费者追随潮流，从众趋同；有的则固守己见，不为潮流所动。选购商品时，有的消费者审慎思考，独立决策；有的则盲目冲动，缺乏主见。这些纷繁复杂、各个相异的行为表现，正是消费者个性作用的结果。

自我概念一般是指人们关于自己的想法和情感的总和，即自己如何看待自己。自我概念不是天生的，是在综合自己、他人和社会评价的基础上形成和发展起来的。研究发现，消费者不是只有一个自我概念，而是在不同的场合、环境下拥有实际的、理想的、期待的、社会的等多重自我。实际的自我概念指个人对自己主观的认知，也就是我觉得自己是怎样一个人。理想的自我概念是指个人所希望达成的圆满形象，也就是我希望自己成为怎样一个人。期待的自我是指个人期望在将来某一特定时间如何看待自己，它介于实际的自我与理想的自我之间。社会的自我是指他人对自己的看法，也就是我觉得别人认为我是怎样一个人。具体如表 3 –2 所示。

表 3-2 自我概念的类型

自我概念	定 义	例 子
实际的自我	个人对自己的表征：关于一个人实际具有的特性的信念	我是一个体贴和热心的人，身体健康，并且有吸引力
理想的自我	个人对自己希望、希望或喜欢成为的表征：关于个人理想中希望有的特性的信念	我愿意成为慷慨的、成功的、受欢迎的和被人爱的人
期待的自我	个人对自己应该成为的或者感觉有义务成为的表征：关于个人有义务拥有的特性的信念	我应该有抱负、坚定、勤奋和有纪律

（四）心理因素

1. 需要和动机。需要是个体由于缺乏某种生理或心理因素而产生内心紧张，从而形成与周围环境之间的某种不平衡状态。消费者需要包含在人类一般需要之中，它反映了消费者某种心理或心理体验的缺乏状态，并直接表现为消费者对获取以商品或服务形式存在的消费对象的要求和欲望。需要的形成有两个前提条件：一是缺少某种对象物的匮乏感，如饥饿时需要食物；二是期望得到某种对象物来获得满足感，如获得友爱的需要。需要是人类行为的原动力，但是消费者不是随时都能感知到自己的需要，只有当需要被激发和唤醒时，才会促使消费者采取行动。有时消费者并未感到心理或生理的匮乏，而是因外部刺激或消费诱因而产生对某种商品的需要。

心理学将动机定义为引发和维持个体行动并导向一定目标的心理动力。动机是一种内在的驱动力量。当个体采取某种行动时，总是受到某些迫切需要实现的意愿、希望、要求的驱使，而这些内在的意愿、要求具有能动、积极的性质，能够激发和驱动特定行为的发生，由此就构成该行动的动机。通常，人们在清醒状态下采取的任何行动都是由动机引起和支配的，并通过动机导向预定的目标。因此，人类行为实质上是一种动机性行为。动机是行为发生的直接原因和驱动力。同样，消费者的消费行为也是一种动机性行为，他们所从事的购买行为直接源于各种各样的购买动机。

2. 感觉和知觉。消费者对商品的认识过程是从感觉开始的。感觉是人脑对直接作用于感觉器官的客观事物个别属性的反映，是客观事物在人脑中的主观映像。在消费活动中，当消费者与商品等消费对象发生接触时，会借助眼、耳、鼻、舌、皮肤等感觉器官感受商品的物理属性（如颜色、形状、大小、软硬、光滑或粗糙等）和化学属性（如气味、味道等），并通过神经系统传递至大脑，从而引起对商品的各种感觉，包括视觉、听觉、嗅觉、味觉、触觉等。例如，一种新型护肤品，消费者用眼睛看到奶白色膏体，用鼻子嗅到清纯馥郁的香气，用手触摸到膏体细腻柔滑，搽在皮肤上有滋润感，由此产生对该护肤品颜色、状态、香型、质地等方面的感觉。

在认识过程中，消费者不仅借助感觉器官对商品的个别属性进行感受，而且能够将若干个别属性联系、综合起来，进行整体反映。这种人脑对直接作用于感觉器官的客观事物个别属性的整体反映，就是知觉。知觉与感觉既紧密联系又相互区别。知觉必须以感觉为基础。消费者只有感觉到商品的颜色、形状、气味、重量等各方面属性，才有可能形成对该商品的整体知觉。感觉到的个别属性越充分、越丰富，对商品的知觉就越完整、越正确。但是，知觉不是感觉数量上的简单相加，它所反映的是事物个别属性之间的相互联系，是建立在若干个别属性内在联系基础上的事物的完整映像。此外，知觉是在知识经验的参与下对感觉到的信息加以加工解释的过程。没有必要的知识经验，就不可能对客观事物的整体形象形成知觉。因此，知觉是比感觉更为复杂深入的心理活动，是心理活动的较高阶段。

3. 学习。学习是某种体验（直接经验、间接经验）所产生的一种相对持久的行为变化，是通过神经系统不断接受外部信息、获得新的行为模式的过程。在外部条件基本不变的情况下，这种行为模式被固定下来，就成为记忆。记忆是通过学习反复体验或训练，将引起的行为变化保留下来的结果。我们可以简单地把学习理解为经验的习得，记忆是经验的保持。只有通过学习和记忆，人们才能在与环境相互作用的过程中习得新的经验，并不断地积累和扩大经验，使自己的行为与外界多变的环境相适应。学习和记忆是人及高等动物对外界环境最主要的一种适应方式。学习引起的行为变化包括：习得经验、知识；形成某种态度；产生某种兴趣等。

4. 信念和态度。人们通过购买行动、后天学习及积累经验，树立起自己的信念和态度，而信念和态度又会反过来影响人们的购买行为。信念是指一个人对某种事物所持的看法。企业应关注人们头脑中对其产品或服务所持有的信念，即本企业产品和品牌的形象，因为这会影响到消费者的购买行为。因此，当人们的某一信念是错误的，影响了产品的销售时，制造商就应进行宣传与沟通，有效开展促销活动，以改变人们的信念。

态度是指一个人对某些事物或观念长期持有的评价、感受与行动倾向。态度使人置身于对某一事物产生好感或厌恶、亲近或疏远的情境之中。消费态度是消费者在购买和使用商品的过程中对商品、服务及有关对象持有的评价和行为倾向。消费者一旦形成了对某种产品或品牌良好的态度，以后就很有可能做出重复购买的决策了；反之，就不会购买。态度往往具有稳定性，一旦形成就很难改变。因此，企业应不断进行营销策划，使消费者形成对产品的良好态度。

第三节　组织市场购买行为

一、组织市场概述

企业的市场营销对象不仅包括广大消费者，也包括生产企业、商业企业、政府机构等各类组织，这些组织构成了原材料、零部件、机器设备、供给品和企业服务的庞大市场。为了提高企业产品的市场占有率，扩大产品销售，满足组织市场的需要，企业必须了解组织市场的购买行为特征及其购买决策过程。

组织市场是一个相对于消费品市场的概念。总的来说，组织市场包括为生产、消费和加工而购买产品和服务的所有机构，具体可包括商业企业、政府部门或者事业机构（如医院）和以盈利为目的而购买产品和服务并供再出售的企业。组织市场可以分为以下三种类型：

（1）生产者市场。生产者市场又称产业市场，由一切购买产品和服务并用于生产商品或提供服务以供销售、出租的组织所构成。产业市场存在于众多行业中，如制造业、农产品加工业、餐饮业、酒店业、旅游业、采矿业、建筑业、金融业、通信业等。

（2）中间商市场。中间商市场是由通过购买商品和服务并将之转售或出租给他人以获取利润为目的的个人和组织组成的市场。市场主体是批发商和零售商。批发商从生产制造企业大批量购进产品或服务，并把商品转售给零售商；零售商则从批发商或厂家购进产品或服务，直接销售给最终消费者并获取利润。

（3）政府市场。政府市场是由那些为执行政府的主要职能而采购或租用商品的各级政府单位组成的市场。政府市场的主体主要包括各级政府的职能部门、军事组织等。无论是在国内还是国外，各级政府需要经常采购物资和服务，因而形成一个巨大的政府采供市场。

二、组织购买行为

组织市场同消费者市场在构成主体方面有根本区别，相应地，二者的购买行为也不尽相同。组织市场购买行为（以下简称“组织购买行为”）是指各类正规组织机构确定其对产品和服务的需要，并在可供选择的品牌与供应商之间进行识别、评价和挑选的决策过程。组织购买行为有着不同于消费者购买行为的特征，如表 3－3 所示。

表 3－3 组织购买特征①

组织市场的结构和需求
组织市场的购买者数量更少、规模更大
组织购买者的需求由终端消费者的需求衍生出来
很多组织市场的需求缺乏弹性——短期内受价格变化的影响不大
组织市场的需求更频繁地出现波动且波动更快
组织市场购买者的性质
购买涉及更多的购买者
组织购买需要更专业的采购
决策类型和决策过程
组织购买者往往面临更复杂的购买决策
组织购买者行为更加模式化
供需双方密切合作且建立长久的关系

三、组织市场的顾客及其购买行为

一个成功的组织营销战略的首要条件是：能够有效地区分出购买者的不同组织类型。不同类型的组织市场购买者对于所购买商品的要求往往是不同的。根据市场类型的不同，组织市场购买者有生产者、中间商和政府。

（一）生产者市场与购买行为分析

1. 生产者购买行为的主要类型。生产者市场的购买类型主要有三种：

（1）直接重购。企业的采购部门或采购中心根据过去和许多供应商打交道的经验，从供应商名单中选择供货企业，并直接重新订购过去采购过的同类产业用品。此时，组织购买者的购买行为是惯例化的。在这种情况下，列入供应商名单的供应商应尽力保持产品质量和服务质量，并采取其他有效措施来提高采购者的满意度。

（2）修正重购。企业的采购部门为了更好地完成采购工作任务，适当改变要采购的某些产业用品的规格、价格等条件或供应商。这种行为类型较为复杂，因而参与购买决策过程的人数较多。这种情况给其他供应商提供了市场机会，并给当前的供应商造成了威胁。前者应加大沟通和促销力度，开拓新顾客；后者则要设法巩固其现有顾客，保护其既得市场。

（3）全新采购。全新采购是指企业第一次采购某种产业用品。新购的成本

① 资料来源：［美］菲利普·科特勒，加里·阿姆斯特朗，［新］洪瑞云，等. 市场营销原理［M］. 亚洲版·3 版. 李季，赵占波，译. 北京：机械工业出版社，2013：117.

费用越高、风险越大，需要参与购买决策过程的人数和需要掌握的市场信息就越多。这种行为类型最为复杂。相比直接重购，在全新采购情况下，生产者要做出的购买决策较多，通常要做出以下具体决策，即决定产品规格、价格幅度、交货条件和时间、服务条件、支付条件、订购数量、可接受的供应商和选定的供应商等。

2. 生产者购买决策的参与者。不同的企业有不同的采购组织。小企业往往由企业总经理负责，大中型企业设有规模较大的采购部门，一般由一名副总经理主管。由于购买类型与规模不同，购买的复杂程度与参与购买的决策人数也不相同，影响力最大的是处于采购中心的人员。而所有参与购买决策过程的人员构成采购组织的决策单位，即采购中心。

企业采购中心通常包括五种成员：

（1）使用者（users），即具体使用产业用品的人员。例如，实验室用的电脑，其使用者是实验室的技术人员；复印机，其使用者是办公室的秘书。使用者往往是最初提出购买某种产业用品的人，他们在计划购买产品的品种、规格决策中起着重要作用。

（2）影响者（influencers），即在企业外部和内部直接或间接影响购买决策的人员。他们通常协助企业的决策者决定购买产品的品种、规格等。企业的科研人员或技术顾问是最主要的影响者。

（3）采购者（buyers），指具体执行采购计划的企业人员，在企业中拥有组织采购工作（如选择供应商、与供应商谈判）的正式职权。

（4）决定者（deciders），即在企业中有批准购买产品权力的人。在标准品的例行采购中，采购者常常是决定者；而在较复杂的采购中，公司领导人常常是决定者。

（5）信息控制者（gatekeepers），即在企业外部和内部能控制市场信息流使其流向决定者、使用者的人员，如企业的购买代理商、技术人员等。

并不是任何企业采购任何产品都必须有上述五种人员参与购买决策过程。企业采购中心的大小和成员的多少会随着欲采购产品的不同而有所不同。一个企业如果采购办公用的文具，可能只有采购者和使用者参与购买决策过程，而且采购者往往就是决策者。而如果采购多媒体网络设备，其技术性较强，单价高，行为类型复杂，参与购买决策过程的人员较多，采购中心成员也就较多，规模较大。

3. 影响生产者购买决策的主要因素。影响生产者用户购买决策的主要因素可分为四大类：环境因素、组织因素、人际因素和个人因素，如图 3 －7 所示。供应商应了解和运用这些因素，引导买方的购买行为，促进交易。

（1）环境因素。环境因素是影响组织购买者的宏观环境因素，主要包括经济环境、技术环境、政治法律环境、自然环境、产业环境等因素，其中最受关注的因素和指标有经济景气状况、市场需求状况、技术变革状况、产业发展前景、

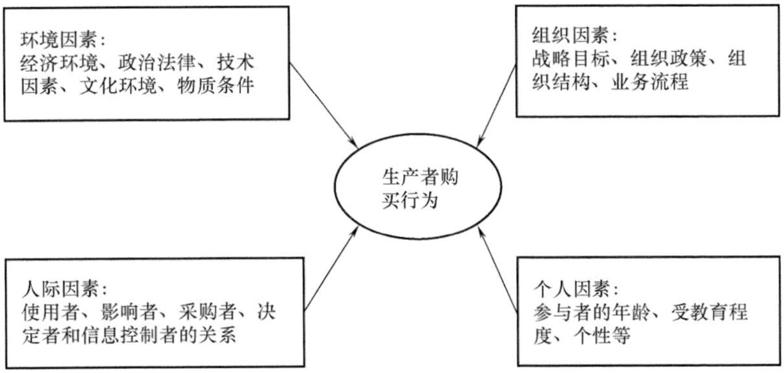

图 3－7　生产者购买行为的影响因素

政府政策变化等。这些因素影响着生产者市场的整体发展和组织购买行为。比如，从经济因素看，如果宏观经济前景看好或国家扶持某一产业的发展，相关企业就会增加投资，增加原材料采购和库存。而在经济衰退时期，企业则会减少采购。

（2）组织因素。组织因素是指生产企业内部的各种因素，主要包括生产企业的战略目标、具体策略、业务流程、组织结构和制度等。这些因素都会影响生产者的购买决策和行为。

（3）人际因素。如前所述，企业的采购中心通常包括使用者、影响者、采购者、决定者和信息控制者，这五种成员都参与购买决策过程。这些参与者在企业中的地位、职权、说服力以及他们之间的相互关系有所不同，因而也会影响产业购买者的购买决策和购买行为。

（4）个人因素。个人因素即各个参与者的年龄、受教育程度、个性等。这些个人的因素会影响各个参与者对要采购的产业用品和供应商的感觉、看法，从而影响购买决策和购买行动。

4. 生产者购买决策过程。生产企业完整的购买过程可分为 8 个阶段，如图 3－8所示，但是具体过程依不同的购买类型而定。

（1）认识需要。认识需要是生产企业购买决策的起点，当生产企业中的不同部门认识到当前某个问题或某种需要可以通过获得某一产品或服务来解决时，采购过程就开始了。认识需要可以由内在需要或外在刺激引起。产生内在需要的原因很多，比如，企业决定推出某种新产品，因而需要采购生产这种新产品的新设备和原料；有些机器发生故障或损坏，需要购置零部件或新机器等。外在刺激是指采购人员通过广告、商品展销会或卖方推销人员介绍等途径了解到有更理想的产品，从而产生需要。

（2）确定需要。当认识到某种采购需求后，企业采购者就要确定拟采购项

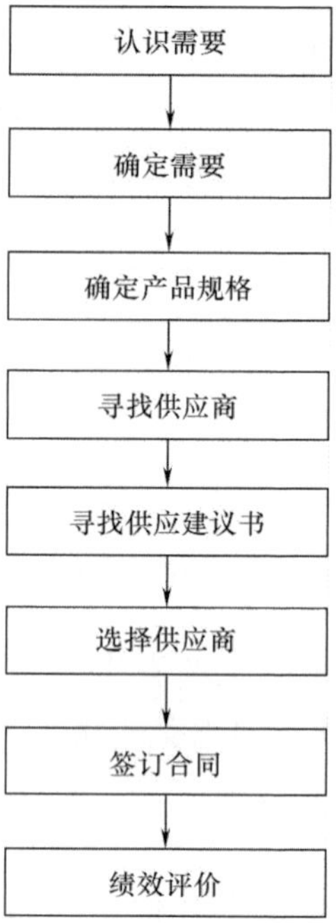

图 3－8　生产者购买决策过程

目的总体特征和数量。这一步骤对标准化的产品不难操作，但对于非标准化的产品，采购人员就需要同工程技术人员、使用者和其他有关人员共同确定拟购项目的总体特征，如可靠性、耐用性、价格和其他一些必要的属性，并按其重要性排序，这可以帮助确定总体需求。

（3）确定产品规格。明确产品规格是指确定所购产品的品种、性能、特征、数量和服务，写出详细的技术说明书，作为采购人员的采购依据。供应商应通过价值分析向潜在顾客说明自己的产品比其他品牌更理想。未列入买方选择范围的供应商可通过展示新工艺、新产品，争取打入市场的机会。

（4）寻找供应商。寻找供应商是指生产企业的采购人员根据产品技术说明书的要求寻找最佳供应商。如果是新购或所需品种复杂，生产企业为此花费的时间会较长。企业采购部门一般通过以下渠道获取信息：一是内部信息，如以往的采购档案、其他部门信息、推销人员的访问信息；二是外部信息，如供应商的产品质量调查，其他公司的采购信息、广告、产品目录、电话簿、商品展览等。供应商应努力进入“工商企业名录”或行业协会的推荐名录，并制订有吸引力的广告宣传计划和促销策略，积极与采购企业的需求相对接。

（5）寻找供应建议书。寻找供应建议书是指邀请合格的供应商提交供应建议书。对于复杂和交易量大的项目，买方一般会要求供应商提出详细的书面建议，经选择后，请入围的供应商提出正式的供应建议书。卖方的营销人员应该具备开展市场调查、撰写报告和提出建议等基本专业素养。

（6）选择供应商。选择供应商是指生产企业对供应建议书加以分析评价，最终确定供应商。评价内容包括供应商的产品质量、性能、产量、技术、价格、信誉、服务、交货能力等指标，这些指标的重要程度因购买类型不同而有所差别，企业应认真参考这些指标做出购买决定。

（7）签订合同。签订合同是指生产企业根据所购产品的技术说明书、需求量、交易时间、退货条件、担保书、付款条件等内容与供应商签订最后的订单。许多生产企业愿意采取签订长期有效合同的形式，而不是定期签订采购订单。买方若能在需要产品时通知供应商随时按照条件供货，就可实现无库存采购，从而达到节约成本的目的。

（8）绩效评价。绩效评价是指生产企业对各供应商的供货情况与合作关系进行评价，以决定维持、修正或终止供货关系。供应商应关注该采购企业对供应商的绩效评价，了解它对自己的评价及意见，以便完善供应活动，保持长期业务关系。

（二）中间商市场与购买行为分析

中间商是处于生产者和消费者之间专门从事商品流通的组织。中间商在地理分布上比产业购买者分散，但比消费者集中。中间商的购买行为与购买决策，同样受到环境因素、组织因素、人际因素和个人因素的影响。

1. 中间商的购买类型。

（1）新产品采购。新产品采购是指中间商第一次购买某种从未采购过的新品种。在这类购买中，可根据市场前景的好坏、市场的需求强度、产品获利的可能性，考虑“买”与“不买”，然后考虑“向谁购买”。中间商会对该产品的进价、售价、市场需求和市场风险等因素进行分析，然后做出决定。

（2）选择最佳供应商。中间商在确定需要购进的产品后，需要寻找最合适的供应商。选择供应商时一般要考虑以下因素：价格水平、供货及时性、付款条件、质量保证、品牌影响力等。

（3）改善交易条件。中间商并不想更换供应商，但试图从原有供应商那里获得更为有利的供货条件，如更加及时的供货、更合适的价格、更积极的广告支持和促销合作等。

2. 中间商的主要购买决策。中间商的主要购买决策包括配货决策、供应商组合决策和供货条件决策。配货决策是指决定拟经营的品种结构，即中间商的产品组合。供应商组合决策是指决定拟与之从事交换活动的各有关供应商。供货条件决策是指决定具体采购时所要求的价格、交货期、相关服务及其他交易条件。

在以上所有的决策中，最基本、最重要的购买决策是配货决策。因为中间商经营的产品组合会影响到从哪家供应商进货，即中间商的供应商组合，影响到中间商的市场营销组合和顾客组合。中间商的配货战略主要有四种：

（1）独家配货，即中间商决定只经营某一家制造商的产品。

（2）专深配货，即中间商决定经营许多家制造商生产的同类各种型号规格的产品。

（3）广泛配货，即中间商决定经营种类繁多、范围广泛但尚未超出行业界限的产品。

（4）杂乱配货，即中间商决定经营范围广泛且没有关联的多种产品。

（三）政府市场与购买行为分析

1. 政府采购。政府采购是指各级政府为了开展日常政务活动或为公众提供公共服务，在财政的监督下，以法定的方式、方法和程序，从市场上为政府部门或所属公共部门购买商品和服务的行为。

政府采购不是为了谋取商业利润，而是为了实现政府职能和公共利益。政府采购的具体目的有：加强国防和军事力量，维持政府的正常运转；履行政府调控经济、调节供需、稳定市场、稳定物价的职能，通过财政补贴的方式以合理价格购买和储存商品，向国外提供商业性、政治性或人道主义的援助。

2. 政府采购方式。政府采购可以采用公开招标、邀请招标、竞争性谈判、单一来源采购、询价和国务院政府采购监督管理部门认定的其他采购方式。其中，公开招标应作为政府采购的主要采购方式。

（1）公开招标。公开招标应当按照采购主管部门规定的方式向社会发布招标公告，并有至少三家符合投标资格的供应商参加投标。采购主管部门应当就集中采购的项目编制采购目录，并根据实际需要逐步扩大集中采购的范围。采购方不得将应当以公开招标方式采购的货物或者服务化整为零或者以其他任何方式规避公开招标采购。

（2）邀请招标。采购项目具有特殊性，只能从有限范围的供应商处采购的，或者采用公开招标方式的费用占政府采购项目总价值的比例过大的，可采取邀请招标的方式。邀请招标应当从符合相应资格条件的供应商中，通过随机方式选择三家以上的供应商，并向其发出投标邀请书。

（3）竞争性谈判。出现以下情况之一的货物和服务，可以采用竞争性谈判方式采购：招标后没有供应商投标，没有合格标的或者重新招标没有成立的；技术复杂或者性质特殊，不能确定详细规格或者具体要求的；采用招标所需时间不能满足用户紧急需要的；不能事先计算出价格总额的。竞争性谈判方式采购的程序是：成立谈判小组；制定谈判文件；确定邀请参加谈判的供应商名单；谈判；确定成交供应商。

（4）单一来源采购。出现以下情况之一的货物或服务，可以采用单一来源方式采购：只能从唯一供应商处采购的；发生了不可预见的紧急情况，不能从其他供应商处采购的；必须保证原有采购项目一致性或者服务配套的要求，需要继续从原供应商处添购，且添购资金总额不超过原合同采购金额10%的。采取单一来源方式采购的，采购方与供应商应当遵循法律规定的原则，在保证采购项目质量和双方商定合理价格的基础上进行采购。

（5）询价。采购的货物规格、标准统一，现货充足且价格变化幅度小的政府采购项目，可以采用询价方式采购。采用询价方式采购的程序是：成立询价小组；确定被询价的供应商名单；询价；确定成交供应商。

本章小结

本章介绍了市场的不同类型，在此基础上分别对消费者市场购买行为和组织市场购买行为展开描述。

在真实的经济活动中，市场的类型是多种多样的，掌握市场的类型是企业市场营销的起点。

本章阐述了消费者购买行为的含义、消费者购买决策过程及消费者购买行为影响因素。消费者购买决策过程包括引起需要、收集信息、评价方案、决定购买和购后评价五个阶段。影响消费者购买行为的因素包括文化、社会、个人和心理等因素。

本章最后介绍了组织市场的购买行为。组织市场中的购买主体有生产企业、中间商和政府机构等，不同的购买主体有不同的购买特点和购买决策过程。

关键术语

消费者市场（Consumer Market）；消费者行为（Consumer Behavior）；社会阶层（Social Class）；参照群体（Reference Group）；社会角色（Social Role）；个性（Personality）；态度（Attitude）；组织市场（Organizational Market）；生产者市场（Producer Market）；中间商市场（Reseller Markets）；政府市场（Government Market）

复习思考题

1. 消费者市场有哪些特点？
2. 消费者购买决策过程有哪些阶段？
3. 消费者购买决策包括哪些类型？
4. 影响消费者购买行为的因素有哪些？它们对消费者购买行为决策有何影响？
5. 组织市场有哪些特点？

6. 生产者购买一般有哪几种形式？购买决策过程是怎样的？

本章案例

2014年中国B2B行业十大关键词

2014年年底，托比网以票选的方式评选出B2B行业十大关键词。与2013年相比，在线交易、线上线下、大数据、传统企业电商化、互联网金融依然是年度关键词，而产业互联网、供应链整合、移动化则作为新词上榜。

一、线上线下

“线上线下”由2013年的排名第四升至第一，表明O2O模式越来越受到行业重视。谈B2B线上线下自然离不开产业带。阿里巴巴是产业带的先行者，在全国已拥有237个产业带和专业市场。此外，B2B电商物流也开始兴起，比如“运东西”上线、生意宝成立“网盛运泽物流”公司、慧聪网物流平台上线，等等。

二、在线交易

托比网将2013年定义为在线交易探索年，2014则是落地年。2014年，阿里内贸年累计GMV同比增长173%，而外贸则正式转型为交易平台，改变企业线上询盘、线下交付的成交习惯，来自一达通的交易数据第一次成为线上导购的重要参考数据，依次制定的交易单数和评定的保障金额展示将获取买方信任并促进成交。

三、大数据

阿里全资收购一达通，将有助于掌握企业真实外贸交易数据；蚂蚁金服对中小企业贷款的运作模式也堪称大数据应用的典型案例。风头日劲的京东也瞄上了B2B这块蛋糕，推出智采、慧采、云采三大平台，力图以大数据实现企业级精准商品采购方案和信息发布。马可·波罗则通过建立B2B采购搜索平台以形成B2B信息数据库。

四、供应链整合

国务院颁布《电子商务发展“十二五”规划》和《关于加快发展生产性服务业促进产业结构调整升级的指导意见》，对供应链管理、产业链升级做出指示，为B2B供应链整合的发展提供了良好的外部环境。慧聪网建立自营商城和第三方物流平台，收购以防伪技术和产品为主的兆信信息，是供应链的一种建设。

五、互联网金融

2014年，互联网金融首次写入政府工作报告，成为乌镇互联网大会热议的关键词。B2B金融也是全面开花，阿里不仅拿到了民营银行牌照，其小微金融集团也更名为蚂蚁金服；生意宝小微金融服务业务启动，并宣布金融战略进入公司三大战略；慧聪与神州数码合资成立小贷公司，并上线金融超市；上海钢联与俊安投资签订金融合作框架，拟投资10亿进军金融服务；马可波罗与多家银行、贷款机构、P2P平台开展合作。浙商银行也宣布实现B2B电子商务一站式服务。

六、行业垂直

科通芯城上市、上海钢联旗下钢银平台迅速发展、找钢网亿元融资、一亩田等垂直电商崭露头角，2014年垂直B2B平台不停涌现。究其原因，B类本来就行业众多，多数行业体量巨大，每一行都严重缺乏互联网和电商改造，市场依然一片蓝海，巨头们又不愿也无力涉足，于是在行内做个BAT老大成为每个行业人的梦想，细分化、专业化就成为B2B的重要方向。

七、传统企业电商化

传统企业电商化算是老生常谈，但老实说，在B类企业中还找不到成功案例，曾经被津津乐道的黎明重工最多也只是在网络营销上露出个脸面。但行业人却依然不愿意放弃B类企业互联网改造的努力，新媒体上充斥着工业品电商、大宗电商的讨论，不停地鼓动传统企业涉足电商，洗脑不依不饶。互联网时代，再传统的企业也不敢理直气壮地拒绝互联网，但也没有多少B类企业能有魄力地大步前进。

八、移动化

移动化是2014年上榜新词，虽然位列倒数第三，但可以看出移动互联网的大趋势显然也波及B2B行业。企业移动端应用的热度远超移动B2B电商探索，百度推出直达号，微信推出企业号，网易有道云协作，苹果IBM推出IBM MobileFirst for iOS企业管理与分析应用，专注B类企业商务社交的搜脉App上线，等等。资本市场也相当热闹，纷享销客获C轮融资5 000万美元，WOOK获3 000万元A轮融资，腾讯8亿港元增持华南城等。

九、产业互联网

产业互联网、工业4.0在2014年突然走红，与互联网行业思考、国家政策支持密不可分。虽然该词汇目前还停留在理论阶段，尚无法落到实处，但一问世就受到行业高度关注，和工业4.0一起被视为我国经济转型升级的重要助推器。一直在寻找方向的B2B行业对此也寄予无穷希望，从消费互联网向上游产业互联网的进军其实就是涉足B2B行业，产业互联网的推进某种程度上甚至可能对B2B进行全新的改造，一个新的B2B时代即将到来。

十、第三方服务

2014年，阿里收购一达通全部股权，之后又相继收购医药行业综合信息及内容服务的中信21世纪、酒店信息管理系统技术服务商石基信息、向金融业提供IT软件服务的恒生电子。慧聪网10月收购了以防伪技术、防伪产品为主的兆信信息，并完成管理层持股股权改革。

以上是2014年B2B行业十大关键词，诸多词汇其实处于相互依存的状态，可以看成是B2B闭环生态建设所需要考虑的各个方面。

（资料来源：盘点2014年中国B2B行业十大关键词［EB/OL］．［2015－01－26］．http：//liuningbo. baijia. baidu. com/article/43768，有改动。）

案例思考题

1. 在互联网时代组织市场最主要的发展趋势是什么？
2. 互联网金融对组织市场的发展会起到什么样的作用？

第四章　营销调研与预测

【学习目标】

市场营销活动的主要任务是了解并满足消费者的需求。在市场营销活动中，营销信息系统可以使企业及时获取市场需求信息，并采取措施满足消费者的需求，是企业联结市场的重要桥梁。通过本章的学习，应努力达到以下目标：

- 掌握营销信息系统的内涵及构成；
- 了解市场营销调研的过程和方法；
- 了解市场营销调研的实质；
- 了解营销预测的含义和方法。

引导案例

Vizio 公司是一家大规模生产 3D 电视机的公司，在新的一年，该公司宣布，将暂停 3D 电视的推广。3D 电视节目的主要内容提供商 ESPN（娱乐与体育节目电视网）和 BBC（英国广播公司），也已经停止了 3D 节目的开发。Vizio 公司放弃 3D 电视，具有额外的重大影响。由于 Vizio 公司的产品在市场上具有较强的竞争力和较高的上架率，Vizio 品牌在很多人眼里，是行业以及广大消费者情绪的晴雨表。市场调研的不够深入和全面，是该公司 3D 电视失败的原因之一。Vizio 公司在 3D 电视推出之后才发现该产品存在很多问题，比如有的消费者认为 3D 电视看久了，容易头晕眼花。还有消费者认为，很多观众在看电视的时候，还想同时干点别的事情，比如玩玩智能手机或其他设备，他们觉得戴着 3D 眼镜，很不方便。为什么 Vizio 公司在推出 3D 电视之前，不考虑用户对戴眼镜的反感呢？Vizio 公司承认，之前的确对戴眼镜存在担忧，但是公司产品开发的周转速度太快，来不及等待更全面的反馈。为了能最快速地占领市场，早于竞争对手推出 3D 电视，公司要求产品开发周期尽量短，速度尽量快，这也限制了公司做深入全面的市场调研。因为一般的市场调研往往需要半年到一年的时间来进行数据的收集，这对于公司来讲时间过长。Vizio 公司还表示，公司的产品在推出之初，在“科技迷”当中还是很受欢迎的。但是这款产品在大众市场进行销售时，却遭到挫折，没有受到普通消费者的青睐。

在 Vizio 公司的案例中，我们可以看到传统市场调研存在一定的局限性，主要体现在调研周期上。传统的营销调研的周期往往较长，一般要花费几个月甚至一年的时间，而如今消费者需求更加多样化，产品更新换代也以前所未有的速度不断加快，市场环境越来越瞬息万变。在这样的情况下，企业在花费巨大的人力、物力、财力之后所得的调研结果与市场真实的情况之间出现较大的偏差。此外，在 Vizio 公司的例子中，如果其在前期做了深入全面的市场调研，就一定能够开发出一种消费者真正想要的、喜欢的 3D 电视产品吗？其实未必，有些时候消费者对自己真正想要什么是不明确的。尽管如此，正如沃顿商学院市场营销学教授埃里克·布莱特劳（EricT. Bradlow）所说，当今世界已经进入了大数据时代，但这并不能否定深度市场调研的重要性。

（资料来源：在大数据时代如何做市场调查［EB/OL］.［2014－06－05］. http://www.forbeschina.com/news/news.php? id=33461，有改动。）

第一节　营销信息系统

信息技术和大数据时代的到来使得数据呈爆炸性增长，不仅公司内部可以生成大量的信息，顾客本身也会产生数量庞大的反馈信息，这对企业处理数据的能力提出了巨大的挑战，同时也为人们更深刻、全面地洞察数据背后隐藏的规律提供了可能。因此，公司必须设计出一个有效的市场信息体系，在正确的时间、以正确的形式为经理人提供合适的信息，以帮助他们及时把握市场动向，利用这些信息创造顾客价值及建立牢固的客户关系。

一、营销信息系统的概念

营销信息系统（Marketing Information System，MIS）是指有计划、有规则地收集、分类、分析、评价与处理信息的程序和方法，有效地提供有用信息，供企业营销决策者制定规划和策略的，由人员、机器和计算机程序所构成的一种相互作用的有组织的系统。营销信息系统可以帮助决策制定者确定信息需求，获得所需信息，并在决策制定者们需要时将信息分发给他们。面对越来越多的信息资源和越来越复杂的企业内部环境，企业有必要建立高效、实用的管理信息系统，为企业管理决策和控制提供保障，这是适应时代发展的必然趋势。

图 4－1 展现了营销信息系统的整体过程，其中营销信息的使用者包括市场营销经理、内部的和外部的合作者及其他需要市场信息的人，在营销信息系统的开始和结束部分，都伴随着与营销信息使用者的互动。首先，营销信息系统帮助信息的使用者评估信息需求，明确其需要的信息。然后，营销信息系统通过公司内部的数据库、营销情报活动和营销调研得到需要的信息，进而帮助使用者分析信息并形成正确的形式，以供制定营销决策和管理客户关系参考。最后，营销信息系统将传播和使用信息，帮助管理者制定决策。

营销信息系统主要服务于公司的营销部门和其他管理者，同时也给外部的合

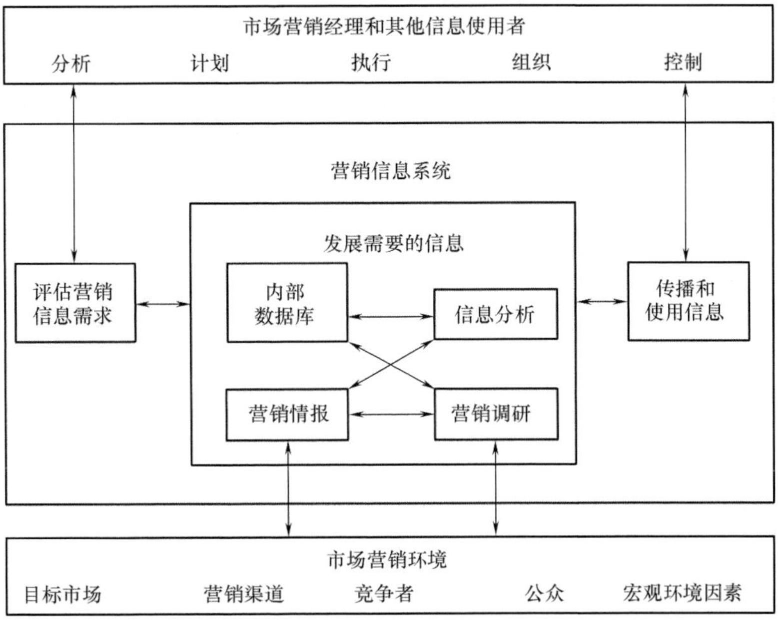

图4－1　营销信息系统

资料来源：菲利普·科特勒．市场营销原理［M］．北京：机械工业出版社，2006：90.

作伙伴，比如供应商或者营销服务机构提供信息。一些公司已经建立了营销信息系统，从而给管理者提供有关消费者需求、偏好、行为习惯的快速可信的详细信息。一个好的营销信息系统能够在使用者本想要的和他们实际需要的或公司有能力提供的信息之间找到一种平衡。

二、营销信息系统的构成

营销信息系统被用来评价管理者的信息需求，收集这些营销信息，并向那些需要制定决策的人员分发信息。营销管理信息系统通过四个子系统来收集和分析信息，包括内部报告系统、市场营销情报系统、市场营销决策支持系统和市场营销调研系统。

（一）内部报告系统

内部报告系统（internal reports system）收集一些由内部报告产生的信息，这些内部报告包括订单、发票、应收账款、存货量、出货量等。在许多情况下，我们将内部报告系统统称为“核算信息系统”。尽管这个系统会产生财务报表（资产负债表）。

（二）市场营销情报系统

内部报告系统的信息是企业内部已经发生的交易信息，主要用于向管理人员提供企业运营的结果资料，市场营销情报系统所要承担的任务则是及时捕捉、反馈、加工、分析市场上正在发生和将要发生的信息，用于提供外部环境的变化资料，帮助营销主管人员了解市场动态并指明未来的新机会及问题。市场营销情报信息不仅来源于市场与销售人员，也可能来自企业中所有与外部有接触的其他员工。营销情报的质量和数量决定着企业营销决策的灵活性和科学性，进而影响企业的竞争力。

（三）市场营销研究系统

市场营销研究系统是完成企业所面临的明确具体的市场营销情况的研究工作程序或方法的总体。其任务是：针对确定的市场营销问题，收集、分析和评价有关的信息资料，并对研究结果提出正式报告，供决策者有针对性地解决特定问题，以减少因主观判断可能造成的决策失误。因各企业所面临的问题不同，所以需要进行市场研究的内容也不同。根据国外对企业市场营销研究的调查，发现主要对市场特性的确定、市场需求潜量的测量、市场占有率分析、销售分析、企业趋势研究、竞争产品研究、短期预测、新产品接受性和潜力研究、长期预测、定价研究等项内容，企业研究得比较普遍。

（四）市场营销分析系统

市场营销分析系统是指一组用来分析市场资料和解决复杂市场问题的技术和技巧。这个系统由统计分析模型和市场营销模型两个部分组成：第一部分是借助各种统计方法对所输入的市场信息进行分析的统计库；第二部分是专门用于协助企业决策者选择最佳的市场营销策略的模型库。

通过以上市场营销信息系统的四个子系统所研究的内容及这些子系统之间的关系的分析，可以看出企业的市场营销信息系统具有以下重要职能：

- 集中——搜寻与汇集各种市场信息资料；
- 处理——对所汇集的资料进行整理、分类、编辑与总结；
- 分析——进行各种指标的计算、比较、综合；
- 储存与检索——编制资料索引并加以储存，以便需要时查找；
- 评价——鉴别输入的各种信息的准确性；
- 传递——将各种经过处理的信息迅速准确地传递给有关人员，以便及时调整企业的经营决策。

第二节　市场营销调研

一、营销调研过程

（一）营销调研的定义与作用

1. 营销调研的定义。营销调研（marketing research）是设计、收集、分析和报告信息，从而解决某一具体的营销问题的过程。这个定义告诉我们，营销调研是一个提供信息，用以解决营销问题（如确定价格、设计广告等）的过程。美国市场营销协会（AMA）认为，营销调研是通过信息使消费者、顾客、公众和营销人员之间进行沟通的桥梁。营销调研在本质上是通过制定营销决策的信息将消费者与营销人员联系起来的过程。

在当前这个时代，消费者与营销调研之间的联系比以往任何时候都重要。竞争加剧，洞察消费者的需求以使其忠诚比任何时候都显得更加重要。营销调研应与营销理念相一致，营销调研只有真正地以消费者为导向，才能在设计、收集、分析和报告信息的过程中把握消费者的需求，进而才能为企业制订合理的解决方案。

2. 营销调研的作用。营销调研实际上是“倾听消费者的心声”的过程，只有倾听消费者的心声，企业才能更加有效地满足市场中消费者的需要和欲望。营销调研是企业营销活动中的一个重要部分，对企业的市场活动有着重要的意义。

首先，营销调研可以帮助企业识别市场机会。今天的许多管理者会问：“市场中有什么样的机会?”当唱片销售额由于歌曲在互联网上被剽窃而下滑时，苹果公司看到了 iTunes 的机会，结果 iTunes 获得了极大的成功。

其次，营销调研可以帮助企业产生、完善和评估潜在的营销活动。例如，如果在评估和选择广告方案时出现分歧，就要开展调研来确定广告方案投放在哪里效果最好。在当前竞争激烈的市场环境中，公司需要不断地改进和完善营销组合，调整营销活动。营销调研可以帮助公司对营销活动进行完善和评估。

最后，营销调研还可以帮助企业监控营销绩效。许多公司开展营销调研是为了了解公司在市场中所处的地位，他们不仅想知道自己做得怎么样，而且想知道竞争对手做得如何，营销调研可以用于监控营销绩效。

（二）营销调研的过程

理解营销调研的步骤对于具体执行营销调研是很重要的。营销调研的步骤分为五步：确定调研需求、界定问题和调研目标、发展调研计划、实施调研计划、解释和报告结果，如图 4－2 所示。

图 4－2　市场营销调研过程

1. 确定调研需求。营销调研需求的目的是帮助企业制定营销决策，但不是所有的营销决策都需要开展调研。在很多情况下，企业不需要营销调研。例如，当所需的信息已经存在，没有充足的时间实施营销调研，或者企业缺乏足够的调研资金，调研成本大于调研所得价值时，企业往往会选择不进行营销调研。

2. 界定问题和调研目标。界定问题和调研目标是营销调研中最重要的一步，因为如果不能清楚地知道企业所面临的营销问题，后续的所有工作都毫无意义。因此，市场部经理和调研人员需要密切配合，共同发现问题并在调研目标上达成一致。在企业界定营销问题时，通常需要考虑一些问题，比如："3 个电视商业广告备选方案中哪一个方案能够获得最大销售额?""选择哪个媒体或哪些媒体组合能够促进公司的产品销售?""公司产品的销售应当采取的整体营销战略是什么?""公司是否应当涉足某项业务?"等等。正如你所看到的，这些营销问题中既有具体而集中的营销问题（如 3 个电视广告方案中使用哪一个），也有非常一般和泛泛的营销问题（如公司是否从事某项业务）。

在问题被仔细界定之后，经理和调研人员必须制定调研目标。依据营销调研的目标，可将营销调研分为以下三类：

- 探索性调研（exploratory research）。这是采用非结构式和非正式的方法来收集信息的一种方式，这种方式通常用于我们对所要研究的问题知之甚少的情况。其目标是搜集原始数据，这些数据有利于定义问题和提出假设。
- 描述性调研（description research）。该调研设计中包括用来描述营销变量的一系列方法和过程。描述性调研通过回答谁、什么、何地、何时和如何等问题来完成调查，其目标是为了更好地描述市场营销问题、形势或市场的营销研究，比如一个产品的市场潜力或者消费者的人口统计学特征和态度。
- 因果性调研（causal research）。主要回答"为什么"的问题，其目标是用来检验因果关系假定。市场经理们经常从探索性调研开始，到了后期就转变成描述性调研或因果调研。

问题和调研目标引导着整个调研过程。管理者和调研人员应将它们以书面形式记录下来，以确保它们在调研目的和期望的结果方面达成一致。

3. 发展调研计划。一旦调研的问题和目标界定，调研人员就必须决定他们需要的确切信息，提出营销调研计划以便有效地搜集信息，并把计划陈述给管理者。调研计划需要概述现有的数据资源，详述具体的研究方法、沟通方法、抽样计划和调研者搜集新数据的手段。调研目标必须被解释成具体的信息需求。

设计有效的收集所需要信息的计划，包括概述资料来源、调研方法和工具等。如图 4－3 所示。

拟订调研计划
• 资料来源：二手资料，原始资料 • 调研方法：观察法、调查法、实验法 • 调研工具：调查问卷、机械仪表 • 抽样计划：抽样单位、抽样范围、抽样程序 • 联系方法：电话、邮件、人员、网络在线

图 4－3　调研计划

在拟订调研计划时，营销人员首先需要识别信息类型和来源。营销调研中有两种信息，即一手资料（primary data）和二手资料（secondary data）。一手资料是指出于当前的特定目的而收集的第一手资料，二手数据是指出于其他目的收集的、已经存在的数据。相对于一手数据的采集，二手数据收集的成本低，获得速度快，因此在营销调研中总是先考虑是否有二手资料可以利用。调研人员可以通过很多渠道搜寻二手数据，图4－4描述了二手数据的来源。

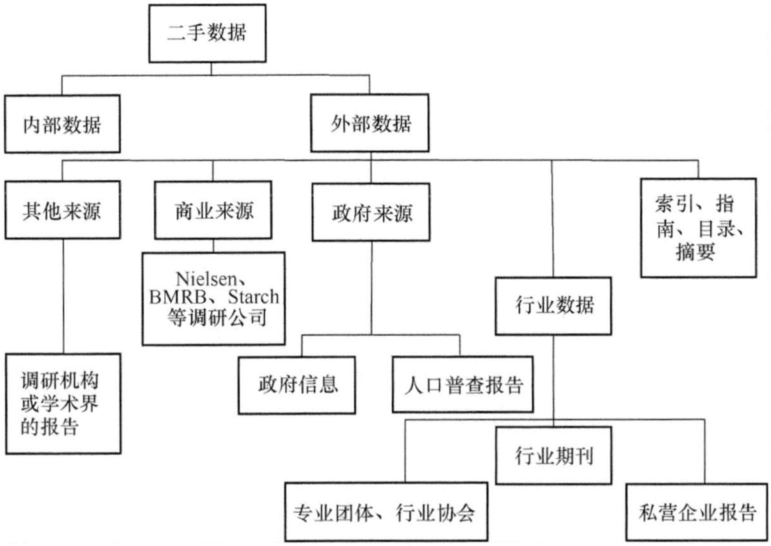

图4－4　二手数据的来源

二手数据调研的起始点是将二手资料分为内部来源的数据和外部来源的数据。内部的二手数据来自企业的日常运作。销售数据、广告支出、存货记录、销售人员的报告、分销成本和价格等都属于内部数据。在很多情况下，内部数据是在相对无组织的情况下收集到的，组织中的人并不知道能够获得哪些数据，基于公司的营销信息系统，已经并且将更加简化内部数据的组织和获得。外部数据是指来自组织外部的各种数据。外部数据具有多种不同的形式，例如来自行业、政府、调研机构和学术界的报告等。为了能有效地利用外部数据，调研人员需要熟练地使用索引、摘要和目录，以便查找出相关资料。没有这些辅助技术的应用就会浪费很多时间和精力，而且可能会忽略很多相关信息。

二手资料为研究提供了一个较好的起点，有助于界定问题和调研目标。在很多情况下，只有二手资料是不够的，公司必须搜集原始资料。调查问卷和机械仪表是收集一手数据的主要工具。在确定抽样计划时，需要决定三方面的问题，一是抽样单位，确定调查的对象；二是抽样范围，确定样本的多少；三是抽样程序，即如何确定受访者。关于收集原始资料的方法将在本章下一节中详细讲述。

4. 实施调研计划。在制定好营销调研计划之后，调研人员需要把营销调研计划转变为行动。这包括搜集、处理和分析信息等。信息收集工作可由本企业调研人员承担，也可委托调研公司收集。在营销调研过程中，数据搜集这个阶段一般都是花费最多的，也是最容易出差错的阶段。由抽样以外的原因导致的误差称为非抽样误差（nonsampling errors）。误差的产生可能是访问前选错了样本单位，访问时所选的被调查者拒绝访问或者不在家，受访者故意给出错误的信息等。调研人员应密切关注数据收集过程，最大限度地减少非抽样误差，确保调研计划能被正确实施。在数据收集工作结束后，调研人员就要处理并分析搜集到的数据，从而找出重要的信息和发现。数据分析（data analysis）包括将数据转换成计算机文件，进行各种统计检验等分析。在数据分析时，调研人员首先要进行数据审核（data cleaning），对数据的准确性、完整性进行核对，在保证数据准确、完整之后，再进行下一步的分析。EXCEL、SPSS 和 R 等软件都是进行数据分析的软件。

5. 解释和报告调研结果。营销调研的最后一步是解释和报告调研结果，目的是与客户沟通调研的结果。营销调研人员需要解释结果，得出结论，并把它们呈现给管理者。调研人员不应提交给管理者大量的数字和花哨的统计方法。相反，他们应该提交那些能对管理者制定决策提供帮助的重要的结论性信息。为了全面展示调研结果，调研人员需要向客户提交书面报告，在书面报告中应阐明调研问题、研究方法和调研主要结论等。图 4－5 展示了优秀的营销调研报告所具有的特征。

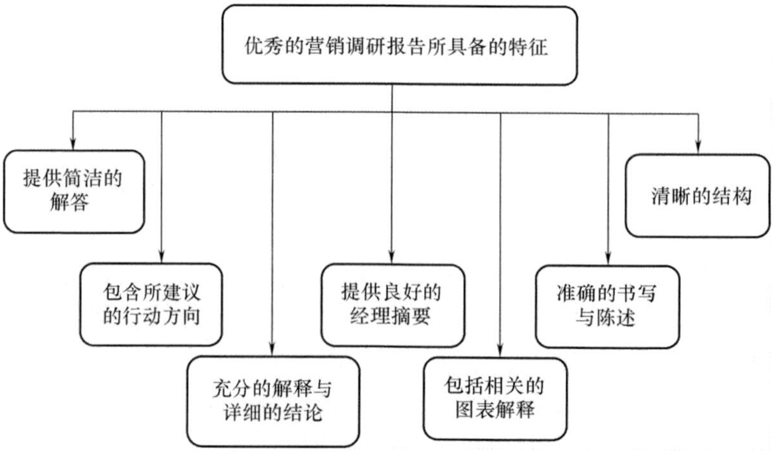

图 4－5　优秀营销调研报告具有的特征

资料来源：托尼·普罗克特．营销调研精要［M］．吴冠之，等，译．北京：机械工业出版社，2004：47.

二、营销调研方法

（一）研究方法

调查收集第一手资料的方法主要有以下几种：

1. 调查法。调查法（survey research），是搜集原始资料的最普遍方法，也是搜集描述性信息最合适的方法。一个公司若想知道人们的知识、态度、偏好或者购买行为，经常可以通过直接的询问来实现。调查法的主要优点在于灵活性，能被用在不同的场合获取各种各样的信息。其中主要是运用抽样方法，从母体中抽出若干样本对其进行调查以取得资料。

2. 观察法。观察法（observational research），是通过观察相关人员、行为、状况来搜集原始资料。比如，一个消费者（同时也可能是经过很好伪装的市场营销人员）可能在逛商店、挑选商品、检查包装、做出实际购买决策的过程中访问超市和观察消费者。这种调查多是在被调查者不知不觉中进行的。除了人员观察，也可采取机械记录的方式。如广告效果数据，国外多利用机械记录器来收集。直接观察所得资料具有较强的客观性和实用性，其局限性在于只能看到事态的现象，往往不能说明真实原因，更不能说明购买动机和意向。

3. 实验法。实验法（experimental research）是指在给定的条件下，通过实验对比，对营销环境与营销活动过程中某些变量的因果关系及其发展变化进行观察分析。实验法包括选择与主题匹配的小组，给他们不同的对待，控制不相关的因素，核对小组反应的不同，以努力去证实因果关系。如运用某种推销方法，在特定地区及特定时间进行小规模实验以收集资料，并用市场营销原理分析其是否值得大规模推行。

（二）联系方法

可以通过邮件调查、电话调查、人员访谈、在线营销调研进行信息搜集。

1. 邮件调查。邮件调查是适合花费在每个回访者身上的，成本低但信息量大的信息搜集方法。在涉及调查比较私人性的问题时，邮件调查相比面对面采访或者电话访问，回访者可能会给出更诚实的回答。由于在邮件调查中没有访问人员，因此在答复中就不存在访问人员偏差的问题，而且，没有访问人员会节约很大一部分成本。然而，邮件调查也存在较大的局限性，如缺乏对调查对象的控制，问卷反馈率较低等。

2. 电话调查。电话调查是快速搜集信息的最好方式，比邮件调查有更大的灵活性。针对问题的回答情况，调查人员可以对较难的问题进行解释，也可以忽略一些次要问题，深究一些重要的问题，且反馈率比邮件调查高。

3. 人员访谈。人员访谈有单独访谈和焦点小组访谈两种形式。个人访问包括和别人在家里、办公室、街道上或者商场里交谈。这种采访的形式比较灵活，受过训练的采访者能够引导被采访者，给他们解释困难的问题，挖掘特定情况下可能产生的问题。焦点小组访谈（focus group interview）是指邀请6～10人组成一个小组，在训练有素的主持人的主持下，对一个产品、服务或者组织进行交流。参与者通常都会有小额的参与费。主持人会鼓励自由、轻松的讨论，小组的互动可以产生真实的想法和感觉，同时主持人负责关注讨论主题，评论被以书面或者录像形式记录下来以备日后学习。

4. 在线营销调研。在线营销调研包括网络调查、在线专家小组、实验、在线焦点小组访谈等形式。在线营销调研可以通过多种形式得以实现，企业可以将调查问卷放在其网站上，并且通过某种奖励措施鼓励人们完成问卷；或者企业通过电子邮件、网页链接或网页弹出窗口来邀请人们回答问题并送出奖励。企业同样可以发起一个聊天室并时不时提出问题，或者实施实时讨论，或者实施在线焦点小组。企业还可以通过试验性的行为来快速测试新产品的概念。可以说，在线营销调研省去了大部分其他方法所需要的邮寄、电话、人工和印刷成本。在线营销调研的成本比邮件调查低15%～20%，比电话访问低30%。此外，样本量的选择不会对成本产生太大的影响。一旦调查问卷被设计好，无论是对10个还是对1 000个受访者进行在线调查，在成本方面并没有明显的差异。

（三）抽样计划

当调查对象多、区域广而人力、财力、时间又不允许进行普查时，可依照同等可能性原则，在所调研对象的全部单位中抽取一部分作为样本，然后根据调查分析结果来推论全体。样本是指在营销调研中，从抽样整体中选择用于代表整体的部分对象。在理想状态下，样本应具有代表性，从而调研人员能够通过它得出关于总体样本行为的准确推断。

在对抽样进行设计时，需要考虑三方面的决策。首先是抽样单位，即采访对象是谁。调研人员需要决定哪些信息是需要的，谁最可能拥有这些信息。其次是抽样规模，大样本比小样本有更高的可信度。按经验来看，抽取总体的1%作为样本就可以得到比较好的可信度。最后，抽样的程序是什么，即样本中的人员怎样被选择。常用的抽样方法有简单随机抽样、类别抽样、判断抽样等。表4－1详细描述了抽样的类型。

表4－1　抽样的类型

抽样类型		描　述
概率抽样	简单随机抽样	总体中的每个成员都有一个一致、均等的被选中机会
	分层随机抽样	把总体分成彼此独立的层级（比如按年龄分层），从每个层级中随机抽样
	聚类抽样	把总体分成彼此独立的小组（比如按街区），调研人员选取一个小组整体进行访问

非概率抽样	方便抽样	调研人员从最容易获取信息的成员那里进行抽样
	判断抽样	调研人员根据自己的判断来选取那些最容易提供准确信息的成员作为样本；在某几个类别中，调研人员找到并采访特定数量的成员作为样本

资料来源：菲利普·科特勒．市场营销原理［M］．北京：机械工业出版社，2006：90.

（四）研究工具

在搜集原始数据时，主要有两种调研方法供调研人员选择，即调查问卷和机械仪器方法。调查问卷是迄今为止最普遍的调查工具。封闭性问卷包括了所有可能的答案，被访者只需从中选择即可，其中包括多选问题和尺度问题。开放性问题允许被访问者用自己的语言回答。

调查问卷是最普遍使用的调研工具，调研人员还使用机械的仪器设备来检测消费者的行为。还有一些研究人员使用测量大脑活动的“神经营销学”来了解消费者的情绪和反应，运用核磁共振成像和脑电图对受访者进行扫描。“企业总是瞄准顾客的心，但是大脑应该是更好的目标”，神经营销学能够捕获大脑的反应来吸引客户。从百事、迪斯尼到谷歌和微软等企业，都在雇用 NeuroFocus 和 EmSense 等神经营销学调研公司来帮助他们了解人们究竟在想什么①。

三、营销调研应用

营销调研在企业营销工作中有着非常广泛的应用，应用领域包括产品调研、市场细分调研、竞争调研、促销调研、分销调研和定价调研等。

（一）产品调研

大多数新产品在推向市场时都容易遭遇失败，而进行产品开发和评估的研究可以降低产品推向市场遭遇失败的风险，因此进行必要的研究就显得尤为重要。产品调研包含几个不同的方面，进行产品调研的目的是为公司管理层提供关于新产品、改进新产品或现有产品可能被市场接受的重要信息。在营销方面，产品调研主要有获取新产品创意、产品概念测试和消费品测试三方面的作用。

1. 获取新产品创意测试。在获取新产品创意方面，焦点小组调研是一种用于发掘产品创意的非常好用的方法。消费者可以为企业的产品改进提供一些良好的创意，甚至可以帮助企业识别新产品的市场机会。通过焦点小组调研，企业可以发现消费者对产品的不满意情况，还可以发掘现有产品的缺陷和不足，从而改进新产品的特性。

---

① Laurie Burkitt. Neromarketing examples are adapted neuroscience for consumer insights［EB/OL］.［2009－11－16］. http：//www. forbes. com/forbes/2009/1116/marketing－hyundai－neurofocus－brainwaves－battle－for－the－brain. html.

2. 产品概念测试。产品概念测试是指获得有关新产品创意或概念的反应，并尽量剔除那些不良的创意。产品概念测试有三种方式：第一种概念测试是完全通过文字对产品进行描述，这是一种关于该产品是什么以及该产品有何作用的描述，它可以通过列举产品的主要性能特征来表达。第二种概念测试是强调视觉和感受的生动描述，它通常在对产品进行描述后进行，附有图片或照片，有时还会采用广告创意的形式，包括对产品的描述和插图，并应用广告宣传的印刷版式。第三种产品概念测试的形式是采用产品模型来进行的，这种方法通过利用产品模型来展现产品的某些属性，使人们获得产品的某些信息和感受。在产品概念测试阶段，产品的概念和创意是要表述或展现给购买者的。可以从潜在消费者群中随机地选取样本进行概念测试，初始样本的测试数量通常需要达到600人。

3. 消费品测试。消费品测试是指在对开发出来的产品进行实验后，测试人们对新产品或现有产品的评价。不同的产品需选择不同的测试方法，对于某种食品或者饮料而言，也许采用的是在销售区请顾客对样品进行一次性品尝的测试方法。对于某种清洁剂而言，则需要更长时间的家庭使用，商家可能会在销售中心向客户派发样品，同时要求拿到样品者在家对该产品进行试用。在这种情况下，就需要通过电话与参与测试的消费者保持接触，请他们回答有关产品测试方面的问题。

（二）市场细分调研

市场细分涉及一组特殊的顾客群（或潜在顾客），他们有着某些共同的特征，这些特征使得他们与其他顾客分开来。不同的细分可能有着不同的需求，他们或者需要同种产品的不同型号，或者支付不同的价格，或者在不同地点购买，或者通过不同的媒体方式获得产品信息。在消费品市场上，我们可以通过生活态度和生活方式、年龄、性别或家庭生命周期的不同阶段等来进行市场细分，还可以通过不同的工作类型、收入水平和其他一些相关因素来进行市场细分。在产业细分上，主要是运用产业的性质或规模来对不同的市场领域和顾客进行描述。细分并不仅仅限于对顾客的细分，公司还可以区分、选择业务顾客和潜在的顾客，然后直接针对他们进行营销活动。

在消费品市场细分和产业细分之外，还存在一种地理细分的形式。许多人在参看了大型数据或图表之后，很难得出具体的结论。然而，通过看一个注明了代码和标志的地图，就很容易快速地得出一个持久的印象。在有图表显示的地方，可以很容易地运用绘图技术获取数据信息，而且，计算机技术大大便利了我们利用这一技术。对于这些数据资源，地图可以用不同的颜色显示，并且可以通过简便性的图案、颜色来表示，通过诸如潜在或现实顾客的比例，花费在每一特定产品和服务上的单位资本，或者销售收入等指标来对数据进行分类。大多数绘图资源可以生成图纸上的地图、幻灯片、录像或者投影图片。

（三）竞争调研

对竞争的理解是制订营销计划和战略的中心环节，每个企业都必须不断地将产品、价格、销售渠道以及促销方法与其竞争对手进行比较，以确保自己处于有利的竞争地位。为了在市场上建立起一种持续的竞争优势，公司必须要知道和了解竞争对手正在实施的战略。同时，预测研究未来市场上的竞争发展态势也非常重要，这样，才能确认竞争对手正在实施战略的关键部分。所有的企业都需要对竞争对手进行不断监测，其中需要的主要信息包括销售、市场份额、边际利润、投资回报、现金流、新投资等。通过获取这些信息，公司可以获得有关竞争对手的比较全面的印象，在帮助预测竞争对手采取的战略方面有极大的作用。

（四）促销调研

很多促销调研是为了开发广告诉求。这类研究可以分为心理（或动机）、社会（焦点小组）和人类学（观察层面的）三种类型。

对于动机的研究通常是在个人访谈中采用心理分析的方法来进行的，包括与顾客深入讨论某一产品对他们的效用。通过采取这种方法，我们经常能找到某一产品对他们的效用，进而发现某一产品的心理象征意义。

焦点小组可以帮助市场研究人员找到一些新颖的创意，小组成员可以在不断的互动中产生个人不可能产生的一些创意。

人类学的研究方法可以用来观察数目不太大的人群，了解某一产品如何满足他们的生活需要，以及什么因素使他们对某一特定品牌保持着特殊的兴趣。这一方法也可以用来对顾客进行深入了解，可以让我们通过观察人们的实际行动，而不是仅仅听他们所说的来理解、分析人们对问卷的回答程度。

四、营销调研新趋势

（一）传统营销调研的局限性

真实世界里的营销问题往往是复杂的，不会为了任何一个人而量身定制。我们所面临的市场调研问题不会像在学校里的考试题目一样，有对应的知识点和确定的解体思路。真实世界里的问题都是综合性的问题，如果不能从许多不同专业里寻求各种适用的知识和工具，结合起来面对我们每天生活着的世界，那么就不可能找到解决现实问题的真正方法。在真实世界中，消费者个体之间存在较大差异，而每一个消费者自身的想法和需求也在不断变化中，因此，每一位个体行动的数据形态才是真实世界的数据形态。

传统的市场调研方法，例如问卷法，所获得的数据形态是一种事后的“自我陈述”，也就是我们在自己的头脑中经过抽样、统计、计算均值之后得到我们最终回答的问卷，具有一定的滞后性，这种数据被称为聚合型数据，与事实真相相距甚远。

根据《2013 年 Honomichl 全球市场研究公司 25 强报告》研究发现，市场调查行业正处在弱化和下滑的趋势中。目前，仅凭客户忠诚和客户在线注册、线下调研等方式无法洞察消费者真正的偏好，所以企业越来越多地倾向于使用社交媒体网站的数据挖掘功能，来洞察广大消费者的消费习性和潮流，用之代替那些成本较高的目标客户调查。市场调研本质上是为了调查了解客户在想什么，并且在此基础上做出决定。因此，既然市场调研的本质是评估消费者的喜好和态度，那么一切可以用来探究消费者喜好和态度的方式都应当被采用。在大数据时代，数据可以检测到人们在真实世界里是如何做的，而传统的市场调研只能了解人们是怎么说的，把人们所说的和所做的结合起来，可以更好地探究消费者真正的偏好。

（二）互联网时代的营销调研

互联网行业以前所未有的惊人速度快速发展，微博、微信、微店，加上智能手机，技术和生活方式相互影响。根据中国互联网发展中心的统计，截至2014年6月，我国网络购物用户达到3.32亿，较2013年年底增加2 962万人，半年度增长率为9.8%，与2013年12月相比，我国网民使用网络购物的比例从48.9%提升至52.5%。

互联网时代，我们越来越依赖于通过网络技术实现营销调研。网络调研是指以互联网为介质，针对特定问题进行调查设计、资料收集和数据分析等活动的调查方法，与传统市场调研相比，网络调研有着无法比拟的优势。网络调研与传统调研的比较如表4－2所示。

表4－2　网络调研与传统调研的比较

比较项目	网络调研	传统调研
时空限制	无	有
调研费用	较低	昂贵
运作速度	快，可以即时看到统计结果	慢，2～6个月才可能得到结论
统计准确性	准确	不太准确（容易出现误差）
及时性	及时	不及时
互动性	强	弱
结果可信性	相对可靠、客观	容易受人为因素干扰
调研范围	样本数量庞大（全国甚至全世界）	受成本限制，调查地区和样本数量均有限

（1）互动性。这种互动不仅表现在消费者对现有产品发表意见和建议，更表现在消费者对尚处于概念阶段的产品的参与，这种参与有助于企业更好地了解市场，洞察市场的潜在需求。

（2）及时性。一方面调研信息传递到用户的速度加快，另一方面用户向调研者的信息传递速度也加快了。

（3）便捷性和经济性。在整个调查过程中，调研者还可以对问卷进行及时修改和补充，而被调查者只需要具备电脑和上网条件就可以快速方便地反馈其意见。同时，对于反馈的数据，调查者也可以快速便捷地进行整理和分析，因为反馈的数据可以直接形成数据库。

（4）可靠性和客观性。一方面企业站点的访问者一般都对企业产品有一定的兴趣，另一方面网络调研问卷的填写是自愿的，不是传统调研的“强迫式”，所以填写者一般回答问题相对认真，调研结果可靠性高。同时，被访问者是在完全独立思考的环境中接受调研的，不受传统调研中人为因素的干扰，能最大限度地保证调查结果的客观性，所以这种基于现有客户和潜在客户的调研结果可以在很大程度上反映消费者的消费心态和市场的发展趋势，调研的结果比较客观，具有很高的可靠性。

（5）跨时空性。通过互联网进行的网络调研可以 24 小时全天候进行，并且其调研对象可以是来自世界各地的。

（6）成本低廉。网络调研比传统的调研速度快、成本低、效率高，方便数据挖掘。

（三）大数据时代的营销调研

互联网的快速发展催生了大数据时代的到来，大数据指的是需要新处理模式才能具有更强的决策力、洞察力和流程优化能力的海量、高增长率和多样化的信息资产。大数据在今天已经与我们的生活息息相关，涵盖了我们生活中的天气、购物、健康、交通、娱乐等各方面的信息，并且随着移动互联技术和廉价智能终端的普及，这些数据正在成几何倍数增长，每个人通过手机进行的每一次操作，都有可能被完整地记录下来，进而通过分析，被提炼成各种具有商业价值的信息。

1. 大数据与营销调研。目前，人们通常用 4 个“V”（即 volume、variety、value、velocity）来概括大数据的特征，这将在本书第十二章中进行详细介绍。在大数据的影响下，传统的营销调研也面临着机遇和挑战。

一方面，大数据给营销调研带来了新的机遇。首先，大数据有利于提高调研结果的质量。大数据不仅有利于增强调研的时效性，可以缩短调查周期，减少调查时滞，实现数据的实时发布，还有利于提高调研的客观性，降低调查人员和受访者主观因素的干扰。其次，大数据有利于降低营销调研的成本，许多数据可以通过网络、移动通信等渠道获得，同时可以在企业内部多个领域重复利用，从而大大降低了调研成本。最后，大数据可以使营销调研的领域加以拓展，大量数据可以从一些传统意义上不可数据化的领域提取出来。例如，从网络搜索记录中提取用户的健康状况和商品偏好，从社交网络中提取用户的信用和财产状况等。数据类型越来越多样化，可以被研究的领域也越来越广阔，给商家了解市场的真实情况带来绝佳的机会。

另一方面，大数据给传统的营销调研带来了挑战。首先，对数据的定义不再单一，数字化的行政商业记录、网络在线文本、媒体音像资料都成为数据的可靠来源，这些新数据时刻影响着营销调研部门收集数据信息的广度和处理数据信息的深度。其次，营销调研的工作方式急需转变，在大数据时代，现场实地调研的工作会逐渐萎缩，取而代之的是从超市和商场收银系统、ETC 电子收费系统、GPS 定位测量、银行转账、微信和支付宝账户中，挖掘收集所需要的原始数据资料。最后，传统的数据分析方法已不再实用，传统的对结构化数据的汇总、推算和评估分析工作，会逐步让位于非结构化的数据挖掘分析方法。

2. 大数据对于营销调研的影响。大数据时代的到来给市场经济和社会带来了广泛的影响，企业的经营决策面临巨大的挑战，传统的商业模式和营销方式也都随之改变。例如，亚马逊官方宣布他们正在测试和研究“未下单，先发货”功能，即根据购物者的购物数据预测你将要购买的物品，实现未下单提前发货的功能。一些网上票务销售公司同样也在利用大数据针对潜在客户进行定向营销。在特定的消费者群体中，这种策略尤为奏效，如球迷，他们对于某支球队的热爱甚至会延续终身，这也使得他们成了营销机构的猎物。在线下，一些超市正在试验 NFC（近场通信技术），当消费者从附近走过时可以根据其以往的购物行为有针对性地推荐商品。

具体来讲，大数据对于营销调研的影响体现在数据处理和分析的方法上，其基本过程与传统的数据分析过程差别不大，主要是在定义商业问题之后，采集和处理数据、建模分析数据、解读数据这三大层面上的具体做法不一样。

（1）数据采集方面。传统采集数据的过程一般是有限的、有意识的、结构化的，例如问卷调研的形式，采集到的数据总是与预期相符，数据结构化较好；而在大数据时代，大数据的采集过程基本是无限的、无意识的、非结构化的数据采集，出现了各种各样纷繁复杂的行为数据。

（2）数据处理方面。传统数据和大数据的做法差别不大，例如银行、通信运营商、零售商早已成熟运用消费者的属性和行为数据来识别风险和付费可能性，但是由于数据量极大扩增，算法也获得极大的优化提升的空间。

（3）数据分析和解读方面。传统做法一般是定义营销问题之后，采集对应的数据，然后根据确定的建模或分析框架，进行数据分析，验证假设，进行解读，解读的空间十分有效。而大数据提供了一种可能性，既可以根据营销问题，封闭性地去挖掘对应数据进行验证，也可以开放性地探索，得出一些可能与常识或经验判断完全相异的结论，可解读的内容变得非常丰富，可以更加全面地解读消费者的习惯和喜好。

当前，人们越来越多地依赖于科技、机器、电脑等电子设备，网购的迅速发展和社交媒体的广泛应用使得消费者在网络上留下各种各样的痕迹，产生了多种多样、数量庞大的数据，这给企业带来一个绝好的机会，可以及时观察消费者的消费行为以及厂商之间的竞争行为，提高营销效率和营销效果。而处理这些行为数据的技术也就获得了快速成长的机会。这些行为数据因为随时在手机中，所以数量必然巨大，处理这些数据的技术门槛也就相对不断提高。

在大数据时代，企业之间的竞争越来越依赖于获取数据和运用数据的能力，因此企业应该建立优质的营销信息系统，提高处理数据的技术和能力，争取在大数据时代获得一席之地。

第三节　市场营销预测

一、营销预测的含义及作用

营销预测是指通过对市场营销信息的分析和研究，寻找市场营销的变化规律，并以此规律去推断未来的过程。营销预测的作用主要表现在以下三方面。

第一，营销预测为企业战略性决策提供依据。企业通过预测可以对消费者需求和消费者行为等变化趋势做出正确的分析和判断，确定企业的目标市场。通过预测能够把握市场的总体动态和各种营销环境因素的变化趋势，从而为企业确定资金投向、经营方针、发展规模等战略性决策提供可靠依据。

第二，营销预测是企业制定营销策略的前提条件。企业营销的最终目的在于获取利润。企业要实现自己的利润目标，就需要在产品、定价、分销、促销、原料采购、库存运输、销售服务等方面制定正确的营销策略。然而，正确营销策略的制定取决于对相关市场情况的准确预测。

第三，营销预测有利于提高企业的竞争能力。在当前激烈的竞争市场中，企业与竞争对手的优劣势是在不断变化的。通过及时、准确的预测，企业就能掌握市场发展和转化的规律，扬长避短，挖掘潜力，适应市场变化，提高自身的应变能力，增强竞争能力。企业不仅应预测自己产品的市场份额，还应预测市场同类产品、替代产品等的未来发展趋势，同时，还必须预测竞争对手产品、市场的发展趋势，以便企业采用相应的竞争策略。

二、营销预测的类型和内容

（一）营销预测的类型

营销预测的类型有：

1. 总体预测和具体预测。总体预测涉及面广，它是粗线条、综合性地对总体或总量的预测，如企业对国内某一地区总体市场状况的预测等，其目的是了解该市场的总体供求情况，为企业确定经营方向、制定营销战略规划提供依据。

具体预测涉及面窄，是较细致的、专业性的对个体或分项的预测，如企业对自己商品销售量的预测，或对自己产品市场生命周期的预测等，其目的是为企业制定相应的营销策略提供依据。

2. 长期预测、中期预测、短期预测和近期预测。长期预测一般是指 5 年以上的预测，中期预测一般是指 1～5 年的预测，短期预测指 1 季度至 1 年的预测，近期预测指 1 周至 1 季度的预测。实际上，期限并无统一的标准，不同的企业对时间界限的划分是不尽一致的。

3. 定性预测和定量预测。定性预测，又称质的分析，是依人们的直觉或经验做出主观判断，粗略地预见事物的发展趋势，或估计出一个概数。而定量预测是根据调查得到的数据资料，运用数学方法对未来市场营销变化做出量的估计。在营销预测实际工作中，往往要求将两类方法结合运用，才能得到科学、准确的预测数据。

（二）营销预测的内容

营销预测的内容有：

1. 市场需求潜量的预测。市场需求潜量是指在一定时期和特定区域内，全体买方对某项商品的最大可能购买量。通过对市场需求潜量的预测，企业就有可能掌握市场的发展动态，以便合理地组织自己的经营活动，如确定目标市场、筹措资金、订购原料、规划生产等。

2. 企业销售的预测。企业销售预测是企业对生产的各种产品的销售前景的判定，包括对销售的品种、规格、价格、销售量、销售额、销售利润及其变化的预测。通过销售预测，了解消费者需求的新动向，研究开拓市场。它是企业制定和实施价格策略，选择分销渠道和销售促进策略的重要依据。

3. 市场占有率的预测。预测本企业所经营的商品销售量在整个市场商品销售总量中所占的比例，就是通常所说的市场占有率的预测。从市场占有率增加或减少的预测中，可以判断市场需求、市场竞争和企业经营发展状况，采用相应的市场竞争策略，保证企业经营的方向。

4. 企业所需资源的预测。企业经营需要的资料主要是物质资源。通过对所需资源的预测，可以对资源的市场供应状况及其变化趋势、降低资源消耗的可能性、资源的价格变化、代用材料发展状况等进行准确判断，以便企业根据自身能力，合理地进行生产布局，搞好新产品开发或老产品改造。

三、营销预测方法的选择

营销预测的方法主要有定量和定性两种，以下分别详细阐述这两种方法的相关内容。

（一）定性预测方法

定性预测方法一般适用于资料缺乏的情况，如新产品市场销售趋势预测等。具体方法有以下几种：

1. 厂长（经理）评判预测法。由企业的厂长（经理）把与营销有关或熟悉市场情况的各部门主管人员（包括市场营销、生产、产品开发与研究、财务等副厂长或副总经理）和一些专家、中层领导等召集起来，让他们对未来的市场发展趋势或某一重大营销问题提供情况、发表意见、做出判断。然后厂长（总经理）将各种意见汇总，进行分析研究、综合处理，最后得出预测结果。

其优点是简单、迅速、及时、经济；缺点是预测极易受主观因素影响，尤其易受权威人士的影响，若使用不当，往往会造成重大决策失误。

2. 营销人员意见预测法。营销人员包括购销、促销、市场调研人员等。由于他们直接参与市场上各种营销活动，对顾客、协作者和竞争厂家等的情况及变化动向比较了解，特别对自己负责的营销范围内的情况更为熟悉，因此，综合他们的意见所做的预测有一定的价值。

其优点是在市场因素剧烈变动时，企业能较快地做出反应，并可综合参考其他营销因素，做出近似实情的预测。

3. 专家意见预测法。专家意见预测法又可具体分为三种：

（1）小组讨论法：召开专家会议集体讨论，做出预测。这种方法可以发挥集体智慧，在讨论中互相交换意见，取长补短。

（2）单独预测集中法：由每位专家单独提出预测值，然后由专项负责人将各专家意见综合起来得出结论。这种方法可以充分发挥个人的智慧和经验。

（3）德尔菲法：通过邮寄问卷的方式，征询专家的匿名预测意见，将意见的初步结果综合整理，当专家预测意见趋于一致时，对最后一轮征询预测问卷进行统计整理，得出预测结果。

（二）定量预测方法

定量预测方法是依据市场调研所得出的比较充足的历史统计资料，运用数学特别是数理统计方法，建立预测模型，对市场未来发展做出定量预测结果的一种方法。运用定量预测方法，一般需具有大量的统计资料和先进的计算手段。预测方法大致可分为以下两种：

1. 时间序列预测法。时间序列预测法，就是通过编制和分析时间序列，根据时间序列所反映的发展过程、方向和趋势，加以外推或延伸，来预测下一时间周期所能达到的水平。对于不同的预测对象或预测对象的不同发展趋势，应采用不同的方法，配合不同的曲线，主要有水平型发展趋势、线性变化趋势和二次曲线趋势等。

2. 因果分析预测法。因果分析预测法是以事物之间的相互联系、相互依存关系为根据的预测方法，是在定性研究的基础上，确定出影响预测对象（因变量）的主要因素（自变量），从而根据这些变量的观测值建立回归方程，并由自变量的变化来推测因变量的变化。因果分析方法的主要工具是回归分析技术，因此又被称为回归分析预测方法。利用这种方法进行预测时，首先要确定事物之间相关性的强弱，还需研究事物之间的相互依存关系是否稳定。运用回归方程进行分析预测的方法主要有一元回归预测、多元回归预测和自回归预测等。

第四节 营销调研中的道德问题

市场营销调研是企业营销活动的出发点，也是企业设计制订和调整营销计划、开拓市场的基础。营销管理人员对调研方法、调研工具和抽样分析计划等技术类指标的应用已是各大公司和企业着重培养的项目之一，由于个人决策的非理性因素往往会致使企业错在源头处，并将企业的发展战略决策引入歧途，因此加强市场预测已经是刻不容缓的大事。然而，很多决策者和调研人员只重视调研过程和调研结果，却忽视了会对调研结果产生巨大影响的调研过程中的道德风险问题。

道德是支撑整个社会的精神准绳，经济社会的发展和进步同样需要考量道德的标准。市场营销调研的出发点往往是美好的，却极有可能由于触犯或忽视了被调研对象的道德禁忌或采用了不道德的调研方法和手段而导致调研结果的真实性下降。市场营销调研的目的是要最大限度地惠及它的支持公司和消费者。公司可以通过市场营销调研了解消费者的意见与购买行为，可以根据消费者对现有新产品的接受程度，改进现有产品，开发新用途，研究新的产品创意，以期更好地满足消费者的需要，增进产品知名度和顾客满意度。尽管市场营销的目的和目标以及出发点是美好的，但往往会出现一些道德问题，因此在调研过程中，调研机构和调研委托者都应承担相应的道德责任。

调研机构和人员对调研委托者有保密、质量保证和充分披露等道德责任。有的调研机构为了在争取新客户时表现其经验和能力，往往会泄露出以前委托者的一些机密以及过去调研中的重要发现，甚至还搬出全套调研报告供人翻阅；有的调研机构对调研质量重视程度不够，访问人员训练不足，导致调研过程不规范，调研报告质量缺乏保证，使得委托者不仅白白花费了钱财，还可能因为调研结果的误导而导致做出错误的决定；有的调研机构在调查报告中对调研方法和调研过程语焉不详，避实就虚，使得报告的可信度大大下降。

调研机构和人员对受测者的道德责任涉及范围广，其中最重要的是尊重受测者的权利和对受测者的身份加以保密两部分。调研机构和人员必须牢记受测者有绝对的权利拒绝接受访问或参加实验，他们有权利不受到干扰，调研人员不应强迫受测者做其不想做的事，应以感谢的心情去对待受测者，设身处地地为受测者着想，尽量减少对受测者的干扰；调研机构和人员应对受测者的身份予以保密，非经同意不得泄露，以免其受到干扰和损害。对于调研委托者而言，其道德责任主要体现在依法付款、研究构想和研究报告的发表方面。和其他交易行为一样，调研委托者有依约付款的义务，如果研究的发现完全符合委托者的要求，委托者自然应该依法付款。有的委托者要求调研机构或人员提出一套研究计划及预算，然后将这套研究计划据为己有，进而与其他调研机构进行杀价；有委托者委托调研机构做一项研究，然后利用此项研究的结果断章取义，导致人们获得不正确的印象，这样不仅危害到社会大众，也可能破坏调研机构的声音，这些都是不道德的行为。

总之，市场调研的道德问题在很大程度上是一个"诚信"问题。诚信是人们自古推崇的一种美德，每个行业都应该遵守。市场调研过程由于涉及很多关于个人隐私、机构机密的信息，更应该遵守诚信。在所有的市场营销调研活动中，无论如何避免，道德风险问题永远都会存在，因此调研人员应该努力使潜在的道德风险最小化，时刻用道德的准绳来规范调研活动。

本章小结

本章首先阐述了营销信息系统的概念和构成部分。营销信息系统是包括人、设备以及整个搜集、分类、分析、评估及分配需求的过程，通过传递及时且准确的信息给营销决策制定者，帮助决策制定者确定信息需求并获得所需信息。

本章介绍了市场营销调研的一般过程和方法。营销调研包括确定调研需求、界定问题和调研目标、拟订调研计划、实行调研计划和解释并报告调研结果五个阶段。市场营销调研有调查法、观察法和实验法等。

本章最后介绍了营销预测的含义和一般方法。营销预测是指通过对市场营销信息的分析和研究，寻找市场营销的变化规律，并以此规律去推断未来的过程。营销预测可以帮助企业制定战略性决策，提高竞争能力。营销预测有定量和定性两类方法。

关键术语

营销信息系统（Marketing Information System）；营销调研（Marketing Research）；探索性调研（Exploratory Research）；描述性调研（Description Research）；因果性调研（Causal Research）；营销预测（Marketing Forecasting）；抽样（Sampling）

复习思考题

1. 什么是营销信息系统？
2. 营销信息系统由哪些部分构成？
3. 市场营销调研一般需要经历哪些阶段？
4. 市场营销调研的实质是什么？
5. 市场营销调研的基本方法有哪些？

6. 常见的抽样方法有哪些?
7. 近年来营销调研有哪些新的趋势?网络调研相比传统调研有哪些优势?
8. 什么是营销预测?营销预测有哪些方法?

本章案例

用户行为链背后的大数据实效营销

在每一个广告主眼中,何种广告模式才是有效的?他们不仅关注有多少曝光和点击,还非常看重品牌理念与广告内容能够精准到达多少的目标人群,如何让拿出去的广告费收回来。换句话说,实效是企业营销一直追求的目标。

在大数据时代,要真正实现精准营销并非易事,对传播媒介来说有很高的要求。该如何利用大数据为广告主带来商业意义上的"实效"呢?

奇虎360首次提出了"大数据实效营销"的概念,一举推出"360实效平台""360聚效平台""360来店通"三款重磅产品,以及第三方数据实效评估维度——"中国实效指数",开始向实效营销的蓝海迈入崭新而稳健的一步。

一、"行为链"精准描绘用户

互联网营销瞬息万变,越来越多的传统品牌开始把营销阵地转向互联网,尤其是大数据浪潮来袭,整个营销行业开始朝着实效趋势转变。如何才能真正做到实效?

企业借助大数据搜索,虽然可以获得一些用户信息,但是也难免出现偏差。比如,"宅男搜索女士服装,不代表有实际生活需求",如果企业采用这样的判断标准势必会影响销售结果,企业拥有这样的样本数据无法反映目标消费群体的特征,"实效"将大打折扣。互联网企业都提出不同的数据链接导向。比如,百度搜索数据可以构成"需求链",阿里购物记录可以构成"购买链",腾讯的通信记录可以构成"社交链",奇虎360则提出了"行为链"。

360的"行为链"是指依托于360旗下PC端、移动端和智能硬件等全线产品以及海量的用户基础,可实现PC、无线、现实生活坐标等多触点的数据搜集。这些数据涵盖了浏览、搜索、下载、购买、到访等行为,从而可以刻画出地域、年龄、性别、职业、收入等在内的用户画像,并分析出用户的精准兴趣点,勾勒出更加真实的用户画像,使得大数据的样本更加贴近用户本来面目。通过行为链可更加精准地筛选目标消费人群,能够精准洞察目标人群与整合用户数据,使之成为精准营销的先决条件。奇虎360高级副总裁于光东表示:"360在PC端拥有4.6亿用户,手机端用户超过6.4亿,市场渗透率93.9%,行为链在营销应用层面代表的是每一个广告客户在后台和用户之间产生的互动。360所拥有的全行为链数据未来会向所有客户全面开放,这是360大数据一个非常重要的影响力。"

二、大数据为实效提供保障

360之所以具备大数据实效营销能力，是因为360拥有总计超过6亿的互联网用户，日均处理数据50TB，行为数据链更具多样性，这恰恰是广告主需要的。360会通过大数据实效平台，将数据免费开放给广告主查询，甚至联合第三方监测机构做详细的分析报告。广告主可以通过这些数据不断满足用户的商品和服务需求。

360大数据实效平台，真正帮助广告主精确定位了目标受众，从而既能对目标受众进行更深入的研究分析，又可以实现精细、精准的定向投放。同时，360大数据实效平台还能够依托第三方的权威平台，实现更客观公正的效果评估，这些环节形成闭合式的链条，将为广告主创造真正意义上的实效营销。

在于光东看来，360的大数据实效营销平台为品牌营销的创新与实效提供了基石保障。“只有使大数据样本更加贴近用户本来面目，才能让品牌广告主对全局有准确的了解，进而助力营销决策，为品牌营销做出创新的解决方案。”基于此，360公司联合中国艾菲推广委员会共同推出了第三方数据实效评估维度——“中国实效指数”，该指数将提供市场全面实时监测和广告实效分析，将成为品牌主、营销代理机构、媒体、数字营销机构等极具价值的实效评估参考依据。

当前，通用汽车、宝洁、肯德基等众多知名品牌，已纷纷将营销重点放到大数据实效营销上。依托于超过6亿的互联网用户、渠道力量优势与大数据优势，360紧紧围绕用户、品牌、媒体三个方面，正在重新塑造互联网营销生态体系。

（资料来源：用户行为链背后的大数据实效营销［EB/OL］．［2014－12－12］．http://www.vmarketing.cn/index.php? mod=news&ac=content&id=8123，有改动。）

案例思考题

1. 大数据实效营销的内涵是什么？
2. 奇虎360在进行大数据实效营销方面有哪些优势？

第五章　市场营销战略

【学习目标】

市场营销战略是企业管理和运营过程中必不可少的一部分，企业应运用市场营销战略，充分利用现有资源，识别环境的发展趋势，明确企业的发展方向并制定规划和计划，树立企业品牌的同时运用品牌战略提升企业核心竞争力，分析企业处于市场中的竞争地位，以明确企业所采用的战略部署。通过本章的学习，应达到如下目标：

- 了解市场导向的企业战略的特点，掌握市场营销战略的制定；
- 掌握企业发展战略及波士顿矩阵法；
- 了解品牌的建立，掌握品牌战略的运用；
- 了解波特的五种力量模型，掌握市场竞争战略的类型；
- 了解4Ps的内容，掌握4Ps的运用。

引导案例

1．产品角度

（1）互联网产品侧重点——数据驱动

数据驱动是企业互联网化的核心。在确定产品方向前需要做大量的市场调研和用户调研，以真实的数据来支持产品战略，从而快速开发投入市场；再根据用户反馈并结合市场走向来进行合理的数据分析，从而优化产品，周而复始形成一个良性循环。

（2）互联网产品的生产方式——快速迭代

快速迭代的一个特点是产品从供应到消费的环节非常短。小步快速前进，错了再改。这应该是绝大部分互联网公司的产品战略，也即快速把东西拿出手去经受市场的考验，不断优化，一步步朝着用户最舒心的方向发展。另一个特点是意见反馈和迭代的成本都非常低，不同于传统企业，线上软件业务的迭代明显快很多，且几乎不会耗费额外的财力物力。

（3）互联网产品制胜法宝——长尾

互联网使得商品的生产和管理成本急剧下降，由此引发价格大幅度下降，使得不被传统企业所关注的剩余80%用户全部被包括进来，二八定律彻底失效，长尾效应发挥到极致。

2. 渠道角度

（1）互联网的行业本质——跨界全域

互联网的发展使得纯物理经济与纯虚拟经济开始融合，很多产业的边界变得模糊，互联网企业的触角无孔不入，已经触及零售、制造、图书、金融、电信、娱乐、交通、媒体等。互联网企业通过掌握用户数据，开始进行跨行业全领域的竞争。例如，万达、百度和腾讯三方联合打造线上、线下一体化的账号及会员体系，探索创新性互联网金融产品，共同打造线上线下一体化的用户体验。又如，2014 年下半年，淘宝网与万科宣布，淘宝用户全年花了一定数额钱后，就可在全国 12 个城市的 23 个万科楼盘直接冲抵购房款，最高可抵扣 200 万元。

（2）互联网企业的快速——降维模式

互联网出现之后开始出现降维模式，如消除地域、时间、费用、中间渠道等维度，使其在与传统行业竞争时能够获得某种天然属性优势，对传统行业造成致命打击。电子商务消除了地域维度限制，使得传统商店的固定性成了累赘。

3. 促销角度

（1）解决传统交易过程的问题——信息不对称

解决了人和人的信息不对称：电子邮件、社交网络。解决了人和信息的信息不对称：门户网站、搜索引擎。解决了人和商品的信息不对称：电子商务、互联网金融。

（2）营销手段变化——口碑营销

互联网思维的核心是口碑为王。新媒体成为互联网行业中的一支重要支柱，与传统媒体相比，新媒体能够以更低的成本、更快的速度、更精确的匹配、更高的覆盖面来达成营销计划，这是传统行业无法企及的。

（案例来源：4P 理论浅谈互联网行业［EB/OL］．［2015－06－10］．http：//www. jianshu. com/p/40e2ea1f6fd1#，有改动。）

第一节　市场营销战略与计划

市场营销活动在企业经营运作中占据着重要地位，企业战略的制定与实施必然把市场营销战略作为主要内容来设计，优秀的市场营销战略不仅可以促进企业战略的实现，也是企业在经营运作中市场营销活动的关键。

一、市场导向的企业战略

在市场经济动荡的环境里，市场导向的企业战略，是企业生存和发展的根本保证，不仅有助于提高企业资源的有效利用，而且进一步增强了企业营销活动及其他经营活动的科学性和稳定性。

（一）企业战略

20世纪60年代中期至70年代初，企业战略的概念出现并逐步发展，随后逐渐在企业的经营发展中占据中心位置。企业战略这一概念出现初期，企业所处环境动荡，竞争日趋激烈，整个经济环境也不容乐观，仍使用原有的管理行为已经不能满足企业的发展，为避免企业遭受竞争者攻击，在动荡的环境中生存并进一步发展，必须通过对环境的变化趋势分析，结合企业自身的生产经营特点，以及可能给企业带来的影响，有针对性地进行长期、全面的战略谋划，简而言之，企业战略是指企业在经营过程中为了在同对手的竞争中立于不败之地而制定的事关全局的重要谋略。

一般来说，企业战略大体可以分为3个层次：企业总体战略、企业经营战略和企业职能战略。在市场导向下，企业要以顾客现实或潜在的需求为中心，综合竞争对手战略目标，协调各部门活动，把企业资源整合起来，形成对顾客需求、竞争对手行为等变化因素的长期管理手段。

（二）企业战略的特点

随着市场经济的快速发展，市场对于企业的影响成为最关键的因素，同时也是最本质的内容。在市场经济条件下，所有企业的发展都必须以市场经济发展为基础，与此同时，还要体现出企业自身所在市场的发展要求，使企业的经营管理与市场发展紧密联系起来，顺应经济市场的发展需要，不断提高企业自身的管理水平，提高企业的市场竞争力。企业战略管理的影响已经扩大到对市场营销的要求，市场营销理论中提出了企业战略性营销概念，企业战略成为决定企业竞争成败的关键与核心。企业战略具有以下特征：

1. 全局性。在市场营销领域中，若企业为了某一品牌的成功而危及全系列品牌的地位，或者为了某一专区的销售量增加而影响了企业整个产品的销售，对企业的整体发展都是不利的，因此，只有从全局出发，才能在更深远的范围内选择最优策略促进企业的进一步发展。

2. 纲领性。企业战略不仅要制定企业目标，还要确定企业战略发展方向，以及发展的重点等，属于方向性、原则性、指导性的内容，这都是企业发展的纲领。企业战略对企业发展等重大问题的决策、基本方针和路线的制定进行指导，在具体经营活动中需要分解、展开，成为具体可操作的行动方案。

3. 长期性。企业战略描绘的是企业发展的远景，它是对企业未来较长一个时期的全面考虑。企业战略目标需要企业根据环境以及自身的情况，持之以恒地去实现。日本人在产品和市场开发投资中采取长期观念，不为短期利益“竭泽而鱼”，菲利浦·科特勒称之为“耐心的资本主义”。日本企业目前在欧美市场上所居的地位，正是源自这种深远性的战略思考。

4. 稳定性。企业战略需要稳定，只有稳定的战略才能在实践活动中具有指导意义，使企业各部门能够采取相应的措施去实践战略内容。但由于环境的不断变动，企业行为处在一个动态过程中，故这种稳定是相对的，这就要求企业战略具有一定的弹性，以适应外部环境的变化。

5. 竞争性。企业战略是置身于激烈的市场竞争中的企业行为计划，是为了在竞争中立于不败之地而设计制定的，如果单一地、片面地、理想化地把企业的经营活动独立起来，使企业发展独立于市场竞争之外，则无法构成有力的、充实的企业战略的内容，因此，企业需要制定具有竞争优势特征的发展战略。

二、市场营销战略的制定

依据企业战略的特点，市场营销战略管理一般包括以下六个步骤：分析机会；确定目标市场；制订营销战略计划；制定市场营销组合；执行营销策略；实施与控制营销活动。如图 5 –1 所示。

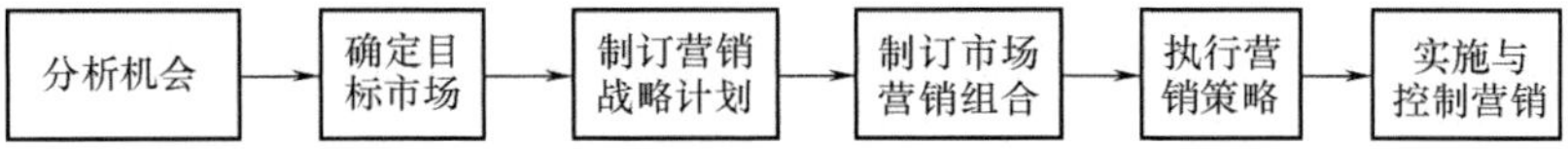

图 5 –1　市场营销战略管理

（一）分析机会

这里所说的机会是指市场机会，即顾客现实的和潜在的需求。大部分管理者把“顾客没有被满足的需求”或是“消费者在满足需求的过程中尚存的遗憾”视为企业的市场机会。当我们的企业具备了某种或多种特殊条件或专长，并且能够利用某个“市场机会”从事某方面的生产经营活动，而且比其他竞争者更具优势时，这个企业便能获得更多的“差别利益”。

可见，为了获得更多的“差别利益”，管理者们使用多种方法寻找并发现市场机会，一般来说，可以通过市场调研，了解消费者的需求及购买行为，收集信息，掌握国内外技术、产品、竞争者等方面的情报，分析环境，提早获悉营销环境改变给企业带来的机会。

（二）确定目标市场

分析评估市场机会之后，经营企业要做进入市场的准备。在市场细分的基础上，企业根据自身的资源情况和经营能力，选择一个或多个子市场作为目标市场。我们把这个过程称为 STP 过程：①市场细分（segmentation）；②目标市场选择（targeting）；③市场定位（positioning）。

例如，一家经营办公设备的企业，一直以经营公司办公设备和办公用品为主，但已走到发展的瓶颈。企业管理人员经过对市场的重新研究，细分出小型流动性企业和家庭办公用品的新市场，经过细致分析，确定开发家庭办公用品的细分市场，战略定位于重点开发小型、组合可分解型产品，以较低的价格和一流的服务吸引家庭办公顾客。

（三）制订营销战略计划

市场营销战略是指企业在分析内外环境的基础上，确定企业营销发展的目标，做出营销总体上的长远谋划并制定实施的措施。营销战略有多种形式，包括“差异化战略”“定位战略”“新产品—新市场战略”“竞争战略”“全球营销战略”等。

1. 差异化战略。差异化战略往往是指企业所提供的产品和服务实现了差异化，使企业在市场中具备了独特性。差异化战略在制定过程中，一般包含产品差异化、服务差异化、人事差异化和形象差异化。

2. 定位战略。定位战略是企业结合消费者对企业产品的认知程度，根据其重要性，塑造该产品，使该产品在消费者心中具有鲜明的形象并极具个性，消费者在购买时能够立刻联想到该产品或相关产品。

3. 新产品—新市场战略。新产品—新市场战略是企业经营战略的重要基础，开发适销对路、具有竞争力的新产品，吸引消费者，开拓并占领市场，为企业发展获取经济效益。

4. 竞争战略。竞争战略是确定目标市场，分析目标顾客的实际需求，并且掌握竞争对手的产品在市场中所处地位，分析企业自身产品的特点，并明确这三者的关系，以便奠定企业在市场中的地位且保持这一地位。

（四）制定市场营销组合

企业为了占领目标市场、满足顾客需求，对营销活动进行整合、协调使用，这就是营销组合。市场营销组合（Marketing Mix）是现代营销理论的重要概念之一。

大约在 1950 年，美国的尼尔·鲍敦提出市场营销组合概念，把需要整合的因素确定为 12 个。后来理查德·克莱维特进一步把各种因素归纳为产品、价格、促销和渠道 4 个变量，至 1960 年，杰罗姆·麦卡锡更为清楚地用文字将这 4 个变量表述为产品、价格、地点（即渠道）和促销，形成著名的“4P”理论。虽然后来，营销界不断有专家、学者提出其他的“P”，但至今仍以“4P”使用最为广泛，也被视作经典。

1. 产品。产品（product）是营销组合中最基本的工具，是企业提供给市场货物和服务的集合，包括产品质量、效用、性能、品牌、外观和包装，还包括服务和保证等因素。

2. 价格。价格（price）是指企业出售产品所获得的经济回报，也即顾客得到某种产品所必须付出的货币金额，包括价目、价格、折扣、折让、补贴、支付方式和信用条件。

3. 渠道。渠道（place，distribution channel）是指企业产品进入和到达目标市场过程中的各种场所或方式（包括企业和个人），包括途径、中间环节（如经销商、零售企业等）、场所、仓储和运输等。

4. 促销。促销（promotion）就是促进销售，是指企业通过人员或非人员方式，向顾客传递、沟通企业和企业产品信息，吸引顾客的兴趣，使之产生购买行为。正确制定和实施促销策略，能够保证企业处于更有利的产销状况，获得更大的经济效益。

以上4P组合战略将在本章第五节详细讲解。

（五）执行营销策略

在完成以上各个步骤之后，接下来要做的就是按照计划执行和实施，执行营销策略是我们营销战略计划里落到实处的一项环节，在执行过程中，根据已经制定的营销策略部署工作，使营销工作向既定目标前进。

（六）实施与控制营销活动

严格的控制行为不可或缺，没有直接有效的控制，就不能及时掌握营销计划的进度，不能对执行过程中各种可能发生的问题做出及时的响应，也不能对最终的营销目标做出合理科学的评价，所以，在营销战略规划里，要做好控制工作。

第二节　企业发展战略

企业战略一般包括企业发展战略、企业业务战略和企业职能部门战略，其中，企业发展战略是企业发展整体的规划，企业业务战略是有关事业部、子公司的战略，而企业职能部门战略是企业内各个职能部门的短期性战略。

一、企业发展战略

企业发展战略是企业整体战略，是企业最高层次的战略。依据企业使命的需要，为完成企业的目标，选择企业参与竞争的业务领域，合理配置企业经营所需的资源，使多项经营业务相互支持、相互协调。企业发展战略的任务，主要是决定企业应在哪些业务领域进行生产经营活动。经营范围和资源配置是企业发展战略中主要的构成要素。一般而言，企业发展战略是企业高层负责制定、落实的战略，包括发展型战略、维持型战略和收缩型战略。

发展型战略是以发展壮大企业为方向，目的是使企业在产销规模、资产、利润或新产品开发等方面获得扩展的战略。发展型战略是普遍采用的企业战略，主要包括三种基本类型：一体化战略、多元化战略和密集型战略。

维持型战略又称稳定型战略，是企业在战略方向上没有重大改变，在业务领域、市场地位和产销规模等方面基本保持现状，以安全经营为战略选择的战略。维持型战略有利于降低企业实施新战略的经营风险，减少资源重新配置的成本，从而为企业创造一个加强内部管理和调整生产经营秩序的修整期，并有助于防止企业发展过快。应用较为广泛的维持型战略主要有三种，即暂停战略、无变战略和维持利润战略。

收缩型战略也称为撤退型战略，是指企业因经营状况不佳甚至恶化而采取的缩小生产规模或取消某些业务的战略，采取这种战略一般都是因为企业的部分产品或所有产品处于竞争劣势，以致销量减少，销售额下降，出现亏损等，所以采取收缩措施以抵御外部环境的压力，保存企业实力，等待有利时机再发展。收缩型战略一般分为三种类型：扭转战略、剥离战略和清算战略。

综上所述，发展型战略、维持型战略和收缩型战略是最基本的企业发展战略。需要注意的是，这些战略既可以单独使用，也可以组合使用。对于大多数企业来说，一般都拥有多个业务单元，这些业务单元面临的外部环境和所需的内部条件都不尽相同，完全可能因地制宜、因时制宜地采用不同的发展战略。

二、现有业务调整战略

外部环境和内部条件无时无刻不对企业的经营运作产生影响，面对不断变化的环境，调整现有业务是企业必须思考的一项内容。企业业务调整战略就是解决这一问题的办法之一。对现有业务进行调整，首先就要对现有业务进行有效评估。

（一）波士顿矩阵法

运用波士顿矩阵法对现有业务进行评估，以此作为现有业务调整战略的分析依据。波士顿矩阵法又称 BCG 矩阵法。使用这种方法分析企业的业务时，要建立“市场增长率—相对市场占有率”矩阵。在矩阵中，纵轴表示年市场增长率，横轴表示相对市场占有率。相对市场占有率是企业的市场占有率与同行业中最大竞争者的市场占有率之比，相对市场占有率越大，说明企业在有关市场上的地位越高。

BCG 矩阵可分为四个不同的区域，将企业每项业务的年市场增长率和相对市场占有率指标计算出来，标在图中，就可以看出企业经营的不同业务在市场中的地位。现以图 5－2 来说明波士顿矩阵法。该图的四个不同区域分别代表不同类型的业务。

1. 问题业务

问题业务是指高市场增长率、低市场占有率的业务。大部分企业都有问题业务。这一类业务需要投入各种资源，以适应迅速增长的市场和赶上市场领先者，但是未来前景如何，又很难准确预料，难以确定远景，因而称其为“问题业务”。对于这类业务，企业必须认真考虑是否继续向它们投资。

2. 明星业务

如果问题业务获得成功，它们便成了一项明星业务。明星业务是高速增长市场中的领导者。它需要大量投入以跟上市场的高速增长，并击退竞争者，因此短时期内未必能给企业带来大量利润。但明星业务是企业未来的现金牛业务，是企业未来的盈利源头。如果企业没有一个明星业务，那将是非常危险的。

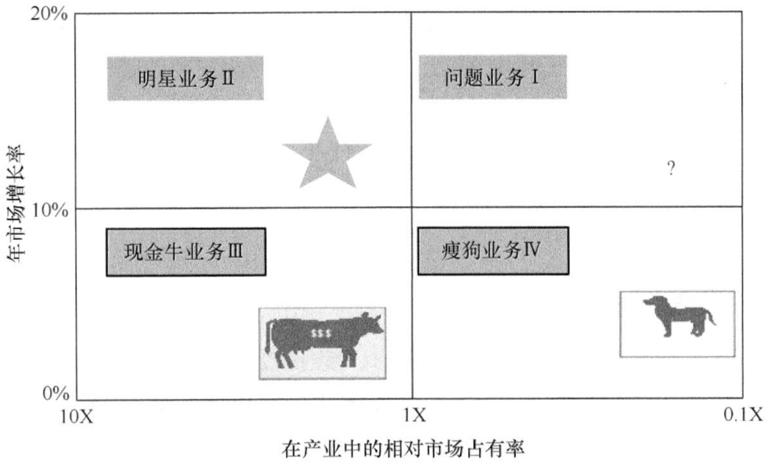

图 5－2　波士顿矩阵法

3. 现金牛业务

明星业务的市场增长率降到 10% 以下，而又继续保持较高的市场占有率，便成为现金牛业务。现金牛业务给企业带来了大量利润。由于市场增长率下降，不再需要大量资源投入去扩展规模，又因为该业务还享有规模经济和高边际利润的优势，因此这些业务可以产生较高的收益。

4. 瘦狗业务

瘦狗业务是指市场增长率和相对市场占有率都较低的业务。一般来说，它们的利润很低或有亏损。企业必须考虑是否留存这些瘦狗业务，若市场增长率有所回升，或者有新的机会成为市场的领先者，则可将瘦狗业务发展为问题业务。瘦狗业务通常占用管理人员较多时间，因而可考虑收缩或淘汰。

当把企业的各项业务在波士顿矩阵中定位后，接着就要确定其业务组合是否恰当。正常的业务组合应该是各类业务都有。但是如果瘦狗业务和问题业务过多，或者明星业务和现金牛业务过少，则说明业务组合是不平衡的。

（二）业务战略制定

一般可采用以下几种战略：

1. 成本领先战略。成本领先战略是企业从成本与费用角度出发，使其生产成本与分销费用达到行业最低水平，从而能以较低的售价赢得竞争优势，达到拥有更大市场份额目的的战略。采用成本领先战略，企业必须拥有以下几项中的任意一项或几项：①形成进入障碍；②增强讨价还价能力；③缓解替代品的威胁；④保持领先的竞争优势。成本领先战略的问题有：一是竞争者通常会开发出更低成本的生产方法；二是不利于适应顾客需求的改变。

2. 差异化战略。差异化战略是指企业向市场提供不同于其他企业的产品和服务，这些产品在质量、款式、技术、品牌、服务等方面出类拔萃，与竞争者相比有显著的独到之处，满足顾客特殊的需求，形成竞争优势。实施差异化战略，通常需要较强的营销和研究开发能力，也需要特殊型的管理技能和独特结构。但是，形成差异化的成本较高，企业应具有一定的资源优势，才能适应此战略。

3. 集中战略。使用集中战略的企业往往在市场细分后，选定一个或几个相对较小的细分市场，争取成本领先或者差异化，谋求相对的竞争优势。一般来说，中小企业多采用此战略。

三、投资发展战略

在外部环境或内在条件变化的前提下，企业通过科学分析，适时抓住变化的时机，运用投资发展战略，实现企业发展的目的。根据企业自身的条件和市场机会与企业现有业务之间的关系，可以将企业的投资发展战略分为密集型发展战略、一体化发展战略和多样化发展战略。

（一）密集型发展战略

密集型发展战略是指企业利用现有业务内的市场机会发展的一种战略。密集型发展战略可以进一步划分为市场渗透战略、市场开发战略和产品开发战略。其中，市场渗透战略所需的资源投入最少，然后是市场开发战略、产品开发战略。因此，企业在选择密集型发展战略时，一般按照市场渗透战略→市场开发战略→产品开发战略这一顺序进行。

（二）一体化发展战略

一体化发展战略是指企业利用与现有业务有直接联系的市场机会以求发展的一种战略。与企业现有业务有直接联系的有三方，包括上游供应商、中间商以及竞争者。因此，一体化发展战略也可以后向一体化、前向一体化、水平一体化。

（三）多样化发展战略

多样化发展战略是指企业利用与现有业务无关的方面出现的市场机会发展的一种战略。多样化发展战略根据企业现有资源的利用情况，可以分为同心多样化、水平多样化、集团多样化三种。

第三节　品牌战略管理

以品牌作为企业核心竞争力，实施品牌战略管理，即企业以品牌作为核心竞争力，使消费者对企业品牌产生认知、认同、接受并且信赖，进而使企业获得更多利润与价值。品牌不同于产品或技术，难于模仿，所以，近年来品牌战略越来越被企业所采用。关于品牌的基本内容，我们将在本书第七章中进行详细介绍，本节内容将着重从品牌战略角度来加以阐述。

一、品牌及其特性

（一）品牌

品牌是用以识别某个或某群销售者的产品或服务，并使之与竞争者的产品或服务相区别的商业名称及其标志，通常由文字、标记、符号、图案和颜色等要素或是它们的组合所构成。

一般来说，品牌包含品牌名称（brand name）和品牌标志（brand mark）两部分。品牌名称是品牌中可以用来称呼的部分，如蒙牛、海尔等；品牌标志是品牌中用于识别与记忆但不能用于称呼的部分，通常由图案、符号或特殊颜色等构成。

（二）品牌特性

品牌的设计、定位与推广，无疑都是企业为了在消费者中树立形象，区别于其他竞争者，进而提高企业在市场中的地位，获取更多的利润以及更高的价值。品牌何以实现这样的品牌效应？品牌具备的特性体现在以下几点：

1. 可识别性。可识别性主要是指消费者可以通过不同方法，简单地将此类商品与其他类似的商品区别开来。例如可以通过颜色、包装或标示体现出来。

2. 实体性。实体性是指品牌可以区别于其他商品而独立存在的物理特性。

3. 品牌承诺。一个品牌应当是一件商品或服务的具体承诺，并且是希望借由宣传或服务，将品牌理念植入消费者心中。例如，一块清新口香糖、香醇的巧克力、使命必达的快递或是智能的操作系统，都是品牌的具体承诺。

4. 价值。在一定程度上，价值取决于自己的实际需求。例如，经常熬夜上班族，可能会对咖啡、功能性饮料或者 24 小时营业的餐饮店十分关注。

二、品牌的建立

品牌的建立是一个系统性、关联性很强的活动，不仅要通过塑造品牌来树立企业在消费者心目中的形象，同时要求通过品牌管理使整个企业经营理念与市场战略紧密配合起来。

（一）品牌定位

品牌定位是企业在市场定位和产品定位的基础上，对特定的品牌在文化取向及个性差异上的商业性决策，它是建立一个与目标市场有关的品牌形象的过程和结果。也即为某个特定品牌确定一个适当的市场位置，使商品在消费者的心中占领一个特殊的位置，当某种需要突然产生时，市场消费者会立刻想到企业所推出的该品牌带来的产品效果。

营销人员欲将品牌清晰地定位在目标顾客的心目中，可以将品牌定位在三个层次中的任何一个。其一，在最低层次，可以根据产品属性定位品牌。例如，美体小铺的营销人员可以强调其产品具有天然、环保的成分，以及独特的香味和质地。属性是品牌定位的最低层次，竞争者很容易就能复制属性。更重要的是，顾客对这样的属性不感兴趣，他们感兴趣的是属性能为他们带来什么。其二，品牌可以将其名称与期望的利益相连而更好地定位。一些定位于利益的品牌有：沃尔沃（安全）、联邦快递（准时送达保证）、耐克（性能）、雷克萨斯（质量）。其三，最强大的品牌超出属性或利益定位，它们定位在强烈的信念和价值上，这些品牌带来很强烈的情感冲击。如，任天堂的 Wii 拥有情绪识别能力，它提供更多的家庭参与性，能为初学者提供“随玩随学”的导航式学习系统。又如君悦酒店提供豪华的客房和难忘的回忆，但它绝不承诺低价。

（二）品牌名称和个性化设计

一个好的名称能大大提高产品成功的概率，然而，找到最优的品牌名称是一项艰巨的任务。首先需要仔细审视产品及其利益、目标市场和拟实施的营销战略。可以说，品牌命名是一门科学、一门艺术，也是一种直觉创造。一经选定，品牌名称就必须得到严格保护。如果一个品牌名称对现有品牌名构成侵权就不能够注册。许多公司竭力树立自己的品牌，希望它能够最终代表整个产品类别，如舒洁面巾纸（Kleenex）、李维斯牛仔裤（Levis）和密保诺保鲜袋（Ziploc）就成功做到了这一点。

进行市场细分和品牌定位，确定了品牌名称以后，便可进行品牌形象设计。品牌形象设计包括设计名称以及图形，除了需要艺术的创新以外，更需要关注的是品牌的内涵。品牌的个性化设计过程被赋予了企业文化特色和企业宗旨。品牌形象设计要有一个系统的整体观念，从产品功能、产品包装、产品广告宣传等表达出来的个性要一致。

（三）品牌经营

企业要与消费者建立良好的关系，就要做好品牌的经营。企业通过其围绕品牌而进行的市场开发、销售渠道、产品开发、生产技术管理、品质控制、人力资源、信息控制活动等形成强大的附着力，将供应、生产、销售等环节的外部资源纳入本企业资源的运作范围，从而使企业的市场扩张能力及竞争实力迅速提高。一旦某种名牌在顾客的心中得到确立，那么将能保持其相对的稳定性，而不会因为企业经营的一时好坏而变节。

与此同时，公司需要定期审查其品牌的优势和劣势。应该询问：我们的品牌是否擅长传递顾客真正重视的利益？品牌定位恰当吗？我们所有的消费者接触点都能支持品牌定位吗？品牌经理理解品牌对消费者意味着什么吗？品牌是否得到了恰当、持续的支持？品牌审查也许显示品牌需要更多的支持、被舍弃或被重新定位，原因可能是顾客偏好发生了变化或出现了新的竞争者。

三、品牌战略的运用

企业建立品牌战略体系，是要实现以品牌为核心竞争力的战略手段。按照不同的划分标准，品牌总体战略可以从以下五个方面进行划分。

（一）根据对象选择战略

生产实体产品的企业，以创造著名商标作为长远规划，其采取的是产品品牌战略。提供服务或者中间产品的企业，以创造名牌企业作为长远规划，其采取的是企业品牌战略。

（二）根据品牌数量选择战略

企业把经营目标锁定在一个品牌之上，同时把所有资源集中在该品牌上，称作单一品牌战略；而把目标分别承载于多项品牌，并把资源分别配置在各品牌之上，称作多元化品牌战略；企业把品牌的产业链的某一个环节渗透到其他环节甚至全部产业链的战略类型，称作一体化品牌战略。

（三）根据品牌等级选择战略

根据企业或企业经营的产品所选择区域的范围，分为地方级品牌战略、地区级品牌战略、国际级品牌战略和国家级品牌战略。

（四）根据品牌档次选择战略

根据消费群体收入水平以及品牌档次不同又分为高价位品牌战略、中价位品牌战略和低价位品牌战略。

（五）根据品牌组合选择战略

戴维·艾克（David A. Aaker）（2005）指出，品牌组合包括一个组织所管理的所有品牌，包括主品牌、担保品牌、品牌化的差异点、联合品牌、品牌化的火力点、公司品牌。它们有些是隐匿的。品牌组合的基本问题是其构成，即是否应该增加一个或多个品牌，当然在某些情况下增加一些品牌可以强化一个组合。但是，在增加品牌之前，一定要明确新增品牌的角色。品牌组合的目标应当是以最少的相关品牌实现企业目标。

品牌组合战略详细说明了品牌组合的结构，以及各品牌的范围、职能和相互关系。其目标是在组合内部实现协同效应、杠杆作用和清晰化，创造出相关的、差别化的和充满活力的品牌。根据不同品牌的组合，分为多品牌集合战略、子品牌组合战略。

第四节　市场竞争战略

竞争是企业持续发展的动力之一。企业在经营运作过程中，不可避免地要与竞争者相遇，与竞争对手抗衡，如何在竞争中获胜，实现企业的经营目标，实施行之有效的市场竞争战略，是经营管理的一项重要内容。

一、市场竞争战略影响因素

20 世纪 80 年代初，迈克尔·波特提出五种力量模型，用来分析本行业的企业竞争格局以及本行业与其他行业之间的关系。波特认为，一个行业中的竞争，不只是在原有竞争对手中进行，而是存在着五种基本的竞争力量，这五种力量综合起来影响着产业的吸引力。这五种力量分别是：潜在的行业新进入者、替代品的竞争、买方讨价还价的能力、供应商讨价还价的能力以及现有竞争者之间的竞争。

在波特的五种力量模型中，五种基本竞争力量的状况及综合强度决定着行业的竞争激烈程度，从而决定着行业最终的获利潜力以及资本向本行业的流动程度，最终决定了企业盈利目标的实现。

（一）潜在的行业新进入者

潜在的行业新进入者可以为行业带来新的生产能力与资源，是行业竞争的一种重要力量，伴随新的生产能力和资源，新进入者们努力获取有利的市场地位。新进入者加入该行业，会带来生产能力的扩大，与现有企业争夺市场占有率，这必然引发与现有企业的激烈竞争，使产品价格下跌；同时，新加入者要获得资源进行生产，从而可能使行业生产成本升高。这两方面都会导致行业的获利能力下降。

（二）替代品的威胁

某一行业的产品时常会与同一行业或另一行业的企业所生产的产品产生竞争，其原因是这些企业的产品具有相互替代的性质。替代产品的价格如果比较低，它投入市场就会使本行业产品的价格上限只能处在较低的水平，这就限制了本行业的收益。

（三）买方讨价还价的能力

买方亦即顾客，买方的竞争力量根据具体情况不同而不同。买方所需产品的数量大、买方转而购买其他替代产品所需的成本低以及买方各自追求的目标，如要求高质量的产品和更多的优质服务，均可增加买方的讨价还价能力。

（四）供应商讨价还价的能力

对某一行业来说，供应商竞争力量的强弱，主要取决于供应商行业的市场状况以及他们所提供物品的重要性。当供应商提供的是企业产品成本中比例较大者，且投入要素对企业影响大时，供应商讨价还价的能力就会增大。

（五）现有竞争者之间的竞争

这种竞争力量是企业所面对的最强大的一种力量。这些竞争者根据自己的一整套规划，运用各种手段在市场上占据有利地位和争夺更多的消费者，对行业造成了极大的威胁。

二、市场竞争战略路径选择

企业的竞争战略应随着内部条件和外部环境的变化而变化，但是，企业在竞争战略路径的选择中有一定的方向性，所以，在不同的环境中，企业可以根据实际情况合理分析，进行以下几种战略路径选择：

第一，突出产品创新。在买方市场中，满足消费者的需求是营销的重要内容，企业可以根据市场的实际情况，结合自身的特点，不断开发新产品，以迎合消费者越来越多样化的需求。同时，创新也是企业发展的源动力，只有不断创新，才能使企业在竞争中保持领先，与竞争对手抗衡。

第二，突出产品质量。质量是企业安身立命的根本，优于竞争者的质量，更能赢得消费者的信赖，同时，高质量也反映了企业的形象与地位。

第三，突出价格。企业与竞争者的价格差异，也代表了不同的含义。同等质量的产品，低价格可以促使更多的消费者购买产品；而对于某些产品，高的价格是企业形象的体现，消费者的购买更能凸显自身的品味，进而可以吸引到不同的消费群体。

第四，突出技术。领先的技术一直是吸引消费者的利器。科技作为第一生产力，决定着企业的生产效率、产品成本、管理水平、经济效益和顾客需求被满足的程度。

第五，突出服务。优质的服务为企业在竞争中占据了优势，在企业经营的产品差异不大的情况下，突出企业的服务水平，是与竞争者抗衡的重要手段。

第六，突出快速响应。企业在竞争中，不论是新产品的投放，新技术的使用，还是消费者的反馈等，企业通过对其快速响应，可以领先竞争者一步，先占据市场，并能在消费者心中树立良好形象。

第七，突出促销。企业灵活运用广告、公共关系、人员推销和营业推广等手段，大力宣传企业及产品形象，提高产品和企业的知名度，使消费者认识、了解自己，并能够成功购买产品，甚至产生信任与依赖，进而赢得市场竞争的胜利。

三、市场竞争战略类型选择

（一）市场领导者战略

作为市场领导者的企业，一般都是消费者比较熟悉的企业或者拥有消费者熟悉的产品，这样的企业在新产品的入市、价格的制定、市场的占有平等方面都是行业的领导者，也往往是竞争者们所学习、模仿、挑战或者回避的对象。竞争者往往通过加快产品或技术的更新速度、提供更加优越的服务或者找出市场领导企业的弱点等，进行攻击，使市场领导者的领导地位迅速丧失。或者市场领导企业经营管理不善，不能控制好成本，技术、产品、服务落后，也会逐渐使自己逐步退出领导地位。那么，市场领导战略就是要使企业保持领导地位，使竞争者难以望其项背。一般来说，市场领导战略采用的方法包括扩大整个市场规模、保护现有市场份额、扩大市场份额。

（二）市场挑战者战略

在市场中，排名紧跟市场领导者的企业，往往被称为市场挑战者。市场挑战者有能力向领导者发起挑战，来夺取市场领导者的地位，也可以向其他竞争者发起攻击。市场挑战者战略一般以不断增加市场份额为重点。

市场挑战者会把市场领导者、同为市场挑战者和弱于自己的企业作为挑战和攻击的对象，因所选目标对象不同，所采用的战略也不同，总体上可分为正面进攻、侧翼进攻、包围进攻、迂回进攻和游击进攻。

（三）市场追随者战略

避免与市场领导者发生正面冲突，而是通过模仿领导企业实现销售的企业，我们称之为市场追随者。利用模仿，追随者们避免了企业市场开发过程中的前期花费，并能够避免新市场开拓失败的巨大风险，这对于企业来说是很有利的。市场追随者仍需了解市场情况，把握消费者进而争取更多的消费者。市场追随者往往采用紧密追随、距离性追随、选择性追随等策略。

（四）市场补缺者战略

市场中还有一部分小企业，他们不会把整个市场或是较大市场作为目标市场，而是选择有针对性的小区域市场作为目标市场，并为其提供深入的服务以满足市场需求，这类企业我们称之为市场补缺者。

第五节　营销组合战略

营销组合战略是市场营销战略中一个重要的组成部分，由于企业所处环境以及自身条件都在变化，而市场营销的目的在于满足消费者需求实现盈利，同时消费者的需求也是多样的，所以，综合外部环境以及内部条件，以最优营销组合实现企业目标，是营销组合战略的主要任务。

一、4Ps 营销组合

（一）4Ps 营销组合的内容

4Ps 营销组合是由麦卡锡在 1960 年提出的，4Ps 营销组合实际上是为管理者在决策中分析与研究市场营销问题的。管理者在做决策时，会考虑各种可能影响企业市场营销活动的因素，并把这些因素进行归类。其大体上分为两大类：可控因素和不可控因素。可控因素是指管理者可以自行控制的因素，如产品、商标、促销、价格、广告、渠道等；不可控因素是指管理者不能自行控制的因素，如市场、营销环境、社会环境等。而 4Ps 就是对各种可控因素的总结。

1. 产品策略（product strategy），是指企业向所选的目标市场提供各种产品和服务的策略，且所提供的是满足消费者需求的产品和服务。产品策略注重开发的功能，要求产品有独特性，把产品的功能诉求放在首位，以此来实现其营销目标，包括对与产品有关的品种、规格、式样、质量、包装、特色、商标、品牌以及各种服务措施等可控因素的组合和运用。

2. 定价策略（pricing strategy），是指企业根据不同的市场定位，制定不同的价格策略，通过按照市场规律制定价格以及变动价格等方式来实现企业的营销目标，包括对与定价有关的基本价格、折扣价格、付款期限、商业信用以及各种定价方法和定价技巧等可控因素的组合和运用。

3. 分销策略（placing strategy），是指企业不会直接面对消费者，而是以合理地选择分销渠道和组织商品实体流通，通过建立网络的方式来实现其营销目标，包括对与分销有关的渠道覆盖面、商品流转环节、中间商、网点设置以及储存运输等可控因素的组合和运用。

4. 促销策略（prompting strategy），是指企业改变销售行为，并利用各种信息传播手段刺激消费者购买欲望，以此促进产品的销售，从而实现其营销目标。其主要是以短期行为促成消费的增长，包括对与促销有关的广告、人员推销、营业推广、公共关系等可控因素的组合和运用。

（二）营销组合的意义

1. 市场营销战略的基础

企业通过制定市场营销战略协调各种营销因素，来实现既定的营销目标。在完成企业任务时，企业要以市场占有率、销售额、投资收益率等指标为考核依据，此时，营销组合能够恰当地实现这一目标，使营销组合成为企业营销的战略基础。营销组合不仅可以将四个因素综合运用，也可以根据产品与市场的特性，分别重点使用其中某一个或某几个因素，设计成相应的销售策略。总之，在一定条件下，营销组合战略可以灵活应对企业在不同环境下的营销目标。

2. 有效抗衡市场竞争者

知己知彼，百战不殆，企业在运用营销组合时，必须先分析自己的优势和劣势以及竞争对手的情况，以扬长避短。在使用营销组合作为竞争手段时，还需注意在不同行业或不同产品里，应有针对性地使用营销组合，同时，企业在重点使用某一营销因素时，其他因素的配合也应该重视，才能取得理想的效果。

3. 为企业提供系统管理思路

营销组合的使用，是对资源的有效利用，不仅可以在营销中实现即定目标，同时使企业管理者在资源的配置、组织结构的设计、各职能的分工、各项目的资金预算等方面都形成了一种系统的管理思路，使企业能够更好地协调各部门工作，实现企业目标。

二、市场营销组合战略的发展

（一）市场营销组合战略的扩充

市场营销组合是由麦卡锡最先提出的，他认为企业从事市场营销活动，一方面要考虑企业的各种外部环境，另一方面要制定市场营销组合策略，通过策略的实施，适应环境，满足目标市场的需要，实现企业的目标。麦卡锡绘制了一幅市场营销组合模式图，如图5-3所示。图的中心是某个消费群，即目标市场，中间一圈是四个可控要素，即产品（product）、地点（place）、价格（price）、促销（promotion），这就是所谓的4Ps组合。

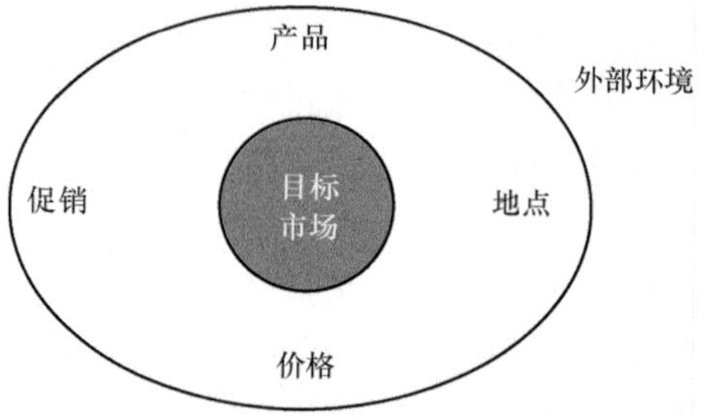

图5-3　市场营销组合

“产品”就是要生产出满足消费者需求的产品，企业要选择产品线、品牌和包装等；“价格”就是根据市场的变化规律制定市场价格；“地点”就是要建立适当的网络，通过适当的渠道安排运输产品，把产品送到目标市场；“促销”就是考虑如何将适当的产品，按适当的价格，在适当的地点通知目标市场，包括销售推广、广告、培养推销员等。图的外圈表示企业外部环境，它包括各种不可控因素，包括经济环境、社会文化环境、政治法律环境等。麦卡锡指出，4Ps组合的各要素要受到企业不可控因素的影响和制约。

1986年，菲利普·科特勒在《哈佛商业评论》（3~4月号）发表了《论大市场营销》。他提出了“大市场营销”的概念，即在原来的4P组合的基础上，增加两个P，即“政治力量”（political power）和“公共关系”（public relations），市场营销组合由4Ps发展为6Ps。他把已有的6Ps称为战术性营销组合，并进而提出了新4P理论：研究（probing）；划分（partitioning）即细分（segmentation）；优先（prioritizing）即目标选定（targeting）；定位（positioning）。此即称为战略营销。他认为，战略营销计划过程必须先于战术性营销组合的制定，只有在搞好战略营销计划过程的基础上，战术性营销组合的制定才能顺利进行。企业要有效地开展营销活动，首先要有为人们服务的正确的指导思想，又要有正确的战略性营销组合。这种战略的4Ps营销组合和战术性的6Ps组合就形成了市场营销的10Ps组合。菲利浦·科特勒在讲到战略营销与战术营销的区别时指出：“从市场营销角度看，战略的定义是企业为实现某一产品市场上特定目标所采用的竞争方法，而战术则是实施战略所必须研究的课题和采取的行动。”现在，战略营销与战术营销的界线已日趋明朗化，通用汽车公司等已按这两个概念分设了不同的营销部门。

（二）市场营销组合战略的演变：4C 和 4R

伴随着 4Ps 营销组合战略的不断扩充和完善，一些学者也意识到，市场营销环境发生了变化，消费个性化、人文化、多样化特征日益突出，传统的 4P 营销组合战略已经越来越不能适应新的情况。为此，他们分别提出新的市场营销组合来变革 4P 组合。

1. 4C 组合。20 世纪 90 年代，美国市场学家罗伯特·劳特伯恩提出了“4C”理论，弥补传统 4P 理论中的只是从企业角度来制定营销决策，忽略顾客真正的价值需求这一问题。其主要内容包括：

（1）顾客（customer）。4C 理论认为，消费者是企业一切经营活动的核心，企业重视顾客甚于重视产品。企业首先应该了解、研究、分析顾客的需求与欲望，而不是先考虑企业能生产什么产品。

（2）成本（cost）。4C 理论将营销价格因素扩展为企业生产经营全过程，包括两个因素：一是企业生产成本，即企业生产适合消费者需要的产品的成本，价格是企业营销中值得重视的，但价格归根结底是由生产成本决定的；二是顾客的购物支出，这不但是指购物的货币支出，还包括购买的时间耗费、精力和体力耗费以及风险承担（因信息不对称导致的顾客所购与所需产生差异而带来的损失）。可见，消费者可接受的价格是企业制定生产成本的决定因素，因此企业想要不断追求更高利润，就不得不想方设法降低成本，从而推动生产技术、营销手段升入一个新的水平。

（3）便利（convenience）。4C 理论强调企业提供给消费者的便利比营销渠道更重要。便利，就是方便顾客，维护顾客利益，为顾客提供全方位的服务。便利原则应贯彻于营销全过程。与此同时，4C 理论更注重服务环节，强调企业既出售产品，也出售服务；消费者既购买到产品，也购买到便利。

（4）沟通（communication）。4C 理论用沟通取代促销，强调企业应重视与顾客的双向沟通，以积极的方式适应顾客的情感，建立基于共同利益至上的新型企业—顾客关系。

作为企业营销策略的 4C 理论，是站在消费者立场上反思营销活动的诸要素，有助于营销者更主动积极适应市场变化，有助于营销者与顾客达成更有效的沟通。

2. 4R 组合。美国学者舒尔茨将关系营销思想总结为 4R 理论，阐述了一个全新的市场营销四要素，即关联（relevance）、反应（response）、关系（relationship）和回报（return）。该理论体现了以竞争为导向，着眼于企业与顾客互动与双赢，在新的层次上概括了营销的新框架，体现并落实了关系营销的思想，即通过关联、反应、关系和回报，提出如何建立关系、长期拥有客户、保证长期利益的具体操作方式，是一个具有里程碑意义的进步。可以说，市场营销组合理论的每一次发展都是建立在对实践总结和提炼的基础之上的。

本章小结

本章首先介绍了市场导向的企业战略的定义和特点。市场导向的企业战略是企业发展的方向指导，企业的发展要有长远的规划，制定战略是企业发展必不可缺的方法。当前市场变化速度快，企业必须具备长远的规划和实施办法，通过制定市场营销战略，助力企业长期的发展，提高企业核心竞争力。

企业发展战略是企业整体战略，是企业最高层次的战略，分为发展型、维持型和收缩型三种。对于现有业务调整战略，企业可依据波士顿矩阵来进行现有业务的评估，以选择不同的业务战略，包括成本领先、差异化和集中化三种类型。在进行业务投资发展决策时，企业可选择密集型、一体化和多样化三种战略类型。

品牌战略从品牌的角度出发，建立品牌，吸引顾客，实现企业利润并提升企业、顾客共同的形象。市场竞争战略可区分为市场中领导者战略、挑战者战略、追随者战略和补缺者战略几种类型，它们分别有各自特点以及根据不同角色确定的战略方法。

本章最后介绍了营销组合战略的内容、扩充和演变。营销组合战略是市场营销战略中一个重要的组成部分。综合外部环境以及内部条件，以最优营销组合实现企业目标，是营销组合战略的主要任务。营销组合战略内容也随着营销实践的发展而不断发展和升华。

关键术语

战略（Strategy）；市场营销战略（Marketing Strategy）；品牌战略（Brand Strategy）；竞争战略（Competitive Strategy）；波士顿矩阵（Matrix：Boston Consulting Group）；市场营销组合（Marketing Mix）

复习思考题

1. 市场营销战略管理的意义是什么？
2. 什么是市场营销组合？
3. 市场竞争战略类型选择是什么？
4. 品牌战略的运用有哪些？
5. 运用波士顿矩阵，分析各类业务应该如何开展？
6. 如何制定市场营销战略？

本章案例

路易·威登

路易·威登（LV）是全世界最具传奇色彩的品牌之一，其形象是奢华、财富与时尚的代名词。它以标志性的手包、皮革制品、鞋、手表、珠宝、首饰和太阳镜而闻名，位列全球奢侈品牌之首。

1854 年，路易·威登在巴黎开了第一家店，售卖手工打造的高品质衣箱和皮箱。19 世纪后期，威登推出了由棋盘格纹与花卉图案组成其签名的帆布材料，这一富有特色的著名设计至今仍被用在该公司的大部分产品上。在整个 20 世纪，背负着创始人盛名的公司继续进行国家化扩张，从 20 世纪 50 年代开始进入时尚行业，并于 1977 年达到了 1 000 万美元的销售额。1987 年，路易·威登兼并了领先的香槟和白兰地制造商——酩悦香槟（Moët et Chandon）和轩尼诗(Hennessy)，组成 LVMH，成为大型的奢侈产品集团。

LV 的产品全部采用顶级的材料制成，其设计者结合艺术、精密技术与高级工艺水平，只为打造最好的产品。传奇的 LV 商标在该公司的所有产品上出现，代表着最佳品质、高级身份与奢华旅行。但多年以来，伪造品已经成为一个大问题，也是路易·威登公司面临的最困难的挑战之一。路易·威登也很重视这个问题，认为伪造品会冲淡其富有威望的品牌形象。LV 雇用了一个团队的律师，与各个特殊机构和调查团队合作，以各种方式与伪造品进行斗争。

直到 20 世纪 80 年代，LV 的产品才能在各种各样的百货商店买到。但为了减少伪造的风险，该公司现在对其分销渠道实施更严格的控制。如今，它只在获得认证的 LV 精品店售卖产品，这些店铺都位于高端购物区和高端百货商店中，并且由该公司自己的店员和经理独立运营。LV 从不降价，并且刚刚开始通过 louisvuitton. com 网站销售，以便触及新的消费者和地区。

过去这些年，许许多多的超级名流和超模都用过 LV 的产品，包括麦当娜、奥黛丽·赫本和珍妮弗·洛佩兹等。在营销努力方面，该公司采用了高级时装名店广告、广告牌、印刷广告，以及自建“路易·威登杯”国际赛艇会的方式。最近，LV 在一次名为“核心价值”的宣传活动中打破传统，起用了那些非传统意义的名人，如施特菲·格拉芙、米哈伊尔·戈尔巴乔夫和巴兹·奥尔德林等。LV 也推出了首个电视广告，将焦点放在豪华旅行而非时尚上。它还与国家级的艺术家、博物馆与文化机构建立起伙伴关系，以希冀品牌保持新鲜。据说 LV 在每个皮箱的制作上依然会花掉 60 多个小时——与其 150 年前的做法一样。

根据《福布斯》的报道，今天 LV 所持有的品牌资产达到 260 亿美元，并在全球最具影响力品牌排名中位列第 17 位。该公司正全力以赴将其奢侈品牌推广至中国和印度这样的成长型市场，并努力在日本和欧洲这样的稳固型市场上保持增长。它也不断在其产品组合中加入新的产品线。

（资料来源：菲利普·科特勒．营销管理［M］．全球版．14版．王永贵，等，译．北京：中国人民大学出版社，2012：319．）

案例思考题

1. 像LV这样的奢侈品牌怎样才能在保持威望的同时获得成长并且始终新鲜？

2. LV伪造品是否有百害而无一利？是否在某些情形下，它们可以被视为具有正面作用？

第六章　市场细分与目标市场选择

【学习目标】

在营销理论中，市场细分（segmenting）、目标市场选择（targeting）和市场定位（positioning）是组成公司营销战略的要素，简称为STP战略。STP战略是现代营销观念的产物和市场营销组合策略运用的前提，也是现代市场营销学中最重要的内容之一。通过本章的学习，应该达到如下目标：

- 掌握市场细分的基本方法；
- 描述有效市场细分的基本标准；
- 了解企业进入目标市场的基本策略及其特点；
- 掌握市场定位的基本方法。

引导案例

权威调查机构的调查数据显示：咽喉类产品市场是一个具有稳定结构的饱和市场。亿利甘草良咽（以下简称“亿利”）却成为成功进入这一成熟市场的挑战者。

在进入市场之前，亿利通过市场调研发现市场中的产品存在严重的同质化：首先从产品诉求看，几乎所有的竞争者都是从“保护嗓子、治疗咽喉炎”的角度出发，针对所有咽喉不适的人群。其次，大多数产品的包装过于粗糙、缺乏个性。然而，随着消费能力的增强，消费者会有较强的尝试新产品的愿望，除了对产品本身的功能属性有要求，消费者还希望产品能够从包装、品牌等非功能性属性上满足他们的心理需求。

市场调研还显示，在整个咽喉不适并使用咽喉类产品的人群中，57%以上人群的咽喉不适是由感冒、上呼吸道感染引起的，12%是由于嗓子使用过度引起的，而18%是由于烟酒过度造成的咽喉不适。在细分市场的基础上，亿利把抽烟过度造成咽喉不适的消费者作为自己的目标市场，这个市场的总规模在2.5亿~3.8亿元。尽管这个市场总量比较小，但亿利的总经理段炬红说：“我们在行业外的时候，最重要的是如何成功地进入这个行业，在这个行业中占据一席之地。不管地方多大，首先我要找到它，并站稳了，然后才有机会去扩大地盘。”

在产品定位方面，亿利根据目标顾客群体的特点，将产品明确定位在“为咽喉不适的烟民们提供一种解决方案”，从而与金嗓子喉宝、草珊瑚含片等加以区分。

为了突出产品定位，使亿利在目标顾客群体中深入人心，亿利采取了一系列措施：从包装设计上看，产品的外包装像一个烟盒，上面有一拉撕条的烟膜。在广告方面，“抽、抽、抽，抽完你给我含一片，从这到这都舒服”的广告语强调了抽烟者与产品的联系。在口感方面，产品采用超强的辣和凉，满足口感比较重的人，因为大部分抽烟者的味觉敏感度下降。在品牌名称上，侧重于“咽”，全称为“亿利甘草良咽”。“亿利”是企业的品牌名，“甘草”强调了这种对“咽”有独特功效的原料，“咽”是“烟”的谐音，从而能够给消费者留下一致性较高的产品印象和较强的产品记忆。

（资料来源：王槐林，李林．市场营销学［M］．北京：北京大学出版社，2014：46，有改动。）

今天，很多企业都已经意识到，任何行业的任何一家企业都不可能吸引其所在市场的全部消费者，至少不能使用同一种方法来吸引全部消费者。大多数企业会对市场进行细分并确定目标市场。通过市场细分，选择其中一个或多个作为目标市场，开发相应的产品，展开相应的营销计划。它们的营销力量不再像霰弹枪那样分散，而是像步枪那样瞄准在最具价值的目标身上。图 6－1 展示了顾客驱动的营销策略的主要步骤。

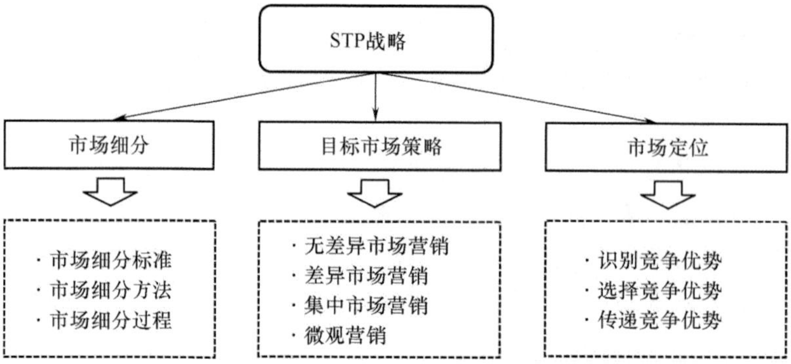

图 6－1　细分市场、目标市场选择和市场定位的步骤

第一节　市场细分

在市场上，消费者数量众多，不同的消费者通常有不同的需求和购买习惯。顾客需求的差异性使得任何企业都不可能同时为市场中的所有消费者服务。企业必须确定最有吸引力的、能够为其提供最有效的产品或服务并获取最大利润的目标市场，而企业的首要任务就是进行市场细分。

一、市场细分的作用和标准

市场细分思想的历史可以追溯到20世纪50年代中期的温德尔·史密斯(Wendell R. Smith)，他明确区分了产品差异化战略（采取促销技术影响消费者对某种产品或服务的需求）和市场细分战略（用各种方式来调整市场供应品，尽可能更好地满足不同消费者的需求)①。

（一）市场细分的概念及作用

1. 市场细分的概念。所谓市场细分，是指企业按照消费者的一定特性把原有市场分割为两个或两个以上的子市场，以确定目标市场的过程。细分市场就是调查分析不同的消费者在需求、资源、地理位置、购买习惯和行为等方面的差别，然后将有着相同特点的消费者群分别归为一类，形成整个市场中的若干“子市场”或“分市场”。不同的细分市场之间，需求差别比较明显；而在每个细分市场内部，需求差别则比较细微。

市场细分的理论基础是市场“多元异质论”。这一理论认为，消费者对大部分产品的需求是多元化的，有着不同质的要求。需求本身的“异质性”是市场可能细分的客观基础。实践证明，只有在少数商品领域中，消费者对产品的需求大致相同，如消费者对食盐、大米等的需求差异极小。这类市场，称为同质市场。在同质市场上，企业的营销策略比较相似，竞争焦点集中在价格上。大多数商品的市场属于异质市场，这是由消费者对商品千差万别的需求所决定的。市场细分主要体现在对异质市场的细分中。

2. 市场细分的作用。

（1）有利于企业发现市场营销机会。通过市场细分，企业可以对每一个细分市场的购买潜力、满足程度、竞争情况等进行分析对比，探索出有利于企业的市场机会，使企业赢得市场主动权。

（2）有利于企业制定有效的市场营销策略。企业实施市场营销组合策略的前提是进行市场细分，因为任何一个优化的市场组合策略的制定，都是针对所要进入的目标市场。若没有事先通过市场细分选定目标市场，制定市场营销策略就是无的放矢，这样的营销方案是不可行的。

（3）有利于企业与竞争对手相抗衡。通过市场细分，企业可以发现目标消费者群的需求特性，从而有针对性地调整产品结构、分销渠道、广告宣传等，提高企业的市场竞争能力，在激烈的市场竞争中扬长避短，占据优势地位。

（4）有利于企业拓展新市场，扩大市场占有率。通过市场细分，企业可以先选择适合自己的某些子市场作为目标市场，然后再逐渐向外扩展，不断开拓新市场，从而扩大市场占有率。

---

① 章金萍．市场营销学实务［M］．北京：中国人民大学出版社，2013：53.

（二）有效市场细分的标准

进行市场细分的方法有很多，但并不是所有的细分都是有效的。例如，企业可以根据食盐购买者的头发颜色的不同，将他们分为淡黄色头发的顾客和黑色头发的顾客，但是购买食盐与头发的颜色无关。

一个有效的市场细分计划必须符合以下四个标准①：

1. 充分性（substantiality）。一个细分市场必须足够大，以保证能开发并保持一种专门的营销组合。这个标准并不意味着细分市场必须有很多的潜在客户。对于由顾客设计的住宅、写字楼、商用飞机以及大型计算机系统，厂商通常会专门为每一个潜在的客户制订营销方案。然而在大多数情况下，一个细分市场应该有很多潜在的顾客才能具备商业意义。

2. 可识别性和可测量性（identifiability and measurability）。细分市场必须是可识别的，而且其规模是可测量的。一个地区的人口数量、不同年龄段的人数以及其他社会特征和人口统计特征常常是很容易得到的，它们提供了相当具体的测量细分市场规模的数据。如果某些细分变量或购买者的需求和特点很难测量，细分市场后无法界定，难以描述，那么市场细分就失去了意义。一般来说，一些带有客观性的因素，如年龄、性别、收入、地理位置等相关信息和统计数据，都易于确定和获得；而另一些带有主观性的因素，如心理和性格方面的变数就比较难以确定。

3. 可进入性（accessibility）。可进入性是指企业能够进入所选定的市场部分，能进行有效的促销和分销，实际上就是考虑营销活动的可行性。一是企业能够通过一定的广告媒体把产品的信息传递到该市场众多的消费者中去；二是产品能通过一定的销售渠道抵达该市场。

4. 反应性（responsiveness）。市场可以用任何看似符合逻辑的标准来划分。然而，除非几个细分市场对于一个营销组合的反应不同，否则就没有必要把他们割裂开来。例如，如果所有顾客都希望某一产品是低价格，那么就没有必要向不同的细分市场提供高、中、低三个价位的划分指标。

二、消费者市场细分的基本方法

市场由消费者构成，消费者可能在一个或者多个方面存在差异，如居住地、职业、收入等方面。根据影响消费品市场需求的因素，企业可以采用的消费者市场的主要细分变量有以下几种，如表 6－1 所示。

---

① 卡尔·麦克丹尼尔，小查尔斯·克丹兰姆，小约瑟夫·姆，海尔．市场营销学［M］.8 版．时启亮，朱洪兴，王啸吟，译．上海：上海人民出版社，2009：76.

表 6－1　消费者市场的主要细分变量

细分变量	营销常用概念	具体因素
1. 哪里（where）	地理因素	国界、区域、地形、气候、城乡、人口密度、交通条件等
2. 谁（who）	人口统计特征	年龄、性别、职业、教育、收入、家庭人数、种族、宗教信仰、民族、国籍等
3. 什么（what）	行为因素	追求利益、购买频率、使用频率、品牌忠诚度、对产品信赖度等
4. 为什么（why）	心理因素	生活方式、性格、价值观念等

（一）地理因素细分

地理因素细分是指以消费者活动的地域环境作为细分市场的依据。这种细分需要考虑的因素主要有地理位置、城市规模、气候条件及人口密度等。生产消费品的企业采取地域性细分的方式进行营销主要出于以下原因：处在不同地理位置的消费者对企业的产品有不同的需要和偏好，他们对企业所采取的市场营销策略以及企业的产品价格、分销渠道、广告宣传等市场营销措施各有不同的反应。例如，北方人喜面食，而南方人习惯吃米饭。企业需要针对不同消费者的不同需求和偏好，采取行之有效的方法开展营销活动。

中国消费者市场地理细分的常用变量主要包括区域、城市规模、气候、城市或农村，如表 6－2 所示。

表 6－2　中国消费者市场地理细分的常用变量

细分变量	典型分类
1. 地理区域	东北、华北、西北、西南、华东、华南和华中
2. 城市规模	50 000 人以下，50 000～99 999 人，100 000～249 999 人，250 000～499 999 人，500 000～999 999 人，1 000 000～3 999 999 人，4 000 000 人以上
3. 地理气候	热带气候、亚热带气候、温带气候、寒带气候
4. 城乡区域	城市、乡镇、农村

资料来源：李飞. 营销定位［M］. 北京：经济科学出版社，2013：79.

（二）人口统计因素细分

企业经常以人口信息为基础来进行市场细分，因为它十分有效，并且往往与消费者的购买和消费行为密切相关。人口统计因素是最常用的细分消费者群体的基础变量，因为消费者的需求、愿望会随着人口因素的不同而有所变化，而且人口因素比其他因素更易于测量。主要的人口统计因素有年龄、性别、家庭人数、收入、职业、文化程度、宗教信仰、民族、国籍等。例如，对于一些企业来说，普遍的战略是吸引儿童，因为儿童对家庭消费有很大的影响，他们希望早点向儿童灌输对于品牌的忠诚度。基于年龄的儿童市场主要有以下3个市场细分：幼童（小于9岁）、中童（9~12岁）、少年（13~19岁）。另外，服装、化妆品、个人保健品、杂志、珠宝和鞋类这些商品的厂商则通常按性别进行市场细分，而按收入细分则在汽车、游艇、服装、化妆品、旅游等领域得到比较广泛的应用。中国消费者市场的人口细分常用变量涵盖了以上提到的年龄、性别、职业等因素，如表6-3所示。

表6-3　中国消费者市场的人口细分常用变量

细分变量	典型分类
1. 年龄	6岁以下，6~11岁，12~20岁，21~30岁，31~40岁，41~50岁，51~60岁，60岁以上
2. 性别	男、女
3. 职业	工人、农民、教师、职员、经理人、公务员、家庭主妇等
4. 受教育程度	小学以下、中学、专科、本科、硕士、博士
5. 家庭月收入	高、中、低或是按具体数额进行划分
6. 家庭规模	1~2人，2~4人，5人以上
7. 家庭生命周期	单身、新婚无子女、子女6岁以下、子女6岁以上、老年夫妇、独身老人
8. 民族	汉族、回族、藏族等
9. 宗教	佛教、道教、伊斯兰教、基督教、天主教、其他宗教或不信教
10. 种族	黑人、白人、黄种人
11. 国籍	中国人、美国人、英国人、巴西人等
12. 社会阶层	下层、中下层、中上层、上层、上上层

资料来源：李飞．营销定位［M］．北京：经济科学出版社，2013：78.

（三）行为因素细分

所谓行为细分，就是企业按照消费者购买或使用某产品的时机、消费者所追求的利益、使用者情况、消费者对某种产品的使用频率、消费者对品牌的忠诚度、消费者待购阶段和消费者对产品的态度等行为变量来细分消费者市场。

1. 时机细分。在特定的时间段，消费者会有特殊的产品需求。例如，某些产品或服务项目是专门为满足消费者的节假日需求而提供的，像春节市场上的“新春大礼包”、春联，中秋节市场上各式各样的月饼、中秋礼盒等。

2. 利益细分。消费者往往会因追求的利益不同而选择不同的产品和品牌。以购买牙膏为例，有些消费者购买防蛀功能的牙膏，主要是为了防治龋齿；有些消费者购买草本牙膏，主要是为了防治口腔溃疡、牙周炎。因此，企业很有必要从消费者的利益需求出发，权衡利弊，设计和生产出符合目标消费群体利益的产品，并通过适当的媒介方式和广告词，把产品信息传达给目标市场。

3. 使用者细分。许多商品市场都可以按照使用者状况将消费者细分成非使用者、曾经使用者、潜在使用者、初次使用者和经常使用者。资金实力雄厚、市场占有率高的大公司一般都对潜在使用者这类消费者群感兴趣，营销重点在于吸引潜在使用者，以扩大市场阵地；而中小企业往往更关注经常使用者，营销重点在于稳定本产品的消费群体。

4. 使用频率细分。许多商品市场还可以按照消费者对某类产品的使用频率将消费者细分为少量使用者、中量使用者和大量使用者，这种细分又称作数量细分。大量使用者往往在实际和潜在购买者总数中所占比重不大，但他们所消费的商品数量在商品消费总量中所占比重却很大。研究表明，某种商品的大量使用者往往具有某些共同的人格、心理特征和广告媒体习惯。企业可以通过了解目标消费群体对本企业产品和竞争者产品的使用率状况，来制定相应的营销策略。

5. 忠诚度细分。品牌忠诚度是消费者忠诚的一个重要维度，它是指在价格或质量等诸多因素的外力作用下，消费者对某一品牌的产品情有独钟，形成偏爱并长期购买这一品牌产品的行为。衡量顾客对公司的贡献，通常用忠诚度进行细分。普理查德和霍华德（Pritchard & Howard）提出，可以将顾客细分为真正忠诚、潜在忠诚、假性忠诚和低忠诚，如图 6－2 所示。

图 6－2　顾客忠诚类型

资料来源：李飞．营销定位［M］．北京：经济科学出版社，2013：81.

雷纳茨（Reinartz）和库玛（Kumar）根据顾客保持的长期性（时间维度）和利润贡献，将其分为过客（即偶尔路过购买）、藤壶（贝属动物，附着在水下船底，数量过多会使船的运行速度减慢，因此需要定期清理，用此比喻单次花钱少但频繁购买的顾客）、蝴蝶（客单价高但具有随机性）和知己（客单价高且频繁购买），如图 6－3 所示。

中国消费者市场行为细分的常用变量除了包含以上几种，还包括购买阶段、对产品的态度等方面，如表 6－4 所示。

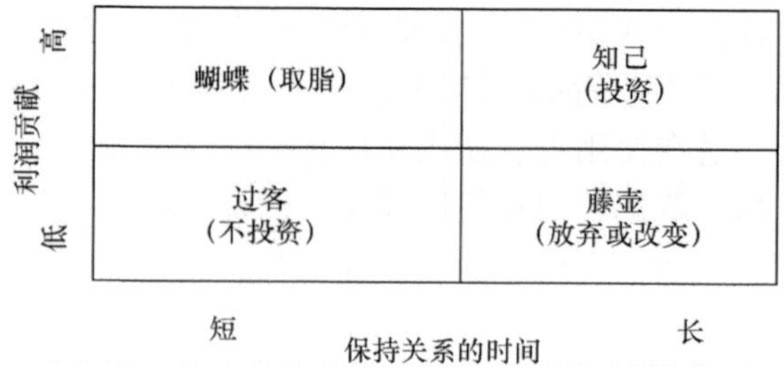

图 6－3　顾客忠诚度和利润贡献的类型

资料来源：李飞．营销定位［M］．北京：经济科学出版社，2013：81.

表 6－4　中国消费者市场行为细分的常用变量

细分变量	典型分类
1. 购买时机	一般时机、特殊时机
2. 追求利益	经济、便利、实用、名誉、服务等
3. 使用状况	未曾使用者、曾经使用者、潜在使用者、首次使用者、经常使用者等
4. 使用率	不使用、少量使用、中量使用、大量使用
5. 忠诚度	没有忠诚度、较低忠诚度、中等忠诚度、较高忠诚度、很高忠诚度
6. 购买阶段	不了解、了解、熟知、感兴趣、想买
7. 产品态度	抵制、否定、不关心、肯定、热情

资料来源：李飞．营销定位［M］．北京：经济科学出版社，2013：80.

（四）心理因素细分

年龄、性别、职业和收入以及其他一些人口统计变量对于制定细分市场战略是有帮助的，但是作用并不完全。因为在人口因素相同的消费者中间，还是会存在对同一商品截然不同的爱好和态度，这是消费者的心理因素导致的，如个性、动机、生活方式、偏好、价值观等。中国消费者市场心理细分的常用变量反映了这些维度，如表 6－5 所示。

表 6－5　中国消费者市场心理细分的常用变量

细分变量	典型分类
1. 性格	传统型与新潮型、节俭型与奢侈型、保守型与前卫型等
2. 生活方式	冲动型、理智型、自卫型、进攻型、交际型、独处型等
3. 价值观念	进取型、传统型、助人型、温情型、享乐型、创造型等

资料来源：李飞．营销定位［M］．北京：经济科学出版社，2013：80.

1. 个性。个性反映一个人的特性、态度以及习惯。国外很多企业的营销人员都使用个性变数细分市场，他们将某种个性赋予产品或品牌，以迎合相应的顾客个性。心理学家认为，具有不同性格的人在消费需求和购买行为上的差异也很大。例如，性格外向的人购买情绪型商品较多，而性格内向的人则注重实用类商品的购买；独立性格较强的人能够明确自己购买何种商品或服务，受外界影响较小，而依赖性较强的人则经常受外界因素的影响。

2. 动机。人们特定的消费行为和决策往往是基于一定动机的。因此，很多营销人员会通过揣摩消费者的动机进行针对性的营销活动。例如，婴儿用品和人寿保险的营销人员会利用消费者的情感动机，即关心所爱的人进行营销。而有些汽车制造商会通过宣传经济性、可靠性、可信性以吸引有理性消费动机的消费者，但梅赛德斯—奔驰、捷豹和凯迪拉克则把目标市场定位于喜欢炫耀身份的客户。

3. 生活方式。生活方式是指个人或集团对消费、工作和娱乐的特定习惯。人们形成和追求的生活方式不同，消费倾向也不同，因此需要的产品也有所差异。近年来，营销人员越来越看重生活方式对企业市场经营的影响，特别是经营化妆品、服装、家具和酒类的企业。而有一些企业则会把具有某种生活方式特征的消费者当作自己的目标市场。例如，美国的服务公司专门针对美国妇女的生活方式，把妇女分为朴素型、时髦型和职业型三个细分市场。

4. 偏好。这是消费者对某种品牌的商品的喜爱程度。在市场上，消费者对同一品牌或商品的喜爱程度是不同的。因此，为了维持和扩大经营，企业会努力寻找忠诚的拥护者，并了解目标群体的偏好，掌握其需求特征，从而从商品形式、销售方式及广告宣传等方面去满足他们的需要。

三、市场细分过程

为了有效地细分消费者市场，企业除了要了解基本的细分方法，还应当掌握市场细分的基本步骤和过程。

（一）识别各细分市场的使用者特征

识别市场上的使用者特征是企业进行市场细分的前提，企业应首先确定拟细分市场的基本性质和使用者的特点，然后定出市场细分的重要因素，并尽可能对这些因素进行定量分析。例如，可以将服装市场的使用者按年龄和收入划分为16岁以下、16～24岁、25～44岁、45～59岁、60岁以上，进而分析每个市场中消费者的心理和行为等方面的特征，以明确并细化企业的目标市场，制定有针对性的营销策略。

（二）预测整体市场潜力

预测整体市场潜力是指根据市场研究的结果和选定的细分因素，估计出总市场和每个子市场的预期需求水平，这对选取目标市场和确定目标市场营销战略有很重要的意义。市场潜力预示着产品的潜在市场占有率。供不应求的产品市场或者是尚未开发的新产品市场往往代表着市场潜力较大的市场，但同时也会存在风险，企业应该综合评估并预测市场潜力。

（三）预测市场份额

根据对市场潜力的预测，企业可以预测市场份额状况。在此过程中，除了要分析目标市场的需求状况和企业本身的实力，还应当分析总的市场和子市场的竞争情况。因为在非垄断的市场环境下，相同产品的提供者存在相互竞争，因此市场份额是流动的，企业的市场份额会受到竞争对手的影响。因此，企业需要根据市场竞争和需求潜力的估计，确定总市场和每个子市场的营销收入和费用情况，以估计潜在利润，作为最后选定目标市场和制定营销策略的经济分析依据。

（四）提出市场营销策略

企业要根据市场细分结果来决定市场营销策略。有两种可能出现的情况：如果分析细分市场后发现市场情况不理想，企业可能放弃这一市场；如果市场营销机会多，需求和潜在利润量可观，企业可以根据细分结果提出不同的目标市场营销战略。

第二节　目标市场选择与进入

市场细分的目的在于有效地选择并进入目标市场。所谓目标市场，就是企业决定投其所好、为之服务、其需求具有相似性的顾客群。在市场细分的基础上，正确选择目标市场，是目标市场营销战略成败的关键环节。

一、目标市场进入策略

目标市场进入策略又称为目标市场营销策略，是指企业对客观存在的不同消费者群体，根据不同商品和劳务的特点，采取不同的市场营销组合的总称。公司可以把目标定得很宽泛（无差异营销）或者很狭窄（微观营销），或者定在两者之间（差异营销或集中性营销），如图 6－4 所示。

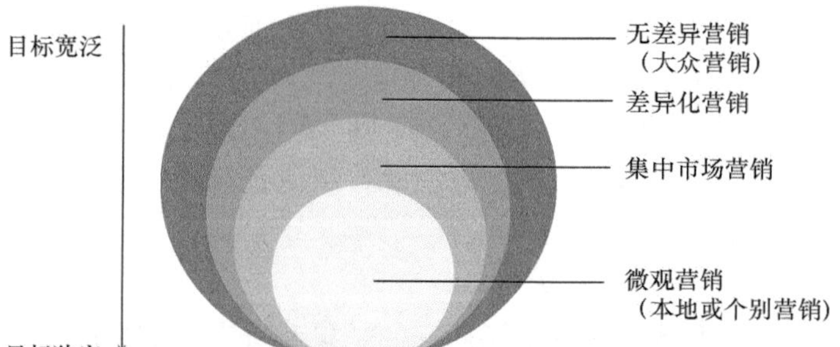

图 6－4　目标市场策略

资料来源：菲利普·科特勒，加里·阿姆斯特朗，洪瑞云，等．市场营销原理［M］．亚洲版·3 版．李季，赵占波，译．北京：机械工业出版社，2013：142.

（一）无差异市场营销

无差异市场营销（undifferentiated marketing）或大众营销（mass marketing）是指企业把整个市场作为一个大目标，以一种产品、一种市场营销组合试图在整个市场上吸引更多的消费者，以实现开拓市场、扩大销售的目的。

采取这种策略的优点是：产品的品种、规格、款式简单统一，有利于标准化及大规模生产，有利于降低生产、存货、运输、研发、促销等成本费用，有利于以低价赢得更多的消费者，实现规模效益。但该策略也存在一些不足，主要体现在：单一产品和单一的营销组合不能够满足不同消费者之间的差异需求和偏好，难以适应市场需求的发展变化，而且会造成激烈的竞争和市场饱和。例如，美国汽车行业长期以来重视生产大型汽车，大型汽车市场的竞争异常激烈，而对小型汽车的市场潜力估计不足，以致在 20 世纪 70 年代的能源危机中，日本的小型汽车趁虚而入，美国汽车行业的市场占有率大大下滑。实践证明，在现代市场上，无差异化营销策略的适用性越来越有限，一般只适用于少数消费者需求差异不大而需求量较大的产品市场中。

（二）差异市场营销

差异市场营销（differentiated marketing）或细分营销（segmented marketing）是指企业推出多种产品，分别采取不同的市场营销组合，以满足各个细分市场不同需求的策略。这种策略针对消费者的不同需求来组织生产，希望通过满足每个细分市场的需求以获得较高的市场份额和消费者的偏爱，从而树立企业整体形象，带动产品的销售。

该策略的优点是：小批量、多品种，生产机动灵活且针对性强，能够满足不同细分市场上消费者的需求；有利于树立企业的整体形象，增强企业的市场竞争力；通过多元化的渠道和产品线进行销售，通常会增加销售额。

其不足之处在于：产品品种繁多、销售渠道和广告宣传的多样化会使产品改进成本、生产制造成本、管理成本、存货成本和营销成本大大增加。而有些企业实行超细分战略，即许多市场被过度地细分，导致产品价格不断上涨，影响产销数量和利润。因此，企业在采取差异化市场营销策略时，应权衡其带来的收益和成本增加之间的关系。采取这种策略的大都是那些实力雄厚的大企业。例如，可口可乐公司除了继续生产原口味可乐外，还推出了新配方的可乐，并且为不喜欢可乐型饮料的消费者提供了雪碧、芬达等各种类型的饮料。此外，它还推出了各种容量的瓶装及罐装产品，采用各种促销方式进行销售，满足了更多消费者的需要。

（三）集中市场营销

集中市场营销（concentrated marketing），又称缝隙营销（niche marketing），是指企业集中力量推出一种或少数几种产品和市场营销组合手段，以满足一个或少数几个子市场的需求为主要目标，以期在较少的子市场上实现较大的市场占有率。采用集中市场营销策略的企业通常是资源有限的中小企业，或是初次进入新市场的大企业。这些企业不想在较大市场上占据较少的份额，而愿意在一个或少数几个细分市场上获得较大的市场占有率。

该策略的优势在于：经营对象集中，有利于深入了解目标市场的需求和偏好，有针对性地生产满足消费者需求的特色产品；企业可以在生产和营销方面实现专业化，以降低成本，增加盈利；企业可以集中全部资源，与竞争对手相抗衡。

该策略的劣势有：由于企业的目标市场范围较小，回旋的余地不大，因此风险较大；如果目标市场情况发生变化，如出现强大的竞争对手、价格下跌、消费者偏好转移等，企业就可能陷入困境。因此，采用这种策略的企业必须密切关注目标市场的动态变化，做好应对风险的准备。例如，日本尼西奇公司原本是个仅有 30 多人的雨衣生产公司，后来转为生产婴儿尿布，成为专业的尿布生产公司，销售量占全世界的 30%。该公司正是采取了集中市场策略，小中求大、以小取胜。

（四）微观营销

微观营销是指定制产品和营销方案，使之迎合每个个体和地区的需要。微观营销关注的是每一个个性需求，而不是每个个体消费者，它包括本地化营销和个别化营销。

本地化营销（local marketing），是指企业力图融入目标市场，努力成为目标市场中的一员所采取的一种营销策略。它要求企业换一个视角看问题，不把自己当作外来的市场入侵者，而是当作目标市场中固有的一员努力融入当地文化；放弃以往的市场占有率目标，而以企业在目标市场中的地位作为营销中介目标；企业将致力于为当地经济发展做出贡献，在此过程中树立起良好的企业形象，最终达到与当地政府“双赢”的目的。

个别化营销（individual marketing），也称“一对一营销”、“定制营销”和“个体营销”，是微观营销的极端，即根据每位顾客的需要和偏好来定制产品和营销方案。今天，功能强大的计算机、详细的数据库、机器生产和灵活的生产，及时互动的沟通媒介如电子邮件、传真和互联网以及所有者 IE 都促成“大众定制”的发展。例如，戴尔为个体顾客配送的电脑装有特别定制的硬件和软件；访客可以在耐克网站通过从几百种颜色中选择以及在鞋舌绣上歌词或短语来个性化地定制自己的运动鞋；一些日本的罐装饮料自动贩卖机可以根据消费者的年龄和性别来推荐饮料。

二、选择目标市场进入策略的影响因素

由于以上三种目标市场进入策略各有利弊，企业在选择策略时需要综合考虑重要的内外部因素。企业内部因素有企业资源、产品同质性和产品所处生命周期阶段等；企业外部因素则包含市场同质性和竞争对手采取的市场进入策略，如表

6-6所示。

表6-6　影响目标市场战略选择的因素

		集中性营销	无差异营销	差异化营销
企业资源	有限	√	√	
	广阔			√
产品的多样性	有限		√	
	较大	√		√
PLC	引入期		√	
	成熟期	√		√
市场的多样性	低		√	
	高	√		√
竞争者的营销策略	较强大 & 无差异市场营销	√		√
	较弱小	√	√	√

（一）企业资源

企业自身的资源实力决定着企业在市场上的竞争力和主动权，以及进入目标市场的策略选择。如果企业资源雄厚，可以考虑实行差异市场营销；反之，则最好采取无差异市场营销或集中市场营销。

（二）产品同质性

产品同质性是指产品在性能、特点等方面的差异性的大小。对于一些同质性很强的产品以及不同工厂或地区生产的在品种、质量方面差异较小的同类产品，适宜采用无差异营销策略；而对于另外的一些产品，如服装、化妆品等，消费者的需求差别很大，则适宜采用差异性营销策略或集中营销策略。

（三）市场同质性

同质市场是指市场上的所有顾客在同一时期的偏好相似、购买数量相似，并且对市场营销刺激的反应相似。在同质市场上，企业可以采用无差异营销策略；而在异质市场上，消费者需求差异较大，则适宜采用差异营销或集中营销策略。

（四）产品所处的生命周期阶段

产品的生命周期阶段一般分为投入期、成长期、成熟期和衰退期。对于处于投入期和成长期的产品，消费者还没有完全了解产品信息或特性，因此存在着信息不对称。企业可以采用无差异市场营销，以试探潜在消费者的需求。当产品进入成熟期或衰退期时，企业应该采用差异性营销策略，以开拓新市场，或者采取集中市场营销，以维持和延长产品的生命周期。

（五）竞争对手的目标市场进入策略

企业采取哪种市场进入策略往往还要受竞争对手实力和所采取策略的影响。如果竞争对手过于强大且采用的是无差异市场营销，那么企业应该实行集中市场营销或差异市场营销；如果竞争对手较弱，则可以根据企业自身的实力和市场状况灵活采取市场进入策略。

第三节　市场定位

一、市场定位概述

市场定位是企业进行差异化市场竞争的重要手段。在激烈竞争的市场上，企业为了让自己脱颖而出，必须明确企业和产品在市场上的位置以及在消费者心目中的地位和形象。只有这样才能获得稳定的产品销路，在日积月累中赢得消费者的忠诚和稳定的认知。

（一）市场定位的含义和意义

菲利普·科特勒将市场定位定义为对公司的产品进行设计，从而使其能够在目标顾客心目中占有一个独特的、有价值的位置。市场定位的实质是使本企业与其他企业严格区分开来，并使顾客明显感觉和认识到这种差别，取得目标市场的竞争优势，从而在顾客心中留下特殊的印象。市场定位是市场营销体系中的重要组成部分，它对于树立企业及产品的鲜明特色，满足顾客的需求，从而提高企业的市场竞争力具有重要的意义。

市场定位的意义主要在于以下两点：

其一，它有利于企业及产品在市场中建立自己的独特位置，从而使企业在激烈的市场竞争中立于不败之地。由于当今市场早已进入买方市场，每个市场中的竞争者众多，为了争夺有限的顾客，防止自己的产品被其他产品替代，进而保持或扩大企业的市场占有率，企业必须在消费者心目中为其产品和品牌树立特定的形象，从而在顾客中形成一种特殊的偏好。

其二，企业的市场定位决策是制定市场营销组合策略的基础，并且在企业具体的营销工作开展中有着极为重要的战略意义。例如，如果企业将自己定位于生产质优价高产品的提供者，那么，企业在产品生产过程中的质量控制就要相当严格，对各个流程的把控都要符合高质量产品的生产标准。根据此定位，相应的广告宣传重点应该强调产品所具备的高质量，让消费者相信物有所值，降低消费者对高价格的敏感性；销售渠道也应当选择档次较高的百货公司或专卖店，而不是廉价品市场。由此可见，企业的市场定位决定了企业的营销组合策略以及具体的实施细则。

（二）市场定位的依据

市场定位不是凭借决策制定者的主观判断决定的，也不是仅仅根据某一因素而定的，而是要综合考虑内外部众多影响因素，根据产品的属性、利益、价格、质量、用途、使用者、竞争者等多种因素或其组合进行的。

1. 根据产品属性定位。产品属性包括制造技术、设备、生产流程、产品功能，也包括产品的原料、产地、历史等因素。例如，海南养生堂的定位体现了所使用的原料和悠久的历史，而宜宾五粮液、北京烤鸭等则强调其产地定位。如果企业的一种或几种属性是竞争者没有或欠缺的，同时又是顾客认可和欢迎的，这时采用产品属性进行定位往往更容易收到良好的效果。

2. 根据顾客利益定位。消费者之所以会购买某个产品或者坚持购买某个品牌的产品，其中一个重要原因肯定是认为产品会给自己带来利益，或者通过初次购买，消费者已经从中得到了利益的满足，从而使该消费者坚持之前的选择。顾客利益不仅指顾客购买产品时追求的产品本身的利益，还包括购买产品所能获得的附加利益。例如，海尔不仅承诺为顾客提供高质量的冰箱、洗衣机等家用电器，还保证免费的售后上门服务，这种做法在很大程度上照顾到了消费者的利益，因而得到了消费者的一致好评。

3. 根据产品用途定位。根据产品用途定位是工业产品领域常用的市场定位方法。此外，为老产品找到一种新用途，是为该产品创造新的市场定位的好方法。例如，杜邦尼龙最初在军事上用于制作降落伞，后来被逐渐用于制作袜子、衬衫、地毯等。又如，网络刚开始用于军事领域，随后才广泛应用于通信、日常生活等领域。

4. 根据使用者类型定位。在市场细分的基础上，企业是针对某个子市场、某些特定消费者开展营销活动的，因此产品使用者类型影响着企业的定位。企业需要针对不同的产品使用者特点进行定位，从而把产品引导给某一特定的顾客群。比如有的企业将性质温和的婴儿洗发液推荐给留长头发的每天洗头发的消费者，这样可以满足消费者的需要，促使他们对企业产生信赖感。

5. 根据竞争者定位。这是指根据市场竞争状况以及与竞争有关的属性或利益进行定位。主要是为了突出企业的优势，如技术可靠性程度更高、售后服务更加方便快捷，从而在竞争者中突出自己的形象。例如，七喜饮料的广告“七喜非可乐”就在一定程度上加强了七喜在消费者心目中的形象。

6. 根据质量和价格定位。一件仿造的项链，无论其做工多么精美，都是不可能与真正的钻石项链定位相同的。所以，对于那些对价格和质量都很关心的消费者，选择质量和价格作为市场定位的因素是突出企业的重要方法，据此有两种可以采取的定位：

（1）质价相符定位。当企业的产品价格高于同类产品时，企业会强调其产品的高质量和物有所值，从而说服顾客购买其产品。例如，海尔集团的家电产品很少卷入价格战，并且一直在同类产品中维持高价格，但其销售额却一直稳定增长，就体现了其产品“优质高价”的定位。

（2）质高价低定位。由于消费者都希望能够获得物美价廉的商品，一些企业就将质高价低作为一种竞争手段，用以加快市场渗透，提高市场占有率。例如，格兰仕集团就是采用这种定位方式，快速占领了我国微波炉市场并且一直保持着较高的市场占有率。此时，顾客从企业定位中获得的信息是“物超所值”，因此会产生对企业的好感以及忠诚度。但是，采取这种定位的企业需要在宣传中强调产品质量的优势，而不是一味宣传其低价格，否则就会降低消费者对产品质量的预期，导致定位失败。

根据以上对各个影响市场定位因素的分析，营销定位点可划分为三大类型：属性定位点、利益定位点和价值定位点。这三个定位点都是指企业期望顾客在心里对自身品牌形象的感知和认知，也是企业选择品牌定位点首要考虑的因素。产品属性定位点是指营销组合要素的某一属性特征，这一特征是利益定位点形成的原因，例如含氟是防蛀牙膏的原因，含氟就是属性定位点。表 6－7 所示为部分奢侈品品牌的价值定位点。

表 6－7　部分奢侈品品牌的价值定位

品　牌	广告语	定位点
万宝龙	重新发现书写的乐趣	乐趣
人头马酒	人头马一打开，好事自然来	好运气
皇家礼炮	为极致成就喝彩	喜庆
轩尼诗	活得潇洒	潇洒
马爹利 XO	挥洒灵感，塑造世界	成就
戴比尔斯	钻石恒久远，一颗永流传	钻石和爱到永远
尊尼获加	Keep Walking	永远向前的追求
Tiffany 戒指	让每个动人时刻在之间停住，直到永远	永久美好的记忆
爱马仕	美丽的逃逸	自由
Chaumet 珠宝	网着我……若你爱我	爱

资料来源：李飞．营销定位［M］．北京：经济科学出版社，2013：121.

利益定位点是指品牌为顾客带来的心理上感觉到的好处，这些好处是与营销组合直接相关的，人们的感受通常没有差异，如沃尔玛商场的为顾客节省每一分钱。价值定位是指为顾客带来的精神上的享受，通常是指人们活着的目的，一般包括工具价值和最终价值，这些价值感受通常是与属性和利益部分相关的，因此对于相同的属性和利益，人们的价值感受也可能是不同的，如开心、自尊、成功等。这三个定位点之间的关系如图 6－5 所示。

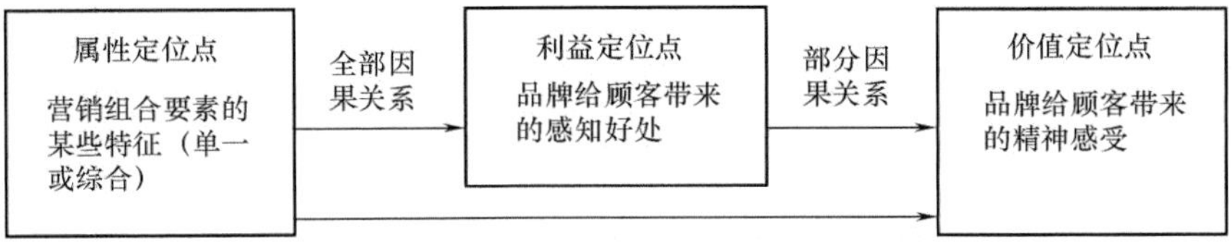

图 6－5　三种定位点之间的关系

（三）市场定位的原则

1. 简明原则。当今的消费者每天要面对来自各个渠道、各种特点和类型的信息，信息越多，人们处理的相对数量就越少，而且人的认知资源是有限的。因此，相较于那些复杂的信息，消费者更愿意关注简单、明确的信息。越是简单、明确的信息，越容易被消费者识别和接受。所以，为了给消费者留下深刻且独特的印象，企业在市场定位中需要以一种简洁的方式将产品特色呈现给消费者。

2. 个性化原则。鲜明的品牌个性往往是吸引消费者的重要因素。随着人们对个性化需求的增长，消费者对普通消费品的要求也越来越高，不仅质量要高，而且要体现一定的独特性。因此，企业的市场定位应遵循个性化原则，即赋予产品或品牌独有的个性，以迎合消费者对产品独特性的需求。

营销人员可以从产品的物理特性和功能属性出发，确定产品的市场定位。但成功的市场定位不仅仅是产品的物理特性和功能属性的简单加总，而且包含一些属于精神层面的东西。例如，万宝路、西部牛仔和马之间没有必然的联系，但是万宝路却把这三者创造性地结合在一起了。这三者的形象使消费者能够产生对自由、奔放、帅气、强劲而有力等相关概念的联想，从而让消费者在消费万宝路香烟时会自然而然地产生这样的心理感受，但香烟本身的特性和功能与消费者产生的心理感受却关系不大。因此，企业可以灵活并创造性地利用营销组合手段将市场定位个性化，从而在消费者心目中留下更深刻的印象。

3. 动态调整原则。动态调整原则就是要求企业在不断变化的市场环境下，抛弃传统的以静制动、以不变应万变的静态定位思想，对目标市场环境时刻保持高度的敏感，及时调整产品的市场定位，开发产品的新特性来满足消费者的新需求。此外，企业只有不断调整自己的经营目标、产品种类、技术水平、管理方式、营销策略等，才能够适应不断变化的市场环境。

总之，在动态市场环境下，企业应当密切关注市场环境，审时度势，根据环境变化、竞争者的变化、消费者观念和态度的变化以及政府宏观政策的变化，更新市场定位和企业形象，以更好地满足目标市场的需要。

4. 目标消费者原则。目标消费者原则实质上是指为消费者提供令其满意的服务的原则，即不断强化消费者满意程度的原则。许多企业曾陷入无休止的广告大战、品牌大战，而忽视了竞争的根本立足点，这不仅会消耗很多的资源和实力，也会影响到企业的正常运转。只有以目标消费者的利益为出发点进行市场定位，才能够开展有效的营销策略，并得到期望的效果。例如，美国的通用电气公司就曾经提出“使顾客100%满意”的目标，得到了消费者的广泛好评，也赢得了消费者的忠诚。由此可见，以目标消费者为导向，是市场定位的重要原则。

二、市场定位的类型

（一）初次定位

初次定位是指新成立的企业初入市场或者推出某款新产品时，针对目标市场所采取的定位。由于消费者对新进入市场的企业或者新产品还不是特别了解，消费行为习惯尚未养成，因此，企业进行初次定位时需要考虑到消费者对使用新产品的风险规避倾向。初次定位主要应该集中于突出产品的特色、产品给消费者带来的利益和价值以及本企业产品与竞争对手产品的不同之处。此外，在价格上，初次定位的企业应避免以低价吸引消费者的关注，因为这可能招致竞争对手的强烈反击，卷入不必要的价格战。总之，初次定位的企业应综合考虑多方面因素，认真研究竞争对手的同类产品在目标市场上的位置，从而确保本企业产品的有利位置。

（二）重新定位

重新定位是指企业变动产品特色，改变目标顾客对其产品原有的印象，使目标顾客对其产品新形象有个重新的认识过程。重新定位往往是由于初次定位不当引起的，也可能是由于初次定位导致竞争者的强烈反击或需求态势因某种原因发生了变化而引起的。重新定位对于企业适应不断变化的市场环境、调整市场营销战略是必不可少的。如果一个实力较为雄厚的竞争者采取的市场定位与本企业采取的是类似的，而且侵占了本企业产品的部分市场，导致本企业产品的市场占有率下降，与之相抗衡也不会占据太多优势，则企业可以考虑进行重新定位。此外，如果消费者的偏好发生了变化，即从喜欢本企业的某品牌产品转换为竞争企业的产品，那么重新定位也是可行的方法。

在重新定位前，企业需要考虑两个主要因素：首先是企业将自己的品牌定位从一个子市场转移到另外一个子市场的全部成本费用；其次是企业将自己的品牌进行重新定位之后的预期营业额，以及与营业额直接相关的子市场上的购买者和竞争者的情况等。只有充分考虑重新定位的可行性和潜在收益，企业才能做出有效的重新定位决策。

（三）对峙定位

对峙定位是指企业选择靠近现有竞争者或与现有竞争者重合的市场位置，争夺相同子市场的顾客，从而缩小彼此在产品、价格、分销及促销等各个方面的差异。对峙定位可能引发激烈的市场竞争，因此有较大的风险。但另一方面，如果竞争者是强大的，那么竞争过程中往往会产生所谓的轰动效应，消费者应该可以很快了解企业及其产品，有利于企业迅速树立市场形象，扩大知名度。

（四）避强定位

避强定位是指企业回避与目标市场上的竞争者直接对抗，将自身定位于市场上的“空白点”，开发并销售目前市场上还没有的某种特色产品，开拓新的市场领域，从而使自己的产品在某些特征或属性上与最强或较强的竞争对手有显著的差别。避强定位可以使企业迅速在市场上站住脚，并能在消费者心中树立一定的形象，市场风险较小，成功率较高。但是避强定位往往意味着企业放弃了最佳的市场位置，丧失了一部分活跃且利润丰厚的市场。

最后，为了避免定位不当引起的不良影响，企业在进行市场定位的过程中应尽量避免一些错误：①定位过低，使顾客不能真正认识到企业的独特之处，从而不能形成对企业积极的印象或评价；②定位过高，使顾客不能正确了解企业，以致产生过高的期望，从而导致真实体验与期望之间出现落差，影响企业在消费者心中的形象；③定位混乱，往往与企业推出的主题过于分散或产品定位变化太频繁有关；④定位怀疑，顾客很难相信企业在产品特色、价格或制造商方面的有关宣传，从而对企业定位的真实性产生怀疑。

三、市场定位过程

布拉德利认为，定位过程包括顾客、竞争者和自身资源三方面因素。顾客分析主要是细分顾客、选择目标市场，竞争分析主要是差异化、选择利益筐，公司资源分析主要是确定顾客价值、提供顾客价值、传播顾客价值和传递顾客价值等方面。由此建立了市场定位流程图，如图 6 –6 所示。

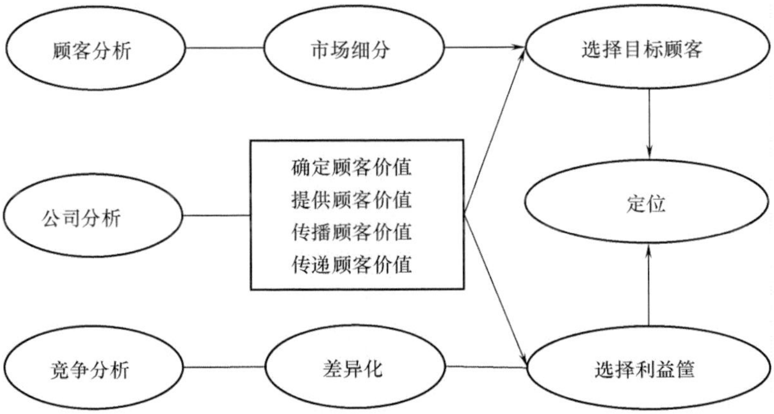

图 6 –6　定位流程图

资料来源：［爱尔兰］弗兰克 · 布拉德利．战略营销［M］．文瑜，译．北京：华夏出版社，2005：53.

（一）确认本企业的竞争优势

确认本企业的竞争优势这一步骤的中心任务是回答以下几个问题：一是竞争对手的市场定位如何；二是目标市场上的顾客欲望满足程度如何，以及还存在哪些尚未被满足的需求或可以开拓的领域；三是针对竞争者的市场定位和潜在顾客的尚未被满足的利益需求，企业应该做什么以及能够做什么。

1. 研究竞争对手的市场定位。企业可以从以下几方面入手研究竞争对手的市场定位。首先，调研竞争对手的产品在消费者心目中的形象。企业可以从产品的价格和质量维度了解消费者对产品形象的评价，通常可分为高质量高价格、高质量低价格、低质量高价格、低质量低价格以及质量价格均一般等几种类型。营销人员可以通过问卷调研的形式了解目标消费者对竞争者产品的看法。其次，了解竞争对手的经营情况。一个企业的经营状况往往与采取的市场定位有很大关联。通常当竞争对手的经营状况不错时，企业要尽量规避与竞争者采取相同的市场定位；而当竞争对手的经营状况欠佳时，企业可以考虑采取相同的市场定位，从而抢夺市场份额。最后，预测竞争对手的发展潜力。在市场定位前，企业应设法多了解关于竞争对手未来的发展潜力信息，尤其是关于竞争对手的商业情报、竞争者在人才培养和设备引进等方面采取的措施等。

2. 了解目标消费者的需求状况。为了了解目标消费者的需求满足情况，企业需要掌握他们的需求特征。首先，企业需要研究目标消费者的个性特征，包含目标消费者的年龄、所处人生阶段以及职业等。其次，要了解相关群体对目标消费者的影响。任何消费者都不可避免地受到周围群体的影响。所以，企业在分析目标消费者的需求特征时，还应当考虑其所在的关系网络的特点。最后，调研目标消费者所需利益的特征和满足程度。这里的利益是指目标消费者购买产品时所追求的利益。企业需要调研目标消费者对某种产品属性的重视程度，明确他们的选购标准、需要何种利益以及满足程度如何。

3. 明确企业的竞争优势。通过分析竞争对手的市场定位和优势以及目标消费者的需求满足情况，企业可以从自身的产品特色、产品利益等方面对应分析企业的竞争优势所在，以及企业能够为目标消费者提供的有别于竞争对手的利益满足。

（二）准确地选择相对竞争优势

相对竞争优势反映的是企业能够胜过竞争对手的现实和潜在能力。准确地选择优于竞争对手的竞争优势是一个企业各方面实力和竞争者的实力相比较的过程。通常的方法是分析、比较企业与竞争对手在经营管理、技术开发、生产、财务等方面的优劣势来选择企业的相对竞争优势。

其一，经营管理方面，主要包括领导能力、决策水平、计划能力、组织能力等方面的指标。企业的经营管理水平往往决定着企业的发展方向以及未来的发展潜力，是决定企业相对优势的重要指标。

其二，技术开发方面，主要包括技术资源、技术手段、技术人员能力和资金来源是否充足等指标。技术开发方面的因素是将企业与竞争对手的竞争实力区别开来的一个重要因素。如果技术门槛很高，企业的生产技术就很难被复制，那么生产出来的产品就具有与竞争对手产品相区别的特色，从而在一段时间内处于绝对的竞争优势地位。此外，专业水平较高的技术人员也决定着企业的相对竞争优势。由于人才是流动的，企业在评估竞争对手的技术人才能力时不能够忽视该因素的重要作用。

其三，生产和采购方面，主要分析生产能力、技术装备、生产过程控制、采购渠道、存储及运输系统、供应商合作以及采购人员能力等指标。

其四，市场营销方面，主要分析销售能力、分销网络、市场研究、服务与销售战略、广告、资金来源等是否充足以及市场营销人员的能力等指标。

其五，财务方面，主要考察长期资金和短期资金的来源及资金成本、支付能力、现金流量以及财务制度等指标。

其六，产品方面，主要考察产品的特色、价格、质量、销售渠道、包装、服务、市场占有率、信誉等方面。

（三）明确显示独特的竞争优势

明确显示独特的竞争优势这一步骤的主要任务是企业要通过一系列宣传促销活动，将其独特的竞争优势准确传达给潜在顾客，并在顾客心目中留下深刻的印象。为此，企业首先应让目标顾客了解、熟悉、认同、喜欢和偏爱企业的产品，从而在顾客心目中建立与该产品定位相一致的形象。其次，企业应该巩固与市场定位相一致的企业形象。主要通过营销组合的应用不断强化企业在目标消费者心目中的形象，与目标消费者保持沟通，稳定目标消费者的态度，并通过加深目标消费者与企业的感情来巩固企业的市场定位。最后，企业应注意目标消费者对其市场定位在理解上出现的偏差，或由于企业在市场定位宣传中出现的失误而造成的定位理解上的模糊、混乱，从而及时纠正与市场定位不一致的企业形象。

从以上市场定位的基本过程中可以看到，企业首先需要在市场研究的基础上找到目标市场，并了解他们在产品、价格、分销和沟通等方面的需求特征。其次，细分目标顾客利益并找出他们最为关注的若干利益点，通过分析竞争对手确定自身具有竞争优势的利益点，然后将该利益点确定为定位点，再根据这个利益点确定属性定位点和价值定位点。定位点的选择范围仍然包括营销组合要素的全部内容；无论在利益定位点是否实现差异化，最好仍然在价值方面找到并确定差异化的价值定位点。最后，通过进行营销组合要素的组合实现已经确定的定位。这便是定位钻石模型的基本构成，如图 6－7 所示。

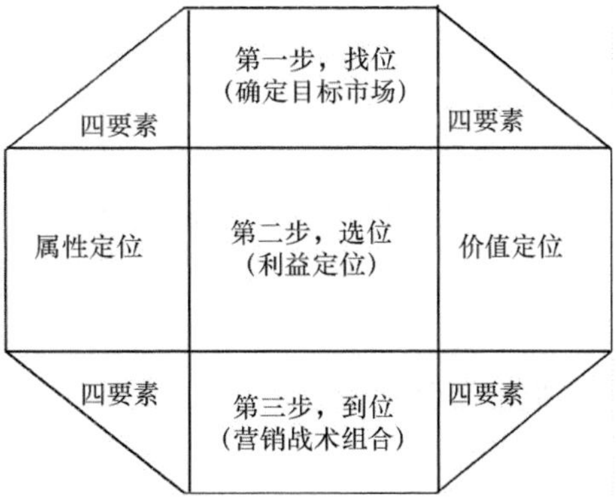

图 6－7　定位钻石图

资料来源：李飞．钻石图定位法［M］．北京：经济科学出版社，2006：15.

本章小结

本章介绍了目标市场战略的三个组成部分：市场细分、目标市场选择和市场定位。市场细分需要依据一定的细分变量来进行。消费者市场的主要细分变量有地理变量、人口变量、心理变量、行为变量和组合效用等。有效市场细分的标志有可区分性、可测量性、可进入性和可营利性。

引入市场细分的相关概念和细分方法之后，本章进一步介绍了企业进入目标市场的三大基本策略，即无差异市场营销、差异市场营销和集中市场营销。而选择目标市场进入战略时需要考虑的因素有企业资源、产品同质性、市场同质性、产品所处生命周期阶段、竞争对手的目标市场进入策略等。

本章最后介绍了企业的市场定位战略，包括市场定位的基本依据、定位的原则等，企业进行市场定位的类型有初次定位、重新定位、对峙定位和避强定位这几种。而企业进行市场定位的过程可以通过三大步骤完成，即首先确认本企业的竞争优势，其次准确选择相对竞争优势，最后明确显示自身独特的竞争优势。

关键术语

市场细分（Market Segmentation）；差异市场营销（Differentiated marketing）；集中市场营销（Concentrated marketing）；品牌忠诚（Brand Loyalty）；目标市场（Target Market）；市场定位（Positioning）

复习思考题

1. 消费者市场细分的相关变量有哪些？
2. 消费者市场细分的方法有哪些？
3. 衡量消费者市场细分是否有效的标准是什么？
4. 企业在选择目标市场进入策略时应该考虑哪些因素？
5. 企业的目标市场进入策略有哪些？每种策略有哪些优劣势？
6. 企业进行市场定位的基本步骤是什么？

本章案例

农夫山泉饮用水的营销战略

中国的饮料行业是竞争程度最高的产业之一，饱和度高，竞争自然也最激烈。每年都有不少新品牌涌现，但真正能成功立足于市场的，却寥寥无几，大部分品牌都在“水战”中沉没。

在农夫山泉进入市场之初，康师傅、乐百氏、娃哈哈等品牌在饮用水领域都已经占据一席之地。农夫山泉自进入市场以来，就通过独树一帜的品牌定位，成功成为被关注的焦点。一句“农夫山泉有点甜”传遍大江南北，赢得了消费者的广泛熟知。

农夫山泉对其提出的广告语表示：①公司此项选择和决定出于人类健康的长远考虑；②饮水不仅仅是为了解渴，还是提供人体必需的矿物质和微量元素的重要途径之一；③消费者享有知情权，应该明明白白喝水；④世界普遍流传天然水，世界发达国家大多生产和饮用天然水；⑤农夫山泉占据得天独厚的天然水源，开发利用天然水源利国利民。

“水战”的不断升级，迫使部分行业协会和政府相关部门纷纷表态。中国饮料工业协会发表声明：消费者可以放心饮用瓶装纯净水。此后，卫生部也表示，凡是符合规定和卫生标准的纯净水产品，一律为安全、卫生、无害的。这就意味着农夫山泉在这场水源之争中失败了。然而，虽说饮用纯净水无害，但也无益可言。所以，新华社随后发出电讯稿报道“专家提醒”：纯净水不宜大量地长期饮用。国内权威通讯社在新闻舆论上为这场“纯净水之争”做了结论，此事也就不了了之。许多业内专家却看到，通过这次“水源”之争，农夫山泉扩大了知名度，宣传了自己的理念，也开辟了新市场。此后几年间，农夫山泉占据了国内饮用水市场第二的位置。

此次的转变让农夫山泉的市场定位更加明确——农夫山泉不再生产纯净水，转而全力投向天然矿泉水的生产和销售，以至于消费者都可以很明确地感知到农夫山泉以天然水的品牌形象进行市场定位。从深层次上讲，这样的定位与其企业环保、天然、健康的三大理念有着必然的关系，即打造消费者心目中天然、绿色、健康的饮用水。这种纯天然水的定位使得其产品也得到了“高品位”的赞誉。娃哈哈主打纯净水，在纯净水工艺方面是业内数一数二的，通过48道工序的过滤水，几乎是不含任何杂质的，但同时也缺少人体必需的微量元素。而农夫山泉独特的天然弱碱性水，能够弥补纯净水的缺陷，更适合人们饮用。这为农夫山泉赢得了较高的信誉和美誉度，使之成为众多消费者心目中首选的饮用水。

（资料来源：章金萍．市场营销学实务［M］．北京：中国人民大学出版社，2013.）

案例思考题

1. 农夫山泉采用了怎样的差异化营销战略？
2. 分析农夫山泉的市场定位。

第七章　产品和品牌策略

【学习目标】

产品和品牌策略作为营销策略的第一个部分，在整个营销实践和理论中都占有举足轻重的地位。营销学中，有形的产品和无形的服务都可以被当作商品进行交换，单个产品和产品组合的营销决策是有所区别的。每个产品和产品组合都有其生命周期存在，各个周期的营销策略也是不一样的。然后，探讨产品的品牌策略选择。最后，探讨了服务营销组合的七个要素。通过本章的学习，应该达到如下目标：

- 定义产品及产品和服务的概念及主要分类；
- 掌握各产品组合的决策；
- 掌握产品生命周期策略；
- 掌握产品的品牌策略选择；
- 掌握服务营销组合。

引导案例

提到产品，想说说“三只松鼠”的故事。这是一个大多数人爱听的故事，白手起家，屌丝逆袭，快速上位，简直是互联网的经典营销案例。

“三只松鼠”不是动物园的卖萌神器，而是安徽的一家电子商务公司。2012年，当大家都认为电商红海比2011年还红的时候，“三只松鼠”成立了，卖的是松鼠最爱吃的坚果类产品，主打产品是碧根果。半年之后首秀，“三只松鼠”参加“双十一”大促销，因为卖得太好，差点发不出货来，很快跃居坚果类产品销售第一名，2013年销售收入超过了3亿。

和很多初创公司一样，“三只松鼠”也有一个核心人物，就是其CEO章燎原，江湖人称“章三疯”。为什么是“三只松鼠”打破了原有格局，爆发式做大呢？从表面现象分析，可能有以下三个原因：

首先是有很强的团队。章燎原本来就是营销专家，属于那种实干型的，而非纸上谈兵型的。他在网上挖掘了很多人才，囊括了电商的各个方面。人才是崛起的必要前提：再好的设想、战略，没有靠谱的人去实施，那就等于空气。

其次是有钱，任性。“三只松鼠”的一轮融资是IDG资本，其投过的公司有百度、搜房和土豆；第二轮融资加入了今日资本，其曾投资过京东商城。不难看出，“三只松鼠”虽然是卖坚果的，但其走的是高科技路线，未来三四轮融资都是大概率事件，上市都不稀奇。必须说一句的是，IDG 投资的时候，“三只松鼠”除了有章燎原这个人，什么都没有。章燎原有什么呢？就是经验，做到詹氏总经理的位置，又有壳壳果的成功经验，这才是真正的“你若盛开，清风自来”。

最后是选择了一个很好的切入点。坚果类公司虽然有恰恰瓜子、来伊份等珠玉当前，但是在碧根果这个领域上，还没有一个市场领袖。更重要的是，它是完全基于互联网的直销体系，如果没有互联网，“三只松鼠”做不到现在的规模。互联网直销的优势在于：价格更便宜，产品更新鲜，顾客反馈率高。这些优点其实传统的直销体系都有，但需要花几年的时间搭建，需要烧更多钱，而互联网大大降低了直销成本。

安徽的坚果是有故事的，30 多年前的傻子瓜子，几乎是一个时代变迁的缩影，“三只松鼠”生在了一个可以见证历史的时代，可拭目以待。

（资料来源：三只松鼠的故事［EB/OL］．［2015 - 01 - 10］．http：//review. cnfol. com/tangulunshi/20150110/19887522. shtml，有改动。）

第一节　产品组合策略

根据网站统计数据显示，“三只松鼠”在 2014 年光棍节当天就创造了 1. 02 亿元的销售额，“三只松鼠”缘何如此成功？本章的产品和品牌策略将会带给大家一些启示。首先来理解产品和服务的定义和分类。

一、产品概念

（一）产品和服务的定义

产品（product），是市场上提供的可引起人们注意、获取、使用或消费，以满足某种需求或需要的任何事物。产品不仅包括有形物体，如汽车、电脑或手机，广义上还包括服务、事件、人物、地点、组织、理念或它们的组合。

服务（service），是这样一种产品形式，它由供给销售的活动、利益或满意组成，其本质上是无形的，且不会产生任何所有权。例如，银行、维修等都属于服务[①]。这在第四节服务产品和服务营销中还会详细讲到。

值得注意的是，产品可能是物质商品或服务，也可能是两者的结合。比如，纸巾就是完全的物质商品；剪头发就是完全的服务；而餐馆用餐就是物质商品与服务的结合：当你外出吃饭时，你购买了食物（物质产品），而这些食物是由餐馆员工准备并提供的（服务）。

① 加里·阿姆斯特朗，菲利普·科特勒．市场营销学［M］．9 版．吕一林，等，译．北京：中国人民大学出版社，2010：177 页．

（二）产品的层级

产品大体来看可以分为三个层次，即核心产品、有形产品、附加产品，如图7－1所示。产品每增加一个层次，都为顾客带来更多的价值。所谓核心产品，是顾客购买该产品所要解决的根本问题和核心利益所在；有形产品，是指产品为消费者解决相关问题与带来核心利益所需要的载体；附加产品，是消费者在消费该产品时，企业能为消费者提供的各种附加服务和价值。以智能手机为例，作为通信产品，智能手机的核心产品就是打电话和上网的核心功能；有形产品就是智能手机这个有形载体；附加产品就是智能手机为人们提供的诸如拍照、听音乐等与智能手机核心功能无关但又是消费者在使用智能手机时切实需要的功能。

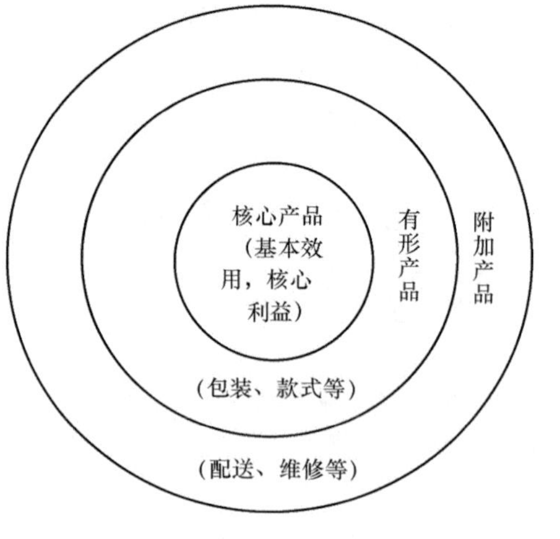

图7－1　产品的三层次图

如果将产品划分得更为详细些，也可以分为五大层次，分别是核心产品、形式产品、期望产品、附加产品和潜在产品。以个人笔记本电脑为例，核心产品是企业向消费者提供的一整套问题的解决方案；形式产品就是我们看到的、用到的电脑；期望产品是消费者希望它具有易携带、待机时间长等必不可少的功能；附加产品是消费者可能额外获得的电脑包和备用电池等；潜在产品是电脑可能会用来彰显消费者自身的品味和爱好等。

（三）产品分类

按照使用产品的消费者类型的不同，可以将产品分为两大类：消费品（consumer product）和产业用品（industrial product）。消费品指最终消费者出于个人消费的目的而购买的产品和服务。产业用品指为进一步加工或经营一项业务而采购的产品。因此，消费品与产业用品的区别就在于购买产品的目的，消费者基于自身或者家庭消费购买的产品即为消费品，是基于加工或者再卖出等目的的商品即为产业用品。以护肤品为例，如果你购买护肤品是给自己或者家人、朋友用，则购买的护肤品为消费品；但是如果你购买护肤品是做代购或者其他致力于再卖给别人的业务，则购买的护肤品就是产业用品。

从广义的产品概念来讲，产品和服务还包括其他可出售的事物，如体验、组织、任务、地点、理念。

1. 消费品。消费品是最终消费者出于个人消费的目的而购买的产品和服务。进一步又可划分为便利品（convenience product）、选购品（shopping product）、特殊品（specialty product）和非渴求品（unsought product）。这几类产品在消费者购买方式和营销方式上都存在一些不同，如表7－1所示。

表7－1　消费品的营销考虑因素

营销考虑因素	便利品	选购品	特殊品	非渴求品
顾客购买行为	经常购买，大量购买，几乎没有计划，购物努力少，顾客卷入度很低	较少购买，计划和顾客努力较多，就价格、质量和款式等因素对各品牌进行比较	具有很强的品牌偏好和忠诚，做出特别多的购买努力，很少对品牌进行比较，价格敏感度低	对产品的知晓和了解很少（即使知道，也没有什么兴趣，或只有负面印象）
价格	便宜	较高	高	多样
分销渠道	广泛分销，地段方便	在少数商店进行选择性分销	在各个市场区域进行单点或多点独家分销	渠道多样
促销	生产者发起的大众促销	生产者和销售者发起的广告和人员推销	生产者和销售者发起的定位更为准确的促销	生产者和销售者发起的强烈广告攻势和人员推销
例子	洗衣粉、杂志	服装、家具	奢侈品，如珠宝	人寿保险等服务

资料来源：加里·阿姆斯特朗，菲利普·科特勒．市场营销学［M］．9版．吕一林，等，译．北京：中国人民大学出版社，2010：180.

值得注意的是，非渴求产品又可进一步划分为：常规非渴求商品和新非渴求商品。常规非渴求商品诸如墓碑、人寿保险等，人们对它们可能有需要，但是潜在消费者并没有动机对它感到满意。对这类产品来说，个人销售非常重要。新非渴求商品是提供潜在消费者并不知道的新观念的产品，如现在风靡的信用卡服务，这在前些年是无法想象的。满载信息的推广可以帮助说服消费者接受产品，结束产品的非渴求状态。

2. 产业用品。产业用品可以进一步分为三类：原料和零件、资本项目以及供应品与服务。

原料和零件又可进一步划分为原材料、加工过的材料和零件。资本项目是指协助采购者生产或经营的产业用品。最后一类产业用品是供应品和服务，包括经营用耗材以及维修和维护用品。

在产业用品营销中，价格和服务是主要的营销因素，而在消费品营销中主要的营销因素如品牌和广告则显得不那么重要。

3. 组织、人物、地点和理念。除了有形的产品和无形的服务，营销者眼中广义的产品概念还延伸到了其他市场供给物：组织、人物、地点和理念。

（1）组织。组织会经常开展活动以“营销”组织本身。组织营销包括用以创造、维持或改变目标消费者对组织的态度和行为的所有活动。营利组织和非营利组织都需要营销。营利组织通过公关建立良好的品牌形象来销售产品和长期盈利；非营利组织也要通过营销自己筹集善款以实现自己的组织愿景。比如，各大慈善团体都会经常举办一些社会活动，以筹集资金和吸引会员或顾客。

（2）人物。人物也可以被视为产品。人物营销包括用以创造、维持或改变对特定人物的态度或行为的所有活动。企业、慈善团体和其他组织都聘请著名人物，帮助销售其产品或者做善事。

（3）地点。地点营销包括用以创造、维持或改变对特定地点的态度或行为的所有活动。例如，中国国家旅游办公室邀请全世界的游客“现在就去探索中国”，促进了旅游业的蓬勃发展。

（4）理念。理念也可以营销。在某种意义上，所有的营销都是在营销一种理念，无论是刷牙的普通理念，还是佳洁士牙膏“每天都绽放微笑”的具体理念。但是本章重点探讨的是社会理念的营销，被称作社会营销（social marketing）。美国社会营销研究所将其定义为为提高个人和社会福利，而将商业性营销理念和工具用于旨在影响个人行为的方案中的活动。社会营销方案包括减少吸烟、酗酒、药物滥用和肥胖症的公共健康运动，保护荒野、清洁空气和环境的环保运动，计划生育、人权和种族平等等活动。

二、产品决策

营销者制定三个层级的产品决策：单个产品的决策、产品线决策和产品组合决策。

（一）单个产品的决策

单个产品的决策依次包括以下环节：确定产品属性，品牌化，确定包装和标签，产品支持服务。

1. 确定产品属性。产品的开发包括对其提供的利益进行定义，这些利益将由产品的质量和特征、款式和设计等属性传递和交付。

（1）产品质量。产品质量（product quality）是营销者掌握的重要定位工具，质量对于产品性能有着直接的影响，与顾客价值和顾客满意密切相关。西门子公司这样定义质量：“质量就是顾客再次惠顾，而产品永不返回维修。”

全面质量管理（total quality management），是指企业所有人员都参与持续改进产品、服务和业务流程质量的一套方法。对于那些顶尖的企业来说，顾客驱动型质量管理早已成为一种开展业务的方式。

产品质量包含两个维度：水平和一致性。质量水平，是指产品发挥其功能的能力，如劳斯莱斯汽车的性能质量要优于雪佛兰汽车；质量一致性，是指没有缺陷且持续一致地交付目标性能的水平。从这个意义上来说，雪佛兰汽车的质量可能与劳斯莱斯是一样的。

（2）产品特征、款式和设计。产品可以具有不同的特征。特征是将企业产品和竞争者产品区别开来的竞争工具。就汽车产品而言，只有最基本属性的型号是起点，它没有任何其他的额外特征，企业可增加更多的特征以提升该型号的水平，增加顾客的附加价值。

独特的产品款式和设计也是增加顾客价值的重要手段之一。产品设计师不需要对产品属性和技术规格考虑太多，应该多想想顾客将如何使用，以及如何得益于该产品。

2. 品牌化。专业营销者的技能中最具特色的或许是建立和管理品牌。品牌在前面市场营销战略中已经初步讲到，后面的品牌策略我们还会详细介绍。

3. 确定包装和标签。包装（packaging）指产品容器或包装物的设计和生产。市场营销学认为，产品包装一般包括首要包装、次要包装和装运包装。以牙膏为例，首要包装指的是牙膏皮，直接接触牙膏的部分；次要包装指的是牙膏盒，纸质的盒子，不仅是为了进一步保护牙膏，也为了美观和方便运输；而装运包装，更多的是装牙膏盒的大箱子，主要考虑的是物流的需要。此外，在产品包装上还有标签，为了说明产品而贴在产品上的招贴或印在产品包装上的文字、图案等。在标签上，一般都印有包装内容和产品所包含的主要成分、品牌标志、产品质量等级、生产厂家、生产日期和有效期、使用方法等，有些标签上还印有彩色图案或实物照片，以促进销售。

产品包装可起到保护产品、促进销售、增加价值的作用。良好的包装可以使产品在营销管理过程中，在消费者保存产品期间，不致损坏、变质、散落，保护产品的使用价值；企业可以利用包装来向消费者宣传介绍产品，吸引顾客的注意力，从而促进销售。由于收入水平和生活水平的提高，消费者一般愿意为良好包装带来的方便、美感、可靠性和声望支付溢价。

4. 产品支持服务。顾客服务是产品战略的另一要素。企业的供给物通常会包括某些支持服务，并作为供给产品的次要或主要组成部分。企业要定期实施顾客调研，完善现有服务的不足，并致力于提供更好、更贴心、消费者更需要与期待的服务。

（二）产品线决策

除了单项产品的决策，企业还要考虑产品线决策。产品线（product line）是指因功能相似而卖给同一顾客群体、通过同种经销店出售或因价格相近而紧密相关的一组产品。主要的产品线决策是产品线长度，即产品线的项目数量决策。企业可决定是扩张产品线还是压缩产品线。例如，耐克公司经营的运动鞋产品线，如果企业领导者认为运动鞋划分太细，则要减少产品项目，即为压缩产品线；如果企业领导者认为运动鞋划分得太粗糙，则要增加产品项目，即为扩张产品线。产品线决策除了考虑目标市场的需求，还受企业目标与资源的影响。

企业可通过两种方式实现产品线扩张：产品线填充和产品线延伸。产品线填充是指在现有的产品线的范围内增加更多的产品项；产品线延伸是指企业将增加产品线的长度到现有范围之外。企业可以向上、向下或二者同时延伸其产品线。高端市场的企业可以向下延伸产品线，以开拓中低端市场；低端市场的企业也可以向上延伸其产品线，开拓中高端市场。位于市场中端的企业可以同时向两个方向延伸其产品线。如小米手机，新开发上市的小米手机售价为1 999元，定位于手机中端市场，但同时上市的红米note手机只卖799元，定位于低端市场，获得了成功。

（三）产品组合决策

1. 产品组合的定义。产品组合（product portfolio），是指企业所生产或销售的全部产品线、产品项目的组合。产品组合有一定的宽度、长度、深度和关联度。产品组合的宽度，是指企业有多少条产品线；长度是指企业的产品组合中所包含的产品项目的总数；深度是指产品线中有多少种不同花色、品种、规格的产品项目；关联度是指各个产品大类在最终使用、生产条件、分销渠道等方面的密切相关程度。

2. 产品组合策略。企业在调整和优化产品组合时，根据不同情况，可选择如下策略：

（1）扩大产品组合。扩大产品组合包括拓展产品组合的宽度和增加产品组合的宽度。前者是在原产品组合中增加一个或者几个产品线，扩大产品范围；后者是在原有产品线内增加新的产品项目。一般而言，扩大产品组合，可使企业充分地配置资源，分散风险，增强市场应变能力和竞争能力。

（2）缩减产品组合。当市场不景气或者原料、能源供应紧张时，缩减产品反而可能使总利润上升。这是因为从产品组合中剔除了那些获利很少甚至亏损的产品线或产品项目，使企业可以集中力量发展获利多的产品线和产品项目。

（3）产品大类现代化。在某些情况下，虽然产品组合的宽度、长度都很恰当，但产品大类的生产形式却可能已经过时，这就必须对产品大类进行现代化改造，可能是逐步实现技术改造，也可能是以最快速度用全新设备更换原有产品线，企业必须根据市场和自身的情况进行权衡。

第二节　产品生命周期

一、产品生命周期阶段

产品生命周期（product life cycle）是指产品从进入市场到退出市场所经历的市场生命循环过程。典型的产品生命周期可以分为四个阶段，即导入期、成长期、成熟期和衰退期，如图7－2所示。在产品生命周期的不同阶段，公司的营销目标和组合都是不一样的，如表7－2所示。

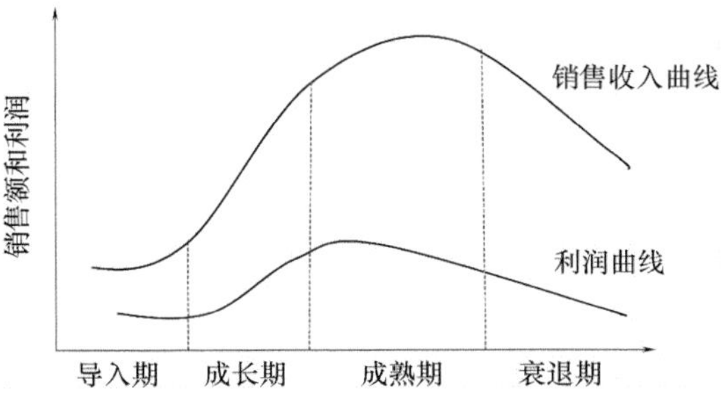

图 7－2　典型的产品生命周期阶段

表 7－2　贯穿于产品生命周期之中的市场营销组合战略

特征	导入期	成长期	成熟期	衰退期
营销目标	赢得认知	强调差异化	维持品牌忠诚度	收获和放弃
销售额	以稳定但是较低的速度增长	迅速增长	达到顶峰然后平衡，一般会下降	继续下降
竞争	较少	较多	许多	减少
产品	单一	较多种类	完整产品线	最畅销产品
定价	撇脂或渗透定价	赢得市场份额，达成交易	保持市场份额，获利	维持获利
分销	有限的	较多销售终端	最多销售终端	较少销售终端
促销	告知，教育	强调差异点	提醒导向	最小化的促销

资料来源：菲利普·科特勒，加里·阿姆斯特朗，洪瑞云，等. 市场营销原理［M］. 亚洲版·3 版. 李季，赵占波，译. 北京：机械工业出版社，2013：194.

（一）导入期

新产品投入市场，就进入了导入期。此时，顾客对产品还不了解，只有少数追求新奇的顾客可能购买，销售量很小。另外，由于市场和技术方面的原因，产品不能大批量生产，因而成本高，销售额增长缓慢，企业不但得不到利润，反而可能亏损。

（二）成长期

产品在导入期的销售取得成功以后，便进入成长期。这时顾客对产品已经熟悉，大量的新顾客开始购买，市场逐步扩大。产品已具备大批量生产的条件，生产成本相对降低，企业的销售额迅速上升，利润也迅速增长。在这一阶段，竞争者看到有利可图，将纷纷进入市场参与竞争，使同类产品供给量增加。而同时期需求的迅速增长，使产品价格维持不变或略有下降，市场竞争逐渐加剧。

（三）成熟期

经过成长期以后，市场需求趋于饱和，潜在的顾客已经很少，销售额增长缓慢直至转而下降，标志着产品进入了成熟期。这个阶段的持续期一般长于前两个阶段，并给营销管理层带来最难应付的挑战。大多数产品都处于生命周期的成熟阶段。成熟阶段还可以进一步划分为成长、稳定和衰退。第一时期是成长中的成熟，此时由于分销饱和而造成销售增长率开始下降，销售额增长缓慢；第二时期是稳定中的成熟，市场已经饱和，大多数潜在消费者已经试用过该产品，竞争空前激烈，未来的销售受到人口增长的制约；第三时期是衰退中的成熟，此时销售的绝对水平开始下降，顾客开始转向其他产品或替代品。

（四）衰退期

随着科学技术的发展，新产品或新的代用品出现，将使顾客的消费习惯发生改变，从而转向其他产品，使得原来产品的销售额和利润额迅速下降。于是，产品又进入衰退期。

二、产品生命周期的其他形态

不是所有的产品都遵循标准的产品生命周期。一些产品迅速进入市场，也很快死亡；另一些产品则能在相当长的时间内保持在成熟期；某些产品甚至可能在进入衰退期后，借助强劲的促销或再定位策略，重新回到成长期。管理良好的品牌能够长期在市场上生存，如可口可乐、麦当劳、宝洁、吉列、星巴克等，其中一些品牌的生命甚至已经延续了超过一百年。所以，并非所有的产品都呈现钟形产品生命周期。

（一）产品生命周期的循环形态

当一种产品进入衰退期，销售量出现大幅下滑时，企业为了延长产品的寿命，引入新技术、增添产品特色或加大营销力度，采用更具吸引力的营销手段，以吸引、维护原有顾客继续使用，使产品进入一个新的循环周期（通常规模和持续期都低于第一周期，如图 7－3 所示）。此形态常常可见于一些新药品、饮料的销售。

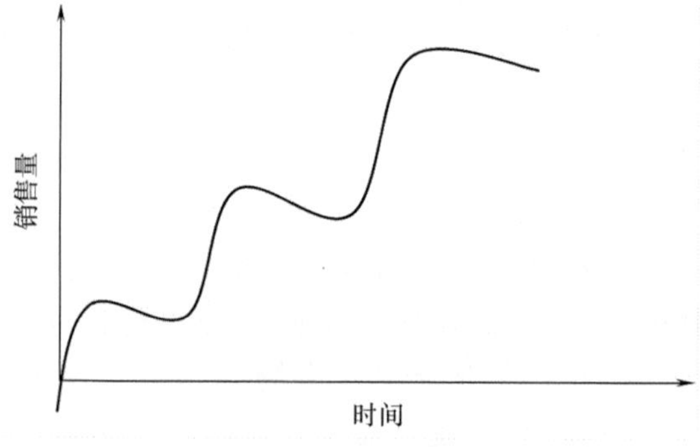

图 7－3　循环形态

（二）产品生命周期的扇形形态

基于产品特征、用途或用户的不断发现，产品的销售量不断呈波浪式上升（如图7－4所示）。例如，尼龙的销售就显示了这种扇形特征，因为许多新的用途，如降落伞、袜子、衬衫、地毯，一个接一个地被发现。

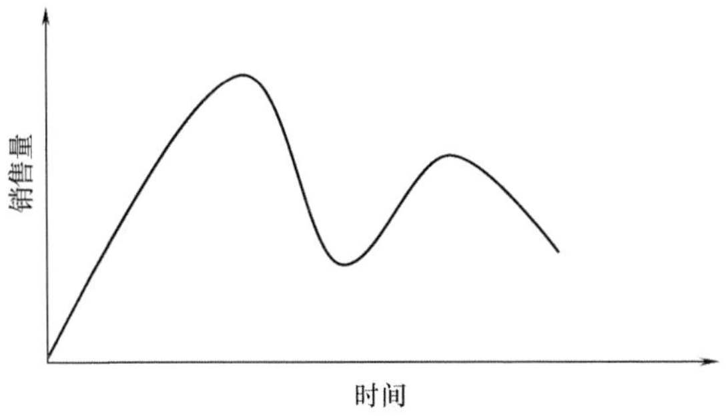

图7－4　扇形形态

（三）产品生命周期的其他形态

社会生活中，还有三种互有区别的产品生命周期类型——风格型（如图7－5所示）、时尚型（如图7－6所示）和热潮型（如图7－7所示）。

风格（style）是人们努力在一个领域里表现出的一种基本的和独特的方式，如正式、休闲服饰风格，现实主义、超现实主义、抽象主义艺术风格。一种风格一旦产生，便不受时尚的影响，时而风行，时而衰落，可能持续几个时代。风格的生命周期曲线往往具有数个波段，显示某一风格因重新激发人们的兴趣进而复兴。

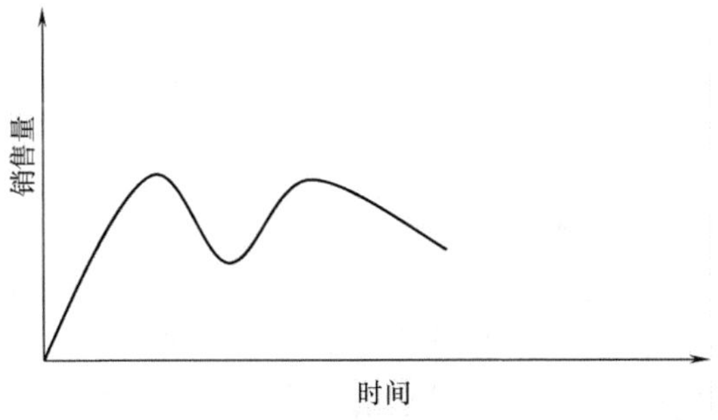

图7－5　风格型

时尚（fashion）是某一特定领域内被人们接受或欢迎的一种风格。时尚的发展要经过四个阶段，即导入阶段、模仿阶段、风行阶段和衰退阶段。例如，20世纪八九十年代的商务套装，让位于现今的商务休闲装。时尚产生的过程较慢，一般不能满足广泛的需求，因而生命力较弱，保持一段时间的流行后也会缓慢地消亡。

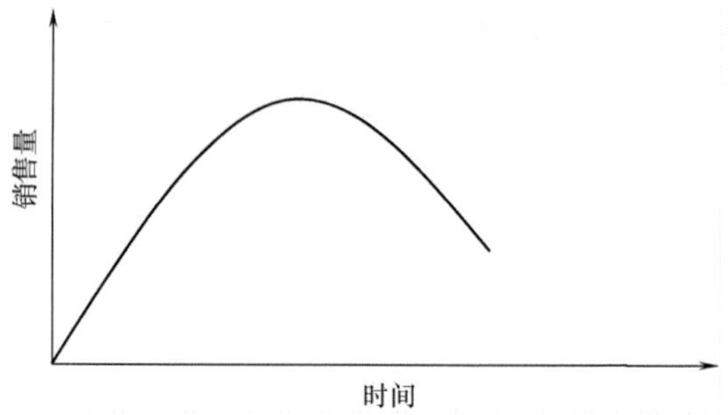

图7－6　时尚型

热潮（fad）是指快速进入公众视线的流行趋势，它们被狂热地接受，很快达到高潮，然后迅速衰退。曾经一度风行的“呼啦圈”就属于此类产品。

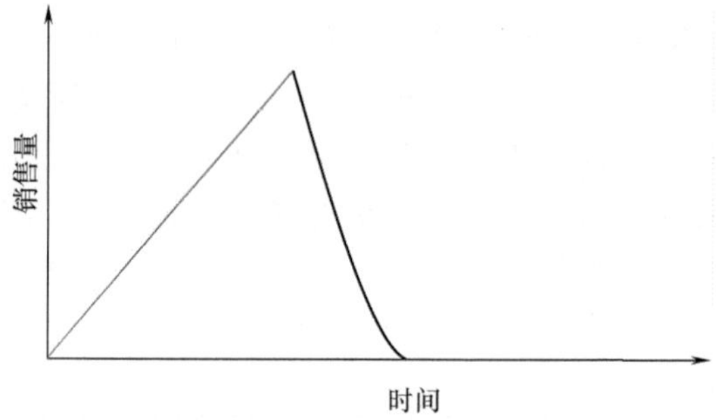

图7－7　热潮型

三、产品生命周期策略

（一）导入期营销策略

产品生命周期的导入期是产品初次进入预计目标市场的时期。在这一时期，销售额增长缓慢，利润很小。产品开发中巨额投资成本通常是缺乏利润的原因。公司在这一阶段的营销目标就是要建立消费者认知并鼓励试用——消费者对某一产品的初次购买。

在导入期，为了在消费者中建立认知并刺激产品试用，公司常在广告和其他促销工具上花费巨资。如果仅考虑促销和价格两个因素，则至少有以下四种策略，如表7－3所示。

表7－3 基于促销和价格因素的产品生命周期导入期的营销策略

营销策略		促销水平	
		高	低
价格水平	高	快速撇脂策略	缓慢撇脂策略
	低	快速渗透策略	缓慢渗透策略

1. 快速撇脂策略。这种策略采用高价格、高促销费用，以求迅速扩大销售量，取得较高的市场占有率。采取这种策略必须具有一定的市场环境，如大多数潜在消费者还不了解这种新产品；已经了解这种新产品的人急于求购，并且愿意按价购买；企业面临潜在竞争者的威胁。在这种情况下，应该迅速使消费者建立对自己产品的偏好。

2. 缓慢撇脂策略。以高价格、低促销费用的形式进行经营，以求得到更多的利润。这种策略可以在市场面比较小、市场上大多数消费者已熟悉该新产品、购买者愿意出高价、潜在竞争威胁不大的市场环境下使用。

3. 快速渗透策略。实行低价格、高促销费用的策略，迅速打入市场，取得尽可能高的市场占有率。在市场容量很大，消费者对这种产品不熟悉，但对价格非常敏感，潜在竞争激烈，企业随着生产规模的扩大可以降低单位生产成本的情况下，适合采用这种策略。

4. 缓慢渗透策略。以低价格、低促销费用来推出新产品。这种策略适用于市场容量很大，消费者熟悉这种产品但对价格反应敏感，并且存在潜在竞争者的市场环境。

（二）成长期营销策略

产品生命周期的成长期以销售额的快速增长为特征。在这一阶段，竞争者开始出现，更多的竞争者以及更有侵略性的定价使得利润常常在成长期达到最高点，产品销量的增长率也有所提高，因为有新的消费者使用该产品，而且使用后感到满意又再次购买的重复购买者的比例也有所增加。赢得尽可能多的分销渠道在成长期是很重要的。例如，在零售店，这通常意味着相互竞争的公司抢占展台和货架空间。

随着销售量的增大，企业的生产规模也逐渐扩大，产品成本逐渐降低，新的竞争者会加入竞争。随着竞争的加剧，新的产品特性开始出现，产品市场开始细分，分销渠道增加，企业为维持市场的继续增长，需要保持或稍微增加促销费用，但由于销量增加，平均促销费用有所下降。

针对成长期的特点，企业为维持其市场增长率，延长获取最大利润的时间，可以采取以下四种策略：

1. 改善产品品质。如增加新的功能、改变产品款式等。对产品进行改进，可以提高产品的竞争力，满足顾客更广泛的需求，吸引更多的顾客。

2. 寻找新的子市场。通过市场细分，找到新的尚未满足的子市场，根据其需要组织生产，迅速进入这一新的市场。

3. 改变广告宣传的重点。把广告宣传的重心从介绍产品转到建立产品形象上来，树立产品品牌，维系老顾客，吸引新顾客，使产品形象深入顾客心中。

4. 根据市场的时机，可以采取降价策略，以激发那些对价格比较敏感的消费者产生购买动机和采取购买行动。

（三）成熟期营销策略

成熟期以产业总销售额或产品收益增长变缓为主要特征，较弱的竞争者开始退出市场。大部分消费者要么是还打算购买该产品的重复购买者，要么是已经试用过但放弃该产品的消费者。由于新进入市场的购买者越来越少，销售增长率在成熟期开始下降。众多销售者之间激烈的价格竞争和为赢得新购买者所耗费的成本支付也会导致利润下降。

对于成熟期的产品，只能采取主动出击的策略来延长成熟期，或使产品生命周期出现再循环。为此，可以采取以下三种策略：

1. 调整市场。这种策略不是要调整产品本身，而是发现产品的新用途或改变推销方式等，以使产品销售量得以扩大。

2. 调整产品。这种策略是以产品自身的调整来满足顾客的不同需要，吸引有不同需求的顾客。整体产品概念的任何一个层次的调整都可视为产品再推出。

3. 调整营销组合。这种策略就是通过对产品、定价、渠道、促销四个营销组合因素加以综合调整，刺激销售量的回升。例如，提高产品质量、改善产品性能、增加产品花色品种的同时，通过特价、早期购买折扣、补贴运费、延期付款等方法来降价让利；扩展分销渠道，广设分销网点，调整广告媒体组合，变换广告时间和频率，增加人员推销，开展公共宣传，多管齐下，进行市场渗透，扩大企业及产品的影响力，争取更多的顾客。

（四）衰退期营销策略

当销售额开始不断下降时，产品就进入了衰退期。衰退期的主要特点是：产品销售量急剧下降；企业从这种产品中获得的利润很低甚至为零；大量的竞争者退出市场；消费者的消费习惯已经改变等。

面对处于衰退期的产品，企业需要认真研究分析，决定采取什么策略，在什么时间退出市场。通常有以下四种策略可以选择：

1. 继续策略。继续沿用过去的策略，仍按照原来的子市场，使用相同的分销渠道、定价以及促销方式，直到这种产品完全退出市场为止。

2. 集中策略。把企业能力和资源集中在最有利的子市场和分销渠道上，从中获取利润。这样有利于缩短产品退出市场的时间，同时又能为企业创造更多的利润。

3. 收缩策略。大幅度降低促销水平，尽量降低促销费用，以增加目前的利润。这样可能导致产品在市场上的衰退加速，但也能从忠实于这种产品的顾客中得到利润。

4. 放弃策略。对于衰退比较迅速的产品，应该当机立断，放弃经营，可以采取完全放弃的形式，如把产品完全转移出去或立即停止生产；也可以采取逐步放弃的方式，使其所占有的资源逐步转向其他产品。

第三节　产品品牌策略选择

对于现代企业来说，品牌日益成为生存和成功的核心要素之一。强势品牌意味着占据有利市场地位和获得较高利润。从某种程度上来说，营销的战争就是品牌的战争。因此，品牌策略应该成为企业重要的市场营销策略。

一、品牌综述

（一）品牌的概念

越来越多的企业意识到品牌的重要性，品牌意识已深入人心。对品牌的定义有多种，广告专家琼斯（J. P. Jones）对品牌的界定是：品牌是指能为顾客提供其认为值得购买的功能利益及附加价值的产品。美国市场营销协会（AMA）对品牌的定义是：品牌是一种名称、术语、符号、设计，或它们的组合运用，其目的是借以辨认某个销售者，或某群销售者的产品及服务，并使之与竞争对手的产品和服务区别开来。其中，我们把这些创造品牌的名称、术语、标记、符号或设计，或它们的组合，称为品牌元素。

商标（trade mark）是品牌名称、品牌标识或交易特性的法律术语。营销人员通过注册商标来防止竞争者使用。由于商标保护仅仅应用于商标持有者的注册国，对于很多企业而言，假冒伪劣产品非法使用商标是一件很棘手的事情。一个企业可以声明对商标进行保护，即便这个商标尚未依法注册。

（二）品牌的整体含义

品牌实质上代表着卖者对交付给买者的产品的特征、利益和服务的一贯性的承诺，最佳品牌就是质量的保证。但品牌还是一个更加复杂的象征。品牌的整体含义可分成六个层次，如图7－8所示。

1. 属性。品牌首先使人们想到某种属性。例如，“奔驰”意味着昂贵、工艺精湛、马力强大、高贵、转卖价值高、速度快等，公司可以采用一种或几种属性为汽车做广告。

2. 利益。品牌不止意味着一整套属性。顾客不是在买属性，他们买的是利益，属性需要转化为功能性或情感性的利益。仍以“奔驰”车为例。耐久的属性体现了功能性利益：“多年之内我不需要买一辆新车。”昂贵的属性体现了情感性利益：“这辆车让我感觉到自己很重要，并受人尊重。”制作精良的属性既体现了功能性利益，又体现了情感性利益："一旦出事，我很安全。"

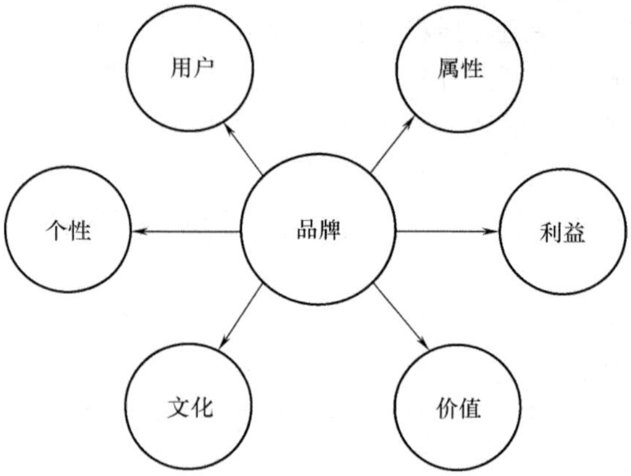

图7－8　品牌的六个层次

资料来源：郑宗成，汪德宏，姚承纲．品牌知行—微观品牌管理与研究［M］．广州：中山大学出版社，2004：1.

3. 价值。品牌也说明一些生产者价值。例如，"奔驰"代表着高绩效、安全、声望及其他东西。品牌的营销人员必须分辨出对这些价值感兴趣的消费者群体。

4. 文化。品牌也可能代表着一种文化。如"奔驰"汽车代表着德国文化：组织严密、高质量和高效率。

5. 个性。品牌也反映一定的个性。如果品牌是一个人、动物或物体的名字，会使人们想到什么呢？如"奔驰"可能会让人想到严谨的老板、凶猛的狮子或庄严的建筑。

6. 用户。品牌暗示着购买或使用产品的消费者类型。如果我们看到一位20来岁的秘书开着一辆"奔驰"会感到吃惊。我们更愿意看到开车的是一位55岁的高级经理。

所有这些都说明品牌是一个复杂的符号。如果公司只把品牌当成一个名字，那就错过了品牌化的要点。品牌化的挑战在于制定一整套品牌含义。当受众可以识别品牌的六个层次时，我们称之为深度品牌；否则，这样的品牌只是一个肤浅品牌。例如"奔驰"就是一个深度品牌，因为我们能从六个层次上理解它；"奥迪"的品牌深度稍差一些，因为我们不太容易了解它的独特利益、个性和用户特征。

了解六个层次的品牌含义，营销人员必须决定品牌特性的深度层次。人们常犯的错误是只注重品牌属性。但是购买者更重视品牌利益而不是属性；而且竞争者很容易模仿这些属性。另外，现有属性会变得没有价值，品牌与特定属性联系得太紧密反而会伤害品牌。但是，只强调品牌的一项或几项利益也是有风险的。假如，“奔驰”汽车只强调其“性能优良”，那么竞争者可能推出性能更优秀的汽车，或者顾客可能认为性能优良的重要性比其他利益要差一些，此时“奔驰”汽车就需要调整到一种新的利益定位。

品牌最持久的含义是其价值、文化和个性，它们构成了品牌的实质。“奔驰”代表着“高技术、杰出表现和成功”等。奔驰公司必须在其品牌策略中反映出这些东西，如果奔驰公司以“奔驰”的名称推出一种新的廉价小汽车，那就是一个错误，因为这将会严重削弱奔驰公司多年来苦心经营的品牌价值和个性。

（三）品牌的作用

如果品牌没有作用，消费者就不会有欲求和购买，企业也不会塑造和经营。然而，品牌的作用并不是人们赋予它的，而在于它赋予人们的。表 7－4 简要地总结了品牌对于消费者和企业的主要意义。

具体分析，品牌的作用还可以细分为：

1. 品牌对消费者的作用。

（1）有利于消费者识别产品的来源或产品制造厂家，更有效地选择和购买商品。

表 7－4　品牌的意义

消费者	企　业
降低交易成本	管理方面：利于区隔和保护
防止权益侵害	财务方面：获得品牌资产、更大毛利和许可利益
减少购买风险	市场方面：形成竞争优势，抵御经营风险
传达象征意义	发展方面：带来合作便利和延伸利益

资料来源：余明阳，杨姗姗．品牌营销管理［M］．武汉：武汉大学出版社，2008：9.

（2）借助品牌，消费者可以得到相应的服务便利，如更换零部件、维修服务等。

（3）品牌有利于消费者权益的保护，如选购时避免上当受骗，出现问题时便于索赔和更换等。

（4）有助于消费者避免购买风险，降低购买成本，从而更有利于消费者选购商品。

（5）好的品牌对消费者具有很强的吸引力，有利于消费者形成品牌偏好，满足消费者的精神需求。

2. 品牌对生产者的作用。

（1）有助于产品的销售和占领市场。品牌一旦形成一定的知名度和美誉度，企业就可利用品牌优势扩大市场，促成消费者品牌忠诚。品牌忠诚使得销售者在竞争中获取到某些保护，并使它们在制订市场营销计划时具有较强的控制能力。

（2）有助于稳定产品的价格，减少价格弹性，增强对动态市场的适应性，减少未来的经营风险。

（3）有助于市场细分，进而进行市场定位。品牌有自己的独特风格，除有助于销售外，还有利于企业进行市场细分，企业可以在不同的细分市场推出不同品牌以适应消费者个性差异，更好地满足消费者。

（4）有助于新产品开发，节约新产品市场投入成本。一个新产品进入市场，风险是相当大的，而且投入成本也相当大，但是企业可以成功地进行品牌延伸，借助已成功或成名的品牌，扩大企业的产品组合或延伸产品线，采用现有的知名品牌，利用其一定知名度和美誉度，推出新产品。

（5）有助于企业抵御竞争者的攻击，保持竞争优势。新产品推向市场后，如果畅销，很容易被竞争者模仿，但品牌是企业持有的一种资产，它可通过注册得到法律保护，品牌忠诚是竞争者通过模仿而无法达到的。当市场趋向成熟，市场份额相对稳定时，品牌忠诚是抵御同行竞争者进攻的最有力的武器。另外，品牌忠诚也为其他企业进入构筑了壁垒。所以，从某种程度上说，品牌可以看成企业保持竞争优势的一种强有力的工具。可口可乐公司总经理伍德拉夫扬言："即使我的工厂在一夜之间烧光，只要我的品牌还在，我们就能够迅速恢复生产。"可见品牌价值之大。

（四）品牌名称选择

我们能很自然地说出星巴克、耐克、华为、宝洁这些品牌，一个好的名称能大大提高产品成功的概率，当然找到最优的品牌名称是一个困难且费用高昂的过程。理想的品牌名称应该具备如下特性：

1. 品牌名称应该能够表明产品利益，如帮宝适、iPhone。

2. 品牌名称应该易读、易认和易记，与众不同且积极向上，如可口可乐、奔驰、大众。

3. 品牌名称应该与公司或产品的形象相吻合。如金霸王电池，代表可靠和长寿——消费者希望电池所具备的两个质量标准。

4. 品牌名称应该具有可延展性。例如，亚马逊最初只是一家网上书店，但这个名称允许将其延伸到其他经营领域。

5. 品牌名称不能违反法律和规章制度。根据法律规范，公司如果侵犯他人的商标权，就会面临司法诉讼。现在，有越来越多的品牌名称需要有一个与之对应的网址，这就进一步增加了选择品牌名称的难度，因为已经有大约 1.4 亿个域名被注册了。

6. 品牌名称应该容易且较好地被翻译成其他语言。例如：Coca - Cola 的中文名可口可乐听起来像它的英文名，而且反映了它的定位（"可口而且快乐"）。

7. 品牌名称必须考虑当地的文化、风俗，以及当地人对超自然力量的信仰。

因此，应该选择幸运名称、颜色和号码。例如：在中国，4 是非常不吉利的，尽量避免任何 4 的谐音文字出现在品牌名称里。

二、品牌资产

品牌绝对不是只代表一种产品。一个优秀品牌能够建立与顾客之间的情感联系。品牌也许是公司最持久的资产，比特定的产品和设备更持久。例如，麦当劳的一位前 CEO 曾说："即使在一场可怕的自然灾害中我们所有的资产、建筑以及设备都毁坏了，我们仍然可以凭借我们的品牌价值筹集到重建这一切的全部资金……品牌比所有这些资产的总和还要有价值。"

（一）品牌资产的含义

品牌资产一词于 20 世纪 80 年代起被广泛使用。西方学者对品牌资产的界定倾向于从使用某一个品牌与不使用该品牌时，消费者对某一特定产品或服务的不同反应的角度来考察。加利福尼亚大学伯克利分校的戴维·艾克（David A. Aaker）教授认为，品牌资产能够为企业和顾客提供超越产品或服务本身利益之外的价值；同时，品牌资产又是与某一特定的品牌紧密联系的；品牌文字、图形如做出改变，附属于品牌之上的财产将会部分或全部丧失。具体请参考品牌资产金字塔（如图 7－9 所示），以及 2014 年中国前 15 个最有价值品牌（如表 7－5 所示）。

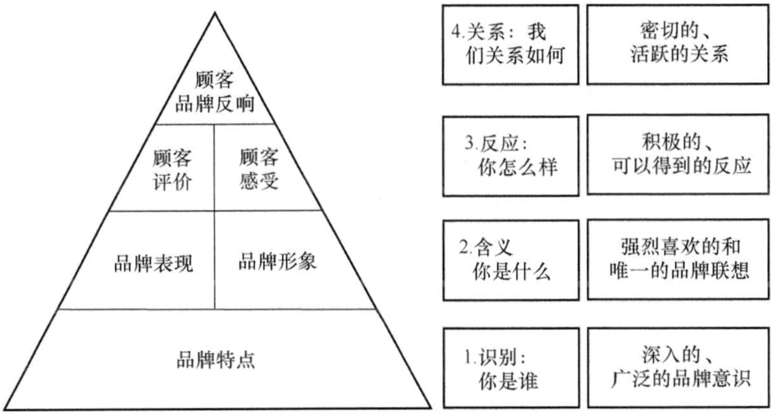

图 7－9　品牌资产金字塔

表 7－5　2014 年中国最有价值品牌（前 15 位）　（单位：亿元）

排名	品牌名称	品牌价值	企业名称	所属行业	省份
1	中国工商银行	2 691.33	中国工商银行股份有限公司	金融	北京
2	中国移动	2 568.45	中国移动通信集团有限公司	IT	北京
3	中国电信	2 322.61	中国电信集团有限公司	IT	北京

续表

排名	品牌名称	品牌价值	企业名称	所属行业	省份
4	中国农业银行	2 221.53	中国农业银行股份有限公司	金融	北京
5	中国建设银行	2 004.12	中国建设银行股份有限公司	金融	北京
6	平安	1 799.24	中国平安保险（集团）股份有限公司	金融	广东
7	中国银行	1 737.26	中国银行股份有限公司	金融	北京
8	中国石化	1 696.13	中国石油化工集团有限公司	能源	北京
9	华为	1 652.47	华为技术有限公司	IT	广东
10	中国石油	1 616.44	中国石油天然气集团有限公司	能源	北京
11	阿里巴巴	1 574.23	阿里巴巴网络有限公司	IT	浙江
12	中国联通	1 548.66	中国联合网络通信集团有限公司	IT	北京
13	中华	1 365.24	上海烟草集团有限公司	卷烟	上海
14	百度	1 359.55	百度在线网络技术（北京）有限公司	IT	北京
15	腾讯	1 307.84	腾讯控股有限公司	IT	广东

资料来源：中国品牌研究院.2014 年中国最有价值品牌 500 强榜单［J］. 品牌观察，2014 年 8 月 20 日.

（二）品牌资产的构成

广告公司扬·罗比凯（Young & Rubicam）根据四个消费者感知维度对品牌资产强度进行评判：差异性（使该品牌脱颖而出）、关联性（消费者对该产品满足其需求程度的感觉）、知晓度（消费者对该品牌的了解程度）和受尊重性（消费者尊崇和敬重该品牌的程度）。品牌资产强度高的品牌在这些维度上的得分均很高。品牌必须与众不同，否则消费者将没有理由选择它而放弃其他品牌。但实际上，即使高度差异化的品牌也未必会得到消费者的青睐——品牌的差异化必须与消费者的需要相关。但要想成功，即便是差异化的、相关的品牌也远远不够，在消费者对该产品做出反应前，他们必须首先听说过并对它有所了解，而这种熟悉必会形成稳固、积极的消费者与品牌间的关联。

品牌资产是一个系统概念，它具体来看可由一系列因素构成，如图 7 - 10 所示。

品牌名称和标识物是品牌资产的物质载体，品牌知名度、品牌美誉度、品牌忠诚度、品牌联想和附着在品牌上的其他资产是品牌资产的有机构成，为消费者和企业提供附加价值是品牌资产的实质内容。

（三）建立品牌资产

建立、提高和维护品牌认知是企业争取潜在消费者、提高市场占有率的重要步骤。品牌也如产品一样，有其生命周期。在新品牌推出的初期，企业营销的重点是在广大消费者心中建立起对品牌的认知；当品牌步入成长期时，提高品牌的认知度是企业营销努力的重点；进入成熟期的品牌，则主要侧重于对品牌的维

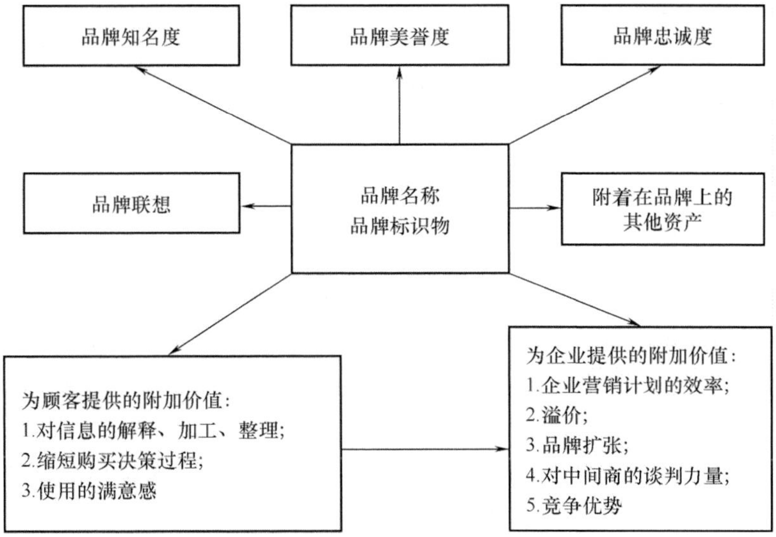

图 7－10　品牌资产系统

资料来源：戴维·阿克著．管理品牌资产［M］．奚卫华，董春海，译．北京：机械工业出版社，2006：16.

护。消费者通过看、听或思来认识品牌，所以建立品牌认知的关键是让消费者熟悉其品牌名称、品牌术语、标记、符号或设计。企业可借助促销组合（即通过广告、人员推销、营业推广或人际关系等的合理配置）来建立品牌认知。

1. 品牌知名度。品牌知名度是指某品牌被公众知晓、了解的程度，它表明品牌为多少或多大比例的消费者所知晓，反映的是顾客关系的广度。品牌知名度是评价品牌社会影响大小的指标。品牌知名度的大小是相对而言的，名牌就是相对高知名度的品牌。建立良好的品牌知名度具有强大的资产价值，具体体现在几个方面：

（1）有助于人们产生品牌联想。

（2）使人们由熟悉而引发好感，熟悉意味着拉近距离，意味着减少不安全感。

（3）暗示某种承诺，知名度可以作为企业的存在、实力、表现及其产品特点的信号，这为消费者购买该品牌产品提供了一种承诺。

（4）成为被选购的对象，当一个品牌建立良好的知名度之后，当人们产生购买意愿时，头脑中就会第一个迸发出该品牌的名字，将很大程度上决定购买行为。

（5）弱化竞争品牌的影响。

2. 品牌美誉度。品牌美誉度是指某品牌获得公众信任、支持和赞许的程度。如果说品牌知名度是一个量的指标，那么品牌美誉度就是一个质的指标，它反映某品牌社会影响的好坏。

品牌美誉度的资产价值体现在口碑效应上，就是现在风靡的口碑营销，即通过人们的口口相传引发源源不断的销售。根据美国汽车业的调查，一个满意的顾客会引发8笔潜在的生意，其中至少有一笔成交，而一个不满意的客户会阻止25个人的购买意愿。

3. 品牌忠诚度。在现实生活中，相当一部分消费者在品牌选择上呈现高度的一致性，即在某一段时间甚至很长时间内重复选择一个或少数几个品牌，很少将其选择范围扩大到其他品牌。这种消费者在一段时间甚至很长时间内重复选择某一品牌，并形成重复购买的倾向，称为品牌忠诚（brand loyalty）。例如，当某个消费者想要购买衣服时，最先想到的品牌是 CacheCache，则该消费者对 CacheCache 保持着较高的品牌忠诚。

品牌忠诚度是顾客对品牌感情的量度，反映出一个顾客转向另一个品牌的可能程度，是企业重要的竞争优势和品牌资产。

（1）根据品牌忠诚度可以把消费者分为以下几个层级：

①无忠诚度者：是指那些从不专注于一个品牌的购买者，他们对品牌不敏感，基本属于随机购买。

②习惯购买者：是指那些对产品满意或起码没有表示不满的买主。他们习惯性地购买某些品牌，但易受带来明显利益的竞争者的影响，转换品牌的可能性较大。

③满意购买者：这类买主对产品感到满意，能感觉到品牌转换成本，也就是若购买另一个新品牌，会感到有时间、金钱、体力、精神、适应等方面的成本和风险，与习惯购买者相比，他们转换品牌的可能性要小一些。

④情感购买者：这类买主真正喜欢某一品牌，他们把品牌当作自己的朋友、生活中不可缺少的用品，对品牌发出由衷的赞美，对它具有一种情感的依附。这种联系建立在买主对品牌识别、使用经历或品牌的品质认知等联想的基础上。

⑤忠诚购买者：这类买主不仅持续、重复购买特定品牌，而且还引以为傲，会向其他人积极推荐此品牌。拥有相当数量的忠诚购买者的品牌被誉为最有魅力的品牌。

（2）品牌忠诚的资产价值。研究发现，吸引一个新消费者的花费是保持一个已有的消费者的4~6倍；从品牌忠诚者身上获得的利润是品牌非忠诚者的9倍之多。所以，品牌忠诚度对于企业而言是极为重要的战略性资产。具体来看，可以表现为以下作用：

①降低营销成本。留住老顾客比争取新顾客的成本小得多，因此拥有一批品牌忠诚的顾客可大大降低企业的营销成本。

②增强渠道谈判力。对品牌强烈的忠诚会保证品牌有优先的陈列空间，因为商店知道消费者会把这些品牌列入他们的购货清单。这在无形中会对商店的进货

决策产生控制作用。尤其在企业推出新的产品规格、种类或品类延伸的产品时，这种作用更为突出。

③吸引新顾客。品牌忠诚度还代表着一个使用者就可以成为一个不花钱的活广告，帮其他消费者树立初次购买的信心。在购买行为具有风险时，这种作用极为明显。满意的顾客自然而然就会推荐满意的产品和服务给自已的亲朋好友，甚至身边的人，这种口碑推荐、口口相传的形式，对品牌而言起到了特别重要的宣传作用。

④减缓竞争威胁。品牌如果拥有一批忠诚的购买者，则该品牌抵御竞争产品攻击的能力会大大增强，因为忠诚的消费者一般很难发生品牌转换，这就给竞争对手造成很大的市场进入阻力，并削弱了竞争对手的利润潜力。品牌忠诚还可以为企业争取到对竞争做出反应的时间。如果竞争者开发了一种卓越的产品，就会逼迫企业对产品进行改进，而品牌忠诚的存在就给企业争取到了对产品进行改良的缓冲时间，以开发出更卓越的产品对抗竞争者。

（3）品牌忠诚度的测量。消费者对某品牌的忠诚度可以用以下标准进行衡量：①单位时间内消费者重复购买次数。单位时间内，消费者对某一品牌产品的重复购买次数越多，说明对这一品牌的忠诚度越高，反之则越低。②消费者购买挑选时间。消费者购买挑选的时间越短，说明品牌忠诚度越高，反之则越低。③消费者对价格的敏感程度。消费者对于喜爱和信赖的产品价格敏感度较低，此即高品牌忠诚；相反，消费者对于不喜爱和不信赖的产品，价格敏感度较高，此即低品牌忠诚。

4. 品牌联想。联想是一种重要的心理现象和心理活动。事物之间的不同联系反映在人脑中，就会形成心理现象的联想。品牌联想就是消费者想到某一品牌时，能记起的与品牌相连的信息，如产品特点、使用场合、品牌个性等。

品牌联想具有丰富的价值。美好、积极的品牌联想意味着品牌的被接受、认可、喜爱、有竞争力与成功。总体来说，品牌联想的价值包括以下几个方面：

（1）帮助处理信息。品牌联想引发个人传播（individual communication，即自身传播），消费者在头脑中汇集了大量的信息，可以帮助消费者总结出一系列的事实情况和数据，好比为消费者创造了一个信息库。此外，品牌联想还能影响到对具体事实的解释和对信息的回忆。

（2）产生差异化。有区别的联想可能会成为关键的竞争优势。例如，提到手机，有些消费者第一反应就是品质卓越、技术创新强大的苹果手机，这就为其他手机品牌制造了一道无法逾越的障碍。

（3）提供购买理由。许多品牌联想涉及产品的属性、利益联想，从而能提供一个特别有效的理由促使消费者购买或使用这一品牌的产品或服务。

（4）促进品牌延伸。品牌所具有的联想可用于该品牌的其他产品或服务上，比如农夫山泉做的矿泉水品质很好，消费者因此可能猜想农夫山泉新推出的饮料质量也应该不错。

三、产品品牌策略选择

企业经常制定以及采用的品牌策略包括以下类型。

（一）品牌使用者策略

企业有三种可供选择的策略：第一种是企业使用自己的品牌，即企业品牌或生产者品牌；第二种是企业将自己的产品大批量卖给中间商，中间商再用自己的品牌将物品卖出去，这种品牌叫作中间商品牌或自有品牌；第三种是企业同时使用企业品牌和中间商品牌，可以从合作品牌的角度来理解。

使用中间商品牌，对企业来说是把双刃剑。有利的是：①可以更好地控制价格，并且在一定程度上可以控制供应商；②进货成本较低，因为销售价格较低，竞争力较强，可以获得较高利润。不利的是：①中间商必须斥巨资做广告，宣传其品牌；②中间商必须大批量订货，因而提升了库存成本和风险。值得注意的是，越来越多的中间商特别是大批发商、大零售商都使用自己的品牌。

合作品牌也称为双重品牌，是指两个或者更多的品牌在一个产品上联合起来。每个品牌都期望另一个品牌能强化整体的形象或购买意愿。例如，沃尔沃汽车公司的广告说，它使用米其林轮胎。合作品牌的优势在于：①整合后的品牌创造了更广泛的消费者诉求和更大的品牌资产；②让企业能够将其现有品牌扩张至独自情况下难以进入的行业。合作品牌的弊端体现在：①合作关系通常涉及复杂的法律合同和授权问题；②合作品牌的伙伴须仔细协调其广告、销售促进策略，以及付出其他营销努力；③伙伴双方在使用合作品牌时，须信任对方也会认真管理其品牌。

（二）品牌统分策略

如果企业决定其大部分或全部产品都使用自己的品牌，那么还要进一步决定其产品是分别使用不同的品牌，还是统一使用一个或几个品牌。在这个问题上，有四种可供选择的策略。

1. 个别品牌。个别品牌是指企业各种不同的产品分别使用不同的品牌。比如，宝洁公司旗下的海飞丝、飘柔、潘婷等洗发水，同样都是宝洁公司的洗发水，它们均拥有自己的独特品牌。其好处主要是：①企业的整个声誉不至于受其某种商品声誉的影响。例如，如果某企业的某种产品失败了，不会给这家企业带来致命影响，因为这种产品用自己的品牌名称。②有利于品牌延伸。例如，某企业原来一向生产高端产品，后来推出较低端的产品，如果这种新产品使用自己的品牌，则不会影响这家企业高档产品的声誉。

2. 统一品牌。统一品牌是指企业所有的产品都统一使用一个品牌名称。例如，美国通用电气公司（General Electric Company）的所有产品都使用“GE”这个品牌名称。其好处主要是：企业宣传介绍新产品的费用开支较低，新产品上市的风险较低；如果企业的名声好，其产品畅销的可能性很大。

3. 分类品牌。分类品牌是指企业的各类产品分别命名，一类产品使用一个牌子。我国的海尔集团在销售其家用电器如冰箱、彩电、洗衣机等产品时使用的是“海尔”品牌，而其产品线延伸至保健品行业时，用的却是“采力”品牌。这主要是因为：①企业通常生产或销售许多不同类型的产品，使用分类品牌可以防止混淆，尤其是对于一些同时生产药品和食品的公司，这一点尤其关键；②有些企业虽然生产或销售同一类型的产品，但是为了区别不同质量水平的产品，往往也分别使用不同的品牌名称。

4. 企业名称加个别品牌。这种策略是指企业对其不同的产品分别使用不同的品牌，而且各种产品的品牌前面还冠以企业名称。其好处是：在各种不同的新产品的品牌名称前冠以企业名称，可以使新产品合法化，能够享受到企业的信誉，而各种不同的新产品分别使用不同的品牌名称，又可以使不同的新产品各有不同的特色。

（三）品牌延伸策略

品牌延伸（brand extension）是指一个现有的品牌名称使用到一个新类别的产品上，即将现有成功的品牌用于新产品或修正过的产品上的一种策略。品牌延伸可细分为：纵向延伸和横向延伸。

纵向延伸即企业先推出某个品牌的产品，成功以后，再用这个品牌推出新的经过改进的产品，不断升级换代。例如，奥迪依次推出 A6－1.8，A6－2.4，A6－2.8等型号的家用车。横向延伸，即把成功品牌用于新开发的不同产品，如金佰利—克拉克公司将其市场领先的好奇品牌，从一次性尿不湿延伸至从洗发水、润肤露到婴儿沐浴露、一次性浴巾和换尿不湿用的一次性护垫的全产品线婴儿护理用品。

1. 品牌延伸的好处。

（1）使新产品能立即被顾客认出并更愉快地接受。

（2）节省了建立新品牌知名度所需的高额广告投入。

（3）有助于减少新产品的市场风险。

（4）有助于强化品牌效应，增加品牌这一无形资产的经济价值。

（5）有助于增强核心品牌的形象，提高整体品牌组合的投资效益。

2. 品牌延伸的弊端。

（1）可能使主品牌的形象变得模糊，损害原有品牌形象。

（2）如果品牌延伸失败，会伤害消费者对采用同一品牌名称的其他产品的态度，造成株连效应。

（3）有悖消费心理，淡化品牌特性。如果企业把强势品牌延伸到和原市场不相容或者毫不相关的产品上，就有悖消费者的心理定位。

（四）品牌再定位策略

因为品牌所处的环境时刻处于变化之中，所以即使品牌最初在市场上的定位很好，但随着时间的推移，也可能需要重新定位。具体的原因可能是因为竞争者推出了新的品牌，而该品牌的定位与本企业的品牌相近，使得本企业品牌的市场占有率下降；也可能是因为目标市场的消费者喜好发生了变化等。

品牌再定位决策，需要考虑再定位的风险、成本和费用。

综上所述，任何企业都面临着品牌决策的问题，无论采用何种品牌决策，其目的都是使企业在激烈的市场竞争中立于不败之地，这就需要企业慎重做好品牌决策。

第四节　服务产品和服务营销

第二次世界大战以后，服务业在许多国家逐步成为国民经济的最大部门。服务营销学，主要以服务业的市场营销活动和实物产品市场营销活动中的服务作为研究对象，于 20 世纪 60 年代兴起于西方。

一、服务的含义及特征

（一）服务的含义

服务（service）是这样一种产品形式，是一方能够向另一方提供的、本质上无形的任何活动或作业，结果不会导致任何所有权的发生。例如，银行、维修等都属于服务。

（二）服务的特征

服务具有四种特征，如图 7－11 所示。

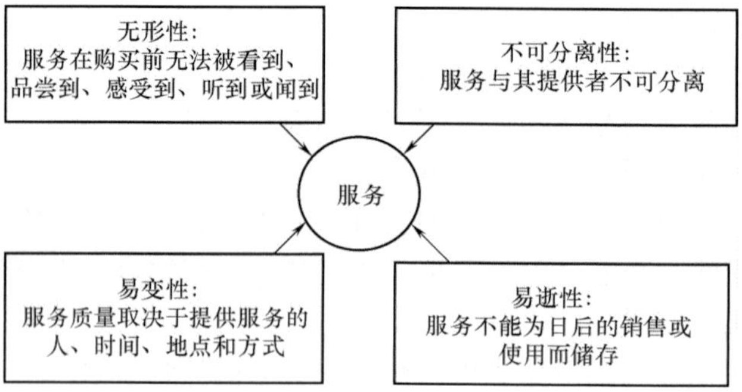

图 7－11　服务的四种特征

二、服务营销组合

服务营销组合是服务企业依据其营销战略对营销过程中的构成要素进行配置

和系统化管理的活动。针对服务的特性，提出了7P服务营销组合，如表7－6所示。

表7－6　服务营销组合的要素

要素	内　容
产品	领域、质量、水准、品牌名称、服务项目、保证、售后服务
定价	水准、折扣、付款条件、顾客的感知价值、质量/定价、差异化
分销	位置、可及性、分销渠道、分销领域
促销与沟通	广告、人员推销、销售促进、公共关系
人员	人力配备：训练、选用、投入、激励、外观、人际行为；态度； 其他顾客：行为、参与程度、顾客与顾客的接触程度
有形展示	环境：装潢、色彩、陈设、噪声；装备实物；实体性线索
流程	政策、手续、顾客参与度、顾客导向、活动流程

（一）服务产品

一般而言，服务产品是由一个核心服务和附着在其上的一系列不同的附加服务要素组成。其中，核心服务被用于满足顾客对基本利益的需要，比如看电影。附加服务是一些可以帮助使用核心服务和提高核心服务价值的要素，包括提供所需的信息、建议，用于解决问题的文字说明和热情招待等，比如看电影时为顾客提供免费停车、免费存包、免费爆米花和饮料等。

服务营销学家洛夫洛克讲附加服务分为八类：信息、咨询、订单处理、招待服务、保管服务、例外服务、开账单和付款。洛夫洛克将这八类附加服务称为“服务之花”，八片花瓣围绕着核心——花蕊，一项设计良好、管理出色的服务，花蕊和花瓣都非常美丽，交相辉映。

（二）服务定价

服务定价不仅仅是给服务贴一个价格标签，而且在体现服务质量方面发挥着重要作用。服务成本、顾客感知价值和竞争者价格共同决定了服务的价格。

服务成本是服务定价的决定性因素，它为服务定价设定了最低界限。如果服务价格低于服务成本，企业将无利可图。

顾客感知价值为服务定价设定了最高界限。顾客感知价值通常表现为顾客购买总价值与购买总成本的差额。营销人员应努力通过增加顾客购买总价值，削减顾客购买总成本，来提高顾客感知价值。

在最高价格和最低价格之间，应该如何确定价格，还取决于竞争对手同种产品的价格水平。一般而言，市场上的竞争者越多，消费者获取产品的范围越大，企业在服务价格方面的选择余地就越小，把价格维持在竞争者价格水平之下的难度就越大。

（三）服务分销

由于服务往往是非实体性的，一般很难与服务提供者分开，且具有易逝性，因此，为目标顾客提供服务时如何选择位置和渠道是服务分销决策的两个关键问题，即服务企业如何把服务交付给顾客，应该在什么地方提供服务，这主要取决于市场的特殊需求和服务自身的特性。如现在的银行不必坐落在繁华的大街并通过长时间营业来交付服务，因为许多银行交易现在可以由顾客通过网上电子银行自主完成。

（四）服务促销和沟通

在服务营销活动中，沟通组合有助于界定和主动展现一个服务企业的个性特征，并且突出特定的服务特色。

服务促销组合主要包括广告、人员推销、销售促进、公共关系、口头传播和直邮等。由于服务业更多地强调互动性，因此销售人员与顾客频繁接触，凸显了人员推销在服务营销中的关键作用。此外，广告对于吸引注意力和刺激购买兴趣的作用也不容忽视。

（五）服务人员

在服务营销中，由于服务的无形性，顾客往往把服务人员等同于服务活动本身，因此顾客与服务人员怎样实现成功互动，服务人员的甄选、培训、激励和管理至关重要。

服务营销人员既是服务营销的策划者，又是服务的传递者。另外，服务人员是企业为顾客创造差异化服务的关键要素。因此，开展员工内部营销是非常有必要的，即把服务人员看作服务营销组合的一个独立因素，对他们进行适度的关心，以使其行动的影响最大化，激励他们做出贡献。

（六）服务有形展示

有形展示是指企业中与提供服务有关的实体设施、人员及沟通工具等的展现。由于服务具有无形性，因此有形展示对于顾客的购买决策可产生重要影响，它不仅影响产品使用的便利性以及信息的对外传递，而且直接影响顾客对服务产品质量的期望和判断。

根据有形展示对顾客认知服务质量的影响程度，可将其分为核心展示和边缘展示。核心展示是顾客在购买和享用服务过程中不能真正拥有但对购买决策起决定性作用的展示，如宾馆的级别等。顾客首次接触某项服务时，通常依据服务的核心展示来判断服务的优劣，进而做出是否购买的决定。边缘展示是顾客在购买和享用服务的过程中，能够实际拥有的展示，这类展示本身没有独立的价值，比如宾馆房间中的旅游指南。

（七）服务流程

服务流程是服务的生产与递送的过程。服务流程管理涉及这一过程中服务人员的工作内容和编排程序、必要的服务设施的设计布局、质量保证和监管、顾客接触与参与、生产能力控制等。

把服务流程管理当作一个独立活动看待是提高服务质量的前提，那些没有存货可以储存的服务行业尤其重视这一点。比如银行业，通过引入自动柜员机重构了服务交付方式，从而能够让员工去处理更复杂的顾客需求，而将仅仅需要提取现金的顾客需求交给自动柜员机去实现。

综上所述，服务营销组合的七个因素既相互独立又相互影响。在制定服务营销组合策略时，营销人员必须考虑这些组合要素之间的关系，重视要素之间的一致性、整合性和杠杆关系，即要让要素之间保持一种合理的、有益的适应关系以及和谐的相互作用，又要充分利用每个要素的优势支持整个营销组合。

本章小结

本章首先介绍了产品和服务的定义和分类，然后介绍了产品组合策略、产品生命周期策略和产品品牌策略。

产品整体概念包括核心产品、有形产品和附加产品三个层次。产品组合的宽度、长度、深度和关联度在市场营销策略上具有重要意义。企业在调整和优化产品组合时，可根据具体情况选择适宜的策略。

产品生命周期是指产品从进入市场到退出市场所经历的市场生命循环过程。典型的产品生命周期一般可分为导入期、成长期、成熟期和衰退期。此外，还存在产品生命周期的其他形态。企业往往根据产品所处的不同生命周期阶段，制定并实施不同的市场营销策略。

品牌策略涉及品牌定位、品牌资产、品牌策略选择等内容。品牌的整体含义包括属性、利益、价值、文化、个性、用户六个层次。从消费者、生产者、竞争者等不同的角度看，品牌都有其独特的作用。品牌资产包括品牌知名度、美誉度、忠诚度和品牌联想等。品牌策略选择，涉及品牌使用者策略、品牌统分策略、品牌延伸策略、品牌再定位策略等。

最后，本章还介绍了服务营销的内容。服务是具有无形特征但可以给消费者带来利益或满足感，并可有偿转让的各种活动。服务营销组合包含产品、定价、分销、沟通、人员、有形展示和流程七大要素。

关键术语

产品组合（Product Portfolio）；产品生命周期（Product Life Cycle）；商标（Trademark）；品牌（Brand）；品牌资产（Brand Asset）；品牌忠诚（Brand Loyalty）；合作品牌（Co－branding）；服务（Service）

复习思考题

1. 产品的层次是如何划分的？试以智能手机为例，谈谈你对产品层次的理解。

2. 如何做出产品组合的营销决策？

3. 请结合产品生命周期理论，阐释产品生命周期营销策略。

4. 谈谈你对品牌资产的理解，在你印象中，强势品牌都有哪些？它们是如何经营自己的品牌的？

5. 请仔细思考自己经常享受的一项服务，分析这项服务的七个营销组合因素是什么？

本章案例

畅轻“走心”营销：轻生活　一身轻

一、横空出世 发展遭遇瓶颈

2009年伊利畅轻一上市，便以“肠道舒畅”的品牌理念触达消费者。准确的定位以及全新的健康概念让该系列产品一上市便快速深入人心，吸引了广大消费者的目光。经过两年多的传播，畅轻拥有了一系列主打“通畅”的品牌资产，

但品牌成长之路并非一帆风顺。“畅轻”上市两年后，开始遭遇发展瓶颈，销量出现了大幅度负增长。问题究竟出在哪儿？

二、战略转型 力求情感共鸣

为了改善畅轻品牌窘迫的现状，一场新的产品改革旋风席卷而来。

首先，帮助畅轻从“畅”到“轻”的定位转型，跳出功能同质化竞争格局，对接白领生活，建立差异性的情感诉求，从功能驱动转向品牌利益驱动，让品牌拥有更多的附加价值；其次，从产品出发，对接品类核心人群，主要关注年轻的高收入白领人群的生活方式，为其提供独特品牌利益。

在此策略的指导下，畅轻的品牌定位及消费人群有所调整，以25～34岁的年轻都市白领女性为品牌核心目标人群，尤其是“朝五晚九”的加班一族。他们虽然渴望拥有轻松生活，但现实所迫，无法丢掉这些压力。而畅轻的转型正是抓住这一点，希望新的畅轻不只是酸奶，也是了解消费者的“好闺蜜”，畅轻主打“情感牌”，提出“轻生活　一身轻”的品牌全新理念，轻快进入消费者的眼帘。畅轻还为消费者提供具有人文关怀性质的“轻生活”暗示，比如精美的包装、简单的文字等，这种人文关怀正好对接白领需求，与目标消费者需要的“轻生活”契合，让消费者与品牌达成情感共鸣。

三、因势而变 差异化抢占蓝海

随着畅轻品牌定位的转型和品牌整体的提升，畅轻踏上“引领轻生活”的超级品牌之路，奏响了“受众、产品、传播”重生三部曲。

第一，受众方面，由家庭消费转向个人消费，由中端向高端益生菌市场转型。消费主体人群由25~39岁以家庭为单位的消费者转向25~34岁都市白领。针对这一消费人群的需求，推出畅轻提出的“轻生活，一身轻”的全新理念。

第二，产品方面，“改头换面”，从包装重塑产品力，承载品牌新形象。在这个处处都离不开“看脸”的社会，包装其实就是产品的一张脸，怎样的包装才能与消费者有“眼缘”呢？畅轻团队通过调研发现，此品类的消费人群在包装的选择方面比较喜欢环保、高档的材质，同时也发现产品包装上的一些优点和不足。例如，优点是瓶装产品方便携带和外出饮用，不足是开启不方便，步骤繁杂，且容易引起酸奶飞溅。受此启发，畅轻做了相应调整和优化升级：首先，引进高端利乐枕包装，专门设计了“一步开盖”功能，方便携带，更环保；其次，外包装设计选择了简约而清新脱俗的花藤设计，让消费者在超市购买酸奶时，可以从一堆纷繁复杂的包装中一眼就相中这款简洁的产品，并且藤蔓的造型有着年轻女性喜爱的温柔、轻松、有活力的正能量元素，让畅轻宛如化了清新的淡妆，符合年轻女性消费者的审美和喜好；最后，在原有基础上升级八连杯产品，继续维护原有的家庭消费主体人群的购买力，同时对于弱势产品有所剔除，放弃“6+2”的战术性产品，避免干扰升级后的新形象。

在产品研发方面，畅轻也积极走在前面。通过产品概念方向测试发现，畅轻燕麦酸奶市场竞争力最强，相比其他竞争品脱颖而出。同时还发现“ABB菌+燕麦”这样的营养健康组合是当下白领的首选。与此同时，积极关注市场价格变化，与竞争品对比做了调整，借此获得更多的市场份额。

经过上述“改头换面”后，2013年年初，畅轻新包装上市伊始效果良好，品牌新定位以包装为载体先行占位，成功遏制了下滑，销售额和市场份额开始良性上升。伊利集团今年8月公布的中报公开数据显示，畅轻的业绩增长十分显著，同比达到112.12%，成为伊利集团中增速最快的子品牌之一。

第三，传播方面，选定高圆圆作为畅轻品牌形象代言人。畅轻团队之所以选择高圆圆代言，是看中她清新时尚的气质和形象，而且她具有较强的亲和力，深受当下年轻群体的喜爱。高圆圆几乎没有绯闻，这也与畅轻品牌的轻生活理念完全吻合。

四、优化升级 走心获青睐

回过头看，畅轻的重生节奏是：2013年1月畅轻利乐冠上市，3月完成剥离“6+2”产品，4月完成切换“畅轻8连杯”，5月全线升级。畅轻品牌升级所倡导的轻生活理念、健康产品诉求、小清新范儿包装等，为的就是从品牌理念、口味功效、产品包装等诸多方面与消费者产生情感共鸣，让品牌走入消费者内心。

伊利畅轻的华丽转身，引发销量大增、消费者热议的现象，值得深入研究。该现象背后所蕴含的精准品牌定位，从产品到包装的浑然天成，与目标消费者的高度情感契合，都是品牌营销不可忽视的环节。畅轻团队的“轻生活”走心营销，为品牌赋予了真实的情感灵魂，让品牌与消费者谈一场“一见钟情”的爱恋。

（资料来源：营销胜案展示：畅轻“走心”营销：轻生活一身轻［EB/OL］．［2014－11－15］．http：//www. vmarketing. cn/index. php？ mod = news&ac = content&id = 7820，有改动。）

案例思考题

1. 伊利畅轻是如何实现华丽转身的？
2. 如果你是伊利畅轻的营销总监，你有更恰当的方法实现华丽转身吗？

第八章　价格策略

【学习目标】

价格是营销组合中唯一能影响收入的因素，也是最易改变的因素。价格策略对产品定位、企业营销策略、目标和品牌定位的影响有其特有的复杂性和多变性。价格策略关系到企业产品的市场寿命以及企业的生存和发展。通过本章的学习，应该达到如下目标：

- 掌握影响价格策略的因素；
- 了解产品定价的一般过程、定价方法以及定价策略；
- 掌握企业自身价格调整的改变以及如何应对竞争者价格的变化。

引导案例

如果评选今年中国车市最为热议的关键词，毫无疑问是“反垄断”。在轰轰烈烈的反垄断行动告一段落之后，汽车产业并没有平静下来，而是酝酿着一场更为猛烈的“变法风暴”。

在反垄断中，最受诟病的就是《汽车品牌销售管理办法》，这个办法从2005年一颁布就不断遭到抨击，但是近10年来仍“岿然不动”，一个字也未改。2014年9月，国家10个部委共同印发了《关于促进汽车维修业转型升级、提升服务质量的指导意见》，要求破除维修配件渠道垄断，提出“鼓励汽车维修配件自由流通；鼓励原厂配件生产企业向汽车售后市场提供原厂配件和具有自有品牌、商标或标识的独立售后配件；鼓励授权维修企业向非授权维修企业转售、提供原厂配件”。这相当于打破了厂家对汽车零部件和售后维修的垄断，对于高成本经营的4S店来说是一大挑战。以后，厂家只有降低经营成本，才有可能维持生存。

进口车有望进一步降价。近日，国务院发布的《关于加强进口的若干意见》提出：调整汽车品牌销售有关规定，加紧在中国（上海）自由贸易试验区率先开展汽车平行进口试点工作。对于进口汽车经销商来说，开放平行进口是一个不利的消息。虽然平行进口汽车数量有限，对整体进口汽车市场影响不大，但平行进口车商的进入可以打破现有汽车销售格局：消费者购车有了更多选择，汽车厂家的垄断性销售渠道受到冲击，进口车市场的竞争将更加充分，车价也会随之降低。除了销售渠道的垄断，在我国汽车市场中，还存在车企主导的另一种垄断。

最终，打破车企主导的垄断，打破现有整车销售价格、售后零部件价格体系，整车售价高、维修成本高的问题将从根本上解决，这才是此次反垄断行动的主要目的。

（资料来源，反垄断掀起汽车业变法风暴［EE/OL］．［2014－12－29］．http：//finance. sina. com. cn/chanjing/cyxw/20141229/173021189202. shtml，有改动。）

第一节　影响产品定价的因素分析

价格是最容易调整的营销组合因素，因为产品特征、渠道分布及促销手段的调整，其执行和效果反馈都需要一定的时间，且价格对收入的影响是显著的。更重要的是，价格是直接影响消费者购买的因素，且涉及多方利益。在产品、渠道等其他因素日趋相同的竞争激烈的市场，价格直接决定了该产品是否具有竞争力。因此，企业的定价策略有必要考虑消费者、政府及利益相关者对价格的敏感程度。

一、价格的作用

市场营销可以被理解为通过交换创造和实现价值的活动，产品策略是满足顾客价值的活动，那么，价格策略就是明确产品和服务价值的活动。消费者对于该产品价格的接受程度对企业的盈利具有至关重要的意义。同时，价格也是消费者用来衡量产品市场定位的标准，对企业自身形象也有一定的影响。价格决策在市场营销活动中的作用，可以简述为以下三个方面。

（一）诱导和调节市场需求的作用

价格作为企业营销组合中的重要因素之一，其合理程度会直接影响整个营销组合，对营销组合可能起到正向加强或者负向减弱的作用。消费者在对产品相关信息不能够完全掌握，即顾客和企业之间信息不对称时，很多时候习惯用价格衡量产品的价值，继而影响其接受程度和购买行为。换言之，价格本身也有一定的产品定位的功能，对消费者有一定程度的诱导作用。另外，价格的高低与比例的合理程度反映了产品的需求情况，企业可以根据自身的生产和运营能力，明确企业目标，确定盈利不同的各种价格，调节需求与自身生产能力之间的平衡。价格对渠道的选择也有调节作用，只有在企业促销和分销策略一致的情况下，企业才能使营销活动的效果最大化。

（二）引起和制约市场竞争的作用

随着科技水平的不断提升，产品在功能、性能上的差异化程度越来越小，换言之，产品的技术、质量、服务已经不能成为区分产品的主要标准。而此时，价格作为能够直接影响企业既得利益的重要因素，能够直接进行产品的区分，从而对整个企业的利润产生看得见的影响。一般来说，对普通消费类别，在产品相似或者相同且有较多供应者的时候，价格相对低的产品，其市场竞争力会得到提高。同时价格也是竞争对手所关注的，竞争者往往会对企业价格的变化做出快速反应。

（三）实现企业营销目标的作用

通常意义上来说，企业的获益是由价格和成本之间的利润差额以及销售的数量的乘积决定的。而销售数量又与价格有一定的相关性，所以企业的获益实际上主要由产品的价格决定。价格决策直接决定了企业产品的市场份额，合理地制定价格对企业最终营销目标的实现有一定的影响。但价格的形成也有其客观性、规律性，非企业一方操作即可改变，企业更多的时候是价格的适应者而非操纵者。换言之，企业营销目标的实现必须与其执行的价格决策相符，且产品的质量、性能等各个方面必须能够使消费者对企业保持积极正面的态度，价格决策才能最终帮助企业实现营销目标。

价格的作用及其重要性决定了企业在制定定价策略时必须认真考虑可能受到的各种影响，思虑周全。对企业定价产生影响的因素可分为内因和外因两类，它们对产品定价都具有影响和约束作用。企业内部因素主要与企业营销活动的各方面有关，如产品成本、产品特征、分销渠道、营销目标等；企业外部因素包括供求关系、竞争强度、消费者需求和购买行为。除此以外，市场宏观环境也会对产品定价产生间接影响。

二、影响定价的企业因素

企业在制定价格策略时，首先需要考虑自身情况对价格的约束和影响。如果欠缺对这些因素的考虑，即使考虑了外部市场和消费者的相关因素，也会因与自身情况不符，从而无法完成对应的生产任务，无法兑现对消费者的承诺，导致消费者的不信任和负面评价。影响定价的企业因素包括企业的经营目标和定价目标、成本以及企业的营销组合策略。

（一）企业的经营目标和定价目标

在某种程度上，企业的经营目标就是企业的定价目标，这是因为，企业以利润最大化为经营目标，而利润最大化又与企业的价格、成本以及销售数量有关，而且销售数量与价格也有相关性，故最终的利润受价格和企业自身成本的共同影响。企业制定不同经营目标的直接表现就是执行怎样的定价目标。常见的定价目标有以下四类。

1. 利润目标。企业的最终目标都是获取最大化的利润，但是将利润最大化直接作为企业的定价目标，其结果往往不现实，也不尽如人意。所以企业的利润目标通常可以细分为两种：短期利润最大化和目标利润。短期利润最大化，又称当期利润最大化，是企业希望通过制定合理的价格来获取最大利润。这一目标在短期内能通过企业产品在其他方面的优势，如技术或者质量，亦或短期内竞争对手无法赶超等情况下，在了解市场需求和成本后实现。目标利润是指在企业已经掌握市场信息和需求预测的情况下，按照企业的成本水平所能获得的最好的利润水平。这种利润通常是企业各方面绩效的最优解。

2. 销售目标。以销售目标作为导向的定价策略，通过维持或者提高销售增长率，以维持或者扩大企业的市场份额为目标。企业认为其销售量越高，单位产品成本就越低，产品处于经济规模阶段，长期利润也就越高。销售增长率的提高和市场份额的扩大有利于扩大企业的影响力，增强企业在市场竞争中的地位。这种定价目标通常在企业产品的成长期较为多见，且需要一定的适用条件。例如，消费者对价格高度敏感，市场具有规模经济，随着产量和销售量的增加，单位产品所分摊的生产和分销成本呈下降趋势，以及低价格可以挤掉部分竞争者。另外，以销售目标为导向的定价，会提高企业的投资收益率，有助于企业获得长期利润。

3. 竞争目标。对于较容易经营且利润可观的产品，其市场竞争也更加激烈。生产同类产品的企业，对竞争对手的价格极为关心，更多的时候可能将竞争对手的价格调整作为自身产品价格调整的依据。其定价的基准是适应同行竞争。实力强大的企业可以通过提高产品声誉以及保证产品物廉价美等多种手段击败对手。企业为了维持较好的声誉和产品质量，通常会提高价格。而价格的提高又能够区分其与竞争者，并且带来较高的利润，确保企业产品质量的领先。而且较高的价格本来也是产品质量和信誉的保障。当市场有主导价格时，实力稍弱的企业可以选择主动跟随主导者的价格，或者以略低于市场主导价格的价格进入市场；对刚进入市场的新产品，可以与竞争者选择相同价格，但应避免价格竞争，突出其在产品、服务等方面的优势来吸引消费者。很多市场也具有进入壁垒，优势企业可能凭借成本优势实行低价格，阻止新竞争者进入。

4. 生存目标。企业在面临困境或者暂时没有其他选择的时候，可以将维持生存作为企业目标，为了确保企业生产活动的正常运作，即使当期可能无利可图，也必须吸引消费者购买，从而弥补可变成本和部分固定成本，再通过其余方式改变企业状况，维持企业生存。

（二）企业的成本

企业产品的成本决定了企业产品价格的下限，即通常价格不能低于产品成本。产品成本通常是指生产和流通过程中所发生的各种物质损耗和劳动报酬的总和。企业在制定价格时，需要对成本水平及其影响成本变动的相关因素进行分析，确保价格制定的基础是企业成本。企业成本的划分方式很多，可以根据时间或者变动情况进行划分，一般包含以下几种。

1. 固定成本。固定成本是指在短期内不随企业产量和销售量而发生变化的成本。如厂房的折旧、租金、行政管理人员的薪酬、产品设计、市场调研等各项支出。

2. 变动成本。变动成本是指随着生产水平变化而变化，受到产品数量和种类变化影响的成本。包括用于原材料、燃料、运输、存货等方面的支出，以及工人的工资等支出。

3. 总成本。总成本，顾名思义，是固定成本与变动成本之和。它反映了企业生产销售过程中所有的总支出。当生产为零的时候，总成本等于未开工时候的固定成本。

4. 平均成本。平均成本是指总成本与总产量之比，即单位产品的成本费用。

5. 边际成本。边际成本是指在原有产品数量基础上增加或者减少一个单位所导致的成本的变动量。

6. 机会成本。机会成本是指企业投入某种资产进行一项生产活动或执行某种用途后，该资产丧失的其他用途的最佳受益。折旧构成了将其投入其他用途的机会成本。通常情况下，机会成本不会出现在企业财务报告中，但参与产品定价。

此外，影响成本的因素还包含在企业的营销活动中，如产品研发等。成本还和企业自身的规模经济情况以及经验学习有关。处于规模经济时，企业不同产出水平的单位成本不同，而经验学习会使得平均成本呈下降趋势。

（三）企业的营销组合策略

价格与企业的产品、分销、促销等营销因素相互依存、相互制约。在进行价格决策时，需要考虑营销因素对价格的影响，同时也要考虑价格对其他因素的影响，使其密切配合，互相之间能够协调一致，从而使营销组合策略能够最大限度地发挥作用。

产品是价格制定的基础，也是企业整个营销组合中的核心内容。产品的价格也是反映产品自身特点的最佳标准之一。在消费者对产品信息知之甚少，或者信息不对称的情况下，价格直接反映了产品的定位。根据价格与产品定位之间的对应关系，结合类型、档次、质量、品牌等因素，可以选择不同的价格策略（如表8－1所示）。

表8－1　产品价格策略选择

	价格低	价格中	价格高
产品质量高	超值策略	高价值策略	优势策略
产品质量中	货真价实策略	中价值策略	高价策略
产品质量低	经济策略	虚假经济策略	敲诈策略

资料来源：瞿国忠．营销管理［M］．北京：经济管理出版社，2008：223.

此外，价格决策还受到分销渠道的制约，企业定价时应考虑渠道的长短与宽窄以及产品的流动速度和中间商的作用等。对不同的流动环节、不同的营销对象、不同的中间商，企业应该制定不同的价格策略。为促进销售，企业开展相关活动的费用也会影响最终的产品定价。

三、影响定价的顾客因素

顾客因素是影响企业定价的外部因素之一，也是直接影响企业定价的因素，因为企业的一切营销活动都是为了满足顾客的需求，获得利益。顾客对价格的接受程度直接影响到企业营销活动的绩效。价格的制定必须考虑顾客的人文属性、心理承受力、购买能力以及对价格的敏感程度等。

（一）顾客的人口统计因素

人口是构成市场的基本单位，人口的数量规模直接决定了市场需求的规模，从而影响企业的价格决策。人口年龄结构、收入结构、家庭结构和知识程度结构都会直接或者间接地影响企业市场结构的形成或者变化，企业在制定价格的时候必须充分考虑其产品所面对的顾客群体的人口统计情况，选择适宜的价格策略组合。

（二）顾客的心理因素

营销环境中强调了社会文化对整个营销活动的影响，具体来说，社会文化会对企业的定价决策产生多方面和深层次的影响。如价值观差异较大的群体在面对同一种产品时会对其价值产生不同的判定。而价格往往是价值的数字反映。如果消费者认为其价格反映了价值，则会认可；相反，如果消费者认为价格并未反映其价值，或价格高于其感知价值，则会对产品以及企业产生怀疑。在特定社会文化基础上形成的消费者行为心理，如性格、态度、信念和情绪等，都会直接或者间接影响人们的消费行为，如价格预期心理、求廉心理等。

（三）顾客需求

营销理论认为产品的最低价格应该由产品的成本决定，而最高价格则由市场的需求决定。由于价格与需求呈反比关系，当价格高到一定水平后，需求则降低为零，即企业无法在此价格水平下销售任何产品。而企业的最低价格也不能低于其成本，否则会导致亏损，长此以往会影响企业的生存。所以企业的定价应该在最低价格和最高价格之间，同时受同类竞争对手的影响。需求易受消费者收入和产品价格影响，将因价格和收入等因素变化引起的需求的变化统称为需求弹性。需求弹性又可以细分为需求的价格弹性、需求的收入弹性以及需求的交叉弹性等。

1. 需求的价格弹性。需求的价格弹性是指因价格变化而引起的需求相应的变动率。由于在其他因素不变的时候，价格和需求的呈反向变化，即价格升高，需求降低，所以需求弹性值为负，通常会取绝对值。其计算公式如下：

$$E_P = \frac{\text{需求变动百分比}}{\text{价格变动百分比}} = \frac{\Delta Q/Q}{\Delta P/P}$$

不同的产品具有不同的价格弹性，同一产品在不同国家或者地区，其价格弹性也可能有所不同。价格弹性主要包括五种类型。

$E_P = 1$ 表示单位弹性，反映了需求量与价格等比例变化，即价格的上升（下降）会引起需求量等比例地减少（增加）。这种情况下，价格对企业销售收入的影响作用不大，对这类产品的定价，可选择能够实现预期盈利率为价格依据，或者实行现有的市场价格。

$E_P > 1$ 表示富有弹性，反映了需求量的相应变化幅度大于价格的变动幅度，即需求量对价格变动非常敏感，价格小幅度地上升（下降）会引起需求量较大幅度减少（增加）。这类产品的价格与销售收入成反比，故企业宜采用低价策略，薄利多销，从而增加企业盈利。

$E_P < 1$ 表示缺乏弹性，反映了需求量的变化幅度小于价格的变动幅度，即需求量对价格变动的影响不明显，价格较大幅度地上升（下降）会引起需求量较小幅度地减少（增加）。这类产品的价格与销售收入呈正向相关，高价格会增加企业收益。

$E_P = 0$ 或者 ∞ 的情况现实中几乎没有，故可以不予考虑。在正常情况下，市场需求与价格呈反向相关，这是受到供求规律作用的。但是也有例外，如奢侈品，其需求与价格有一定正向关系。

影响需求弹性的因素很多，很难一一枚举，包括：①人们对商品需求的迫切程度。需求弹性与消费者对产品需求的迫切程度成反比，即生活必需品的弹性小于一般产品的弹性。②产品的替代性，需求弹性与产品的替代性成正比，即替代性强的产品的需求弹性大于替代性弱的产品。因为替代性强的产品的提价会引起消费者的需求转移，而对于替代性弱的产品，消费者只能承受其价格的变化。③产品在消费者支出中的占比。占比大的产品，其弹性大于占比小的产品。④产品供求情况。供不应求的产品的需求弹性会随着价格的上升呈现由小到大的变化，而供大于求的产品降低价格则会扩大销售，需求弹性较大。

2. 需求的收入弹性。需求的收入弹性是指因收入变化而引起的需求相应的变动率。收入的提高会增加消费者的购买力，所以两者的变化通常是同向的。但对低档产品而言，收入的提高可能会减少消费者对这类产品的购买，导致需求的收入弹性为负值。其计算公式如下：

$$E_M = \frac{\text{需求变动百分比}}{\text{收入变动百分比}} = \frac{\Delta Q/Q}{\Delta M/M}$$

$E_M > 1$，即需求量的变动大于收入的变动，这类产品多为耐用品或者高档消费品；

$E_M < 1$，即需求量的变动小于收入的变动，这类产品多为日用消费品；

$E_M < 0$，即需求量会因收入增加而降低，这类产品多为低档产品或者伪劣产品。

3. 需求的交叉弹性。需求的交叉弹性是指具有互补或者替代关系的某种产品价格变动时，引起相关产品的需求相应变动的比率。对互补产品而言，一种产品价格提高会使另一种产品的需求量也下降；而对于替代产品而言，一种产品价格下降则会引起另一种产品的需求增加。其计算公式如下：

$$E_C = \frac{\text{一种商品需求变动百分比}}{\text{另一种商品价格变动百分比}} = \frac{\Delta Q/Q}{\Delta P/P}$$

四、影响定价的环境因素

企业的定价策略除了受到自身和直接购买者的影响外，所有营销活动发生的场所，即市场营销环境对企业的定价决策也具有影响。影响企业定价的环境因素可以分为市场结构、国家政策以及国际市场价格波动三个方面。

（一）市场结构

市场结构决定了市场竞争的激烈程度，而其激烈程度又会对企业的定价产生影响。企业产品所面对的市场具有何种结构直接决定了企业的定价决策。市场结构通常包括完全竞争、完全垄断、垄断竞争以及寡头垄断四种，企业在这四种不同的市场结构下，对产品定价的掌控力是不同的。

1. 完全竞争市场。完全竞争市场也称自由竞争市场，是不受任何阻碍和干预的市场。该市场内有众多的买者和卖者，产品之间没有差异，交易双方信息对等，消费者需求不受价格影响，即双方都是价格的接受者而非制定者。在这类市场，企业的任何提价或者降价策略都不能帮助企业获得优势，即增加价格会使需求降低为零，而降低价格也不会获得更多的利益。但在现实生活中，这种市场并不存在。

2. 完全垄断市场。完全垄断市场是指一个行业某种产品、服务的生产和销售完全由一个卖家独家经营和控制。与完全竞争市场类似，这类市场在现实生活中也几乎没有。其通常有两种形式：一是政府垄断，即政府独家经营的业务；二是私人垄断，即私人企业控制的业务。私人垄断又可以细分为私人管制垄断和私人非管制垄断。不同的垄断情况下，企业具有完全的定价自由，但定价方式也有所不同。政府垄断下，定价往往不是以利润最大化作为目标，而是考虑民生问题，定价通常会低于成本，但有时为了限制对某些特殊商品的消费而定价高出成本较多。私人管制垄断通常由私人和政府共同调控决定。私人非管制垄断由于企业具有完全的定价权，定价相对灵活，但受到相关法律约束，同时也要考虑强化行业进入壁垒和利润最大化目标等因素。

3. 垄断竞争市场。垄断竞争市场是一种介于完全竞争市场和完全垄断市场之间，相对接近完全竞争市场一侧的市场形态。由于企业在产品设计、分销渠道、宣传等多个方面具有不对称性，而且同类产品在各项属性上具有明显的差异，使每一个企业对自己的产品具有一定的垄断权力而不是价格消极的接受者。垄断竞争市场中企业定价的原则是边际收入等于边际成本。短期内企业也可能获得超额利润，但长期会因为规模以及新竞争者进入等原因使需求减少，获得长期均衡。

4. 寡头垄断市场。寡头垄断市场是介于完全竞争市场和完全垄断市场之间的市场形态，但相对偏向完全垄断市场一侧。一般在一个行业中，少数几家企业掌握了市场销售的绝大部分。产品的价格不是由供求关系决定的，而是企业协商决定的。如果一个企业单独提高价格，可能会损失市场；降低价格则会遭到对手的反击，从而引起价格竞争，最终深受其害。寡头竞争通常有完全寡头竞争和不完全寡头竞争两种形式。

完全寡头竞争，即无区别寡头竞争，产品的同质性非常强。消费者对产品没有特别的偏好，如钢材和石油。在这类市场中，价格通常由寡头之间协商后制定，具有很强的博弈色彩，会选择达到两者均衡的价格作为产品价格。

不完全寡头竞争，即差异性寡头竞争，产品具有一定程度的差异化，从而实现对特定偏好群体的垄断。企业之间没有直接的冲突，所以企业自身的定价权利比较大。

在寡头垄断市场中，尽管价格可以协商产生，但多数情况下存在价格领先制，即某一寡头率先制定价格，其余厂商只能选择跟随确定自己的价格。价格领先制通常有三种形式，具体如表 8－2 所示。

表 8－2　价格领先制的三种形式

价格领先制的形式	特　征
支配型价格领先	占支配地位的企业根据自身情况决定售价，其余根据定价确定产量
成本最低型价格领先	成本最低的寡头按照利润最大化原则确定产量和价格，其余跟随相同定价
晴雨表型价格领先	企业获得信息从而判断市场变化的能力得到认可，其价格变动传递的信息使其他企业做出相应的变动

（二）国家政策

企业的定价需要考虑的另外一个重要的环境因素就是国家的政策法规、政府或者行业干预。在社会主义市场经济条件下，充分发挥市场在资源配置中的基础性作用，也必须克服市场机制的局限性。所以政府的干预和调节是必然的。国家政策对企业定价的影响可以是直接的，也可以是间接的。直接的影响主要表现为国家对商品价格的直接管理、直接定价，主要针对有关民生、稀缺资源和具有社会公益性的产品。政府是价格的直接制定者，而企业是既定价格的接受者。而一般性劳务和产品的价格都是由企业或者个人通过市场竞争形成的，若政府直接干预，会影响市场机制的运行，可能会造成市场混乱，所以政府选择间接干预。其主要途径包括相关政策的制定，如投资政策、货币政策、财政税收政策等，以及相关法律法规的强制实施，如《价格法》，用强硬的手段确保定价的公平和公正，侧面影响企业的定价决策。

（三）国际市场价格波动

经济全球化使各国经济对国际经济的依赖程度日益提高，相应地，其产品定价也受到国际市场价格波动的影响。国际价格会影响国内企业价格的制定。在我国加入世界贸易组织后，产品价格日趋国际化以及海外市场的拓展，使国内企业在定价时必须考虑国际价格走势。另外，世界经济的波动也会影响企业的定价。在经济繁荣期，社会需求量增加，产品价格容易上涨；在经济衰退和收缩期，则价格会回落。而经济波动带来的通货膨胀、银行利息调整也会影响企业成本和消费者对产品价值的判定，从而影响企业的定价决策。

第二节　产品定价的一般过程

产品定价的一般过程是指企业在确定定价目标和定价原则之后，综合考虑影响定价的相关因素后，结合企业具体情况决定或者调整产品价格的一系列相关步骤。由于产品定价具有复杂性，所以不能简单地依靠企业自身的经验进行判断，而是需要有逻辑、有条理地进行分析，按照程序执行。定价过程一般包括确定定价目标，分析需求，分析成本，分析竞争者产品、成本和价格，选择定价方法和价格决策六个步骤（如图 8 - 1 所示）。

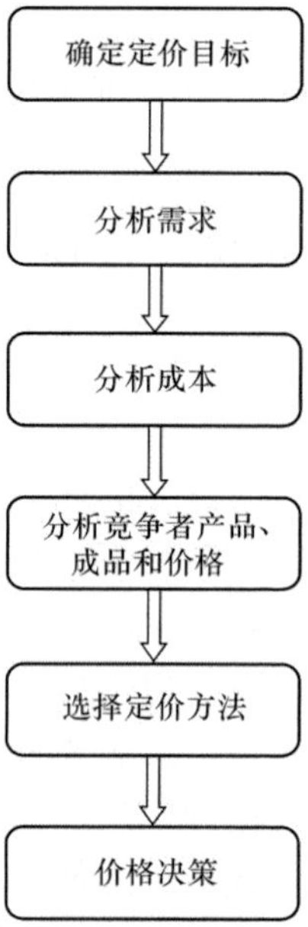

图 8 – 1　产品定价的一般过程

一、确定定价目标

定价目标是企业执行任何价格时的基础和依据，是企业定价的出发点，是价格决策中最重要的影响因素。不同的定价目标会使企业的定价有明显的差异。以维持生存为定价目标会使企业的定价相对较低，甚至可以低于成本，以争取长期存活；以利润最大化为定价目标会使企业的定价考虑相对复杂，需要平衡价格、销量、利润之间的关系，从而找到最优情况下的价格水平；以市场份额最大化为定价目标则要求企业的定价必须考虑竞争对手的情况，需要制定低于竞争对手产品的价格，以吸引消费者，从而获取市场份额。企业的定价目标不仅要着眼于当下企业的经营环境、经营目标，也要考虑企业的长远发展，考虑市场的变化趋势等。同一企业在不同时期会有不同的定价目标。

二、分析需求

价格对需求的影响是最直接的，需求的改变能够最直接地说明价格的作用。一般情况下，价格与需求呈反向变动，即价格越高，需求越低。当然，少数商品的需求与价格呈正向变动。有时候受消费者的心理和价格预期的影响，需求可能会随着价格上升而增加。所以需求的判定和预测直接决定了产品价格的适合程度，也体现了计算需求曲线的重要意义。

对需求曲线的估计可以采用统计方法、价格实验方法或者调查方法等。估计需求就必须了解需求容易受到哪些因素的影响。举例来说，产品的差异化、产品的消费额占总消费额的比重、产品的需要与以前购买资产的共同使用、产品的声誉和质量以及产品的储存情况等，都可能对需求产生影响，是估计需求时必须考虑的因素。

对需求价格弹性的认识也能够对分析需求做出一定的贡献。产品替代品少、竞争少的情况下，需求弹性小，消费者一般会选择接受价格的变动，此时提高价格有益于增强企业活力；相反，若消费者对价格十分敏感，则需要考虑用低廉的价格吸引消费者。

三、分析成本

需求决定了企业制定价格的最高限度，而成本则决定了企业制定价格的最低限度，分析成本是为了确定产品价格的下限。企业在制定价格时，需要考虑的并非单纯的生产成本，还必须考虑一切与营销活动有关的可视成本，如运输成本、存储成本等。同时，企业对一些相对较难估计的成本，如时间成本、人力资源成本等，也都需要有所考虑，合理计算成本，并分摊至单位产品。总的来说，比起影响需求因素的复杂性，成本主要与企业自身有关，可以根据已有的数据和经验来确定。

四、分析竞争者的产品、成本和价格

在商品需求和企业自身成本的考虑之外，因其产品所处的市场结构的多样化和复杂程度不一，还需要企业分析其竞争者的产品、成本和价格。消费者购买相同价格的同类产品，会更看重产品质量；而购买相同质量的同种产品，则更看重价格或者服务。且当前的激烈竞争使产品之间的差异越来越小，这就意味着企业提供的是相似的产品，那么其定价必定与竞争品的价格接近，否则就会失去潜在的顾客群体。若企业销售的是低等级的产品，那么价格不应该高于其竞争者；如果销售的是高等级的产品，那么价格适当高于竞争者或与之相同也可。要强调的是，竞争的价格变动不以企业的意志为转移，所以对竞争者价格的分析是一个动态的过程，且要准确地预测竞争者价格变化的程度十分困难。所以企业需要进行多方分析和一定的预判，判断竞争者在进行价格变动时，自身应如何应对。

五、选择定价方法

在进行需求分析、成本分析以及竞争者分析后，明确了价格的上限和下限，而竞争者的价格可以提供一些参考，也可以作为企业定价的依据和标准。在此基础上，企业需要一些明确的定价方法来确定自身产品的最终价格。常见的定价方法有成本导向定价法、竞争导向定价法以及需求导向定价法三类，我们将在本章第三节详细展开。

六、价格决策

价格决策的基本步骤主要是以上五步，但企业还需要考虑一些其他因素，如营销组合因素，权衡后决定价格。企业的营销活动并非单一开展，而是要综合营销各部分，组合各类营销方式方法后综合展开的，所以产品的定价也必须考虑与其相关的产品、促销、分销等因素。且产品的定价与其执行的其他营销组合特征有一定的相关性，如品牌的熟悉程度使消费者愿意支付品牌溢价，产品质量和广告投入高的，其价格也较高等。所以企业的定价策略不是单一存在的，它必须与企业执行的营销组合中的其他决策相一致，互相协调，不存在冲突，共同产生效果。

第三节　产品定价法

定价方法选择是定价决策一般过程中不可或缺的一个环节。产品定价的方法很多，企业的选择通常与自身的经营目标尤其是定价目标有关，受定价目标制约。不同类型的企业或者同一类型的企业面对不同的外部环境，其产品定价方法的选择也会有所不同。总的来说，产品定价方法可以分为三种导向，即成本导向、竞争导向和需求导向。

一、成本导向定价法

成本导向定价法是以成本为中心，即站在卖方的角度定价的方法。其依据是产品的成本因素，即首先要考虑的是企业收回在生产经营以及营销活动中所投入的全部成本，然后再考虑获取一定的利润。以成本为导向的定价方法是企业定价方法中最常用也是最传统的方法。由于企业不同，而且产品的成本形态也有差别，所以其利润核算的方法也不同，具体可以细分为成本加成定价法、目标利润定价法两类。

（一）成本加成定价法

成本加成定价法就是以产品的单位成本为基础，加上代表预期利润或者税金的一定数额的加成率来决定产品的销售价格的定价方法。成本加成定价法的一般公式可以表示为：

$$单位产品价格 = 单位产品成本 \times (1 + 代表预期利润或税金的加成率)$$

单位产品成本是指其总成本，由固定成本与可变成本构成。实际操作的时候又可以分为两类。

1. 总成本加成定价法。对不同企业的不同产品而言，其总成本的含义也是有差别的。对生产制造企业而言，其总产本主要与生产过程中所发生的成本费用有关，即传统所定义的固定成本和可变成本。但对商业企业而言，其成本还包括在采购、运输、销售等多个营销环节的费用，具体计算时可以采取顺加成法或者逆加成法。顺加成法即价格由成本和成本与加成率的乘积决定，公式表示为：

$$\begin{aligned}产品单位价格 &= 单位总成本 + 单位总成本 \times 加成率 \\ &= 单位总成本 \times (1 + 加成率)\end{aligned}$$

逆加成法即价格由成本和价格与加成率的乘积决定，其公式表示为：

$$产品单位价格 = 单位总成本 + 产品单位价格 \times 加成率$$

$$产品单位价格 = \frac{单位总成本}{1 - 加成率}$$

成本和价格相同时，两种方式中的加成率是不同的。逆加成法的加成率更小，更利于外界宣传，所以多被企业尤其是商业企业采用。

成本加成定价法的优点是成本与价格直接挂钩，操作简便，企业无须根据需求的变动频繁调整价格；且因其操作性强，加成率在同一行业几乎没有变化，所以同类企业之间的价格会趋于相同，避免了价格的竞争；以成本为基础定价对买方和卖方都相对公平，卖方可以获得一定利润，买方也不需要出过高价格，短时间内供求关系不存在巨大变化。但这类方法的缺点在于忽视了市场需求和竞争，对实际市场的适应性较差，通常适用于价格变动较小的产品类别，如大宗商品（煤、稀有金属等）。

2. 变动成本加成定价法。变动成本加成定价法也称边际贡献率定价法。由于边际成本与可变成本比较接近，且变动成本的计算相对简单、明确，所以在定价中一般使用变动成本代替边际成本。企业利用这种方法定价的时候只考虑变动成本，而不计算固定成本，以单位变动成本作为定价依据，加上单位产品贡献，决定价格。边际贡献率是预计的销售收入减去变动成本后的余额。如果边际贡献大于成本，尽管有时候不足以产生盈利，但会抵消一部分固定成本而减少企业损失。在市场供大于求，竞争非常激烈的时候，这种方法较为灵活。因为售价过高导致企业失去市场，还不如暂时不顾及固定成本，尽力维持生产经营活动。否则企业停产，其损失的固定成本依旧存在。边际贡献定价法的公式为：

$$单位产品价格 = \frac{单位变动成本 + 边际贡献}{预期销售量}$$

$$单位产品价格 = 单位变动成本 + (预期销售收入 - 总变动成本)$$

变动成本加成定价法的优点在于易于在各种产品之间合理地分摊成本费用；企业能够选择和接受市场价格，从而提高企业的市场竞争力；根据各产品的贡献情况合理分配资源，寻找各产品之间的最优组合。这类方法适合于竞争激烈的市场，其对动态关注的要求较高，要求企业根据销售形势的变化相应地调整价格。这种方法看似合理，但实际操作中存在一些问题，如价格的反应时间等。这是因为消费者对价格变动需要一些接受和反应时间，而时间的长短难以简单判断，有时候可以根据经验进行预估，但效果也很一般。

（二）目标利润定价法

目标利润定价法是指企业根据总成本、预期销量和利润来确定价格的方法。目标利润定价法不仅适用于商业企业和生产企业，对公共事业单位也同样使用。公共事业单位的投资较大，且业务有垄断性，会受到部门的限制，所以往往根据投资来明确一定目标利润从而计算收费价格。目标利润定价法的公式为：

$$单位产品价格 = \frac{总成本 + 目标利润}{预期销售量}$$

$$P = \frac{TC + \Pi}{Q}$$

目标利润定价法是一种生产者导向的定价方法，并未考虑市场竞争和需求的情况，只是从保证生产者利益出发制定价格。目标利润定价法首先确定自身销量，然后决定价格，完全颠倒了价格与销量的关系，且很多情况下，企业是无法先确定产品销量的。所以这类方法比较适合价格弹性小且在市场中有一定影响力、占有率较高或者具有垄断性质的企业。例如，在特定行业内的寡头垄断（中国电信和中国移动）或者由国家主导的业务（中国铁路）中，价格往往根据自身情况确定，而更多时候消费者是被动的接受者。

二、竞争导向定价法

竞争导向定价法主要通过研究竞争对手的情况，包括其生产条件、服务状况、价格水平和市场竞争等，将其作为企业产品的定价基础，依据自身竞争能力，参考成本和供求关系，确定和调整价格，以使企业保持价格竞争力的定价方法。竞争导向定价法通常有两种形式，即现行价格定价法和投标定价法。

（一）现行价格定价法

现行价格定价法又称随行就市定价法，即根据行业内企业的现行价格或者竞争对手的价格水平来确定价格的方法，是一种相对常见的定价方法。在产品成本测算较为困难、竞争对手情况不太确定以及企业希望得到一种相对公平的报酬且不扰乱市场秩序的时候，随行就市定价方法比较适用。另外，这种方法适用于产品需求弹性小或者供求相对平衡的产品市场。最常见的市场就是日化品市场和快消产品市场。

产品同质性强的市场，就应该采取现行价格定价方法，因为过高的价格消费者不会接受，而较低的价格竞争者肯定会有所反应，继而可能出现价格战争。在这类市场中，消费者容易接受的是平均价格，将其看成合理价格，企业依据这类价格定价既能够保证获得行业平均利润，又能避免恶性竞争，减少风险。采取现行价格定价法，企业还可以根据竞争对手的价格来制定企业产品价格。小型企业会追随大型企业而决定自身的价格，因为企业规模小决定其竞争能力有限，采取价格跟随策略能够减少正面的价格冲突，根据大企业的产销来确定自己的价格，从而保持与竞争者一样的利润。比如在日化市场，对中小规模的企业来说，通常会根据宝洁或者联合利华的销售情况来确定自身产品的产量。

（二）投标定价法

投标定价法的基本原则是招标者选择其能接受的价格，主要包括竞争投标定价法和密封投标定价法两类。

竞争投标定价法是指卖方委托拍卖行，以公开叫卖的方式引导买方报价，利用买方竞争求购的心理，选择高价格成交的方式。使用这种方法的产品主要是高级艺术品或者大宗商品。竞争投标定价法具体包括升价出价的英式拍卖以及一个卖方多个买方的荷兰式降价出价方法。前者主要用于销售古董、房产等；后者强调从一个价格开始下降直至有买家愿意接受。

密封投标定价法是指由招标者（买方）在媒体上刊登广告或者发出函件，说明拟采购的产品品种、规格、数量等具体要求，邀请投标者（卖方）在规定期限内投标，招标者寻找报价最低、最有利的投标者签约成交的一种定价方法。这种方法主要适用于建筑施工、大型机器设备的购买、政府采购等。正常情况下，企业为了获得投标，会尽量报一个较竞争对手低的价格。理论上来说，如果能够准确地预测竞争对手的报价，则会增加中标的概率。但事实情况是，这种预测是很难的。另一种情况是尽量报一个低的价格，虽然增加了中标的概率，但是会影响企业的利润获得，且机会成本会使企业转向其他方面的投资。所以报价的时候要考虑企业要实现的目标，并结合竞争者状况以及企业对自身能力的掌握情况合理估计中标概率。最佳报价应该是预期收益最大化。预期收益计算公式如下：

预期收益 =（报价 - 直接成本）× 中标概率 - 失标损失 ×（1 - 中标概率）

三、需求导向定价法

无论是以成本为导向还是以竞争为导向的定价方法，其实际测算的时候都会存在一些问题，单纯地关注企业自身的成本或者行业内竞争者的情况，而忽视企业面对的直接消费者，这显然是不客观也不合理的。在实践中，对利润的测量或者概率的估计是很难准确的，且需求量是价格的函数，价格过高则无法达到预期销售量，而过低则会影响企业的正常生产活动。所以企业只有考虑消费者的需求，才能够更加明确地制定价格。需求导向定价法以消费者对产品价值的理解和需求为主要定价依据，综合考虑成本和竞争的因素，制定符合消费者心理、价格意识和承受能力的价格。需求导向定价法主要有感知价值定价法、需求差异定价法、价值定价法、习惯定价法以及可销价格倒推定价法等。

（一）感知价值定价法

企业将产品的价格建立在消费者对产品的感知或者认知程度上。感知价值是指消费者对商品的产品价值的主观评价。感知价值定价法就是企业以消费者对产品的价值认知、理解和需求强度为依据，通过应用各种营销策略和手段，影响消费者对产品价值的感知和认知，以确定企业需要的价格。消费者对产品价格的认知可以理解为对其性能的感知。产品性能在消费者之间的认知度越高，其价格也就相应较高。这是一种与市场营销相适应的定价方法，它强调了顾客感觉的价值与其价格的匹配程度。

感知价值定价法包括四个部分，即确定产品的认知价值和价格，确定产品在此价格的需求量，根据需求量确定企业产量、产能和投资，以及根据确定的成本和利润决定是否要放弃该产品。四个步骤中最重要的是价值的认知。为此，企业可以通过对消费者进行调查直接获得消费者对产品的认知价值信息，或者通过竞争对手产品的认知调查，对照本企业产品，做出产品价值的认定。通常对价值的认知有三种方法，即要求用户对比同类产品的认知价值，继而直接给出价格的直接价格评比法，给出不同产品的认知价值，从而计算其可接受价格的直接认知价值评价法和给出具体认知价值的得分依据诊断法。

感知价值定价法的基本思想是根据企业产品认知价值的高低决定其价格的大小。其难点在于如何准确地获得消费者对产品感知价值的资料。企业如果高估其感知价值，价格过高，降低销量；反之，低估价值则会使其定价低于应有水平，难以实现收入目标。所以，获得准确的价值感知信息就成为这类方法成功的关键。除此以外，这类方法还要考虑需求弹性，弹性大的商品可以定价稍低；弹性小的商品可以定价高一些。特别的例子就是奢侈品，其产品定价主要就是依靠这种感知价值的判断。让消费者通过产品的宣传对其产生一种高大、奢华的产品认知，从而影响其对价值的感知。

（二）需求差异定价法

需求差异定价法也称为市场细分定价法，是指对统一质量、功能、规格的产品，根据需求的差异和紧迫程度制定不同的价格，是以销售对象、地点、时间等条件变化所产生的差异定价。普遍的情况是将需求强度的差异作为定价的基本依据。这类定价的结果是产品或者服务的差异实则是反映需求弹性的差异。而需求弹性的差异是一个复杂的、多因素考虑的结果，所以使用这类定价方法的时候需要考虑顾客需求、心理、地区等因素，灵活对待。通常这类方法有以下几种形式。

1. 因人而异。同一产品和服务针对不同消费者制定不同价格。消费者因其不同的人口统计指标会有不同的需求，企业在定价时给予相应的优惠或者提高价格。

2. 因地而异。同一产品和服务针对不同地域的消费者制定不同价格。这类价格的制定可能是由于企业生产中不可避免的成本造成的，也有可能是产品自身定位的一种表现。

3. 因时而异。产品的生产和需求受时间的影响，因时间变化而变化。对同一产品在不同季节、时间制定不同价格。

4. 因量而异。同一产品或者服务因数量不同而制定不同的价格，可能是产品购买或者消费越多越便宜，也有可能是主张节约，越多越贵。

（三）价值定价法

价值定价法是指企业以较低的价格出售高质量的产品。它并不是简单地制定一个相较于竞争产品低的价格，而是对企业的生产营销流程进行改造，使企业在不降低质量的前提下生产成本较低的产品，降低价格的目的在于吸引更多的顾客，从而扩大市场占有率。价值定价法的一种常见形式就是在零售领域发生的天天低价。零售商不采用阶段性打折，而是每天有特定商品的低价政策。这种低价政策除了消除打折所带来的不确定性，也与以促销为导向、采取除部分产品低价而其余高价的竞争对手区别开来。这是因为定价所涉及的活动也需要一定成本，且消费者对其提供的特价产品或者赠品的方式已经厌烦，所以单独使用这种方法不能起到良好效果。

（四）习惯定价法

对一些日用消费品，消费者对其基本属性的信息较为全面，也对这类产品的价格水平有明确认识。除非其产品功能和用途发生重大变化，否则应该致力于价格的稳定。降价可能造成消费者对产品的怀疑。

（五）可销价格倒推定价法

产品可以销售的价格是消费者愿意接受和理解的价格。购买者包括中间商以及最终消费者。产品的分销渠道是多层的。采取这种定价方法，首先要了解消费者最终可以接受的价格，继而考虑零售商的利润率并确定零售商可以接受的价格，再次考虑批发商能够接受的价格，最终形成企业的出厂价格。这种定价方法看上去是最合理的，考虑了各层级的需要，但在实际操作中却存在问题，如中间商的利润率如何确定，是否有一定空间。这种方法单纯地从消费者可以接受的价格反推，而消费者通常都愿意选择价格较低的产品，这也就意味着企业必须不断降低成本才能适应，但这种情况很多时候很难达到。

第四节　价格策略

定价是一个极其复杂的过程，而上面讲述的几类基本方法显得较为宽泛，实际操作中也存在诸多问题，根据这些方法制定出来的价格一般是一种基本价格。企业是不会制定单一的基本价格，一般会针对环境变化、产品条件和企业目标等，灵活运用多变的定价策略，对基本价格进行适当的调整，以使企业的产品或者服务价格与企业的其他营销组合相适应，制定消费者可以接受的价格，从而完成企业的定价目标。

一、新产品定价策略

新产品肩负着尽快让消费者接受，打开市场，使企业尽快获得赢利的目标。新产品通常具有竞争程度低、技术领先等优势，但同时也存在如果不被认同则会影响销售以及成本普遍较高的劣势。所以新产品的定价是企业决策中的难点之一。实践中常见的新产品定价策略有撇脂定价、渗透定价和温和定价三种。

（一）撇脂定价

撇脂定价又称为高价厚利定价，是指新产品上市时，由于存在其需求弹性小、竞争对手少等客观情况，企业有意识地将价格定高，远高于产品成本，以期短期内补偿研发及其他费用的投入，同时尽可能地获取利润的定价方法。最常出现撇脂定价的行业就是数码类行业。例如苹果、三星、小米和华为等国内外一线手机企业发布新产品时，其产品定价往往远高于其成本，主要是为了在第一时间尽可能多地获得收益。撇脂定价的优点主要体现在以下四个方面：

1. 有利于提高新产品的投资回报率。新产品的投入往往伴随着较高的投资，企业采用撇脂定价可以在较短期间内进行成本的补偿，收回成本。

2. 有利于吸引高收入群体。高收入阶层往往对高层次、高格调的新产品产生兴趣继而购买该产品。消费者具有从众、求欢等心理，从而使一部分中等收入者加入购买队伍，使产品的市场占有率得以提高。

3. 有利于建立竞争优势。新产品的高价格，有利于获得价格调整的主动权，使企业可以在高价进入后，考虑到竞争对手的加入预留出降价空间，之后根据市场实际情况，逐步降价，刺激市场产生新的消费者，从而掌握价格调整的主动权。

4. 有利于产品定位。企业通过撇脂定价提升产品身价，树立产品形象。多数消费者在信息不对称的市场环境下无法对产品有直接的比较和鉴定的能力，价格高低是消费者评判产品质量的一种取向。高价格有利于在消费者心目中建立高档产品的形象，树立名牌形象，为企业后续营销活动打下基础。

当然，撇脂定价也有不足之处。价高不利于打开市场，且利厚会使竞争者加入，导致盲目竞争，引发价格大战，从而加剧产品的竞争。一些对价格敏感的消费者会对新产品的过高价格产生反感，影响销售。同时，价格过高而服务等其他营销环节与之不符的话，也会给企业带来负面影响。所以企业在考虑撇脂定价时需要考虑对价格不敏感的顾客需求、新产品推出的初期产品产能有限、企业专利或者技术诀窍以及产品高价有助于建立高档形象等相关情况。

（二）渗透定价

渗透定价又称低价定价，是指企业利用消费者求廉的心理，将价格定得比较低，吸引大量消费者，获得市场占有率，取得市场上的主动权，以实现长期利润最大化。采取渗透定价不仅有利于迅速打开市场，抢占市场，提高企业和品牌的声誉；而且低价利薄能够有效地阻止竞争对手加入，因为无利可图而不参与竞争或者因为市场成熟，竞争者在各方面不具备优势，从而保证企业在市场中的控制力和竞争优势。这种情况在数码类产品市场也常有发生，主要是影响老产品的价格，一旦其技术的新鲜感过去，其价格就会降低，成为性价比高的产品，例如，iPhone 6s 上市后，其之前的老款产品都会有一定幅度的降价。

但渗透定价也存在一些问题。渗透定价的投资回收速度慢，不利于及时收回企业的相关成本投入；定价低的产品容易被消费者误认为是低档产品，影响产品形象，进而影响后续销售；产品低价后很难再提高价格，因为价格提高会流失消费者，所以不利于企业利润的快速提升。所以考虑渗透定价时必须对其使用条件有一定认识。渗透定价适用于以下情况：需求量大、需求弹性大且相关替代品较多，通过降价能够增加销量的产品；企业具备资金、成本和资源优势，处于产品规模经济阶段，同时拥有多条产品线作为补充；新产品技术易于模仿，竞争者容易进入，但短期不会因为价格原因引发竞争；产品必须配合相应的服务等。

（三）温和定价

温和定价又称满意定价，是指企业为了兼顾撇脂定价和渗透定价的优点，介于两者之间的一种定价策略。这是一种居中的价格策略，既能保证企业获得满意的利润，也能让消费者接受产品价格，对双方均有利。这类定价策略具有风险小、易为各方所接受等优点，是一种普遍使用、简单易行的价格策略，适用于中等质量，其单位成本属于行业平均水平，并有一定市场份额的新产品。

二、价格折扣与折让

企业为鼓励消费者大量购买和淡季购买，常常会酌情给予一定折扣，这类定价策略可以吸引顾客，扩大销售，这就是价格折扣与折让策略。

（一）现金折扣

现金折扣又称付款期限折扣，是指企业为了激励消费者提前支付货款而采取的一种折扣策略，对现款交易或者按期付款的买方给予折扣。典型的例子是“2/10,NET/30”，是指买方的付款期限是30天，但如果10天内付完则给予2%的折扣。这种情况现在多半以互联网为依托，发展互联网金融，例如京东金融推出的“校园白条”。

（二）数量折扣

数量折扣是根据买方的购买数量制定的折扣方式，是指买方的购买量到达一定水平时给予的一种折扣，但折扣不能超过大批量销售所节省的成本。数量折扣又可以分为一次购买的数量的非累积数量折扣以及一定时间内累积的数量折扣两种基本形式。非累积数量折扣是指一次购买量达到规定的数量或者购买不同产品到达一定金额时给予的折扣。而累积数量折扣是指规定一定时期内，买方累积产品购买达到或者超过一定数量或者金额给予的折扣。数量折扣通常发生在批发商购买产品时，其大量地购买产品使其数量达到某一额度从而获得折扣。

（三）功能折扣

功能折扣又称业务折扣或者贸易折扣，是指厂商根据各类中间商在产品生产销售过程中履行的职责、承担的不同职能，给予的不同价格折扣。由于渠道成员在产品分销中的责任和作用有所不同，所以折扣的程度也有所不同。最常见的有批发价和零售价。

（四）季节折扣

季节折扣是指生产企业为扩大产品在淡季的销售而采取的一种折扣策略，其目的是均衡产销，收回投入资金，加快资金周转。常见的有反季销售服装、旅行社和航空公司的淡季折扣优惠。

（五）折让

折让是另一种类型的价格减让，主要有以旧产品冲抵一部分货款从而购买新产品的以旧换新折让和生产企业给予参与本企业组织促销活动的中间商的折让两种形式。

企业的折扣折让在长短期的表现有明显不同。短期的折扣和折让对企业的微观环境的各个方面影响比较小，而长期则对环境的影响比较大，所以企业必须关注折扣与折让政策对环境中各相关利益者的影响，同时要避免出现以下三个方面的问题。

1. 市场竞争剧烈化。折扣与折让可能会威胁到其他企业的市场份额和地位，所以其他企业也会采取类似的方式方法，从整体行业来看，会使利润下降，导致整个行业的表现不佳。

2. 企业管理复杂化。各种折扣策略的使用可能造成购买者购买数量的增加，数量越大，购买周期也会越长，导致企业的生产和销售有很大波动，不利于企业内部管理。

3. 市场供需投机化。不当的折扣与折让策略使某个消费者或者用户过度购买，将剩余产品转手给其他消费者或者产业用户销售，出现投机行为。结果价格再三下降，实际需求并未增加，成本也没有降低，企业的利润则会减少。

三、心理定价

心理定价策略在零售行业被广泛使用，是指根据消费者购买商品的心理因素，有意地将产品价格定得高些或者低些，以诱导消费者进行购买行为的定价策略。该定价策略要求熟悉消费者购买商品的心理，并对其灵活运用。其中主要包括声望定价、招徕定价、尾数定价和整数定价四种基本形式。

（一）声望定价

声望定价是指在商品定价时针对消费者“价高质必优”的心理，对知名度高的优质、名牌、有特色的产品制定较高的价格。通常是具有较高声望的企业或者想树立高声望的企业采用的一种定价策略，适用于相对难以鉴别质量的产品。采取声望定价时要考虑消费者的承受能力，切忌制定超出消费者心理预期的价格。

（二）招徕定价

招徕定价主要适用于大的零售商，是指零售商利用消费者求廉的心理，将一种或者几种产品的价格定得比较低，给人以所售商品价位较低的印象，从而吸引消费者，借机扩大其他相关产品销售的定价策略。使用招徕定价需要注意选择购买频率较大的日用品或者需求弹性较大的商品，这些商品价格不高、需求广泛，能够吸引消费者购买较大数量，以便用增加销售量来弥补低价的损失。同时，采取招徕定价的商品，对其销售数量也需要注意，太多会使企业利润下降，太少又达不到招徕的目的。

（三）尾数定价

尾数定价即非整数定价，即给产品一个零头结尾的非整数价格，使消费者在购买时心理上感觉较为便宜，刺激其购买欲望。采用尾数定价方法会让消费者感到这种定价是企业经过认真核算之后制定的。且尾数的确定要根据不同国家的风俗习惯来决定。每个国家或者地区都有其偏好的数字。如中国人喜欢6，8。尾数定价在以超市为首的零售场所较为常用。

（四）整数定价

整数定价也是针对消费者心理状态而采取的一种定价策略。它与尾数定价相反，有意将价格定为整数，从而使消费者认为这种定价与其产品形象是相符合的。整数定价可以提高消费者的身价，通常适用于高质量的名牌产品或者消费者并不熟悉的行业内新产品。

四、差别定价

差别定价也叫价格歧视，是指企业为了追求利益最大化或者为了竞争的需要，因顾客、产品、时机等不同因素而对基础价格进行调整，会按照两种或者两种以上的价格来销售其产品和服务的定价策略。需要注意的是，差别定价的产品价格差异不反映其成本的差异。

（一）顾客差别定价

顾客差别定价也叫顾客细分定价，是指同一产品针对不同客户或者顾客制定不同价格。产品价格因顾客的重要性、购买数量和需求强度或者对产品的认知不同而有所区别，如企业针对老客户和新客户制定的价格不同。

（二）产品形式差别定价

产品形式差别定价是指企业对产品线上不同的项目采用不同的利润率的定价方法。根据产品不同的外观、花色、型号、规格等，制定不同的价格。采取这种定价策略的产品，也许产品成本有所不同，但是价格差异与成本差异之间不成比例。

（三）销售时间差别定价

销售时间差别定价是指企业对在不同时间段销售的同一产品制定不同的价格。其目的在于鼓励消费者在销售低谷时段购买，从而对销售量波动峰值产生削峰效果。如电影院白天价格和晚上黄金时间的观影价格差别明显。

（四）地理差别定价

地理差别定价主要是指产品在不同地区或者在不同的场所采取不同的价格。因为在经营中要花费运输、装卸、仓储等多类费用，同时产品在不同地区所面对的消费群体不同，购买行为差异明显，同一产品在不同场所的价格也有很大不同。地理差别定价通常有下面五种形式：

1. 原产地定价。原产地定价（F. O. B）是指卖方负责将产品运到买方指定的某种运输工具上（如飞机、火车），并承担交货前的一切费用和风险，买方承担交货后的费用。在国际贸易中被称为“离岸价”或者“船上交货价格”。这种定价方式如果是选择在某种运输工具上交货，双方都负责从产地到目的地的费用则相对公平。但其不利的一面是距离较远的顾客有可能不愿意购买该企业的产品而选择当地产品。

2. 统一交货价。统一交货价是指对不同地区的消费者采取统一价格加上平均运费的方式。这种定价方法包含企业客户分摊的平均运费，即距离远的客户平摊得少，而近的则要分摊超过其实际的运费。虽然这么做是为了鼓励较远地区的消费者购买，但对较近地区的消费者不公平。

3. 分区定价。分区定价也称区域定价，是指企业把产品的销售市场划分为若干区域，每个区域单独定价。距离企业远的区域定价较高，近的则较低。这是分区定价的不合理之处。

4. 基点定价。基点定价是指企业在销售区域内选择某个城市作为基点，按出厂价加上企业到离购买者最近的基点的运费来定价。为了提高灵活性，企业可以选择多个基点。

5. 运费补贴定价。运费补贴定价是指为了弥补产地价格策略的不足，减轻买方承担的费用和风险，由卖方负责一部分或者全部运费。这类定价导致销售量增加带来的成本下降大于因运费免收造成的企业收入减少。

五、产品组合定价

产品组合定价是指企业为了实现多样化产品的最大利润，在充分考虑产品组合中各产品之间的关系，以及个别产品定价的高低对整个组合的影响的基础上，系统地对产品组合中相关产品的价格做出调整。

（一）产品线定价

产品线定价是指企业为了追求整体收益的最大化，充分发挥系列产品的需求和成本之间的关联的积极效应，为同一产品线中的不同产品确立不同的角色，制定不等的价格。例如，有的产品为招徕品，定价比较低，以吸引消费者购买其他商品；有的产品为获利品，定价比较高。这种定价方法首先要确定产品线中档次最低或者比较低的产品价格，然后再确定价格比较高或者最高的价格。价格差过大，会导致低规格产品的需求量过大；相反，则会导致高规格产品的需求量增加，这对整个产品线而言都是不利的。所以价格区域间的差异必须考虑到产品线内不同产品之间的成本差异、顾客对不同特色的评价以及同类型产品的竞争者价格。

（二）单一价格定价

单一价格定价是指企业在为产品线定价的时候也可以将产品线内所有产品制定相同的价格。这对一些产品项目之间成本差距不大的情况比较实用。这类定价的好处在于方便顾客购买，也有利于企业的产品管理。

（三）互补品价格定价

互补品是指需要配套使用的产品，产品之间存在互补关系。互补品定价的关键是企业利用价格对消费者连带品市场需求的调节、引导作用，实现营销目标由点及面。如果两种产品的单位价格差异大，则购买频率也有所不同。价格高的称为主要产品，价格低的称为附带产品。主要产品价格高但是购买率低，相反，附带产品价格低购买率高。互补定价就是降低主要产品的价格，提高附带产品的价格。如降低照相机的价格而提高胶卷的价格。

（四）替代品价格定价

替代品之间的关系是互相替代，消费者倾向于选择价格低的产品。所以企业需要将需求转移到一些产品的时候，可以提高准备淘汰的产品的价格，或者用相对较低的价格进行需求诱导。

除了常用的集中定价策略外，产品组合的定价策略是相对多元化的。针对产品的不同角色，可以衍生出很多的定价方法。如对备选品、附属品的定价，采取两部分定价，强调产品的分级定价和配套定价的策略等。

此外，企业最常使用的就是促销定价，即将企业产品价格调整到低于价目表目前价格甚至低于成本费用价格的定价手段。牺牲品定价是指大的零售企业如超市或者百货公司会在几百种品牌中选择几种知名品牌降价，以达到增加其他商品销售的目的。通常品牌制造商不愿意自己的产品成为牺牲品，因为这不仅会损害自身利益，还会遭到其他零售商的抱怨。特殊事件定价是指销售商利用特殊事件如店庆或者其他重大节日来制定特殊优惠的价格来吸引顾客。企业还可以通过提供免费担保或者服务合同来促销产品。如果消费者愿意购买，企业将不对保证书或者服务合同进行收费，或者免费或者减价提供。这是降低价格的间接途径。

第五节　价格调整与应对

产品价格确定以后，并不是固定不变的，而要根据销售时间、地点等动态环境的改变而改变，需要企业经常做出调整。某种程度上说，价格的确定是一个动态过程，需要找到每个状态中的最优定价。价格的稳定是相对而非绝对的。

一、主动调整价格

主动调整价格是指在同行业中的其他企业没有调整价格时，企业自己进行价格的调整。企业自身的价格调整通常有提价和降价两种方式。企业的价格调整需要掌握时机和幅度。

（一）提价

企业营销活动中的提价是经常性的行为，虽然提价可能引起企业利益相关者，如消费者、经销商和销售人员的不满，但成功的提价能够增加企业利润。所以只要企业的提价是合适的，就可能带来积极效果。

1. 提价原因。企业提价的原因归纳起来有以下几个方面：

（1）成本上升。在价格既定的情况下，成本的上升使企业的利润下降，企业为了维持之前的利润目标，就需要提高价格。这种情况通常发生在企业预期会发生物价上涨或整个社会发生通胀时。

（2）产品供不应求。产品供不应求，需要企业通过提价的方式抑制消费者的需求。这种措施也能为企业带来利润，是企业扩大再生产的基础。

（3）企业产品的品牌效应。这是企业的产品或者服务通过提价达到与竞争者产品区分的一种策略。提价可以帮助企业打造名牌优势，利用消费者高价优质的心理，提高企业及其产品的美誉度。

2. 提价方式。企业的提价方式可以是直接的，也可以是间接的、隐蔽的。通常，太过直接的提价会引起消费者的不满，需要企业告知相关理由，以赢得理解。

同时直接提价是不可能一次性达到目标的，需要多次小幅度提价，因为顾客不适应价格的突然变化。所以更多的时候提价的方式是间接的。如取消或者降低价格折扣，即企业消减正常的现金和数量折扣等；目录价格不变，减少产品分量、功能，简化包装，减少附加服务和免费服务；在通货膨胀等外在环境发生变化时推迟报价，等到交货时再报价；在产品组合中取消低利润产品和增加高利润产品占比。

（二）降价

虽然从企业的目标来说，降价非其自愿行为，而是不得已而为之，但降价可作为企业的一种策略，帮助企业击败竞争者。

1. 降价原因。企业降低价格的原因主要有以下几个方面：

（1）企业的生产能力过剩，存货积压占用资金，需要扩大销售，但由于自身产品的改进和强化营销活动都需要相关费用，所以考虑降低价格增加销售，同时达到回收资金的目的。

（2）企业的占有率受到竞争对手的影响而下降。

（3）企业拥有成本优势，即较低的成本费用，企业可以通过降价来控制市场或者提高占有率。

（4）宏观环境的变化，如政府政策限制某些行业的利润或者指定最高价格，会使行业价格下降，降价是企业渡过难关的通用方式。

2. 降价方式。企业降价的方式也有直接和间接之分。直接的方式就是调低目录价格。间接的方式包括实行价格折扣、增加产品价值以及促销等。

二、消费者和竞争者对价格变化的反应

（一）消费者对价格变化的反应

消费者对于价值高低不同的产品提价的反应是不同的。对于价值高、购买频率高的产品，消费者对其价格的关心程度较高，对其价格变动比较敏感；对于价值低、购买频率低的产品，消费者对其价格变动比较不敏感。消费者既关心产品价格的变化，也关心产品的使用成本。企业如果可以使消费者相信产品的使用成本较低，就可以提高价格。而且企业提价往往会传递一些信息，如产品供不应求、质量提升等，也可能影响消费者的选择决策。企业提价成功与否的标准在于消费者的接受程度。企业与消费者进行沟通有助于令提价带来正面效果。

消费者对于降价的反应也是不同的。降价会吸引一些顾客购买，但由于企业和消费者的信息不可能做到完全对称，所以消费者对降价也可能有不同理解，如产品将被替代。产品有缺陷，企业经营困难，产品质量下降，等等。

（二）竞争者对价格变化的反应

竞争者对提价的反应，在产品越来越同质化的市场中也非常重要。如果竞争对手有一套应对价格变动的政策，那么竞争者的反应是能够预测到的。企业可以通过外部途径，委托顾客、供应商等获得竞争者的内部资料。如果竞争者将企业

的每次价格变动都看成一次新的挑战，并根据其当时目标和利益做出反应，那么此时企业就必须对竞争者做详尽的分析：竞争者的目标是什么，当前的财务状况、销售和生产能力、顾客忠诚度如何，等等。若竞争者的目标是提高占有率，则可能采取跟随战略；若竞争者的目标是要获得最大利润，则会采取如增加广告预算或者提高产品质量等其他方法。

竞争者对企业价格变动可能的反应是不跟随、延迟降价跟随或者超过其规模降价等，采取何种程度的降价是由竞争者与企业之间的关系决定的。若降价引起收入减少，竞争者可能保持不降；若降价使产品短期内不具备成本优势，竞争者可能延迟其降价；若降价使同类产品中不同档次的产品发生竞争，则竞争者会保持观望。若企业面对的竞争对手数量较多，则情况复杂；若竞争者情况大体相同，则分析典型代表即可；如果竞争者之间差异明显，则需要分别进行分析。

三、企业如何应对竞争对手价格的变化

企业同样也要面对竞争者价格的变化。在产品同质的市场，若竞争者降价，而企业不能增加自身产品的价值，则只能选择跟随降价；反之亦然，即提价可能会带来利润，那么企业都会选择提价。企业决定降价或者提价都是从自身情况考虑的。

在产品异质的市场，企业对竞争者价格的变动可以做出更多的选择。购买者在决策时考虑的如服务、质量、性能等因素都会降低购买者对较小的价格差异的敏感程度。企业对竞争对手价格变化做出反应前要思考一些问题，如竞争者价格变化的原因、目的；其价格变动是短时期的还是永久的；如果企业不做出反应，对企业自身的产品、占有率、顾客会有何影响，行业内其他竞争者会做出什么反应；等等。

针对价格竞争的最佳反应要视情况而定。如市场领导者受到小企业的价格攻击，可以采取维持原价、提高认知质量、降低价格、提高价格并改进质量等多种选择。企业的选择必须考虑产品的生命周期、竞争对手的意图、市场对价格和质量变动的敏感程度等各方面的因素。

价格变化和价格反应是一个动态的博弈过程。企业和竞争者之间相互分析对方价格变动的特点、变动的目的、变动的影响情况，并根据自身情况做出迅速反应。这种动态的博弈是相对复杂的，变化和反应过程需要企业对众多信息进行分析和合理应用。

本章小结

本章阐述了定价策略的基本内涵，讨论了影响定价的企业、顾客、竞争者因

素以及宏观环境中市场结构、经济环境的影响和作用。介绍了产品定价的一般过程和产品定价的三种基本方法，即以成本、需求和竞争为导向的定价方法。重点介绍了六种价格策略以及每种价格策略在实践中的具体表现，是对产品定价的三种基本方法的延伸和实践运用。最后还强调企业价格变动的原因、方式，消费者和竞争者的反应，以及企业如何应对竞争者价格的变动，说明价格的变动和反应是一个动态的过程。

关键术语

成本/需求/竞争导向定价法（Cost/Demand/Competitive - Oriented Pricing）；招徕定价（ Drumup Pricing）；撇脂定价（Skimming Pricing）；尾数定价（Mantissa Pricing）

复习思考题

1. 产品价格的决定因素有哪些？它们是如何影响产品价格的？
2. 企业的感知价值定价是什么？其操作中的注意事项有哪些？
3. 价格折扣策略有哪些形式？实践活动中需要注意什么？
4. 常见的心理定价方法有哪些？从消费者心理角度分析它们是如何影响消费者的。
5. 新产品的定价策略有哪些？比较它们的特点并说明适用场合。
6. 试分析企业与其竞争者之间的价格变动和反应的过程。

本章案例

廉价航空成功背后的定价智慧

低成本航空公司最大的优势就是廉价。国内低成本航空公司的定价目标很明确，就是尽可能低廉的机票价格，以量取胜，机票价格大约为传统航空公司票价的一半左右。

一、传统航空公司的定价管理

航空客票的运价主要是由运输成本、利润和税金构成。传统航空公司制定票价的主要依据如下：

一是运输成本，它近似地反映了运输价值量的变动趋势。作为制定运价的主要依据，运输成本是运输产品定价的最低界限。

二是盈利水平，为保持企业获得一定利润，以维持简单再生产和扩大再生产。

三是运价政策。运价政策是国家价格政策的重要组成部分。目前，我国政府不再具体制定民航国内运输价格，而是划定价格浮动的空间，允许航空企业根据政府确定的基准价上下浮动，但仍需国家民航局审批，而不是由航空公司完全决定航线价格。

四是各种运输方式之间的比价关系。为达到各种交通工具之间的合理分工，充分发挥各种运输方式的优势，并充分利用各种运输方式，在制定运价时，会考虑各种运输方式之间合理的比价。

随着航空运输市场的逐步放开，传统航空公司虽然会根据上述原则来制定机票价格，但是更会根据市场情况采取多等级票价的差价座位管理方式，以提高航空公司的收益。

二、低成本航空公司在实施低价格战略时要解决的关键问题

低成本航空公司在实施低价格战略时要解决的关键问题其实就是市场和产品的协调问题。中国低成本航空公司需要进一步了解旅客的需要，从而扩展自己的市场。特别是要在自己的航线上、航班密度上，以及航班时刻上加以注意。一些网友表示，低成本航空公司在一些二线机场和支线机场有很大的发展潜力和空间。低成本航空公司应该在热点航线上、大城市之间与三大航空公司竞争，更多地方便商务旅客出行。另外，低成本航空公司自身要努力提高自己的运力，发展航线，形成网络，为旅客提供更加便利的中转服务；同时，在适当的时候开通国际航线，更多地方便旅客出行。在产品方面，低成本航空公司应该多推出一些旅游度假、商务出行套票产品，这样可以让旅客更大程度地得到实惠，同时吸引更多的旅客。还有网友建议，现在中国的民营低成本航空公司应该及时推广常旅客计划①，提高旅客的忠诚度，完善自己的营销手段。

一方面，低成本航空公司在实施低价格战略时，需要实施严格的差别票价标准，区分消费人群，只有这样，才能使航空公司获得收益的最大化，但最重要的是注重细节管理。“细节决定成败”，这是美国航空公司差别定价管理中折射出来的光芒。另一方面，差别票价会为低成本航空公司带来一定收益，但低成本航空公司推出的极低价机票必然会使公司赔钱，但是航空公司多是以此作为一种宣传手段，通过提供增值服务增加收入。

例如，春秋航空就是用低票价吸引旅客，再提供各种个性化的增值服务来增加收入，这种“做加法”的商业模式在我国尚属首次。在多数航空公司，只有头等舱的旅客才能享受优先登机服务，但在春秋航空，只需支付30元就可以享受该服务；再如，往返京沪航线的旅客花50元即可购得“直通车”业务，不但

① 常旅客计划（Frequent flyer program）是航空公司、酒店等行业向经常使用其产品的客户推出的以里程累积或积分累计奖励里程为主的促销手段。

可以坐在飞机第一排，还可以享受商务车摆渡、专人代取行李的服务。这些做法在国内其他航空公司看来简直是“不可思议”的。“亚航”也一样精通此“道”。虽然机票是免费的，但在它的航班上，不但销售午餐、饮料，还销售酒店套餐、旅行保险等产品。

（资料来源：低成本航空公司营销策略［EB/OL］．［2015－01－05］．http：//3y. uu456. com/dl_71syx1lzjj721et5ih2y_ 2. html，有改动。）

案例思考题

1. 案例中所涉及的定价策略有哪些？
2. 根据本案例，简单论述影响廉价航空产品定价的相关因素。

第九章　渠道策略

【学习目标】

渠道策略是企业营销组合策略的重要组成部分，目的是将企业（厂商）的产品或服务转移到消费者手中。渠道策略的核心在于渠道系统的设计，根据不同的渠道主体，企业可以选择不同的渠道系统，以更加快捷、高效的方式实现价值转移。通过本章的学习，应该达到如下目标：

- 了解分销渠道的基本概念与职能；
- 理解传统渠道系统与整合渠道系统的区别与联系；
- 掌握渠道设计与管理的基本过程；
- 掌握窜货的基本概念以及整治方式；
- 了解中间商的几种类型。

引导案例

2014 年 11 月 12 日凌晨，阿里巴巴公布了“双十一”全天的交易数据：天猫淘宝“双十一”全天成交金额为 571 亿元，其中，在移动端交易额达到 243 亿元，物流订单 2.78 亿，总共有 217 个国家和地区被点亮。新的网上零售交易纪录诞生。2009 ~ 2014 年，“双十一”已经从天猫扩散到全电商平台，从国内扩展到全球。“双十一”正逐渐从单一的电商营销日，变为全球消费者的购物狂欢节。在户外用品行业中，骆驼、探路者的“双十一”销量都有 300% 的涨幅，思凯乐、哥仑布等品牌也开始加入。对此，很多线下代理商表示不满，认为按照“双十一”的销售价格，会搅乱整个品牌的价值体系，透支了品牌的市场，严重影响实体店的销售。

对品牌商而言，线上销售也确有其不足之处：

（1）线上低价销售，销量增加，同时使线下销量减少，并不能增加应得的利润；

（2）线上清理库存，透支市场，损害品牌形象；

（3）线上线下不同款，线上销售量难以预测，可能会造成大量积压。

总结：在网上的热销确实给传统线下实体店带来了巨大的冲击。例如，很多实体书店已经倒闭。但是在商品展示、沟通交流、退换货服务等方面，网络购物与到实体店购物的体验还有着不小的距离。从发展趋势来看，网络零售对传统流通业带来冲击是必然的，但两者并非简单的零和竞争。在相互竞争中，二者相互借鉴彼此的优势，创新经营模式。从长远来看，线下体验取货、线上下单的O2O模式也许会成为一种趋势。这可以将互联网跨地域、海量用户的优势与实体店便于体验、提供优质服务的优势相结合。两者相容互补，会给品牌发展带来更强的活力。

第一节　分销渠道概述

渠道是市场营销组合策略中的重要组成部分，在企业与消费者之间扮演着纽带的角色。渠道对企业的作用是不言而喻的：企业生产产品和服务并将其提供给消费者需要通过一定的渠道；企业出于降低成本的考虑，会选择相应的中间商销售自己的产品。

一、分销渠道的含义与职能

要理解和掌握分销渠道的概念，我们首先需要提出另外一个概念——营销渠道。在市场营销理论中，营销渠道和分销渠道往往不加区分地交替使用。

所谓市场营销渠道，是指参与生产、分销以及消费某一产品和服务的所有企业和个人。也就是说，市场营销渠道整合了从源头的供应商到末端的最终消费者，形成了一条完整的价值链体系。所以，市场营销渠道的主体不仅包括企业和最终的消费者，还包括供应商、中间商和辅助商（如支持分销活动的仓储、运输、金融、广告代理等组织机构）等。

所谓分销渠道，通常是指在产品或服务从生产者向消费者转移的过程中，负责这种转移工作的一整套相互依存的组织。同市场营销渠道相比，分销渠道不包括处于企业上游的供应商以及提供支持性服务的辅助商。

在实际工作中，人们对市场营销渠道和分销渠道往往并不做详细区分。但是随着营销实践的发展，在产品（服务）向消费者转移的过程中，提供支持性服务的辅助商发挥着越来越重要的作用，区分市场营销渠道和分销渠道的价值和意义也越来越大。

分销渠道在产品从生产者转移到消费者的过程中发挥着重要的作用，其职能主要为调研、促销、订货、物流、融资以及风险承担等，具体活动如表9－1所示。

表9－1　分销渠道的职能与活动

职　能	具体活动
调研	搜集与传播有关现实和潜在顾客的信息，帮助制订计划
促销	洽谈生意，进行关于产品或服务的说服性沟通
订货	寻找买家，实现商品的所有权从厂商到中间商的转移

续表

职　能	具体活动
物流	承担商品从生产者到消费者转移过程中的储存、运输、分类等
融资	解决渠道工作中所需要的成本费用的现金流
风险承担	承担与分销渠道工作相关的所有风险

资料来源：郭国庆．市场营销通论［M］．北京：中国人民大学出版社，2014：228.

二、分销渠道的层次与宽度

（一）分销渠道的层次

为了使产品和服务更好地转移，厂商通常会设计不同形式的分销渠道。产品在分销渠道转移的过程中，所经过的每一层中间商，我们称之为一个渠道层次。处于渠道端点的生产者和消费者也参与了将产品（服务）转移的工作，因此他们也都是渠道的重要组成部分。一般而言，在营销领域，中间商层次的数目代表了渠道的长度。

从总体上划分，不同长度的分销渠道可以分为直接分销渠道和间接分销渠道。直接分销渠道，又称零层渠道，没有中间商层次，厂商直接面对消费者。如图 9－1 所示。例如，安利（Amway）是通过建立家庭和集团销售小组上门推销或者通过互联网销售的，而戴尔（Dell）则主要是通过建立自己的线上线下销售平台直接面对终端消费者。图 9－1 还列举了一层渠道、二层渠道以及三层渠道等，均属于间接分销渠道。间接分销渠道，顾名思义，就是企业通过不同的中间商销售产品或服务，而企业自身并不直接面对消费者。现实生活中，大部分企业出于自身实力或者成本的考虑，会选择间接分销渠道。

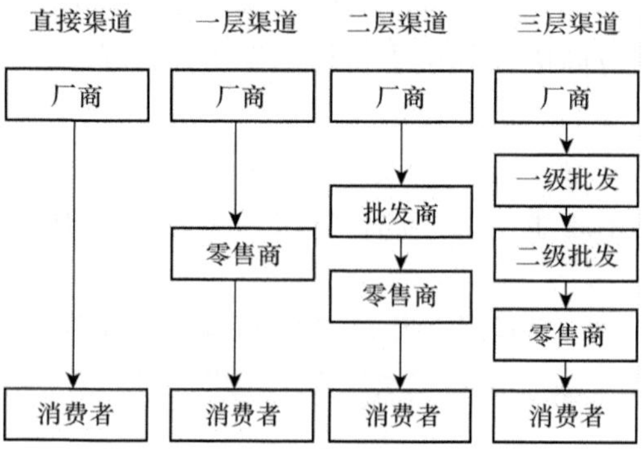

图 9－1　渠道类型

（二）分销渠道的宽度

与分销渠道的长度相对应的概念是分销渠道的宽度。分销渠道的宽度是指企业在分销渠道的每个层次使用的同种类型中间商的数目。根据企业采用的中间商数目的不同，我们可以把企业的分销策略分为三种：密集分销、选择分销和独家分销。

（1）密集分销。这是指厂商尽可能通过多个批发商、零售商销售其产品，目的在于扩大市场覆盖面、提高市场占有率。一般而言，消费品中的便利品通常会采用密集分销，使广大消费者能够随时随地买到。

（2）选择分销。这是指厂商精心挑选诚信、负责的若干特定中间商销售其产品，目的在于维护本企业产品的良好信誉、提高企业的市场竞争力。消费品中的选购品比较适合采用选择性分销策略。显然，同密集分销相比，选择性分销主要适用于价值较高、有一定知名度的产品。由此可见，分销策略也是企业树立品牌形象的重要举措。

（3）独家分销。这是指厂商在某一时期只选择一家最合适的中间商，与其签订协议，独家授权，由其专门销售本公司产品。其目的不言而喻，通过独家分销策略，厂商一方面可以提高中间商的服务水平，进而树立良好的企业信誉；另一方面可以借用协议排挤竞争对手。显然，独家分销会产生比较高的成本。对制造商而言，寻找、甄选、管理合适的中间商需要付出较多的人力、物力资源；对中间商而言，只销售一家企业的产品会承担比较大的风险，所以中间商会向企业提出额外的要求，比如降低进货价格、提高售后服务水平等，这在一定程度上会增加企业的成本。

三、分销渠道的类型

分销渠道的类型多种多样，分类方式也不尽相同。按照参与分销过程的各个主体之间关系的紧密程度，分销渠道可以划分为传统渠道系统和整合渠道系统两大类；按照分销主体的参与形式划分，分销渠道又可以分为线下传统渠道系统和线上网络渠道系统。

（一）传统渠道系统

传统渠道系统是指由各自独立的制造商、批发商、零售商和消费者组成的松散的渠道系统。在传统渠道系统中，没有任何一个主体能够对其他成员施加控制，各个主体之间是相互独立、各自为政、追求自身利益最大化的，甚至不惜以整个渠道系统的利益为代价。没有一个渠道成员能够更多地控制其他成员，也不存在一个正规的手段来分配角色以解决渠道冲突。因此，传统渠道系统很难实现整个系统的利益最大化。随着市场环境的演变，越来越多的企业逐渐意识到传统分销渠道存在很大的弊端。

（二）整合渠道系统

营销渠道包含一组因共同利益结合起来的企业，每个渠道成员都与其他成员相互依赖。尽管渠道成员彼此依赖，但它们经常根据自身的短期利益单独行事。对于谁按照什么报酬做什么事情这样的问题，它们很难达成一致，目标、角色和回报的不一致容易产生渠道冲突。

整合渠道系统是指分销渠道的主体通过一定的方式有机地融合在一起，形成统一的分销体系。传统渠道系统之所以存在较大的弊端，其主要原因就是渠道中只有分工而没有协作。整合渠道系统建立的目的就是在各个渠道主体各司其职的基础上，协调各渠道主体的职能、管理冲突，使之更加完善。整合渠道系统主要包括垂直、水平和多渠道系统三种。

1. 垂直渠道系统。垂直渠道系统（Vertical Marketing System，VMS），由一个或多个独立制造商、批发商和零售商共同组成，一个渠道成员拥有其他成员或建立一种契约关系，其他成员服从同一个渠道成员。因此，在垂直渠道系统中，制造商、批发商或零售商均有可能成为渠道管理者。垂直渠道系统有三种主要形式：公司型、管理型和契约型三种。

（1）公司型垂直营销系统（corporate VMS）。顾名思义，公司型垂直营销系统的管理者为大工业公司或者大型零售公司。一家公司拥有整个分销渠道的控制权，综合经营生产、批发和零售业务。渠道系统的协调和冲突管理工作通过常规的组织渠道完成。美国著名的西尔斯公司从1925年开始进行百货商店的经营，采用公司型垂直营销方式，陆续开设了300多家百货商店。凭借这一模式，自20世纪初期，它就一直占据着美国零售业第一的位置。

（2）管理型垂直营销系统（administered VMS）。管理型垂直营销系统是通过分销渠道中某个有实力的成员来协调整个产销通道的渠道系统。它不依赖共同的所有权，而是通过渠道中某个成员的规模和实力。在这种类型的垂直营销系统中，特定渠道成员握有对渠道系统的领导权。如著名的时尚连锁商Zara采用“快时尚”的连锁商方式，通过纵向一体化管理，掌控着整个设计、制造以及分销流程。这种强大的分销系统能够把顾客所需要的商品以最短的时间传递到顾客手中。

（3）契约型垂直营销系统（contractual VMS）。相对于公司型和管理型垂直营销系统，契约性垂直营销系统主要通过契约对渠道成员进行协调和冲突管理。在整个分销体系中，各个渠道成员通过合同连接在一起，实现整个系统利益的最大化。如麦当劳将自己的店铺开在大型超市或者商场里面，可以从大量的客流中获利；与此同时，超市或者商场则留住了那些饥饿的顾客，避免他们去别的地方就餐。

2. 水平渠道系统。水平渠道系统是由同一个渠道层次的两个或多个企业联合，相互协作，共同开拓新的市场机会的横向分销渠道系统。水平渠道系统可以解决各个企业在资本、人力、技术等方面不足的问题，降低企业经营风险，实现最佳的协同效益。企业可以和竞争者联合，也可以和非竞争者联合；可以暂时合作，也可以长期合作。例如，生产家用电器的厂商飞利浦，与中国的电器制造商TCL交换股份，利用TCL在中国市场的2 000余家分销门店销售飞利浦的产品。

3. 多渠道系统。多渠道系统又称复合渠道分销系统，是在单一渠道系统的基础上产生的。随着营销实践的发展，消费者市场的细分结构越来越复杂，单一的渠道系统很难满足厂商将产品和服务顺利转移的需要，多渠道分销系统诞生，具体如图 9－2 所示。当一个企业针对同一或不同的细分市场，建立两个或者多个分销渠道为消费者服务时，就产生了多渠道分销。很多高收入人群喜欢现代化的超市和带空调的购物中心，而收入相对低一些的人群可能更喜欢在农贸市场或者小的传统零售店讨价还价。

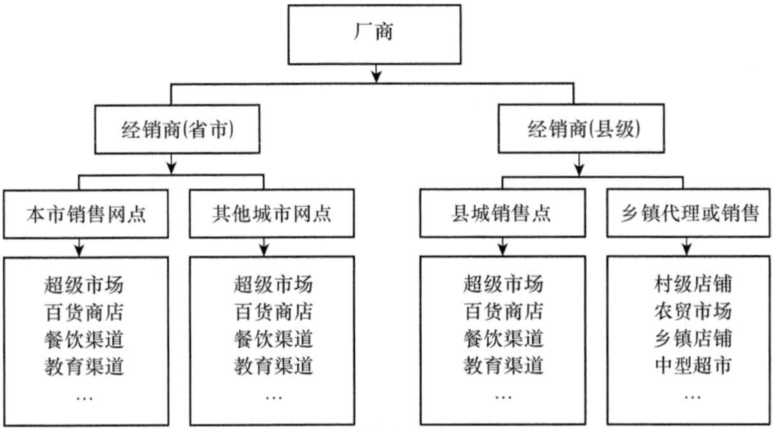

图 9－2　多渠道系统

多渠道系统大致可以分为两种基本形式：一种是生产者通过两条以上的竞争性分销渠道销售同一商标的产品；另外一种是生产者通过多条分销渠道销售不同商标的差异性产品。此外，对于同一产品，公司还可能针对不同消费者的需要，在多条渠道上采用不同的服务内容与方式。多渠道系统的优势主要体现在以下三个方面：提高市场覆盖率、降低分销成本以及更好地适应顾客需要。但该系统也很容易造成渠道之间的冲突，给渠道控制和管理带来较大的困难。

（三）线上渠道系统

随着技术和营销新理念的迅速发展，分销渠道系统的设计发生了翻天覆地的变化。一个主要的趋势就是中间商的弱化，即传统的企业到消费者之间的物流、信息流、资金流等逐渐绕过中间商，直接贯通分销渠道的两个终端。这一趋势对中间商而言既是挑战也是机遇。中间商的弱化并不意味着中间商将会在分销渠道中完全消失，准确地说，应该是中间商所扮演的角色发生了转变。

互联网思维引入传统分销渠道系统的设计中，一方面不断冲击着传统的分销渠道，另一方面也带来了新的分销渠道模式即 O2O（Online to Offline）模式。O2O 模式是指通过整合线上和线下两条渠道，降低渠道成本，最大化渠道收益。在营销实践中，O2O 模式可以分为四种：

（1）Online to Offline 模式。这是 O2O 最基本的模式，消费者从线上购买产品，在线下进行消费体验。

（2）Offline to Online 模式。企业在线下开展促销活动，吸引消费者在线上进行购买。例如，魔兽世界这款网游就经常和麦当劳、可口可乐等公司合作，消费者在购买麦当劳的套餐或者可口可乐时就会得到一定价值的在线游戏时间。

（3）Offline to Online to Offline 模式。这种模式其实是第二种模式的延伸，消费者在网上实现交易之后，最终还是在线下进行消费体验。很多外卖网站（饿了吗、美团外卖等）在线下发放印有二维码的传单，消费者通过扫描二维码即可实现网上订购外卖，最后在线下进行消费。

（4）Online to Offline to Online 模式。企业在线上促销吸引消费者线下购买，最后回到线上进行消费。例如，信用卡中心经常会和商家合作，从网上告知消费者某商家为该信用卡的合作商户，持卡人在该商户刷卡消费之后会送积分。消费者获得积分之后可以在信用卡商城用积分购买相应的产品。

O2O 模式不同于 B2C、C2C 以及 B2B 模式，它实际上把互联网和传统企业紧密结合在一起，企业有了更为灵活多变的分销模式，实现了价值的转移。

第二节　分销渠道设计与管理

在前一节中，我们详细介绍了不同的分销渠道系统及其各自的优缺点。面对不同的分销渠道，制造商应该如何进行决策？在设计分销渠道系统时，制造商应考虑哪些影响渠道的因素？设计完成一个分销渠道系统仅仅是企业分销策略的开始，企业还需要对分销渠道进行管理，解决渠道冲突问题。

一、影响分销渠道设计的因素

渠道设计的目的在于确定企业到达目标市场的最佳路径。因此，渠道设计不仅要考虑企业自身各方面的因素，还需要根据目标市场的特点进行决策。具体来看，影响渠道设计的因素主要有以下几个方面：

（一）市场特性

企业树立正确的营销观念，必须首先考虑消费者的特性。渠道设计需要从消费者的需求出发，了解目标消费群体希望从渠道系统中得到什么。目标客户群体的人口统计特征、地理分布、购买频率、每次消费金额以及对企业营销组合策略的反应等，都会影响企业的渠道设计。

（二）产品特性

产品特性也是渠道设计的重要影响因素。一般而言，产品本身的质量、体积、单位价值、工艺以及耐用性等特点都会影响渠道选择。例如，体积大、技术性强的产业市场产品应该尽可能缩短分销渠道，而体积小、分量轻的消费品则应该建立市场覆盖面广的分销渠道网络。此外，产品所处的生命周期也是影响渠道选择的重要因素。新产品刚刚上市时，消费者对产品并不熟悉，就需要厂商派专员进行推销介绍；随着产品被越来越多的消费者认可，产品逐渐进入成长期和成熟期，分销渠道设计可以随之做出相应调整。

（三）竞争特性

厂商的渠道设计还受到竞争对手渠道建设和渠道策略的影响。有些厂商会尽可能避免选择与竞争对手类似的分销渠道，以将自己同竞争对手区分开来；而某些行业的生产者则希望选择与竞争对手相同或相似的分销渠道，以获得集聚效应。在消费品市场中，我们通常可以看到不同品牌的产品摆在一起进行销售。

（四）企业特性

企业自身的特点在渠道设计中同样会起到非常重要的作用。首先是企业规模。企业的总体规模越大，资金越雄厚，它的市场辐射范围越广，所面对的客户群体越多，同中间商谈判的能力越强，在这种情况下，企业分销渠道的选择会更加灵活。此外，企业的产品组合也会影响其渠道设计。产品组合宽度越大，企业与顾客直接打交道的能力越强，从而可以选择“短而宽”的渠道；产品组合越深，企业采用独家分销或者选择性渠道策略会更加有利；产品组合的关联度越大，企业针对不同的产品线可以采用更相似的分销渠道。

（五）环境特性

渠道设计还会受到外部宏观环境的影响。经济萧条时期，企业为了降低产品的价格，会减少中间流通环节，采用较短的分销渠道。另外，政府的相关商品流通政策也会限制企业分销渠道的设计。

二、分销渠道的设计

渠道设计是整个渠道决策的核心任务。一般而言，设计一个有效的渠道系统需要经过明确渠道目标、拟订渠道设计方案、评估不同渠道设计方案等过程（如图9－3所示）。

图9－3　分销渠道设计步骤

（一）明确渠道目标

渠道设计的中心环节是确定企业到达市场的最佳路径，这也可以说是渠道设计的根本目标。因此，企业设计分销渠道必须首先了解目标市场的需求，分析消费者希望通过该分销渠道得到什么。消费者的期望决定了渠道设计的目标。

从根本上来讲，企业是以盈利为目的的组织。因此，企业在设计渠道时，除了考虑满足消费者的需求，还会受到成本的限制。例如，企业的规模和资金实力决定了企业和中间商之间的渠道职能的分配。

此外，正如前面所述，企业的渠道设计还受到产品、竞争对手、中间商以及外部环境等因素的影响。在确定分销渠道目标时，企业需要综合考虑各个方面的因素，保证渠道设计既能够满足目标市场的需求，同时也在企业的可控范围之内。

（二）拟订渠道设计方案

企业确定了渠道目标之后，下一步工作就是根据目标，拟订渠道设计方案，主要包括选择中间商类型、确定中间商数目、规定渠道成员的权利和责任等。

1. 中间商类型。企业应该识别出能够承担渠道任务的可供选择的渠道成员类型。渠道模式的选择实质上是确定分销渠道的长度，即企业选择直接销售还是间接销售，选择一层渠道还是两层渠道，选择中间商推销还是委托代理商等。企业在选择渠道模式时，可以效仿本行业其他企业的传统渠道模式，这样能够有效降低企业的风险和成本。但切忌生搬硬套，要根据自身情况进行灵活调整。

目前我国家电行业有三种代表性的渠道模式，一种是传统的代理商模式，一种是以格力为代表的股份制销售公司模式，还有一种是海尔工贸的模式。国美、苏宁等家电卖场在与家电供应商打交道时，因为垄断了渠道而处于强势地位。格力为了避免受制于人，便走出了自建渠道的道路，最终与经销商组建了省级销售公司，并通过省级销售公司设立了遍布全国的零售店。完成渠道改革之后的格力，无论话语权还是盈利能力，皆优于其他家电企业。格力渠道模式的好处不言而喻，所以原先采用代理商制的美的集团逐渐向格力靠拢，试图模仿格力的营销渠道模式。然而对下游经销商而言，格力的品牌明显比美的要强势得多，因而，即使渠道模式相同，格力电器能大量从经销商预收货款，而美的电器却难以实现。此外，格力的品牌强势能够保证下游经销商的销量，从而提高其忠诚度，而美的经销商的忠诚度显然没有格力高。最终，美的虽然采用了同样的渠道模式，却没有取得相应的营销效果。

2. 确定中间商的数目。企业需要确定在渠道的每一层使用中间商的数量，即确定渠道的宽度。根据不同的渠道宽度，企业可以选择三种不同的分销策略：密集分销、选择分销和独家分销等。一般来说，企业的分销策略主要是由企业生产的产品决定的。例如，便利性产品和普通原材料一般会通过密集分销进行销售；而类似于高档汽车和高档女装等名贵奢侈品，企业一般会选择独家分销策略开展销售工作。

3. 规定渠道成员的权利和责任。厂商和中间商需要对合作条款以及各个渠道成员的权利和责任达成一致，主要包括各成员应该遵守的价格政策、销售条件、地区特权以及具体服务等。厂商和中间商之间的相互权利和责任应该明确。

例如，生产企业给予中间商供货保证、产品质量保证、价格折扣承诺、退换货服务承诺，等等；中间商应向企业提供市场信息和相关统计资料，保证价格、售后服务等。这一点对于特许经营策略尤为重要。

（三）评估不同渠道设计方案

企业确定好不同的渠道设计方案之后，需要按照一定的标准对方案进行评估和筛选，主要的评估标准有三个：经济性、可控性、适应性。

1. 经济性。所谓经济性，是指企业所选择的分销渠道应该满足利润最大化的要求。在经济性标准下，企业需要比较不同渠道方案所带来的预计销售额、成本和利润。例如，如果选择直接分销渠道，企业可以控制产品的最终价格，及时掌握市场信息，但是需要建立自己的销售团队、物流体系等；而如果选择间接分销渠道，企业可以利用中间商的销售渠道，但同时需要给中间商一定的价格折扣。因此，企业选择不同的渠道方案时，首先需要考虑的就是收益成本比，通过比较，选择收益成本比最高的方案。

2. 可控性。所谓可控性，是指企业对其他渠道成员的控制问题，即企业如何有力地约束渠道成员，以实现整个渠道的利益最大化。尤其是选择间接分销渠道系统时，企业需要将一些产品营销方面的控制权分配给中间商，这无疑会产生控制上的问题。作为一个独立的企业，中间商关注的是自己如何获取最大利润，因此，它只可能关心自己的目标客户而忽视与企业相关的其他客户；中间商也只会关注当前产品的销量，不注重厂商未来的发展趋势。显然，这与企业的期望是违背的。

3. 适应性。在对各个渠道方案进行评估时，企业还需要考虑方案的环境适应性。渠道策略通常意味着长期的承诺，而企业希望尽可能保持渠道的灵活性，以适应环境的变化。因此，对一种涉及长期承诺的渠道选择，只有在经济性或可控性两方面都有非常优越的条件时才予以考虑。

三、分销渠道的管理

分销渠道设计方案确定之后，企业还需要对整个分销渠道进行管理，主要包括选择分销渠道成员、激励分销渠道成员以及评估分销渠道成员（如图 9－4 所示）。

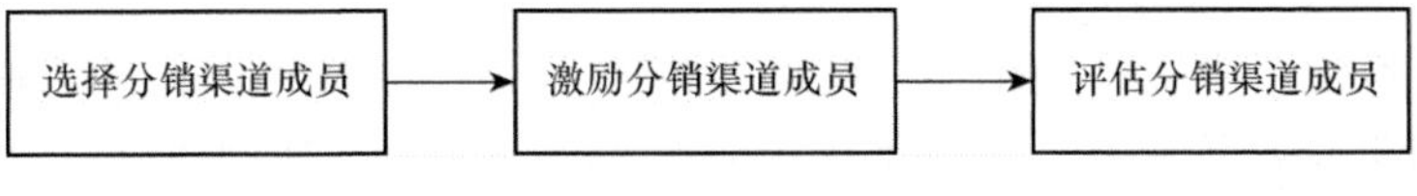

图 9－4　分销渠道管理决策

（一）选择分销渠道成员

在选择分销渠道成员环节，不同的企业面临的难易程度差异较大，主要取决于企业自身的品牌形象以及产品的畅销程度。一般而言，知名品牌或者畅销产品的厂商在选择分销渠道成员的过程中相对比较容易。例如，苹果公司每增加一条产品线，都能毫不费力地吸引经销商。事实上，并非所有有意向的经销商都能成为苹果公司的客户。

但是，情况并非总是如此。比如，在与强势经销商对话时，知名品牌也可能难以获得并维持自己想要的分销渠道。在消费品市场中，许多知名企业的产品都需要争夺大型连锁超市的货架位置，从而在同沃尔玛、家乐福等超市谈判时丧失话语权。

不论面临哪种情况，企业都应当明确合适的中间商应当具备哪些特点。一般而言，厂商需要评估中间商的业务年限、经营业绩、合作态度以及信用状况等。当打算采用独家分销策略时，厂商还需要审查商店的地理位置、消费者类型以及未来的发展前景等。

（二）激励分销渠道成员

在选定分销渠道成员之后，企业还必须充分认识到，中间商和企业尽管是一种合作关系，但由于二者处于不同的位置，矛盾仍然是存在的。比如，企业希望中间商能够全力推广自己的产品，而中间商出于自身利益的考虑，可能同时经营多种同类产品以供消费者选择；当消费者出现售后问题时，中间商也往往会把责任完全推给企业，从而对企业形象造成损伤。因此，为了促使中间商更好地为企业和消费者服务，企业还需要不断地对它们进行激励、引导和监督。

在激励渠道成员的过程中，企业需要尽量避免进入激励陷阱。为了使激励工作更加有效，企业应该做到以下几点：第一，激励要综合考虑收益与成本，防止激励过度或激励不足；第二，避免短视行为，着眼于未来，努力建立良好的厂商与中间商之间的关系；第三，全面考虑渠道成员的贡献，避免平均主义。

（三）评估分销渠道成员

在分销渠道管理中，除了选择合适的渠道成员和实施激励措施之外，企业需要定期对渠道成员进行绩效考核。绩效考核的内容主要包括：销售指标、平均仓储水平、交货时间、货物损失情况、配合企业促销和培训计划的情况以及客户服务水平等。对于绩效表现良好的中间商，企业应该予以认可和奖励；对于绩效表现较差的中间商，企业要帮助其改进工作，甚至进行撤换。

衡量中间商绩效的方法主要有两种。

第一，将每个中间商的销售业绩同上期相比，并以整个群体的升降百分比作为标准。对低于平均水平的中间商，企业应当帮助改进，加强监督；对高于平均水平的中间商，企业应当予以奖励。

第二，将每个中间商的销售业绩同该地区基于销售潜量分析所估计的配额相比，根据实际销售额与潜在销售额的比率，将各个中间商按先后名次进行排列。通过比较，企业可以明确激励的重点。

四、窜货

窜货是指经销商置经销协议和制造商的长期利益于不顾，进行产品跨地区降价销售。分销渠道中的中间商受利益驱动，把所经销的产品跨区域销售，造成市场倾轧、价格混乱，严重影响厂商声誉。

（一）窜货的原因

根据窜货的概念，我们知道中间商发生窜货行为的根本原因是提高自身收益。具体来讲，原因包括：

一是厂商给予中间商的优惠政策存在差异，不同的优惠政策造成各地区产品的成本不同，分销商利用差价进行窜货；

二是厂商给中间商制定的任务指标高于当地市场潜量，为完成任务，中间商只能跨地区销售；

三是各地区的运输成本不同，导致产品总成本存在差异，给了中间商窜货的空间；

四是厂商广告宣传力度过大，而渠道网络不完善；

五是市场报复，蓄意破坏对方市场。

（二）整治窜货

窜货现象的产生根源在于企业的渠道设计和渠道管理不完善，因此，整治窜货需要从渠道设计和渠道管理着手，做好以下几个方面的工作：

1. 选择合适中间商。企业在制定、调整和执行招商策略时，要明确的原则就是避免窜货主体出现或增加。这就要求企业合理制定并详细考察经销商的资信和职业操守，除了从经销商的规模、销售体系、发展历史等方面考察外，还要考察经销商的品德和财务状况，防止有窜货记录的经销商混入销售渠道。

2. 签订协议。企业同中间商之间签订不窜货乱价协议，通过协议约束中间商的行为，为处罚窜货者提供相应的法律依据。在经销协议中，双方声明对窜货行为的惩罚规定。为保证协议有效执行，根据不同情况，企业可采取以下方式进行惩罚：没收保证金、取消年终返点奖励、取消年终奖金、取消广告支持、取消经销资格等。

3. 制订科学的销售计划。企业应建立一套完善的市场调查预测系统，通过准确的市场调研，收集尽可能多的信息，建立市场信息数据库，然后通过合理的推算，估算出各个区域的市场潜量，制定合理的任务量。与此同时，可以与中间商共享数据，让中间商及时了解本区域的市场供求状况。

4. 完善具体措施。企业可以通过外包装差异化策略将不同区域的货物区别开来，对不同的区域采用不同的文字标识、商标颜色以及条形码等。此外，随着企业信息技术的发展，物流网络逐步建立，企业可以通过互联网信息系统及时、准确地跟踪不同区域的货物，加强监督管理。

第三节　批发商与零售商

在前面的章节中，我们学习了分销渠道设计和管理的基础知识。本节我们重点介绍渠道成员的重要组成部分：批发商与零售商。批发与零售是中间商的重要职能，尤其是在消费品市场中，二者更是不可或缺的。

一、批发与批发商

批发是指将产品和服务出售给将把它们再次出售或者用于商业用途的对象的全部活动。批发商是指那些主要从事批发业务的企业，可以分成三个类型：独立的批发商、经纪人和代理商以及制造商和零售商的办事处。

批发商对供应商有很重要的作用，批发商通过承担多种渠道职能以增加价值，如通过销售和促销、购买/建立多样性、分销、运输、风险承担、市场信息，以及管理服务和建议等发挥相应的作用。

（一）批发商的类型

1. 独立批发商。独立批发商，又称商人批发商，是指自己从事进货、批发销售的商业企业。这是批发商中最大的群体，按照职能和是否提供完全服务的不同，又可分为两种：完全服务批发商和有限服务批发商。

完全服务批发商执行批发的全部职能，提供全套服务，包括保持存货、雇用固定的销售人员、提供信贷、送货和协助管理等。完全服务批发商又可以分为两种：批发商人和工业分销商。批发商人主要对零售商销售并提供全套服务，其中，综合批发商经营多条产品线，全线批发商经营少数几条具有深度的产品线，而特卖批发商仅仅经营一条产品线中的一部分。

与完全服务批发商相对，有限服务批发商提供的服务较少，目的在于减少成本费用，降低产品批发价格。有限服务批发商种类繁多，主要包括：

（1）收现自运批发商。这类批发商只经营有限的几条商品周转速度快的产品线，只收取现金，不赊购，不送货。顾客一般为小食品店主或者餐馆等。

（2）卡车批发商。其主要负责销售和运送服务，从厂商处把货物（主要是容易腐坏的商品，如牛奶、面包等）装卡车运送到超市、小商店、餐馆以及酒店等，并收取现金。

（3）直运批发商。其主要执行运送职能，不负责存储和管理货物。接到订单后，选择某个制造商，把货物从制造商处直接运送到客户手中，不承担风险责任。直运批发商认为在整个运送过程中，商品属于客户，风险也应该由客户承担。这类批发商运送的货物主要为煤炭、木材和重型设备等。

（4）专柜寄售批发商。顾名思义，专柜寄售批发商是指在商店拥有专门的柜台用以销售自己所进货物。专柜寄售批发商将货物运送至商店，负责商品的货架摆放、定价、保鲜、库存管理等。专柜寄售批发商保留对商品的所有权，并且只对零售商已经销售给消费者的商品收款。

（5）农场主合作社。主要指农场主们共同拥有，负责农场的生产销售，并对利润进行分配的批发商。农场主合作社还负有提高产品质量、推广合作社的品牌等职能。

（6）邮购批发商。所谓邮购批发商，是指通过把产品的目录邮寄给消费者，吸引消费者购买，并通过邮购的方式完成销售。产品一般包括有特色的珠宝首饰、化妆品、专用商品等，产品的物流通过邮递、卡车运输或其他运输方式完成。

2. 经纪人和代理商。与独立批发商不同，经纪人和代理商并不拥有商品的所有权，仅执行几种职能。因此，经纪人和代理商是专门从事购买、销售或兼而有之，但不取得产品所有权的企业或个人。经纪人和代理商不是经营产品，而是作为中介，帮助买卖双方牵线拉媒。经纪人是把买卖双方撮合到一起，帮助商谈，并由一方支付报酬，如房产经纪人、保险经纪人以及证券经纪人等；代理商则更为长久地代表买方或卖方。代理商和经纪人并没有独立的投资，它们赚取的是佣金而非商业利润。其中，代理商又可具体分为以下几种类型：

（1）制造代理商。它们代表两个或者多个产品线互补的制造商，就定价政策、区域划分、订单处理、配送服务以及担保和佣金率与各个制造商签署书面协议。

（2）销售代理商。在同制造商签订协议之后，销售代理商拥有制造商全部产品的销售权，可对产品定价、销售期限和销售条件全权处理。这种销售方式常见于纺织品、工业设备、煤炭、化学制品以及金属等产品领域。

（3）采购代理商。它们通常与客户有长期关系，主要负责接收、检验、仓储以及运输。采购代理商能够向客户提供有益的市场信息，帮助他们尽可能地获取物美价廉的产品。

（4）佣金商。它们拥有产品的所有权，主要负责产品运输、以最优价格出售、扣除佣金和费用并将剩下的钱交给制造商。一般而言，佣金商不会长期受雇于某个客户。他们通常受雇于那些不想自己销售农产品而又不属于农场主合作社的农民。

3. 制造商和零售商的办事处。这是指由卖方或者买方通过设立分店或者办事处，自行经营批发业务，而非通过独立第三方经营。这种批发商具体也可以分两种类型：

（1）销售分店和办事处。制造商自己设立销售分店和办事处，以改进存货管理、销售和促销工作。销售分店掌管存货，常见于批发木材以及汽车设备与配件。销售办事处不负责存货，适用于小件日用品、干货等产品的批发领域。

（2）采购办事处。采购办事处的角色与经纪人和代理商相似，但属于卖方的组成部分。许多零售商在一些大中城市的主要市场中心会设立采购办事处。

（二）批发商营销策略

随着市场经济的发展，批发商面临的竞争压力也越来越大。正如前文所述，分销渠道发展的一个重要趋势就是中间商的弱化。许多大型制造商和购买者出于成本考虑开始绕过中间商环节，直接进行交易。因此，作为中间商的重要组成部分，批发商需要重新审视自身的营销策略。

1. 市场细分、目标市场选择以及市场定位。同制造商一样，批发商首先需要细分目标市场，确定自己的目标市场涵盖战略并实施准确定位。批发商可以根据客户的规模、类型以及对服务的需要，选择目标客户群体；在客户群体中识别有效客户，为之提供高质量的产品和服务，建立长久的客户关系。

2. 营销组合策略。尽管不直接生产产品，但是批发商仍然需要就产品或服务、定价、促销以及分销进行决策。批发商提供的产品，其特殊性体现为产品与服务的融合。批发商需要保证存货种类齐全并且数量充足，显然这样做增加了库存成本。所以，批发商需要就其产品和服务进行取舍，重点放在能够给目标顾客带来最高价值的产品服务组合上。

批发商的定价策略通常比较简单，就是在产品成本（即进货价）的基础上加上一定的百分比，这一点类似于企业的百分比定价方法。当前，随着制造商同消费者越来越多地建立了直接联系，这种传统的定价方式已然落伍。批发商需要探索新的定价方法，同时提高自己在渠道谈判中的话语权。

对大部分批发商而言，促销应该是制造商的工作，它们往往忽视了促销的重要性。实际上，促销不仅仅是宣传产品的方式，更重要的是树立品牌的工具。批发商需要促销沟通，让更多的制造商、零售商以及消费者了解自己、认可自己，树立良好的品牌形象。

最后，批发商也需要完善自己的渠道网络，包括办公地点、运输渠道、运输设备等。尤其当前互联网技术发展迅猛，批发商更需要在原材料输送、订单处理和配送系统方面实现数字化、网络化。

二、零售与零售商

零售是指将产品和服务直接出售给最终消费者，以满足个人需要而非商业用途的全部活动。不论主体如何，凡是从事这种活动的都属于零售范畴。但是作为零售商，其业务量应该主要来自零售活动。

（一）零售商的类型

零售商的类型多种多样，新的零售形式不断出现，表 9 – 2 描述了几种最重要的零售商的形式。零售商按照不同的标准可以分成不同的类别。通常来讲，我们可以按照三种不同的标准进行分类：服务的数量、产品线以及组织形式。

表9－2　主要零售商的类型

零售商类型	内　涵	特　点
专卖店	专门经营某一类商品或某一类商品中的某一品牌的商店	经营富有个性、特色，专业性强的商品，着眼于满足消费者特殊需求
百货商场	综合各类商品品种的零售商店	商品种类齐全、客流量大，目的在于满足消费者多种需求
便利店	接近居民生活区的小型商店	以经营方便品、应急品等周转快的商品为主，满足居民的日常需要
超市	以主、副食及家庭日用商品为主要经营范围，实行敞开式售货，顾客自我服务的零售商店	商品包装规格化、条码化，明码标价，并要注有商品的质量和重量。薄利多销，商品周转快
其他服务零售商	以提供服务为主的零售商	其产品线是一种服务，如银行、学校、医院等

资料来源：菲利普·科特勒．市场营销原理［M］．14版．郭国庆，译．北京：清华大学出版社，2013：397.

1. 服务的数量。不同的产品要求的服务数量是不同，而且顾客的服务偏好也存在差异。按照服务数量的不同，我们可以将零售商划分为三种：自助服务零售商、有限服务零售商和全面服务零售商。

自助服务零售商，顾名思义，就是零售商提供一个平台和基本信息，顾客自己进行选择，一方面可以降低营运成本，另一方面也希望通过尊重顾客需求来讨好顾客。通常大型超市、快消品等销售商会采用这种自助式服务。与之相反，全面服务零售商则会在消费者选择的过程中提供全方位的帮助和支持，目的在于消除消费者购物过程中产生的疑惑，尽可能促成销售。当然，这种服务方式势必会增加运营成本，而这种高成本最终会以高价格的方式转嫁到消费者身上。有限服务零售商则是居于二者之间的一种零售方式，可以看作零售商在提高顾客服务水平和降低运营成本之间的折中。

2. 产品线。产品线的长短和数量也可以成为零售商分类的一个标准。一般来说，专卖店的产品线相对狭窄，但是要长于一般零售商，其产品线内部花色种类繁多。随着消费者的个性化需求越来越高，市场越来越细化，着眼于满足消费者特殊需求的专卖店成为市场重要的选择。

与专卖店相对，百货商场拥有宽泛但相对较短的产品线，其目的在于满足消费者多种需求。百货商场一般销售鞋帽、服装、家具以及家庭用品等日常用品。但是，目前百货商场正在受到专卖店、折扣店等其他零售商的排挤。

便利店主要是指经营周转速度快、拥有有限产品线的小商店。这种店铺一般规模相对较小，位于居民区附近，营业时间较长，经营品种也不多。

超市在我们生活中比较常见，其主要特征是规模巨大、成本低廉、薄利多销。现代很多大型超市已经向高档化发展，将专卖店纳入其中，在长、宽两个维度拓展自身的产品线，力图满足所有消费者的多种需求。

最后，有些零售商的产品线实际上提供的是一种服务。例如，银行、学校、医院、电影院、酒店、航空公司、网球俱乐部、餐馆、维修服务站、发廊以及干洗店等都属于服务零售商。现今，服务零售商的发展要快于产品零售商。

3. 组织形式。随着竞争压力越来越大，许多零售商逐渐意识到品牌在竞争中的重要性，它们正以公司或者协议的形式共同使用同一个品牌。按照组织形式划分，零售商可以分为公司制连锁、自愿连锁、零售商合作社以及特许经营组织（如表 9 –3 所示）。

表 9 –3　零售组织类型

零售组织形式	具体描述
公司制连锁店	由两家及以上的商店共同所有和控制的零售店铺
自愿连锁	由批发商发起，进行大批采购和共同销售的独立零售商群体
零售商合作社	集中采购并采取共同促销活动的独立零售商群体
特许经营组织	建立在特许经营商开发的独特产品或服务、商标、专利以及创意基础上的零售商

资料来源：菲利普·科特勒．市场营销原理［M］．14 版．郭国庆，译．北京：清华大学出版社，2013：404.

连锁店是一种由两家及其以上的商店共同所有和控制的零售店铺。公司制连锁店能够获得促销上的经济性，因为其成本可以分摊到众多商店和巨大的销售量上。通过共同出资、共同管理，连锁店可以有效降低成本，提高经营效益，树立良好的品牌形象。

自愿连锁和零售商合作社是建立、使用共有品牌的两种主要的协议组织形式。其中：自愿连锁是由批发商发起，进行大批采购和共同销售的独立零售商群体；而零售商合作社是指集中采购并采取共同促销活动的独立零售商群体。

最后一种形式的零售组织是特许经营。特许经营体系一般建立在特许经营商开发的独特产品或服务、商标、专利以及创意的基础上，这是同自愿连锁和零售商合作社两种协议组织形式所不同的地方。特许经营一般常见于餐饮、保健、汽车销售等领域。

（二）零售商的营销决策

当前，零售商面临的困难越来越多。许多品牌不再选择特许经营策略，而是选择由不同的零售商将产品全面推向消费者，任何一家零售商想要提供独家产品或服务都非常困难。此外，零售商之间的服务也逐渐趋同，服务差异化水平降低，导致零售商之间的竞争最终变为价格战。因此，很多零售商开始重新审视其营销战略。

同批发商一样，零售商面对的主要营销决策包括：市场细分、目标市场选择、市场定位以及营销组合（如图9-5所示）。

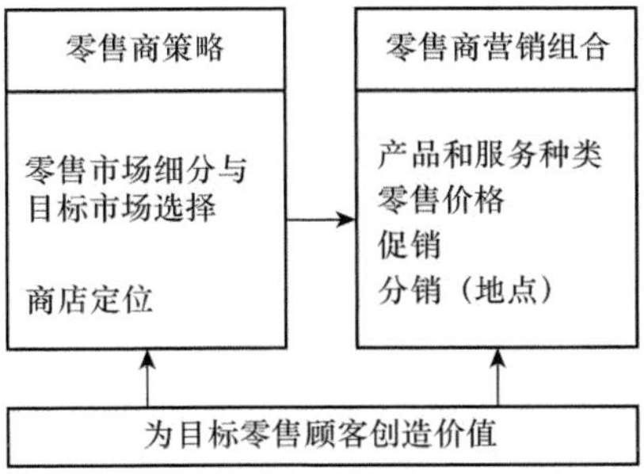

图9-5　零售商营销决策

1. 目标市场和定位策略。零售商首先必须根据一定的市场变量细分市场，确定每个市场的特点，包括消费者的产品需求、偏好、人口统计特征等，并根据自身实力选择合适的目标市场，进行市场定位。零售商只有界定清楚目标市场，才能选择其市场营销组合策略。

2. 市场营销组合策略。采取市场营销组合策略，零售商需要做到以下几点：

（1）在产品组合、服务组合以及店面氛围方面，一方面，为了同竞争对手区别开来，零售商可以适当选择与竞争对手不同的产品、服务以及店面装修；另一方面，零售商还需要考虑满足顾客的期望。例如，零售商可以提供其他竞争对手所不经营的自有品牌或者独家经营的国家品牌；可以向顾客提供多样化的服务，尽可能同其他零售商保持差异。此外，零售商的店面氛围、物理环境同样非常重要，许多零售企业开始开发一种只能在本店铺内部闻到的“标志性气味”。

（2）在价格方面，零售商的定价策略需要同目标市场的特点、产品服务组合以及竞争因素相结合，均衡价格和销量之间的关系。另外，零售商还需要就其提供的价格促销程度进行决策：有的零售商从不使用价格手段促销，主要通过产品和服务质量进行竞争；而有的零售商则实行天天低价的策略，保持连续低价，也没有价格折扣；还有一部分零售商则会选择“高—低”定价方式，即在平时设定一个较高的价格，利用频繁的打折、优惠券等方式吸引消费者。

（3）在促销决策方面，适用于厂商的广告、人员推销、销售促进以及公共关系等促销工具同样适用于零售商。零售商可以在报纸、杂志、电视、互联网等媒体上做广告，也可以通过邮寄商品目录的直复营销方式吸引消费者购买。商店内部设有专门的接待人员负责接待消费者，满足消费者咨询、购买的需求。另外，随着互联网技术的发展，许多线下零售商已经开始建立自己的线上网站，及时更新产品和服务信息，发放优惠券和发布团购信息等。

（4）在渠道决策方面，地点是零售成败的关键。对零售商而言，能够接近自己的目标市场，为消费者提供便捷的服务非常重要。例如，许多大型超市都会选择设置在小区密集的区域，而奢侈品店则会选择在高档大厦和时尚购物中心落脚。为了充分发挥集聚效应，许多零售商往往选择集中在同一区域，目的在于满足消费者多样化的需求。除此之外，很多线下实体零售商开始通过网络电商平台或者自己建立在线平台，开辟一种新的零售渠道。

本章小结

本章阐述了渠道的基本概念，分销渠道的职能及其类型。传统上，根据企业采用的中间商数目的不同，企业的分销策略可分为密集分销、选择分销和独家分销三种；按照参与分销过程的各个主体之间关系的紧密程度，分销渠道可以划分为传统渠道系统和整合渠道系统两大类；按照分销主体的参与形式划分，分销渠道又可以分为线下传统渠道系统和线上网络渠道系统。

互联网技术引入分销渠道的设计，带来了一种新的分销渠道模式，即 O2O（Online to Offline）模式。具体来说，O2O 模式归纳为四种模式：Online to Offline 模式、Offline to Online 模式、Offline to Online to Offline 模式和 Online to Offline to Online 模式。

最后，本章还介绍了影响渠道设计的主要因素，包括市场特性、产品特性、竞争特性、企业特性和环境特性；介绍了窜货及其产生的根源，并给出整治窜货的几项改进方法；选取中间商的两个重要类型——批发商与零售商进行了详细阐述。

关键术语

渠道（Place）；分销（Distribution）；直接分销渠道（Direct Marketing Channel）；间接分销渠道（Indirect Marketing Channel）；整合渠道系统（Integration of Drainage Systems）；窜货（Bugsell）；批发（Wholesaling）；零售（Retailing）

复习思考题

1. 区分市场营销渠道和分销渠道的意义是什么？
2. 影响企业渠道策略的因素有哪些？
3. 试分析传统分销渠道和整合分销渠道的异同。

4. 什么是窜货？如何防止窜货的发生？
5. 如何避免在中间商激励过程中出现激励陷阱？
6. 零售商未来的发展方向是什么？

本章案例

中国零售业何去何从？

履新几周之后，沃尔玛CEO、47岁的董明伦（Doug Mc Millon）向高管们布置了一项家庭作业：读《一网打尽》（The Everything Store）——一本关于亚马逊创始人杰夫·贝索斯的传记。

2014年，沃尔玛以近5 000亿美元的营业额高居《财富》世界500强榜首。对一家开创了零售时代的企业来说，新任CEO的要求多少有点令人费解。巧合的是，这本书中披露，贝索斯本人在一步步创建亚马逊的过程中，也曾研究过沃尔玛，并将沃尔玛创始人山姆·沃尔顿的信条——快速行动和不断试错——当成自己的行动准则。

按照麦肯锡的分析，以现在的增速测算，2015年，亚马逊将以1 000亿美元的营业额跻身全球第6大零售商。如果预言成真，则意味着剔除美元通胀因素，沃尔玛用了34年才达到1 000亿美元的营业额，而成立于1995年的亚马逊仅用了20年。

零售业正在经历一场脱胎换骨的改造。一方面，零售额达到前所未有的水平；另一方面，传统零售商也面临诸多挑战，其中之一便是在应对互联网崛起时显得措手不及。2014年，美国在线零售额有望历史性地超过3 000亿美元，手机购物将占到电子购物总金额的13%，这也是有史以来的最高水平。与此同时，一家来自中国的公司——阿里巴巴创造了迄今为止全球IPO融资额的最高纪录，其平台上完成的商品成交总额超过亚马逊和eBay之和，高达1.68万亿元。

零售业正步入一个全新的时代。无缝体验、全渠道销售、交叉营销，这些近期被美国零售界人士频频挂在嘴边的词汇让人触摸到零售业跳动的脉搏。同美国传统零售商相比，面对横扫一切的电商的冲击，中国传统零售商显得更加步履蹒跚、力不从心。

美国传统零售业何以抵挡亚马逊的冲击？

根据德勤与中国连锁协会的报告，2013年，中国连锁百强总体销售规模虽然历史性地突破2万亿元，但增幅仅为9.9%，创下了有连锁百强统计以来的最低纪录。零售百强销售额占社会消费品零售总额的比重也从2009年的11.1%下降到2013年的8.6%。与此同时，中国零售业以3 000亿美元的规模成为全球第一大网络零售市场，网络零售额占社会消费总额的比例约为10%。从规模上看，短短几年时间，阿里巴巴、京东等少数几家电商的网络零售额已经和连锁百强分庭抗礼。

探究中国零售业为何一败涂地，我们不妨看看美国零售业的历史。当以沃尔玛为代表的折扣零售商席卷美国的时候，业界也曾感叹其对美国经济的影响不亚于19世纪铁路之于美国经济。和今天的阿里巴巴一样，当年沃尔玛最大的杀伤力也在于拉低了平均零售价格。以沃尔玛为代表的零售业将过去难以想象的大包装、低价格和便利性提供给消费者，终结了当时占主流的百货业经营理念。亚马逊的崛起让美国零售业明显感受到以亚马逊为代表的电商的冲击，几乎可以说有招架之力无还手之功。直到2013年，传统零售商才开始真正有所行动。那一年，沃尔玛网上销售额的增速十年来第一次超过亚马逊。据华尔街的估算，沃尔玛2014财年网上销售额预计增长30%，从100亿美元增长到130亿美元，而亚马逊的增速为20%，增幅为145亿美元。

美国传统零售商没有像中国这样溃不成军，最重要的原因在于，过去几十年中，美国零售行业经过充分整合，规模、广度和密度这三个维度上的竞争彻底重塑了美国零售业，让它在不知不觉中成为美国经济命脉中举足轻重的一分子。

经历了几十年的洗礼，美国零售业形成了今天的格局。全球100家最大的零售商，年收入总和超过2.8万亿美元。他们分属16个国家，其中，美国占了36家。零售业还是主要的就业领域，仅美国就有2 500万人受雇于传统型零售店，约占总劳动人口的1/6，但该数据仍然低估了零售业的实际就业人数。充分整合的美国零售业，因其规模、广度和密度上的完整性而没有给电商太多乘虚而入的机会，而且传统零售商在迎接数字化浪潮时显得毫不犹豫，美国前十大B2C商户中，有七家是老牌实体零售商。

纵观美国零售业的历史可以发现，零售业的发展具有明显的阶段性特征：从本地起家并扩张成为地区性零售商之后，零售业最终会整合，形成由少数几家全国性零售商把持的格局。参照发达经济体的演变轨迹，我们可以发现，中国零售业还没有来得及进行充分整合，还没有诞生真正意义上的全国性零售巨头，还停留在地区性阶段，就遭到了来势汹汹的电商的冲击。在中国，按品类划分的前五大零售商市场份额不足20%，远低于美国可比品类24%~60%的水平。

零售业正在发生翻天覆地的改变，传统零售商如果不能参与其中，终将会被淘汰。只有不断试着做出与众不同的事情，不断自我训练以更深入地了解零售业，才能让自己立于不败之地。这个道理在美国适用，在中国也不例外。

（资料来源：中国零售业何去何从［EB/OL］．［2015－01－15］．http：//www.ceconline.com/strategy/ma/8800073226/01/，有改动。）

案例思考题

1. 根据美国零售业的发展历史，说说为什么美国的传统零售业能够与电商分庭抗礼。

2. 中国传统零售业应该怎么应对电商的冲击？

第十章　促销与沟通

【学习目标】

促销是企业营销组合策略中的最后一环，是企业引起消费者购买注意、形成购买意愿、产生购买行为的重要手段。无论采取广告还是销售促进、公关还是人员推销，促销与沟通策略的关键在于双向沟通，在于厂商与消费者之间的互动。通过对本章节的学习，应该达到以下目标：

- 了解促销组合的基本概念与构成；
- 理解促销组合的因素；
- 掌握广告设计与广告效果评估的相关内容；
- 掌握销售促进的基本工具；
- 了解人员推销与公共关系策略；
- 掌握整合营销传播的概念与内涵。

引导案例

微信朋友圈广告终于在万众瞩目中来到了。相信大家都被微信官方的广告预热贴刷屏了，而你一旦回复点赞该信息，你的一天或许都在点朋友圈的小红点中度过了。无数企业也纷纷借势此次事件大做宣传，各种病毒式营销信息大量呈现在朋友圈中。这一天或许是朋友圈有史以来的营销狂欢日了，所有人终于可以理直气壮、正大光明地做朋友圈营销了。

要知道，起初微信创始人张小龙还信誓旦旦地说微信不能被营销污染，朋友圈不能被营销，于是也采取了一些办法去禁止朋友圈的营销泛滥，如对点赞行为的禁止。而如今微信依然没能扛得住金钱的诱惑，还是做起了营销。微信对此的解释是，广告其实是人们生活的一部分，有些人还喜欢收藏优秀的广告片，微信自然是要把这一生活必需品带给其用户的，急用户之所急，自己顺便也赚点钱。

微信官方此种行为对外发出的信号基本是：接下来朋友圈将进入泛营销时代，整个微信的公众账号、朋友圈以及各种服务号的信息都被营销信息所覆盖，微信也彻底沦为营销平台，各大营销公司也开始理直气壮做各种微信营销了。而根据往日经验，凡是被营销公司盯上的平台其下场都不会好，原因如下：

其一，泛营销导致用户无心社交。

在官方正式推送广告之前，微信朋友圈已经有过分营销的迹象，且有日益加强的趋势。如企业的公关软性信息、公众平台的广告信息等，已经严重影响了用户的使用习惯，朋友圈不再是单纯的社交平台。此次微信官方再推广告，会使得微信广告营销愈演愈烈，尤其广告信息覆盖面较广，用户一旦回复，就会造成严重的用户体验问题。

其二，粗暴式广告效果存疑。

虽然微信官方认为美好的广告是可以有收藏价值的，但相信微信官方所指的具收藏价值的广告应该是传统的 TVC 广告。目前微信平台推送的文字图片式广告，相信不会有多少人认为是有收藏欲望的。大多数广告采取的是简单粗暴的广而告之形式。其结果就是用户基本会以常用的批判式的眼光去看广告，很难使广告对用户有代入感。

其三，广告目标客户稀缺。

虽然此次传出宝马以及多家企业已经有投放计划，但朋友圈广告的客户量依然不容乐观。而随着过分营销造成的用户骚扰，其效果走低是难以避免的。

微信朋友圈广告对微信发展来讲是个分水岭，如果说在此之前我们尚有信心认为微信可以摆脱泛营销的怪圈，那么如今我们就要考虑在泛营销之下我们对微信诸多功能的取舍了。微信由简单社交平台变为广告平台，逐渐成为金钱主导平台。

（资料来源：朋友圈广告会动摇社交基石吗？ [EB/OL]. [2015-01-23]. http://www.ceconlinebbs.com/FORUM_POST_900001_900005_1079804_0.HTM#，有改动。）

第一节　促销策略的概述

促销是市场营销组合策略中的重要组成部分，在企业与消费者的信息沟通中扮演着关键性的角色。促销对企业而言是不可或缺的，企业从事生产经营的目的在于满足消费者需求，获取利润。因此，企业必须通过一定的方式与消费者进行信息沟通，了解消费者真实想法的同时也让消费者接受自己。整个促销的过程从本质上讲就是营销传播的过程。

一、促销组合的构成

促销是指企业通过广告、销售促进、人员推销、赞助以及公共关系等人员或非人员的方式，接触消费者以及各种公众，与其进行信息沟通、情感交流，目的在于引发消费者对产品的需求和对企业的认同，以促进销售。促销组合的构成因素可以从广义和狭义两个维度来考量。从广义上讲，一切与促销相关的因素都可列入促销组合之中，如促销工具、促销策略以及能够传播企业和产品信息的产品样式、颜色、外形、价格等。从狭义上讲，促销组合是指企业用来与外界大众进行沟通的工具组合，包括广告、销售促进、人员推销、展销、赞助以及公共关系等。本章主要从狭义上讲述企业的促销组合策略。

同营销组合策略一样，企业的促销组合同样具有复合性、动态性、可控性以及受企业营销组合策略的制约等特点。促销组合的复合性特点体现在多种促销工具共同构成了促销组合，而且每种促销工具背后又可以具体划分成多种类型；动态性是指企业需要针对产品所处的不同生命周期灵活选用不同的促销工具，达到事半功倍的效果；可控性是指企业实施促销手段需要有相应的资源支撑，并应该考虑成本收益之间的关系；最后，促销组合是企业营销组合策略的重要构成部分，不同促销策略的实施需要服从整个营销组合策略的要求。正是由于促销组合具备这些特点，所以企业需要实施专业化管理。

二、影响促销组合的因素

企业确定实施什么样的促销组合，实质上是企业在各个促销工具之间合理分配促销预算的问题。不同的促销组合策略各有其优缺点，在营销实践中，企业一般会综合运用多种促销方式，发挥各自长处，弥补缺陷。事实上，对企业而言，企业不可能做到对每一种促销方式都能够运用自如，而且也没有必要。通常来说，企业只需要将营销重点放在效果明显而且频繁使用的促销工具上，从而确定最佳促销组合策略。因此，企业首先需要考虑影响促销组合的因素。

（一）促销目标

促销目标是企业实施促销组合策略所想要达到的目的，企业在不同的阶段和地区所面临的促销目标不同，所选择的促销策略也就不尽相同。例如，在产品导入期，新产品刚刚上市，企业的促销目标是让更多的消费者了解该产品。此时，企业应该将促销重点放在广告上面，充分发挥广告传播速度快、覆盖面广、成本费用低的优势。在促进消费者对企业以及产品的了解方面，广告效果最佳；反之，在建立消费者信任、树立企业声誉方面，人员推销的效果要好于广告、宣传、销售促进等工具。

（二）产品类型

产品类型主要是指该产品属于产业用品还是消费品。从现代市场营销的发展来看，消费品和产业用品的促销组合是有区别的。这主要是由二者的特点决定的。一般而言，消费品的市场辐射范围广，企业主要采用广告等促销工具；而对市场相对集中的产业用品，则主要采用人员推销等促销工具。当然，这并不是说广告和人员推销只局限于各自的产品领域，二者在对方的产品领域同样会取得意想不到的效果。

1. 广告在产业用品促销中的作用。广告在产业用品促销中同样能起到建立知晓、有效提醒、提供线索、增加信任等作用。目前，在我国产业用品市场上，企业间的竞争主要集中在价格竞争上。大多数企业谋求通过规模扩张来获取规模效益，然后以成本优势为依托，大打“价格战”。相对于单一的“产品竞争”

“价格竞争”“渠道竞争”“促销竞争”，“品牌竞争”是更高层次和更具综合性的竞争，更能体现企业和产品的竞争实力。广告在帮助企业建立产品知名度和美誉度方面有着得天独厚的优势，而且随着对产业用品需求的差异化程度逐步显现，企业需要为产业用品企业打造不同个性的品牌，而广告能够及时地向产业市场传递企业自身的定位信息。

2. 人员推销在消费品促销中的作用。我们通常在大型商场等人流量大的场合看到推销员在宣传产品。企业采用人员推销的方式推广消费品可以增加企业同消费者之间的情感联系，这是广告无法做到的。随着市场细分的进一步深化，企业需要通过人员推销的方式向消费者传递自己独特的个性，尤其是在科技手段不断渗透消费品之后，消费者所具备的产品知识已经无法保证其对产品的正确使用，因此需要推销人员详加解释。

（三）产品生命周期阶段

前面我们提到，企业的促销组合策略具有动态性的特点，不同的促销工具适用于不同的产品生命周期阶段。在产品生命周期的导入期、成长期、成熟期直至衰退期，不同的促销工具扮演着不同的角色。

其一，在导入期，产品刚刚进入市场，消费者对产品并不了解。企业需要充分发挥广告、宣传等促销工具在建立知晓方面的作用，配合销售促进来增加消费者对企业和产品的认知。

其二，在成长期，一方面，企业需要继续加强广告的投入，轮番轰炸，巩固消费者在导入期对产品的记忆；另一方面，企业需要注意建立产品在消费者心中的信任，注重采用消费者之间口碑传播的方式。

其三，在成熟期，此时市场已经熟知企业的产品，而且企业已经在消费者心目中树立了良好的形象。企业应该改变广告和宣传的内容，增强广告内容的情感诉求。另外，企业要减少前期以广告和宣传为主的促销方式，转而运用销售促进的方式诱导消费者的兴趣。

其四，在衰退期，企业应该把促销预算降到最低，只需要少量的广告投入来保持顾客的记忆即可。

（四）市场条件

企业在制定促销组合策略时，需要考虑不同市场条件下不同工具的效果。具体来讲包括以下几个方面：

第一，从地理范围来看，如果促销对象以本地市场为主，企业可以考虑采用成本较低的销售促进并辅助人员推销的方式；如果是面对全国市场乃至世界范围内进行促销的话，则应该考虑采取广告的方式。

第二，从市场环境来看，如果当前经济发展前景不错，消费市场潜力较大，企业可以加大促销投入，选择覆盖范围广的促销工具；反之，企业应该减少促销投入，选择针对部分人的促销工具。

第三，从竞争对手来看，如果当前市场竞争激烈，企业在制定促销组合策略时还需要考虑竞争对手的促销形式，要有针对性地适时调整自己的促销组合以及促销策略。

三、促销策略的实施

（一）推式与拉式策略

总体上来看，企业的促销策略可以分为推式策略和拉式策略。营销人员可以在这两类基本的促销策略中做出选择。所谓推式策略，是指企业利用推销人员与中间商促销的方式将产品推入渠道，最终推向消费者。而拉式策略则是企业通过广告和销售推广等营销努力，针对最终消费者，引导其购买产品（如图 10－1 所示）。对大部分企业而言，推式策略和拉式策略往往会结合使用。在经济形势较好的时候，企业更多地使用拉式策略；相反，在经济形势不乐观时，企业会采用推式策略，将产品主动推向消费者。

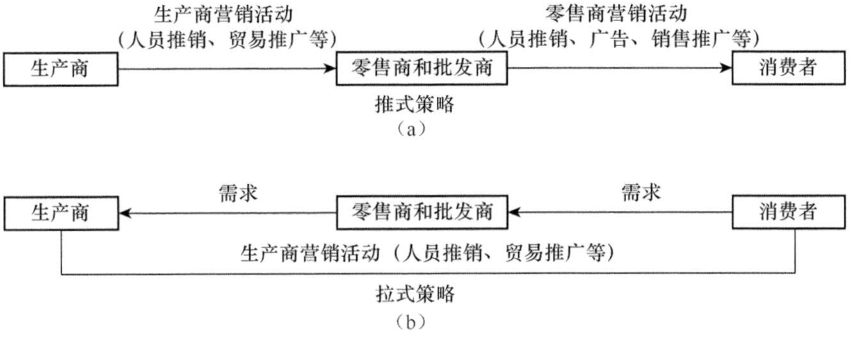

图 10－1 推式策略和拉式策略

（二）促销策略的实施步骤

企业开展有效的促销活动需要遵循四个基本步骤：

第一，确定促销对象。企业实施促销，首先需要确定目标受众，根据目标受众的特点选择合适的促销工具，制定合适的促销策略。

第二，明确促销目标。不同的促销目标下，促销工具会产生不同的效果。因此，企业必须首先明确促销目标：传递产品信息还是建立信任，影响顾客的态度还是促进购买意向。

第三，选择促销工具。促销工具主要包括人员推销与非人员推销。

第四，制定促销预算。在众多的促销工具之间如何合理分配投资？在什么时候需要加大投入、评价促销效果并加以改进。

第二节 广告与销售促进策略

从促销的历史发展过程来看，企业最先产生的促销职能是人员推销，其次是广告与销售促进，最后是公共关系。但是从人类历史的发展历程来看，广告是最先产生的，其次就是销售促进。即便是在自给自足的自然经济条件下，许多手工业者也会在市场上将自己生产出来的产品通过叫卖的方式进行兜售，这就是广告的基本形式；而且许多商人会采用“数量折扣”等方式进行促销。本节中，我们将重点介绍广告与销售促进这两种常见的促销工具。

一、广告与广告媒体

（一）广告的基本概念

广告，即广而告之。根据美国市场营销协会（AMA）的定义，广告是由明确的发起者以公开支付费用的非人员方式，对产品、服务以及意见和想法等的介绍。从上述定义我们可以知道：广告的对象是广大消费者；广告传播的是有关商品或服务的经济信息；广告是通过特定的媒介实现的，并需要广告主支付一定的费用。

（二）广告的目标

广告的目标是广告主在一定期限内希望通过广告达到的目的，具体可以分为告知、劝说以及提醒等。根据不同的广告目标，可以将广告分为告知性广告、劝说性广告和提醒性广告（如表 10－1 所示）。

表 10－1 可能的广告目标

告知性广告	
沟通顾客价值	表明产品的新用途
建立品牌和公司形象	告知价格变化
告知新产品	描述可用的服务和支持
解释产品如何使用	修正错误的表达
劝说性广告	
建立品牌偏好	劝说消费者立即购买
鼓励品牌转换	劝说消费者接听销售电话
改变消费者对产品价值的认知	劝说消费者向他人推荐品牌
提醒性广告	
保持顾客关系	提醒消费者在何处购买产品
提醒消费者不久就会需要该产品	在过季期间让消费者记起该品牌

资料来源：［美］菲利普·科特勒，加里·阿姆斯特朗，［新］洪瑞云，等．市场营销原理［M］．亚洲版·3 版．李季，赵占波，译．北京：机械工业出版社，2013：308.

1. 告知性广告。采用告知性广告的目的在于让广大消费者了解企业和产品、建立基本需求，主要用于新产品导入期。

2. 劝说性广告。相对于告知性广告而言，劝说性广告会更深入一步，在前期建立认知的基础上，试图劝说消费者树立对本产品的购买需求。当前，由于市场竞争越来越激烈，一些劝说性广告已经变成了比较性广告，而且愈演愈烈。例如，在“王老吉”品牌被收回之后，红罐凉茶的“正宗”地位之争就演变成了广告拉锯战；国内知名手机厂商小米和魅族之间总会进行各方面的比较。

3. 提醒性广告。采用提醒性广告的目的在于让企业及其产品不时出现在消费者的印象之中，常见于产品生命周期的成熟期和衰退期阶段。

（三）广告媒体

广告必须通过一定的媒介传播，广告媒体连接着广告主与广告受众。一般而言，我们常见的广告媒体主要有报纸、杂志、广播、电视、电影、互联网、户外广告等。其中，报纸、杂志、广播、电视属于传统的四大媒体。随着互联网技术的发展，网络广告正发挥着越来越重要的作用，逐渐成为继传统四大媒体之后的第五大媒体。这些主要媒体的传播范围、传播速度以及传播效果互有差异，具体如表 10－2 所示。

表 10－2　主要媒体类型及其优缺点

媒体	优　点	缺　点
电视	覆盖范围广；每次播放成本低；感官吸引力强	绝对成本高；易受干扰；播放时间短暂；难以选择受众
报纸	灵活；及时；可覆盖当地市场；普及；可信度高	有效期短；印刷质量差；传阅性差
互联网	可选择性好；成本低；互动性强	相对影响小；受众控制展示时间
直接邮购	可以选择受众；灵活；同一媒体中没有广告竞争；个性化	每次相对成本高；有“垃圾邮件”印象
杂志	很好的地理和人口选择性；可信度高；印刷质量好；时效长、可传阅	购买广告前置时间长；成本高；不能保证刊登位置
广播	本地认可度高；人口和地理选择性强；成本低	感官吸引力差；播放时间短；注意力差；听众分散
户外广告	灵活；展示重复性高；成本低；信息竞争小；可选择广告位置	受众选择性小；创意受限

正是由于不同的广告媒体具有不同的特性，广告主在进行媒体选择时需要考

虑多种因素。具体表现在以下几个方面：

1. 目标受众的媒体习惯。例如，家庭主妇一般更多地通过电视接收信息，那么，日用品广告就需要选择电视作为媒介；白领阶层接触互联网较多，那么针对白领阶层的汽车、家电等广告可以选择互联网作为媒介。

2. 产品类型。按照不同的标准，可以将产品划分成多种类型，不同的广告媒介在展示产品、传播信息以及可信度等方面的说服能力是不同的。针对享乐型的奢侈品，企业一般会选择高端杂志作为传播媒介；而针对实用性的日常用品，企业更多地选择电视、广播等媒介。

3. 媒体特点。广告媒体的特点主要包括媒体的流通性、影响力、传播范围等。媒体的流通性决定着传播范围的宽窄；而媒体影响力的强弱则直接决定了媒体传播价值的大小。

4. 成本预算。不同媒体由于其传播价值不同，所需要的成本也互有差异。一般就绝对成本而言，电视媒体相对昂贵，而报纸、杂志等媒体相对便宜。但是，如果按照每千人的成本计算，传播范围更广的电视广告或者互联网广告可能要更便宜一些。

二、广告设计与广告效果

（一）广告设计

广告策略包括两种主要的因素：广告创意和媒体决策。其中，广告创意实际上就是广告设计，即传播什么样的广告内容、以什么样的形式传播展现内容、在广告内容中应该表达什么样的情感等。在当前广告费用暴涨、广告信息繁杂的市场环境中，好的广告创意才能更好地吸引消费者注意，建立良好的沟通，获得成功。

1. 突破混乱。消费者每天接受大量广告信息的轰炸，不胜其烦。不同的广告会夹杂在电视节目、网站页面、广播节目等不同媒体组成的巨大信息网络当中，给消费者造成越来越多的混乱和烦恼。随着数字技术的进步，消费者也拥有了观看广告的选择权，可以通过设备屏蔽部分广告。因此，广告主已经很难利用传统的做法强行向消费者灌输老套信息。为了获取消费者的注意，广告主在设计广告时需要考虑突破当前的混乱，使广告信息更加有趣并富有情感。

2. 广告和娱乐的融合。为了减轻消费者观看广告的负担，许多广告商开始探索新的广告模式，努力将广告和娱乐相结合，目的在于以交互性更强的信息吸引并深入消费者的内心。广告和娱乐融合主要以两种方式呈现：植入广告和娱乐广告。植入广告又称置入式广告、隐形广告，通过将产品或品牌变成某种娱乐形式的一部分，使广告变得更加有趣，让消费者在潜移默化中观看、接受广告信息。娱乐广告是指广告主通过转变广告形式，以 MV、微电影等娱乐节目的方式吸引消费者注意，这样的广告形式称为娱乐广告。例如，耐克每年都会把自己的广告做成电影大片的感觉。

3. 创意策略。一般而言，具备吸引力的广告有三种特性：有意义、可信以及独特。所谓有意义，是指信息符合消费者的兴趣或利益，例如，劳力士广告从不强调计时准确，而是强调品牌“臻于完美”以及“尊崇的形象”。可信是指消费者必须有足够的理由相信广告中的承诺。很多广告都会利用名人代言，目的就是提高广告的可信度和说服力。独特性是广告信息的价值所在。例如，大部分饮料都会强调自己与众不同的一点：农夫山泉的“一点甜”、加多宝的“去火”、九龙斋的“去油”、红牛的“能量”等。

4. 顾客交互。利用交互性技术，许多企业正逐渐将消费者纳入广告设计中，利用用户创造广告内容与策略。这种做法可以将顾客的意见反映在品牌信息中，会产生更高的消费者品牌摄入度。例如，许多社交网络媒体上的企业官方微博以发放奖品的形式激励消费者发布关于该品牌或者产品的原创微博，既提高了消费者的参与度，又为企业做了有益的宣传。

（二）广告效果

美国广告协会对不同企业的广告负责人进行了一项调研，如果广告支出削减10%，企业能否预测广告对销售额的影响，其中63%的人回答不能。美国商人约翰·华纳梅克曾感叹到：“我知道我的广告费有一半是浪费的，问题是我不知道浪费掉的是哪一半。”由此可见，测量广告效果和广告投资回报一直以来都是困扰广告经理的重要问题。一般而言，广告主会通过两种方式来评估广告效果：沟通效果评估和销售效果分析。

1. 沟通效果评估。广告的沟通效果主要是指广告对目标受众知识、情感以及信念的影响程度，它是以广告对目标受众造成的心理效应大小为衡量依据的。通过对广告沟通效果的评估，企业可以有效地确定广告和广告媒体是否有效地传播了广告信息。对广告沟通效果的评估主要有两种方法：直接评分法和回忆测试法。

（1）直接评分法。让消费者和广告专家代表对一则广告进行打分，评估广告的注意强度、记忆强度、认知强度、情绪强度和行为强度等，根据分数的高低来判断广告是否能够有效刺激消费者的购买需求，此即直接评分法。直接评分法通常用于广告播出前的预测，但是这种方法局限性比较大，不一定能够准确反映真实的广告效果。

（2）回忆测试法。在广告播出以后，广告主可以邀请专家和消费者代表，请他们回忆测试媒体上播放的广告企业以及产品，对回忆信息的数量和质量进行评分，作为评判广告的传播效果，此即回忆测试法。这种方法相对于直接评分法更为真实，能够反映被试者受广告影响的真实情况。

2. 销售效果分析。广告的最终目的是刺激需求，促进消费，提高销售量。

尽管对沟通效果的评估可以帮助企业改进广告传播方式和内容质量，但是沟通效果好并不意味着销售量的提高。衡量广告能否提升销售量和利润的方法是分析广告的销售效果。测定广告对销售的效果主要有两种方法：

（1）历史资料分析法。研究人员根据同步或滞后的原则，利用回归分析的方法建立企业历史销售额与历史广告支出额之间的关系，进而测量广告支出对销售额的影响。

（2）实验设计分析法。为测量不同广告支出水平对销售额的影响，企业可以选择在不同的市场区域投入不同的广告费用，并测量不同地区的销售额和利润水平的差异。此外，为了使结果更加准确，企业还可以增加更多变量，如媒体和广告内容等。

三、销售促进

广告往往和销售促进密切配合。销售促进，又称营业推广，是指企业综合运用各种短期诱因，鼓励消费者产生立即购买行为的促销活动。菲利普·科特勒指出，广告给出了“买”的理由，而销售促进则给出了“立即就买”的理由。

（一）销售促进的类型

企业实施销售促进策略可以选择多种类型的促销工具，包括针对消费者市场的促销工具（如赠送样品、代金券、返现、特价品、实物奖励等）、针对中间商的促销工具（如折扣、津贴、退货保证、免费物品等）以及针对销售人员的促销工具（如分红、销售竞赛等）。

1. 针对消费者的促销手段。在消费品市场中，零售商关注的是吸引更多的顾客进入店内消费。因此，零售商多采用赠送样品、代金券、返现、特价品、实物奖励等促销工具。

（1）赠送样品。对企业而言，向消费者赠送样品是最有效同时也是比较昂贵的促销方式，目的在于向消费者介绍新产品或者为旧产品制造卖点。这种促销工具适用于价值较为低廉的商品，对高价值的产品并不适合。

（2）代金券。赠券是一种凭证，消费者可以凭借代金券享受一定的优惠。代金券确实能够刺激成熟品牌的销售额，然而赠券过多会降低消费者对代金券的价值感知。

（3）返现。返现与代金券类似，但是返现发生在交易完成之后，消费者将购买凭证寄送给厂商，由厂商将购买价格中的部分款项退还给消费者。

（4）特价品。顾名思义，特价品是一种价格优惠的产品。生产厂家将优惠价格标在产品的外包装上面，以供消费者选择。在短期促销方面，特价品往往比代金券更加有效。

（5）实物奖励。实物奖励，又称促销产品，是指将印有广告客户名字、商标或者广告语的有用物品作为礼物赠送给消费者，如 T 恤衫、棒球帽、日历、笔、鼠标垫、购物袋等。促销产品对消费者的意义越大，促销的效果也就越好。

（6）比赛、抽奖和游戏。与前面的促销手段相比，消费者在这种促销方式中的参与度更高。通过比赛、游戏等方式，企业可以将自己的产品和品牌灌输到消费者的脑中，加深消费者对企业的好感。

2. 针对中间商和销售人员的促销工具。据调查，大约有81%的促销费用是针对批发商和零售商的，而只有16%的促销费用是花在消费者身上的。企业运用不同的促销工具，能够说服中间商销售自己的品牌，增加货架空间，并积极帮助企业将产品推给消费者。企业为了取得中间商的合作，可以运用的促销工具包括折扣、津贴、退货保证、免费物品等。当然，许多用于消费品市场上的促销工具也常常会被拿来用在批发商和零售商身上。

企业为了提高销售人员的销售业绩，往往会采取措施针对销售人员进行促销激励。企业可以选择的促销工具包括销售竞赛、销售分红、奖品等直接刺激销售人员。前面讲述的用于中间商的促销工具同样也可以用于销售人员，包括企业自身的销售人员与中间商的销售人员。

（二）有效实施销售促进策略

销售促进是一种短时间提升销售量的强有力促销工具，但是企业必须注意不能过度使用，否则不仅不会提升销售额，还有可能降低销量，甚至损害企业的形象。因此，为了保证有效实施销售促进策略，企业需要做到以下几点：

1. 选择适当的促销工具。正如前面所述，企业可以采用的促销工具种类繁多，而且每种工具都有其适用范围。因此，企业确定促销工具要契合自身的促销目标、资源，综合考虑竞争对手和消费者的因素。

2. 确定合理的期限。销售促进仅仅是一种短期的促销手段，企业必须控制好时间的长短：既要防止促销时间短，没有起到应有的效果，同时也要避免过犹不及。

3. 切忌弄虚作假。当前，很多企业为了吸引顾客的眼球，不惜弄虚作假，制造噱头，打着赔本的幌子，先提价后促销，愚弄消费者。显然，这是一种短视行为，最终会损害企业的声誉，给企业带来永久的损失。因此，企业在促销过程中要坚持诚信为本，切忌弄虚作假。

4. 注重短期促销与长期宣传的结合。销售促进毕竟只是企业的权宜之计，目的在于吸引新顾客、回馈老顾客，最终是为了同顾客建立一种长期、稳定的关系。因此，企业在短期促销的同时，要注意长期的推广工作。

第三节 人员推销策略

人员推销，顾名思义，是指企业借助销售人员与现实的或者潜在的中间商或者消费者的交互影响，推销自己的产品，同时建立客户关系，它是一种人际交往方式。从营销实践的发展历史来看，人员推销是最为传统的一种促销方式，在现代市场环境中仍然扮演着重要的角色。

一、推销的概念

从推销的定义中我们可以得出，推销是推销人员帮助和说服客户购买某种产品或服务的过程。在推销过程中，销售人员首先需要了解确认对方的需求，然后实施营销努力吸引客户，最终达成交易。

（一）销售人员扮演的角色

与非人员沟通不同，人员推销是促销组合中人与人直接接触的一种促销方式。在这个过程中，销售人员的任务不仅仅是向客户推销商品，更重要的是获取客户的信任，培养良好的客户关系。从这一层面上讲，人员推销比广告、宣传等促销方式更加有效。具体来说，销售人员主要发挥以下作用：

- 寻找、发现潜在的客户；
- 将企业和产品的信息传递给客户；
- 向客户推销产品；
- 向客户提供各种服务，包括售后服务、技术咨询、办理交货等；
- 进行市场调研，及时向企业汇报市场信息。

（二）人员推销的基本形式

1. 上门推销。这是最常见、最传统的一种推销形式。销售人员携带产品的样品、说明书和订单等走访客户，介绍产品。

2. 柜台推销。柜台推销，又称门市推销，是指柜台的营业人员接待进入店内的顾客，了解顾客需求，向其介绍产品。这种推销方式与上门推销刚好相反，柜台销售人员只需要等待顾客上门即可。

3. 展会推销。展会推销是指销售人员利用与该产品或服务相关的展览、会议的机会向与会人员宣传、介绍产品，进行推销。这种推销形式针对性强并且覆盖面广，易产生较好的推销效果。

（三）人员推销的优点与缺点

相比非人员沟通方式而言，人员推销具有以下优点：

其一，有利于建立客户同销售人员的人际关系。销售人员在企业和客户之间起着纽带作用，连接着双方的利益关系，同时对双方负责。在推销过程中，销售人员同客户的面对面交谈可以加深双方的感情；在推销工作结束之后，双方很有可能仍然维持着友谊。

其二，灵活性强。由于采取面对面、一对一的交谈方式，销售人员可以在谈话的过程中观察了解客户，根据客户的不同特点和反应，有针对性地调整自己的工作方式和营销策略，以适应顾客并引导顾客进行购买。此外，销售人员还可以就客户提出的问题进行解答，消除客户的疑虑。

其三，信息互动。人员推销也是营销沟通的一种重要方式，而且与其他沟通方式相比，人员推销的互动性更强。在整个推销过程中，销售人员向客户宣传介绍企业和产品的基本信息。同时，通过和客户的交流，销售人员也可以及时了解客户的真实需求以及他们对企业和产品的评价，从而为企业制定营销决策提供有效的市场信息。

其四，推销的效果显著。一般而言，人员推销的成功率要远远高于其他几种促销沟通方式。一方面，在实施人员推销之前，企业和推销人员已经对客户有了一定的了解，推销工作具有很强的针对性；另一方面，在推销过程中，出于“人情”的压力，客户一般会买账，当然这也取决于推销人员的素养。

其五，有利于提高企业竞争力。在市场竞争激烈的情况下，企业采用人员推销的策略可以有效地解决客户选择困难的问题。通过人员讲解，企业可以有效地推销那些价格昂贵、性能复杂的商品。

当然，人员推销也有缺点，主要体现在两个方面：一是成本费用比较高。由于人员推销往往是一对一进行的，每个销售人员负责的客户有限，尤其是当企业的产品辐射范围比较广的时候，人员推销工作需要较多的人力，成本费用增多。二是对销售人员自身素质的要求比较高。可以说，销售人员的素质直接决定了销售效果的好坏。尤其是随着新技术的发展，新产品不断出现，销售人员需要具备一定的产品知识、沟通能力、突发状况处理能力等。企业物色到高素质的销售人员比较困难，自己培养花费的成本也相对较高。

二、推销策略实施与管理

从企业的角度来看，推销策略是指企业根据内外部环境的变化，设计和管理销售队伍的过程。从销售人员的角度来看，推销策略是指销售人员在同客户接触的过程中，为了达成交易而根据不同的目标客户群体所选择的沟通方式。在这里，我们主要探讨的是企业的人员推销决策与管理。

（一）确定企业的推销策略

企业的推销策略主要包括两大部分：一是策略决策，包括销售队伍的规模、区域划分和推销计划等；二是管理决策，主要是指对销售队伍的建立和评估，包括对销售人员的招聘、选拔、培训、激励和评估等。

首先，企业要明确促销目标，根据目标确定人员推销在企业促销组合策略中的地位；

其次，根据企业自身资源和外部市场环境确定销售队伍规模；

再次，划分市场区域，根据不同区域市场的规模、顾客等制定预算；

最后，对销售队伍的工作进行评估和激励。

（二）建立销售队伍

企业建立销售队伍一般需要经历以下几个步骤：

1. 设计销售队伍的结构。营销经理在设计销售队伍的结构时通常会面临以下几个问题：如何分配销售人员的任务？如何确定销售队伍的规模？销售人员在进行推销工作时，应该选择面对面沟通、电话沟通还是互联网沟通的方式？

企业一般会根据产品线划分销售责任，进而确定销售队伍的结构。如果企业只有一条产品线，而且面对的顾客较为分散，那么，企业可以选择区域销售结构。但是，如果企业拥有不止一条产品线，而且顾客类型也复杂，则可以采用产品销售队伍结构、顾客销售队伍结构或者将二者相结合。销售队伍的结构决定着人员销售工作的成败，尤其是随着时间的推移，队伍会变得越来越庞大、低效，难以及时响应客户需求。

销售人员是企业最具生产价值同时也是成本最高的资产之一，销售队伍的规模会直接影响销售额和成本的变动。企业确定销售队伍的规模需要考虑到市场营销组合策略和整个市场营销战略。一般而言，企业设计销售队伍规模通常会采用以下三种基本的方法：

（1）销售百分比法，即根据历史资料计算出销售队伍的各种耗费占据销售额的百分比以及销售人员的平均成本，然后对未来销售额进行预测，从而确定销售人员的数量。

（2）分解法。把每一位销售人员的产出水平分解，再同销售预测值进行比较，即可对销售队伍的规模做出判断。

（3）工作量法。首先按照销售量对顾客进行分类，确定每一类顾客推销访问次数，每类顾客的数量乘以访问次数就是整个地区的访问工作量；然后确定每个销售代表的年均访问次数，用总的访问次数除以销售代表的年均访问次数即可得到销售人员总数。

需要强调的是，工作量法相对于其他两种方法而言较为实用。不过，工作量法并没有说如何确定访问次数。

2. 选拔、培训、评估销售人员。

（1）选拔销售人员。销售人员是销售工作能否成功的关键，选拔出优秀的销售人员对企业有至关重要的影响。据统计，一个销售队伍 60% 的销售额是由 30% 的优秀员工创造的。除了销售业绩之外，选拔工作的失误会造成高成本的员工流动，过高的员工流动率会损害企业的人事计划和战略规划。

（2）培训销售人员。销售人员接受企业培训主要解决三个方面的问题：首先，销售人员需要了解不同顾客的需求、购买动机、购买习惯等，并学习如何同顾客建立关系；其次，销售人员需要了解并识别公司、产品以及主要的竞争对手；最后，销售人员还担负着为企业反映消费者需求和偏好，及时提供市场信息的责任。因此，销售人员还需要接受市场调研等方面的培训。

（3）评估销售人员。企业管理者需要及时对销售人员进行绩效考核，目的在于激励员工，提高销售业绩。具体措施有：首先，掌握和分析有关销售资料，根据相关销售资料及时了解销售人员的计划工作以及执行计划的能力；其次，建立评估指标，主要包括销售量、销售毛利、日均访问客户次数和时间、每次访问的平均时间、每百次访问收到订单的百分比、一定时期内新客户增加数以及失去的客户数、销售费用占总成本的百分比等。最后，实施评估工作，评估方式主要可以分为两种：一种是横向比较，即将销售人员按照各自绩效结果进行排序；另一种是纵向比较，即将销售人员当前的业绩同过去同期进行比较。

第四节　公共关系策略

一、公共关系的概念与职能

公共关系是指企业在营销实践中，为了与社会公众建立良好关系，树立良好的企业形象，实现企业与社会公众双赢的促销活动与职能。任何组织，包括企业在内，都是处于一定社会公众关系之中的。为了更好地发展，所有组织都需要有意识地自觉采取措施去改善自己的公共关系状态，即从事公共关系活动。

（一）公共关系的内涵

对公共关系，我们可以从以下几个方面加以理解：

其一，公共关系是一种社会关系，但有其独特的一面。其独特性体现在：公共关系是特定社会组织同其他相关社会公众之间的相互关系；它是带有一定目的性的促销手段；从本质上来说，公共关系也是一种信息沟通，是组织与相关社会公众之间的互动；公共关系是一种长期活动，它不同于广告，更不同于销售促进。

其二，公共关系可以用来推广产品、人物、地点、想法、活动、组织乃至整个国家。因此，公共关系的主体可以是个人，也可以是大型的组织。当前，公共关系的主体主要有社会组织、企业组织、非营利组织以及政府等。当然，公共关系的客体也非常广泛，既包括组织内部的员工，也包括外部的消费者、新闻媒体、政府、竞争对手、合作伙伴等公众。

其三，公关关系不以具体产品（服务）为导向。一般而言，公共关系关注的是整个组织的品牌形象，而不是具体的组织行为或者组织提供的产品或服务。公共关系的目的是帮助组织营造一种利好的舆论氛围，并非像其他促销方式一样为了刺激客户需求。但是，这并不意味着公共关系活动不能激活或者创造产品或服务的需求。实际上，良好的公共关系的建立能够为其他促销方式提供有力的支持。

其四，作为促销组合的重要组成部分，公共关系的含义主要是指履行相关管理职能，包括评估社会公众的态度、确定符合公众利益的政策与程序、拟订并执行行动方案、争取社会公众的理解与支持、塑造良好的组织形象、提升组织自身的竞争力。

（二）公共关系的职能

开展公共关系活动的目的在于向公众传递企业信息，争取公众的了解和认可，通过与社会公众之间的互动，改善或者转变公众对组织的态度。公共关系可以说既是一种营销活动，又是一种管理活动，其职能主要体现在以下三个方面：监测信息、舆论宣传、危机处理。

1. 监测信息。企业实施公共关系活动，首先需要了解企业和产品在社会公众心目中的形象。因此，公共关系所要监测的信息就是社会公众对企业的整体、员工素质、产品质量、产品价格、产品性能等方面的评价。

2. 舆论宣传。公共关系从本质上来说，也属于沟通与促销的一种方式。与广告、宣传、销售促进等其他促销方式相比，公共关系在改善企业形象、提升知名度和美誉度方面有着非常独到的作用。

3. 危机处理。通常来讲，危机处理就是我们日常生活中讲的“公关”，是指在发生公关危机之后，为了处理企业与相关社会公众之间的摩擦与矛盾，企业所进行的一系列举措。企业应该针对不同危机事件采取不同的方式：如果危机是由他人恶意中伤所致，那么，企业应该充分利用大众媒体予以解释澄清；如果危机确实是自身的工作失误导致的，那么，企业应当实事求是，主动承担责任，尽快改正错误，及时获得公众的谅解。

二、公共关系的活动方式与效果评估

（一）公共关系的活动方式

公共关系的活动方式是实现企业公共职能的具体行为和举措，同企业的其他促销方式相比，公共关系活动很难取得立竿见影的功效。因此，在公共关系活动中，企业往往着眼于长远的目标。按照公共关系功能和作用的不同，公共关系的活动方式主要有以下几种：

1. 信息调研活动。企业的信息调研活动是与其监察职能相对应的。为了更加准确地实施监察职能，企业需要通过民意调查、媒体监测等方式收集与企业相关的信息，了解社会公众对企业和产品的态度、意见等。通过保持和社会公众之间的联系，企业可以更好地改善自己同社会公众的关系，树立良好的公众形象。

2. 媒体宣传活动。企业充分运用报纸、杂志、广播、电视以及互联网等媒体，以撰写新闻稿、演讲稿以及报告的形式，向社会公众传递有关企业和产品的信息，让更多的客户了解自己，创造良好的氛围。

3. 事件策划活动。通过策划有助于提升企业知名度和美誉度的一系列事件，企业可以充分展示自我，吸引社会公众的关注。事件策划活动要充分发挥媒体的作用，让尽可能多的媒体了解、宣传企业的所作所为。

4. 赞助宣传活动。赞助是企业宣传自己的重要方式，通过对国家大型活动、社区活动、福利事业等进行赞助，企业可以更有效地提升自己的社会影响力。但是，企业如果采取独家赞助，则会提高公关活动的成本；如果采用联合赞助，则宣传力度会降低。

（二）公共关系的效果评估

评估企业公共关系的效果比较困难，一般很难精确测量。通常来说，主要有以下几种指标：一是信息传播频次，即企业及其产品在大众媒体中出现的次数。一般来说，次数越多说明企业的公关效果越好。二是受众反响，即通过民意调查，可以充分了解社会公众在企业实施公共关系前后对企业的态度、知名度等的变化情况。三是企业的销售额，即保持其他促销手段不变，观察公共关系力度的有无、强弱所引起的企业销售额的改变。

第五节　整合营销传播

在营销实践中，企业往往会综合运用多种促销方式，即整合营销传播方式，而非单一的促销手段，目的在于充分发挥不同促销手段的长处，使其优势互补。尤其是随着消费者需求的变化和沟通技术的不断创新，营销传播面临着从大众营销向媒体和沟通渠道丰富化的转变，新的营销沟通模式正在形成。从不同的媒体渠道传达出的大量混乱信息，给消费者带来了非常大的困扰。因此，企业需要整合不同沟通渠道，形成清晰、一致、具有说服力的企业信息。

一、整合营销传播概述

（一）整合营销传播的内涵

整合营销传播是指企业将所有有关企业和产品或服务的信息结合在一起，通过电视、广播、互联网、报纸、人员推销等不同沟通渠道，向外界传递同样的信息、外观和感觉，协调不同媒体在吸引、告知、劝说消费者方面的独特作用。整合营销传播的核心思想是将与企业进行市场营销有关的一切传播活动一元化，要求企业明确消费者与企业、品牌以及产品可能接触的所有关系点，使每一次接触都传达一种信息（如图 10－2 所示）。

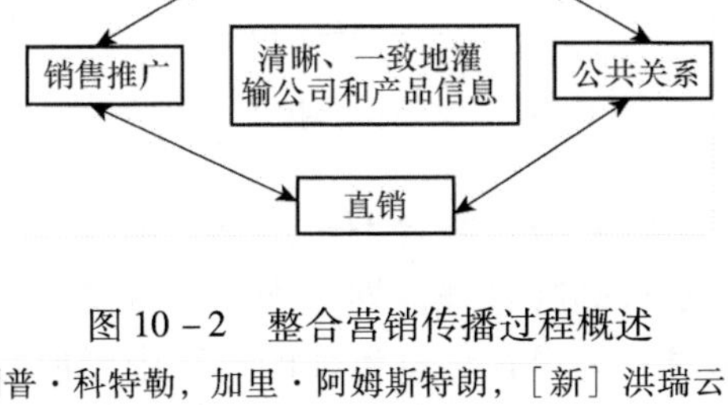

图 10－2　整合营销传播过程概述

资料来源：［美］菲利普·科特勒，加里·阿姆斯特朗，［新］洪瑞云，等．市场营销原理［M］．亚洲版·3 版．李季，赵占波，译．北京：机械工业出版社，2013：287.

因此，准确把握整合营销传播的内涵，必须从两点入手：一是企业整合了多种沟通手段；二是企业通过多种沟通手段向消费者传递一致的信息。只有同时满足这两个条件，才构成整合营销传播。

（二）整合营销传播的效果

根据国内外营销实践的结果，整合营销传播具有以下效果：

1. 优化传播效果。整合营销传播将与企业营销活动相关的一切传播手段整合在一起，向消费者、中间商、竞争对手、政府机构以及其他社会群体传递同一种信息，可以使企业和产品信息更容易被传播对象理解。

2. 降低交易成本。整合营销传播将不同的沟通渠道、信息整合在一起，可以使企业更加经济合理地运用营销手段或者营销传播费用等，改善企业的运转效率、业务能力以及竞争实力等，使所有利益相关者的成本得到有效降低。

3. 增加买卖双方互动。整合营销传播通过聚焦受众目标，使传播对象更好地理解自己，同时也更好地获取目标受众的需求、偏好、建议等信息。目标对象不再是单一的信息接收者，他也可以将自己的需求及时反映给企业。

二、整合营销传播的实施框架

美国西北大学传播学教授唐·舒尔茨（Don E. Schultz）认为，整合营销传播是一个针对消费者、企业内外部受众以及其他目标等设计品牌传播计划的业务战略过程。与其他人的定义不同，唐·舒尔茨将重点放在整合营销传播的实施过程中。他认为，企业实施整合营销传播需要经过四个阶段（如图 10－3 所示）。

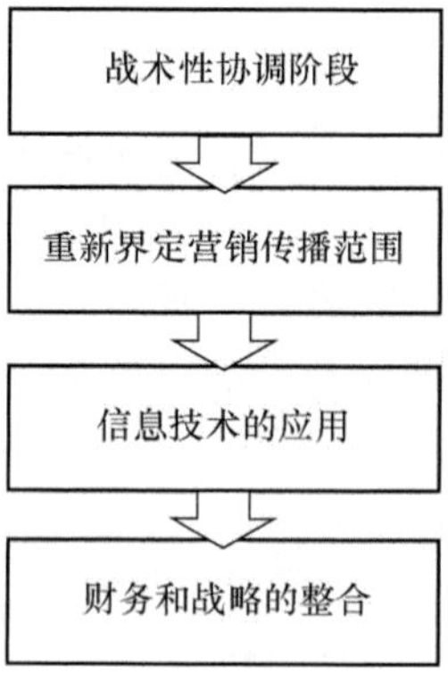

图 10－3　整营销传播的实施阶段

第一阶段：战术性协调阶段。整合不是简单的累积，而是有机的协调。企业实施整合营销传播需要制订品牌管理计划、确定即将发布的品牌信息，协调好各个传播渠道上的广告信息，力求在信息传播的过程中形成协同效应。

第二阶段：重新界定营销传播范围。相比传统的营销传播手段，整合营销传播的活动范围更加广泛，不仅针对企业内部员工、销售人员，还包括中间商、合作伙伴以及消费者等。

第三阶段：信息技术的应用。整合营销传播的出现和发展得益于信息技术的进步。信息技术的创新和发展促进了新的传播媒体的出现，但这不意味着传统媒体的消失。整合营销传播的目的就是将新媒体与传统媒体进行融合。

第四阶段：财务和战略的整合。企业实施整合营销传播需要财务支持，同时整合营销传播会带来财务上的收益。企业对顾客及其市场价值、财务价值和潜在价值进行评估，目的在于以可以评估的投资收益率为基础，开展营销传播投资。

三、整合营销传播的整合管理

实施整合营销传播需要把握“整合”二字，将其贯穿于整个实施过程。有效地开展整合营销传播，需要做到以下五点：明确目标市场，确定沟通目标，设计传播信息，选择信息发送媒体，收集反馈信息。具体阐述如下：

（1）明确目标市场。沟通始于确定沟通的目标对象，不同的目标受众会深刻影响沟通人员的决策。

（2）确定沟通目标。消费者的购买决策通常是一个漫长的过程，主要包括认知、了解、喜欢、偏好、确信以及购买等。沟通人员需要确定沟通目标所处的阶段，针对不同阶段的用户设计不同的信息内容。

（3）设计传播信息。这主要是：①设计传播信息的内容主题或诉求。内容诉求可分为理性诉求（与受众切身利益相关的诉求）、感性诉求（旨在激起受众情绪的诉求）以及道德诉求（与社会责任相关的诉求）。②设计信息结构，主要解决三个方面的问题，即应该直接下结论还是只给出问题，将证据放在开始还是结尾，只提出单方面的论据（只谈优点）还是提出两方面的论据（只谈缺点）。③信息格式，营销人员需要考虑信息传递的颜色、字体、标题、图案、语音效果等格式方面的问题。

（4）选择信息发送媒体。从广义上讲，信息发送渠道可以分为人员沟通渠道和非人员沟通渠道。人员沟通渠道能够创造人际关系，并产生反馈，对高价值、高风险的产品最为有效。非人员沟通渠道能够直接影响购买者，而且采用大众传媒的方式可能会引起更多的人员沟通，从而间接影响消费者。

（5）收集反馈信息。为了评估整合营销传播的实施效果，营销人员需要调查目标受众对信息的感觉、态度等。通过收集反馈信息，企业可以及时调整促销计划，甚至产品本身。

本章小结

本章首先介绍五种基本促销沟通方式。

促销是指企业通过广告、销售促进、人员推销、赞助以及公共关系等人员或非人员的方式，接触消费者以及各种公众，与其进行信息沟通、情感交流，目的在于引发消费者对产品的需求、对企业的认同以促进销售。影响促销组合的因素主要包括促销目标、产品类型、产品生命周期阶段、市场条件。企业的促销策略有推式和拉式两种策略类型。

广告是由明确的发起者以公开支付费用的非人员方式，对产品、服务以及意见和想法等的介绍。根据不同的广告目标可将广告分为告知性广告、劝说性广告和提醒性广告。广告主在进行媒体选择决策时需要考虑多种因素：目标受众的媒体习惯、产品类型、媒体特点、成本预算。广告策略包括广告创意和媒体决策。广告主会通过两种方式来评估广告效果：沟通效果评估和销售效果分析。

销售促进，又称营业推广，是指企业综合运用各种短期诱因，鼓励消费者产生立即购买行为的促销活动。企业实施销售促进策略可以选择多种类型的促销工具，涉及针对消费者市场的促销工具、针对中间商的促销工具、针对销售人员的促销工具。

人员推销是指企业借助销售人员与现实的或者潜在的中间商或者消费者的交互影响，推销自己的产品，同时建立客户关系。

公共关系是指企业在营销实践中，为了与社会公众建立良好关系，树立良好的企业形象，实现企业与社会公众双赢的促销活动与职能。其职能主要体现在三个方面：监测信息、舆论宣传、危机处理。

最后，本章还介绍了整合营销传播这一新型沟通方式。整合营销传播是企业整合多种沟通手段，向消费者传递一致的信息的过程。企业实施整合营销传播需要经过四个阶段：战术性协调阶段；重新界定营销传播范围；信息技术的应用；财务和战略的整合。

关键术语

促销（Promotion）；促销组合（Promotion Mix）；推式策略（Push Strategy）；拉式策略（Pull Strategy）；广告（Advertising）；销售促进（Sales Promotion）；人员推销（Personal Selling）；公共关系（Public Relations）；整合营销传播（Integrated Marketing Communications）

复习思考题

1. 如何理解促销组合？
2. 什么是广告？如何评估广告的效果？

3. 试说明不同广告媒体的优缺点。
4. 针对消费者市场的销售促进工具有哪些？
5. 怎样理解公共关系的含义与职能？
6. 什么是整合营销传播？如何有效实施整合营销传播？

本章案例

输了官司，赢了市场

如果没有王老吉的“配合”，没有王老吉反复找加多宝打官司，加多宝再聪明，短时间内都很难被消费者认知和选择，市场份额也不会迅速扩大。切不要以为，只有精彩的广告语才能起到宣传产品、推销产品的作用，才能把品牌越做越大、越做越强。也切不要以为官司输了就一定会利益受损、形象受损。把握得好，一样会成为胜利者。

加多宝在与王老吉的竞争中，就不断地在官司败诉中“赢”取新市场，扩大在消费者中的影响。而胜诉者王老吉，虽然赢了官司，却失了市场，得了赔偿，少了效益。

据媒体报道，2014 年 11 月 18 日晚，白云山发布公告称，日前广州中院审判了王老吉大健康诉讼加多宝、胜佳超市虚假宣传以及商业诋毁纠纷一案，判决结果为加多宝败诉。判决要求，被告加多宝立即停止在广东地区媒体和产品包装上发布虚假广告语，并立即销毁含有上述虚假广告语的宣传物品，同时在《广州日报》《南方日报》《羊城晚报》头版刊登声明消除影响，并赔偿原告王老吉大健康、原告广药集团 500 万元。500 万，对一般企业来说，是一笔不小的数目了。但是，对加多宝来说，可能只是“毛毛雨”了。而且可以肯定，就这样一次判决，又不知会给加多宝这个品牌增加多少砝码、销量乃至效益。

众所周知，自加多宝集团与广药集团分手以来，两家就为商标、专利、广告等官司打个不停。其间，广药还多次将加多宝告上法庭。而每次上法庭，加多宝都是稳输不赢。而恰恰是这样的败诉，却让加多宝的市场影响力快速上升，甚至相当一部分消费者已经不需要看加多宝的广告就知道加多宝就是原来的王老吉。于是，都会毫不犹豫地选择加多宝。

而对王老吉来说，虽然通过打官司，从加多宝身上获得了不少赔偿，看起来是大赢家，而实际上这些赔偿等于给加多宝做了一个效果极佳的广告。如果不是王老吉频繁地与加多宝打官司，很多人可能至今都不知道加多宝就是原来的王老吉，还不会这么快就选择加多宝。而且，从这些官司中，相当一部分消费者还对王老吉的“不地道”产生反感，继而从王老吉的消费者变成加多宝的消费者。因为他们通过官司才了解到，如果王老吉没有加多宝集团的加入，是不可能成为凉茶领导者的，而在市场打开以后，广药范围就将加多宝踢到一边，这种认知必然导致消费者集体倒戈。

尤其值得注意的是，虽然加多宝在广告设计上有意无意地加入了一些可能出现纠纷的内容，但是，在把握分寸上却十分注意。凡是在中央电视台等全国性媒体上做广告，很难找到漏洞。在地方性媒体上做广告，则故意留出破绽，让王老吉抓把柄。这样一来，王老吉就会不停地与其打官司，而败诉以后的损失也不是很多。最终的结果，就是广告与官司形成了有机统一，市场效应越来越大。

如此境况下，从王老吉方面考虑，为何还要不遗余力地与加多宝打官司呢？这让人看不明白。按照目前两家在市场上的影响，打官司已经越来越不利于王老吉了。再这样打下去，王老吉就有可能被市场淘汰。王老吉最缺乏的本就是市场营销能力，不能掌握消费者心理，打官司只会让自己的形象越来越差，让加多宝的地位越来越高，甚至让其省下了大笔的广告费。想一想，可乐鼻祖可口可乐什么时候与别人打过官司，但是，市场接受度却没有因为类似饮料的出现而受任何影响，甚至越来越高。

这样的凉茶配方，可能确实是王老吉的。既然在配方问题上无法将加多宝赶出市场，又何必以这种小儿科的官司去帮助加多宝提升市场影响力呢？

（资料来源：聪明的加多宝［EB/OL］．［2014－12－23］．http：//www. ceconline. com/strategy/ma/8800072972/01/，有改动。）

案例思考题

1. 加多宝在同王老吉的纠纷中，充分应用了哪些促销与沟通工具？

2. 结合教材中讲述的公共关系的内容，分析公共关系在加多宝品牌树立过程中的作用。

第十一章　营销组织与绩效管理

【学习目标】

在企业的营销实践活动中，制订明确的营销计划，设置专门的营销组织机构来负责具体的执行，并进行营销控制以保证营销目标的实现，对企业营销职能的完成有着关键的作用。此外，对企业营销绩效的评估是检验企业营销效果的重要环节，对此，企业要给予足够的重视。通过本章的学习，应努力达到以下目标：

- 掌握市场营销计划的基本内容；
- 了解企业营销组织的类型和特点；
- 了解市场营销执行和控制的过程；
- 了解市场营销审计的发展、特点和具体内容；
- 掌握企业营销绩效评估的相关内容。

引导案例

有用的内容可以吸引读者参与，并且其价值远远大于创造和发行内容的成本。但每个营销者最终都必须向执行层负责，因此需要用数字来证明其价值。

1. 消费量指数

采用谷歌分析工具等网络分析工具来获得消费数据，能体现内容的价值。关键绩效指标度量可能包括总访问量、独立访问量、下载、停留时间、访客成本和跳出率。这里，关键是寻找能够帮助你决定内容被消费的频率，以及读者找到该内容的路径的可衡量数据。

2. 潜在客户开发

营销者能够确定内容带来的潜在客户的一个方式是，利用潜在客户捕捉表格(甚至是将某个内容限定给那些完成该表格的用户)。表格上或许要求填写姓名和邮箱地址，注册新闻通讯，或要求更多信息。将这个潜在客户变成现实客户是你和你团队的工作，但内容本身起到了促进的作用。第二种方式是追踪某潜在客户的来源。某访客可能只是碰巧看到你制作的一个视频而填写了一份表格。访客消费了内容，成为潜在客户。

3. 分享数据

社会形象对客户关系管理、客户服务和客户参与等也有价值。什么是重要的分享数据，取决于你选择的关键绩效指标。例如，你可以专注于站点的推荐量和对话，或者只是想要理解消费者为什么分享了这个内容，这也会提供价值。在思考内容投资回报的时候，不要忽视分享的数据，但也不应过分高估。

4. 销售数据

检查成交率。这里并不是指网站的转换率，而是实际的客户关系管理（CRM）报告中的销售率。销售转换率是判断内容投资回报率的很好工具，能够确定你的潜在客户是否成为付费的消费者。如果目前的客户关系管理系统和流程并不支持你追踪访客直到最终的销售，那一定要想办法解决这个问题。确保你的系统可以追踪访客填写潜在客户表的路径，并将数据转移到客户关系管理系统或销售软件中。

5. 其他度量

考虑节约与内容营销相关的其他成本，这或许不会体现在关键绩效指标上。例如，内容带来的潜在客户（如一个潜在客户提供联络信息以下载免费指南）意味着质量更高的潜在销售，同时意味着无须花很多时间去追着别人跑，因为潜在客户自己会找到你（并且也已经比较深思熟虑了）。客户服务成本也可能下降。在线常见问答和其他资源页面可以迅速有效地回答很多困扰客户服务代表的问题。仔细检查自己的企业并决定内容营销如何对你的目标起积极影响，因为这可以影响整体的成本效率以及内容营销战略的成功。

（资料来源：衡量内容营销绩效的五个指标［EB/OL］.［2014-04-14］. http://www.shichangbu.com/portal.php?mod=view&aid=20198，有改动。）

第一节　营销计划、组织与控制

营销活动是企业职能活动的重要组成部分，在营销活动中，必须制定明确的营销计划，并设置专门的营销组织机构来负责计划的具体实施。在营销计划的实施过程中，执行者自身因素或环境因素的改变，可能使计划在实施过程中具体的行动与目标发生偏差，因此，对一个完整的营销管理过程还需要进行必要的营销控制，以保证营销目标的实现。

一、营销计划

对于每一项业务的经营、每一种产品或服务的销售来说，营销计划都是至关重要的。开展崭新的业务如此，推广既有产品、服务或产品线同样如此。在没有营销计划的情况下推动一个项目，就好比在没有罗盘或明确方向的条件下进行大海航行。制订营销计划需要付出一定的时间和精力，但这绝不是浪费时间；相反，它最终会帮助你节省时间。这是由于，营销计划可以帮助你看清前进的方向，明确沿途的步骤和任务。同时，在编制营销计划的过程中，你的思路会变得更加明确和清晰，理解每一步骤所需要的时间、资金和精力。

（一）营销计划的作用

市场营销计划是指在研究目前市场营销状况（包括市场状况、产品状况、竞争状况、分销状况和宏观环境状况等），分析企业所面临的主要机会与威胁、优势与劣势以及存在问题的基础上，对财务目标与市场营销目标、市场营销战略、市场营销行动方案以及预计利润表的确定和控制。市场营销计划是企业部门计划中最重要的计划之一，是企业指导、协调市场营销活动的依据，也是企业实施营销工作的前提。因此，营销计划对营销者来说有着重要的作用，具体如下：

1. 支持管理控制和战略实施。营销计划可以为营销者提供一张地图。一方面，营销计划可以向营销者清晰展现如何从计划的起点达到计划的终点，告知如何实现目标和目的；另一方面，营销计划这张地图还可以在营销者需要进行方向调整时帮助其识别变通的路径，从而调整行动放行，绕过阻碍，以最小的代价实现目标。

2. 帮助明确责任、任务和时间配置。营销计划可以被用来告知所有项目成员，目标如何完成，由谁完成，通过什么方式完成，何时完成。在这样的情况下，项目参与人员会明确自身责任，同时知道如何配合其他人的工作。无从落实的战略不过是纸上谈兵，时间、责任和任务的控制非常重要。在营销计划中应清楚罗列责任和任务，并做好时间结点的控制，使所有项目参与人员对计划的实施心中有数。

3. 启迪思路，提高工作效率。资源是有限的，所有营销者必须在有限的资源状况下争取最大的收益。一份出色的营销计划会帮助你最大限度地利用资源，收到事半功倍的成效。它可以帮助你扬长避短，并在竞争中发挥差别优势。它还可以帮助你精简不必要的开支，集中优势资源，从而走向成功。

4. 提示前进道路上的问题、机遇和威胁。无论是在营销计划开始时还是在营销计划执行中，它都可以提示可能和将要遇到的问题、机遇和威胁。计划越周密，就越有可能暴露隐患。这并不是坏事，因为你可以在计划实施之前防患于未然，以免产生严重的后果。营销者应充分利用营销计划识别机遇，找出解决问题的方法，并考虑如何避免威胁。

（二）营销计划的分类

在现实的营销活动中，市场营销计划可分为多种不同的类型。

1. 按营销计划的服务对象分类，分为以下几类：

（1）品牌营销计划，即为单个品牌制订的营销计划。

（2）产品分类营销计划，即为一类产品制订的营销计划。

（3）新产品营销计划，即为拟推出的新产品项目制订的营销计划。

（4）细分市场计划，即面向特定顾客群体（细分市场）的营销计划。

（5）地区市场计划，即面向特定区域市场的营销计划。

2. 按市场营销计划的时间跨度分类，市场营销计划可分为长期战略性计划与年度计划。其中，年度计划是长期战略性计划的具体执行形式。

3. 按市场营销计划的制订层级分类。在大型企业及多元化企业组织中，市场营销计划可分为公司计划与事业部计划。公司计划是企业为实现总体战略目标而制订的营销计划，事业部计划是各业务部门根据自身的战略目标制订的营销计划。各事业部计划应反映出公司计划的总体目标要求。

（三）营销计划的内容

市场营销计划主要由以下八个方面的内容构成。

1. 计划概要与目录。在营销计划的开头部分，应对本计划的主要目标做简要的说明，以便管理层迅速了解计划的重点。之后应列出计划目录，说明计划的实施步骤与实施细节。

2. 营销现状分析。在计划中要列出企业在市场、产品、竞争等营销因素方面的背景材料，以便进行营销现状分析。相关的背景材料包括：

（1）市场情况，包括市场规模、近年来的增长情况、不同细分市场的情况、顾客需求现状、购买行为特征、需求变动趋势等。

（2）产品情况，包括企业产品特别是主要产品近年来的销售情况、产品结构调整情况、价格水平、盈利情况、顾客对产品的意见及反馈情况。

（3）竞争情况，包括企业在行业市场中的竞争地位、产品的优势和劣势、市场份额变化情况、企业的主要竞争对手、竞争对手的经营规模与市场地位、竞争对手的营销战略与策略。

（4）分销情况，包括企业主要的分销渠道、主要的经销商及对能力的评价、渠道管理现状、渠道管理成本及其他问题。

（5）宏观营销环境，包括人口、经济、政治、法律、社会文化、技术等宏观环境因素及其他变化情况，以及这些因素对企业营销活动的影响。

3. 机会与威胁分析。营销经理必须认真分析营销计划期内企业所面对的营销计划和威胁、企业的优势和劣势，以便有效把握对企业营销活动可能产生影响的各种外部因素，并认清自身的条件与不足，据此制定营销策略。

4. 确定营销目标。营销计划中必须陈述在计划期内企业要实现的具体营销目标，以及实现目标的主要战略方案。营销目标可以包括关于销售量、投资报酬率、市场占有率、利润额等的目标。

5. 制定营销战略与策略。市场营销战略应明确企业的目标市场、产品定位，并在此基础上制订市场营销组合方案。在此部分应描述为实现计划目标而采用的主要市场营销方法，包括目标市场的选择和市场定位战略、营销组合策略、费用水平预估等。

6. 制订具体的执行方案。要针对营销目标、战略方案制订具体的落实方案，明确实施计划所要做的工作是什么、谁来做、什么时间做、怎样做以及如何控制成本等，即把营销计划变成可以实施的具体方案。

7. 编制预算。企业应根据营销计划的执行方案编制营销预算，说明营销计划的实施所需的经费及理由，以支持各项具体的营销活动，同时还要预计营销活动的损益情况。

8. 控制。控制是指对营销计划的执行情况进行经常性的监督管理，其做法是：将营销计划目标、营销预算按时间周期（月、季）分解，然后将各部门阶段性的营销活动的实际情况与计划目标及预算目标进行比较，及时了解计划落实情况，发现存在的问题，分析原因，制订整改方案。

二、营销组织

市场营销是由一系列有组织的人员来进行的，市场营销的成功和市场营销计划的实现离不开有效的市场营销组织。因为市场营销的组织机构会影响营销人员的自主权限、沟通效果和合作程度。加强营销组织建设，灵活机动地调整营销组织机构，是现代企业在市场竞争中取胜的关键因素。

（一）市场营销组织

市场营销组织是指企业内部涉及市场营销活动的各个职位及其结构。理解这一概念需要注意两个问题。

1. 市场营销活动跨越组织岗位。市场营销活动并不都发生在同一组织单位中。比如，在拥有很多产品大类的大公司中，每个产品经理下面都有一支销售队伍，而运输则由一位生产经理集中管辖。不仅如此，有些活动甚至还发生在不同的国家和地区。虽然活动不发生在同一部门中，但它们都属于市场营销组织，因为它们从事的都是市场营销活动。

2. 市场营销组织的范围难以明确。不同企业对其经营管理活动的划分也是不同的。同时，即使企业在组织结构中正式设有市场营销部门，企业的所有市场营销活动也并不全部由该部门来完成。因此，市场营销组织的范围是难以明确界定的。

3. 人在市场营销组织中的重要作用。市场营销组织也被理解为各个市场营销职位中人的集合。由于企业的各项活动总是由人来承担，所以，对企业而言，人的管理比组织结构的设计更为重要。在考察市场营销组织的好坏时，不仅要看市场营销组织结构的设计，还要同时兼顾人的素质。

（二）市场营销部门的演变

企业的市场营销部门是随着市场营销观念的变化与企业营销职能的发展逐步演变而来的，大致经历了单纯的销售部门、兼有附属职能的销售部门、独立的市场营销部门、现代市场营销部门、现代市场营销企业五个阶段。

1. 单纯的销售部门。在 20 世纪 30 年代以前，西方企业以生产观念为指导思想，大部分都采取单纯的销售部门的形式。企业的组织机构多是从生产、销售、财务和会计这四个基本职能部门发展来的。销售部门作为一个独立的职能部门，一般由一名销售经理负责管理。销售部门的主要职责是推销产品，生产什么、生产多少、销售什么、销售多少、库存等完全由生产部门决定，销售部门对产品的种类、规格、数量等问题几乎没有发言权（如图 11－1 所示）。

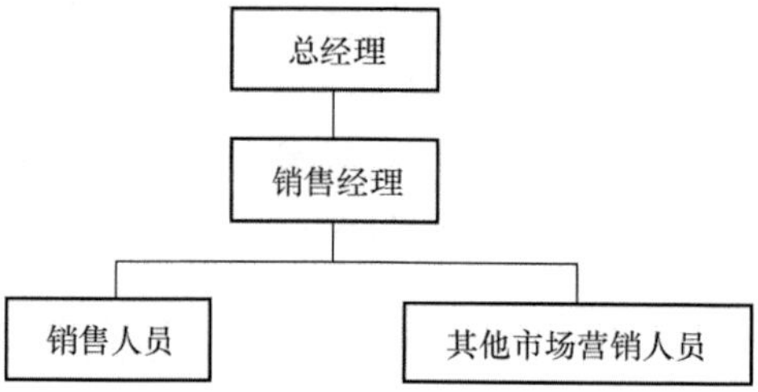

图 11－1　单纯的销售部门

2. 兼有附属职能的销售部门。在 20 世纪 30 年代大萧条以后，市场竞争日趋激烈，大多数企业开始以推销观念为指导思想，需要进行经常性的市场调研、客户服务、广告宣传以及其他促销活动，这些工作逐渐变成专门的职能。随着业务量的加大，企业开始设立营销主管职位，全权负责这些工作（如图 11－2所示）。

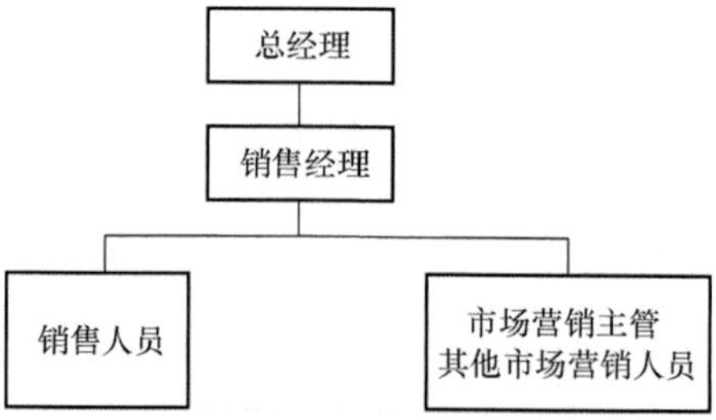

图 11－2　兼有附属职能的销售部门

3. 独立的市场营销部门。随着企业规模和业务范围的进一步扩大，以及顾客导向的营销观念的推广，原来作为附属性工作的市场营销研究、新产品开发、广告促销和为顾客服务等市场营销职能的重要性日益增强。于是，市场营销部门成为一个相对独立的职能部门，增设了营销经理，使营销部门和销售部门成为既相对独立又密切配合的两个职能部门（如图 11－3所示）。

4. 现代市场营销部门。作为相对独立的两个职能部门，营销部门和销售部门在企业管理实践中经常出现协同不力的局面。营销经理的职责是把握市

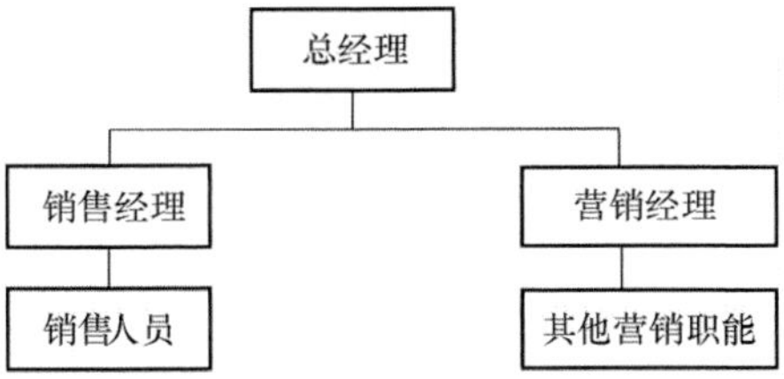

图 11 －3　独立的市场营销部门

场机会并制定营销战略与规划，销售经理的任务是在当前的市场条件下执行既定计划。相对而言，营销者着眼于长远，销售者着眼于当前。为化解可能出现的部门冲突，现代企业逐步优化营销组织，设置一名营销经理（通常为企业副总经理）全权负责与企业市场营销活动相关的所有职能活动。现实中也有部分企业将与市场营销有关的职能活动分置于两个或更多部门（如市场部、销售部、客户服务部），但都由营销经理进行管理与协调。现代市场营销部门如图 11 －4 所示。

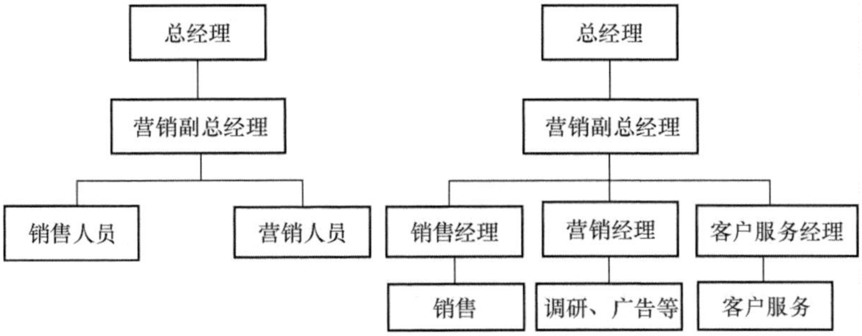

图 11 －4　现代市场营销部门

5. 现代市场营销企业。一个企业仅仅有了上述现代市场营销部门，还不等于是现代市场营销企业。现代市场营销企业取决于企业内部各种管理人员对待市场营销职能的态度，只有当所有的管理人员都认识到企业一切部门的工作都是“为顾客服务”，“市场营销”不仅是部门的名称，而且是企业的经营哲学时，这个企业才能算是一个“以顾客为中心”的现代市场营销企业。

（三）市场营销组织类型

现代市场营销部门有多种组织形式，企业需根据自身的目标、业务特点、营销环境等因素做出选择。

1. 职能型组织。职能型组织是最常见的市场营销组织，它强调市场营销各种职能如销售、广告和市场研究的重要性（如图 11－5 所示）。这类组织一般由市场调研、产品开发、营销策划、市场推广、物流管理、客户服务等多个领域的市场营销专业人员共同组成，由营销副总经理负责协调管理，各类营销人员对营销副总经理负责。这种组织形式的优点是：部门设置简单，责任分工明确，易于管理。但随着产品品种的增加与市场的逐步扩大，其缺陷也日益突出，主要表现为没有一个部门能对某产品的整个市场营销活动负全部责任，各部门强调各自的重要性，以便争取到更多的预算和决策权力，致使营销副总经理无法进行协调。

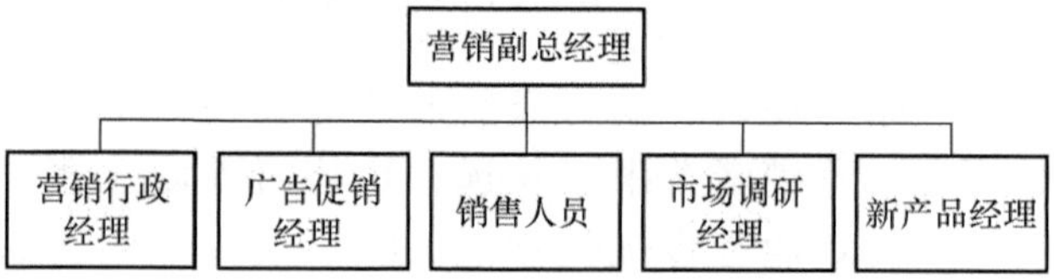

图 11－5　职能型市场营销组织

2. 产品型组织。产品型组织是指企业内部建立产品经理组织制度，以协调职能型组织中的部门冲突。企业生产的各类产品差异较大、产品品种较多，导致按职能设置的市场营销组织往往无法管理。在这种情况下，企业可以建立产品经理组织制度。具体做法是，由一名产品经理负责，下设几个产品大类经理，产品大类经理之下再设几个具体产品经理负责各具体的产品（如图 11－ 6 所示）。

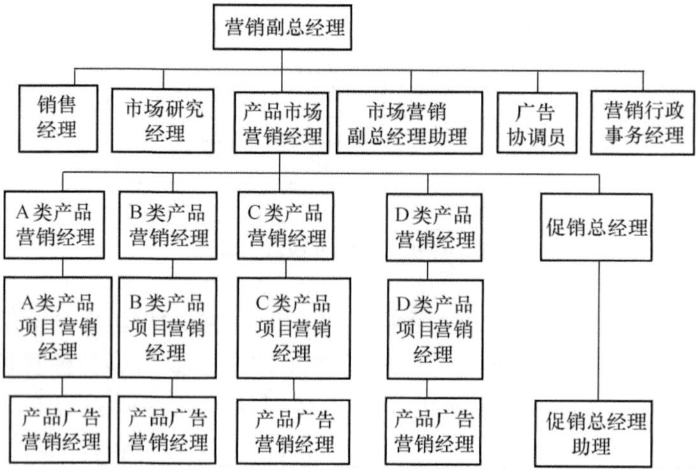

图 11－6　产品型组织

产品经理的职责是制订产品开发计划，并付诸实施，监测其结果并采取改进措施。具体可分为：

（1）制定产品长期经营和竞争战略。

（2）编制年度市场营销计划和进行销售预测。

（3）与广告代理商和经销代理商一起研究广告的文稿设计、节目方案和宣传活动。

（4）激起推销人员和经销商经营该产品的兴趣。

（5）搜集产品、市场情报，进行统计分析。

（6）倡导新产品开发。

产品型组织形式的优点在于产品经理能够有效地协调各种市场营销职能，并对市场变化做出积极的反应；同时，由于有专门的产品经理，那些较小品牌的产品可能不会受到忽视。

3. 市场型组织。当企业拥有单一的产品大类，面对各种不同偏好的消费群体，以及使用不同的分销渠道时，建立市场型组织是可行的。市场型组织的形式如图 11－7 所示，由一名市场主管经理管理几名市场经理。市场经理的职责是负责制订所辖市场区域的长期计划和年度计划，分析市场动向及企业应该为市场提供什么新产品等。他们的工作成绩常用市场占有率的增加来判断，而不是看其现有盈利状况。市场型组织的优点在于，市场营销活动可以按照满足不同顾客的需求来组织和安排，这有利于企业加强销售和市场开拓。

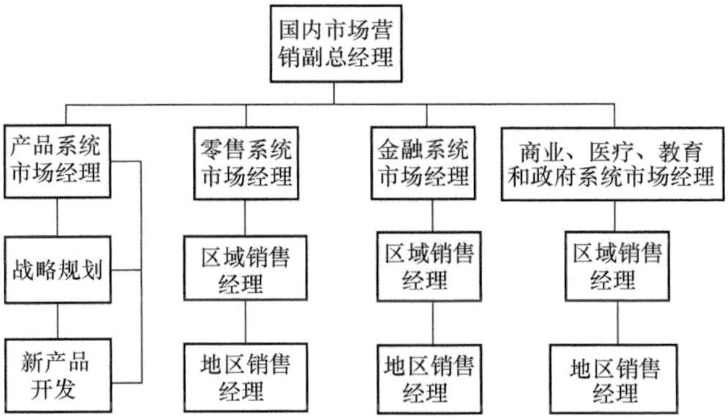

图 11－7　市场型组织

4. 地理型组织。如果一个企业的市场营销活动面向全国，那么，它会按照地理区域设置其市场营销机构（如图 11－8 所示）。该机构的设置包括：一名负责全国销售业务的销售经理，若干名区域销售经理、地区销售经理和地方销售经理。为了使整个市场营销活动更加有效，地理型组织通常都是与其他类型的组织结合起来使用。

5. 金字塔形组织。金字塔形是一种较常见的组织结构形式。它由经理至一般员工自上而下建立垂直的领导关系，管理幅度逐步加宽，下级只向自己的上级直接汇报。按职能专业化设置的组织结构大部分都是金字塔形。其特点是上下级

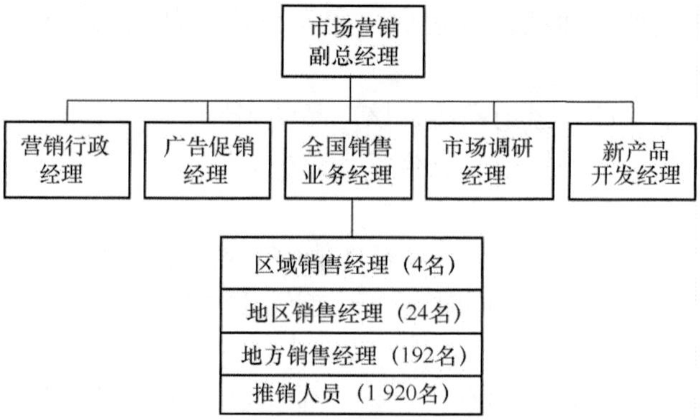

图 11－8　地理型组织

权责明确，沟通迅速，管理效率较高。不过，由于每个员工（尤其是下层员工）权责范围有限，往往缺乏对总体市场营销状况的了解，因而不利于他们的晋升。

6. 矩阵形组织。矩阵形组织是职能型组织与产品型组织相结合的产物，它以直线指挥系统为职能部门组成的垂直领导系统为基础，又建立了一种横向的领导系统，两者结合起来就组成一个矩阵形组织。矩阵形组织的例子如图 11－9 所示。

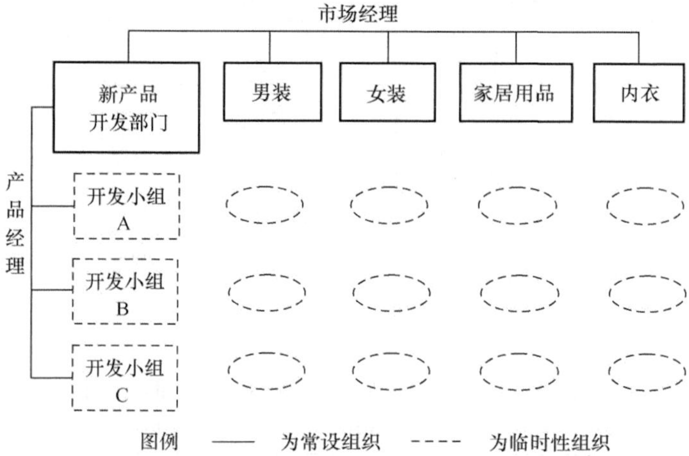

图 11－9　矩阵形组织

对于生产多种产品、面向多个市场的企业来说，要兼顾不同市场对不同产品的营销管理要求，恰当的组织形式是包括产品、市场两个要素的矩阵管理型市场营销组织，市场经理负责开发市场，产品经理负责销售。这种组织形式的优点在于具有较强的灵活性和适应性。该组织形式整合了市场经理和产品经理，便于不同部门之间沟通协调，集思广益，减少了部门间的冲突，能够更好地与目标顾客的需求相对接。

三、营销执行

市场营销执行是将市场营销计划转化为行动方案的过程，并保证计划的完成，以实现计划的既定目标。很多时候，企业的市场营销战略之所以没有达成预期的目标不是因为战略本身存在问题，而是在市场营销执行过程中发生了偏差。因此，市场营销活动要想取得成功，需要对市场营销计划的执行情况进行监督、检查和有效控制。

（一）市场营销执行的过程

市场营销执行过程包括以下主要步骤：

1. 制订行动方案。为有效地实施市场营销战略，必须制订详细的行动方案，这个方案应该明确市场营销战略实施的关键性决策和任务，并将执行这些决策和任务的责任落实到个人或小组。另外，还应包含具体的时间表，定出确切的行动时间。

2. 建立组织架构。企业的正式组织在市场营销执行过程中起着决定性作用。组织结构必须与企业战略相一致，必须同企业本身的特点和环境相适应。组织结构具有两大职能，首先是提供明确的分工，将全部工作分解成管理的几个部分，再将它们分配给各有关部门和人员；其次是发挥协调作用，通过正式的组织联系沟通网络，协调各部门和人员间的行动。

3. 设计决策和报酬制度。为实施市场营销战略，还必须设计相应的决策和报酬制度，这些制度直接关系到战略实施的成效。就企业对管理人员工作的评估和报酬制度而言，如果以短期的经营利润为标准，财务管理人员的行动必定趋于短期化，他们就不会有为实现长期战略目标而努力的积极性。

4. 开发人力资源。市场营销战略最终是由企业内部的工作人员来执行的，所以人力资源的开发至关重要。这涉及人员的考核、选拔、安置、培训和激励等问题。在考核、选拔市场营销管理人员时，要注意将适当的工作分配给适当的人，做到人尽其才；为了激励员工的积极性，必须建立完善的工资、福利和奖惩制度。此外，企业还必须决定行政管理人员、业务管理人员和一线员工之间的比例。

5. 建设企业文化。企业文化是指企业内部全体人员共同持有和遵循的价值标准、基本信念和行为准则。企业文化对企业的经营思想和领导风格、员工的工作态度和作风均起着决定性的作用。企业文化包括企业环境、价值观念、模范人物、仪式、文化网五个要素。

6. 确定管理风格。与企业文化相关联的是企业的管理风格。有些管理者的管理风格属于集权型。他们发号施令，独揽大权，严格控制，坚持采用正式的信息沟通，不能容忍非正式的组织和活动。另一些管理者的管理风格属于分权型。他们主张授权给下属，协调各部门的工作，鼓励下属的主动精神和非正式的交流和沟通。这两种对立的管理风格各有利弊。不同的战略要求不同的管理风格，这主要取决于企业的战略任务、组织结构、人员和环境。

（二）市场营销执行技能

市场营销执行问题常常出现于企业的三个层次：一是市场营销职能层次，即基本的市场营销职能能否顺利实施，如企业怎样才能从某广告公司获得更有创意的广告；二是市场营销方案层次，即把所有的市场营销职能协调地组合在一起，构成整体行动，这一层次出现的问题常常发生在将一项新产品引入一个新市场时；三是市场营销政策层次，例如，企业需要所有雇员对待所有的顾客都用最好的态度和最好的服务。为了有效地执行市场营销方案，企业的每一层次（即职能、方案、政策等）都必须善于运用以下四种技能：

1. 配置技能。配置技能是指市场营销经理在职能、政策和方案三个层次上配置时间、资金和人员的能力。例如，确定花多少资金用于展销会等。

2. 调控技能。调控技能包括建立和管理一个对市场营销活动效果进行追踪的控制系统。控制有四种类型：年度计划控制、利润控制、效率控制和战略控制。

3. 组织技能。组织技能常用于发展有效工作的组织中，理解正式和非正式的市场营销组织对开展有效的市场营销执行活动是非常重要的。

4. 互动技能。互动技能是指经理影响他人把事情办好的能力。市场营销人员不仅必须有能力推动本企业的人员有效地执行理想的战略，还必须推动企业外的人或企业（如市场调查公司、营销顾问公司、广告公司、公关公司、经销商、批发商、代理商等）来实施理想的战略，即使他们的目标与本企业的目标有所不同。

（三）市场营销执行中的问题

市场营销执行是一个艰巨而复杂的过程。很多营销战略和战术之所以没有取得成功，是因为没有得到有效的执行。管理人员常常难以诊断市场营销人员工作执行中的问题。营销失败的原因可能是由于战略战术本身的问题，也可能是由于正确的战略战术没有得到有效的执行。

企业在实施市场营销战略和市场营销计划过程中一般会出现以下问题：

1. 计划脱离实际。企业的市场营销战略和市场营销计划通常是由上层的专业计划人员制定的，而执行则要依靠市场营销管理人员，由于这两类人员之间往往缺少必要的沟通和协调，因此容易导致计划脱离实际的问题。其中的原因有：①企业的专业计划人员只考虑总体战略，忽视执行中的细节，使计划过于笼统和流于形式；②专业计划人员不了解计划执行过程中的具体问题；③专业计划人员和市场营销管理人员之间缺少充分的交流和沟通，致使市场营销管理人员在执行过程中经常遇到困难；④计划人员和市场营销管理人员之间存在相互对立和不信任的情况。

许多西方企业已经认识到，不能仅靠专业计划人员为市场营销人员制订计划，正确的做法应该是让计划人员协助市场营销人员制订并执行计划。因为市场营销人员比计划人员更了解实际，让他们参与企业的计划管理过程会更有利于市场营销计划的执行。

2. 长期目标和短期目标相矛盾。市场营销战略通常着眼于企业的长期目标，涉及今后几年的经营活动。但具体执行这些战略的市场营销人员通常是根据他们的短期工作绩效，如销售量、市场占有率或利润率等指标来进行评估和奖励的。因此，市场营销人员常选择短期行动。这种情况往往比较普遍。

3. 行动惯性的影响。企业当前的经营活动往往是为了实现既定的战略目标，新的战略如果不符合企业的传统和习惯，就会遭到抵制。新旧战略的差异越大，执行新战略可能遇到的阻力也就越大。要想执行与旧战略截然不同的新战略，常常需要改变企业传统的组织机构和供销关系。这给企业管理人员在心理层面和行动层面都提出了较大的挑战。

4. 缺乏具体明确的执行方案。有些战略计划之所以失败，是因为计划人员没有制订明确而具体的执行方案。为了使执行方案做到明确清晰，企业的高层决策者和管理人员不能有“想当然”的心理，必须制订详尽的实施方案，规定和协调各部门的活动，编制详细周密的项目时间表，明确各部门经理应负的责任。只有这样，企业市场营销执行才有保障。

四、营销控制

营销控制是指营销管理者跟踪企业营销活动的每一环节，确保企业营销目标按计划实现的活动和程序。营销控制不仅有助于营销管理者及时发现计划执行中的问题，寻找解决方法，而且有助于企业在营销环境发生变化时及时调整营销方案，化解环境变化带来的威胁。

（一）营销控制的程序

营销控制的目的在于纠偏，通过不断纠偏，最终实现企业的营销目标。营销控制的一般程序可以分为设计控制标准、实际检测、偏差分析和提出纠偏措施四个步骤（如图 11 －10 所示）。这四个步骤连成一个闭环，使营销控制成为完善企业营销活动的一个连续不断的过程。

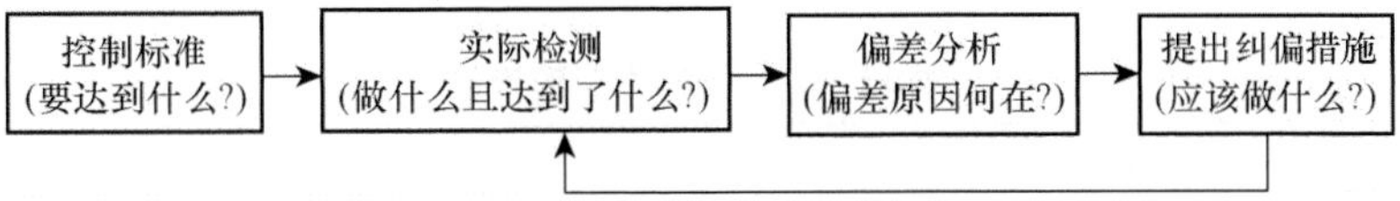

图 11 －10　营销监控的程序

1. 设计控制标准。在营销管理中，控制标准是营销管理者希望企业的营销活动达到的状态或完成的任务。他们一般根据企业的营销目标确定，包括财务指标和非财务指标。财务指标是企业财务数据可以反映的指标，如销售业绩指标、盈利能力指标等。非财务指标是指不能用财务数据表示，而可以通过某种方法加以测量的指标。非财务指标常常是影响财务指标表现的原因，如顾客关系、顾客满意度、渠道关系等。无论是财务指标还是非财务指标，一旦作为控制标准使用，就一定要设法将其量化，否则不宜作为控制标准。因为只有能够量化的指标，才能够被测量，也才能够用于比较。

2. 实际检测。营销的控制标准为营销活动的检查评估提供了参照依据。对营销活动进行实际检测的过程，也就是收集反映营销方案实施情况相关数据或资料的过程。营销监控能否发挥其应有的功能，这一步是关键。因为只有对营销实施情况有一个真实、及时、全面的了解，才能发现营销实施中存在的偏差，提出纠偏的对策。进行监测的方法很多，包括对销售业绩进行数据统计、对顾客进行问卷调查、在现场进行观测以及员工自评等。很多市场调查方法在这里都可以使用。

3. 偏差分析。收集到使用的数据或资料以后，就可以着手进行偏差分析了。采取这一步的目的在于发现营销方案中实际执行情况与控制标准之间的差距。偏差分析可以分以下四步进行：第一步，通过实际执行情况与控制标准的比较，发现哪里出现了偏差；第二步，分析偏差的性质是有利偏差还是不利偏差；第三步，分析偏差的大小及容忍度，即实际执行情况与控制标准之间的差距大小；第四步，分析偏差形成的原因，努力找到偏差形成的根源，对症下药。

4. 提出纠偏措施。根据偏差形成的原因，营销管理者可以提出纠偏措施。纠偏措施有两大类：一类是修改或调整企业的营销目标和营销战略，适应环境的变化。偏差的出现很大程度上意味着企业原有的营销目标和营销战略不再适用，需要做出修改或调整。另一类是影响或指导企业营销人员改变某些不当的行为，采用合理先进的工作方法，提高营销效率。如果偏差确属营销人员的行为不当所致，就要通过各种手段，对他们施加影响，改变他们的不当行为。

（二）营销控制的方法

营销方案的实施几乎涉及企业所有的员工（包括生产线上的工人），因此营销监控相当复杂，需要采取不同的方法。常用的监控方法有年度计划控制、盈利能力控制、效率控制和战略控制（如表 11－1 所示）。

表 11－1　营销监控的方法

方　法	负责人	目　的	工　具
年度计划控制	中高层主管人员	检查计划目标是否实现	销售差异分析、市场占有率分析、营销费用率分析、财务分析、细分市场
盈利能力控制	营销主管人员	检查企业的盈利点和亏损点	各地区、各细分市场、各渠道的获利能力分析

续表

方　法	负责人	目　的	工　具
效率控制	职能管理人员和营销主管人员	评价和提高营销费用支出的效率	推销人员、广告和促销人员的效率分析
战略控制	高层主管人员	检查企业是否最大限度地利用了市场机会	营销审计

1. 年度计划控制。年度计划控制是企业在一个财务年度结束后进行的绩效检查。其目的在于找出计划指标与实际完成情况之间的差距，提出改进措施。控制工具包括销售差异分析、市场占有率分析、营销费用率分析、财务分析和顾客态度追踪分析等。

（1）销售差异分析。其主要分析计划销售额和实际销售额之间的差异，以此了解企业营销任务的实现情况，发现并及时解决问题。可以按照产品类型、品种、品牌以及地区进行销售差异分析。

（2）市场占有率分析。通过分析企业产品的市场占有率在计划和实际之间的差异，发现企业营销中的问题。可以按照全部市场占有率、可达市场占有率和相对市场占有率等指标来进行分析。

（3）营销费用率分析。通过计算和比较企业各种营销费用占销售额的百分比来发现问题，进行控制。营销费用率可以细分为推销费用率、广告费用率、促销费用率、市场调研费用率等。

（4）财务分析。通过对销售利润率、资金利润率、资金周转率以及现金流量指标的对比分析，确定企业的投入产出效率，找出计划和实际之间的差异，提出整改措施。

（5）顾客态度追踪分析。通过企业建立的顾客抱怨处理系统、顾客意见反馈系统以及市场调研系统收集信息，追踪顾客的态度变化情况，发现营销方案执行中存在的问题，及时采取措施并加以解决。

2. 盈利能力控制。盈利能力控制是指通过测定不同产品、不同销售区域、不同顾客群体以及不同渠道的盈利能力，对营销方案的实施过程进行监控。盈利能力指标包括：①销售利润率，即企业利润与销售额之间的比率。②资产收益率，即企业所创造的总利润与企业全部资产之比。③净资产收益率，即税后利润与净资产之比。④资产管理效率，如资产周转率，即企业产品销售收入净额与资产平均占用额之比；存货周转率，即企业产品销售成本与存货（指产品）平均余额之比。

3. 效率控制。效率控制通过对推销效率、广告效率、促销效率和分销效率的分析，实现企业对销售工作的有效控制。如果通过盈利能力分析发现企业的某些产品在某些区域或细分市场效益不佳，那么问题可能出在推销、广告、销售促进和/或分销的效率上。

4. 战略控制。战略控制是指管理者在营销实施过程中，通过不断评审和信息反馈，尽量使实际的营销工作与营销战略相符。战略控制是面向未来的控制，是在事件还未发生之前就对可能发生的事件进行的评估和纠偏。战略控制运用的主要工具是营销审计。营销审计是对企业的营销管理活动进行的系统性检查。有关营销审计的具体内容会在下一节中详细介绍。

5. 其他控制方法。除了上面介绍的营销控制方法之外，对营销实施的控制还可以根据营销方案实施的过程或阶段，分为项目考评、阶段考评、最终考评和反馈改进等。

第二节　市场营销审计

市场营销审计是对一个企业市场营销环境、目标、战略、组织、方法、程序和业务等进行的综合的、系统的、独立的和定期性的核查，以便确定困难所在和各项机会，并提出行动计划的建议，改进市场营销管理效果。市场营销审计实际上是在一定时期对企业全部市场营销业务进行总体效果评价，其主要特点是不限于评价某些问题，而是对全部活动进行评价。

一、市场营销审计的发展

第二次世界大战后，发达国家产品更新加快，需求趋向个性化、多样化，市场竞争日益激烈，企业市场营销出现危机。企业为了提高经济效益，必须对市场营销活动加强检查、分析和控制，逐步展开市场营销审计。进入 20 世纪 70 年代，美国许多工商企业，尤其是一些跨国公司，日益从单纯关注利润和效率发展到全面检查经营战略、年度计划和市场营销组织，高瞻远瞩地改善企业经营管理和更有效地扩大经济效果。它们对市场营销活动的检查范围逐步扩大，包括用户导向、市场营销组织、市场营销信息、战略控制以及作业效率等；同时制定了检查的具体要求，确立了检查标准并采用计分方法加以评核。从那以后，市场营销审计开始成熟并逐步发展起来。越来越多的企业把市场营销审计当作加强市场营销管理的重要工具。

二、市场营销审计的特性

市场营销审计是企业对其营销环境、营销目标、营销战略和营销活动所做的全面、系统、独立和定期的检查。它与企业的营销绩效评估既有区别，又密切相关。市场营销审计有如下四个特点：全面性、系统性、独立性和定期性。

一是全面性。市场营销审计是针对企业营销活动进行的全面的检查，涉及企业营销活动的方方面面，包括营销环境、营销目标、营销战略、营销职能和某一项具体的营销活动。

二是系统性。市场营销审计不是一般的工作检查和市场调查，它包含一整套科学的分析和诊断方法，遵循一套规范的程序。

三是独立性。市场营销审计虽然可以由营销部门自己做（即自我审计），但是自我审计常常是在其他独立的审计小组来检查之前营销部门所做的工作，目的在于协助审计小组的检查。营销审计独立于营销部门，是对营销部门工作的检查。这种独立性可以使企业的营销审计工作更加客观，审计结果也更具有说服力。

四是定期性。市场营销审计虽然有“营销诊断”的成分，但它主要不是为了“营销诊断”，它不是企业在营销中出现问题以后才去“看病”，而是根据企业营销自身的规律，通过检查来规范企业的营销管理活动。因此，它需要持续和定期地进行，而不论企业处于顺境还是逆境。

市场营销审计需要审核企业营销绩效评估的结果，但是它本身不是为了评估企业的营销绩效。换言之，企业营销绩效评估的内容、程序和方法也是营销审计的一个内容。如果发现有不规范、不科学的地方，营销审计需要对企业的营销绩效评估提出整改意见。

这里需要特别强调，市场营销审计不是对企业营销绩效的评估，它是根据企业营销自身的规律，对企业营销管理活动进行的全面检查。它的侧重点是检查企业营销管理活动的内容、程序和方法是否符合规范。

三、营销审计的内容

市场营销审计的基本内容包括市场营销环境审计、市场营销战略审计、市场营销组织审计、市场营销系统审计、市场营销盈利能力审计和市场营销职能审计。

（一）市场营销环境审计

市场营销必须审时度势，必须对市场营销环境进行分析，并在分析人口、经济、生态、技术、政治、文化等环境因素的基础上，制定企业的市场营销战略。这种分析是否正确，需要经过市场营销审计的检验。由于市场营销环境的不断变化，原来制定的市场营销战略也必须相应地改变，也需要经过市场营销审计来进行修订。目前，我国许多企业重复投资、重复建设、盲目上马，不能适应市场需要，不利于形成适度的市场规模，因而难以取得理想的经济效益，原因就在于对市场营销环境缺乏充分的调查与分析；即使有些企业在这方面做了一些工作，但是，绝大多数企业还远没有进行市场营销环境审计，包括对市场规模、市场增长率，顾客与潜在顾客对企业的评价，竞争者的目标、战略、优势、劣势、规模、市场占有率，供应商的分销方式，经销商的分销渠道等的分析评价。

（二）市场营销战略审计

市场营销战略审计的检查内容包括：企业是否能够按照市场导向确定自己的

任务、目标并设计企业形象；是否能选择与企业任务、目标相一致的竞争地位；是否能制定与产品生命周期、竞争者战略相适应的市场营销战略；是否能进行科学的市场细分并选择最佳的目标市场；是否能恰当地分配市场营销资源并确定合适的市场营销组合；企业在市场定位、品牌形象、公共关系等方面的战略及策略是否卓有成效。

（三）市场营销组织审计

市场营销组织审计主要是评价企业的市场营销组织在执行市场营销战略方面的组织保证程度和对市场营销环境的应变能力。其中包括：企业是否有坚强有力的市场营销主管领导及明确的职责与权利；是否能按产品、用户、地区等有效地组织各项市场营销活动；是否有一支训练有素的营销及销售队伍，对营销及销售人员是否有健全的激励、监督机制和评价体系；市场营销部门与采购部门、制造部门、研究开发部门、财务部门及其他部门的沟通情况以及是否有密切的合作关系等。

（四）市场营销系统审计

企业市场营销系统包括市场营销信息系统、市场营销计划系统、市场营销控制系统和新产品开发系统。对市场营销信息系统进行审计的主要内容包括：企业是否有足够的有关市场发展变化的信息来源；是否有畅通的信息渠道；是否进行了充分的市场营销研究；是否恰当地运用市场营销信息进行科学的市场预测；等等。对市场营销计划系统进行审计的主要内容包括：企业是否有周密的市场营销计划，计划的可行性、有效性以及执行情况如何；是否进行了销售潜量和市场潜量的科学预测；是否有长期的市场占有率增长计划；是否有适当的销售定额及其完成情况如何等。对市场营销控制系统进行审计的主要内容包括：企业对年度计划目标、盈利能力、市场营销成本等是否有准备地考核和有效地控制。对新产品开发系统进行审计的主要内容包括审计企业开发新产品的系统是否健全；是否组织了新产品创意的收集与筛选；新产品开发的成功率如何；新产品开发的程序是否健全，包括开发前充分的调查研究、开发过程中的测试以及投放市场的准备及效果；等等。

（五）市场营销盈利能力审计

市场营销盈利能力审计是在企业盈利能力分析和成本效益分析的基础上，审核以下内容：审核企业的不同产品、不同市场、不同地区以及不同分销渠道的盈利能力；审核进入或退出、扩大或缩小某一具体业务对盈利能力的影响；审核市场营销费用支出情况及其效益；进行市场营销费用—销售分析，包括销售队伍与销售额之比、广告费用与销售额之比、促销费用与销售额之比、市场营销研究费用与销售额之比、销售管理费用与销售额之比，以及进行资本净值报酬率分析和资产报酬率分析；等等。

（六）市场营销职能审计

市场营销职能审计是对企业的市场营销组合因素（即产品、价格、渠道、促销）效率的审计，主要审计：企业的产品质量、特色、式样、品牌的顾客欢迎程度；企业定价目标和战略的有效性；市场覆盖率；企业分销商、经销商、代理商、供应商等渠道成员的效率；广告预算、媒体选择及广告效果；销售队伍的规模、素质以及能动性等。

第三节　企业营销绩效评估

企业的营销绩效如何？是否达到了企业的营销目标？企业的营销目标或营销活动是否需要调整？这些问题关系到企业未来的生存和发展，也关系到企业未来营销战略的制定。另外，对企业的营销绩效进行客观的分析和评价，既是企业营销管理的重要内容，也是改善营销管理和提高企业绩效的重要手段。因此，企业需要一套客观、公平、合理和易于操作的营销绩效评估体系。

一、企业营销绩效评估

企业营销绩效是指企业营销方案实施后实现营销目标的程度以及营销活动的投入产出比，具体包括效果（实现企业营销目标的程度）和效率（企业营销活动的投入产出比）两个方面。营销绩效评估是企业对营销运作过程的效果和效率以及对企业的贡献所进行的评价和估计。

营销绩效评估与营销目标密切相关。营销目标是企业进行各项营销活动想要得到结果的规范化表述。它一方面提出了企业营销活动追求的结果，另一方面也是营销部门为了实现企业的发展目标和竞争目标必须完成的任务。因此，企业的营销目标为企业的营销绩效评估提供了基础或依据。企业营销活动的绩效如何，首先要看是否实现了预期的目标或实现预期目标的程度如何。营销活动表面看起来再好，效率再高，如果不能实现企业的营销目标或者与实现企业的营销目标南辕北辙，也不能说企业的营销活动有好的绩效。企业营销绩效评估不能脱离企业的营销目标，否则企业就会讲的是一套，而做的是另外一套，奖励不该奖励的，惩罚不该惩罚的，企业的营销活动就会信号混乱，让人无所适从。

客观、公正地对企业的营销绩效进行评估，对提高企业的营销管理水平，更好地利用各种营销资源，调动营销人员的积极性有着十分重要的意义：

（1）企业营销绩效评估可以帮助企业高层管理者正确地了解和认识企业在营销职能上的优势与劣势，通过提高企业的营销能力，获得竞争优势。

（2）企业营销绩效评估可以帮助企业加强对营销活动的控制，增强营销活动的计划性，通过掌握营销计划的落实情况，对营销计划进行及时调整和修改，保证营销计划的顺利实施。

（3）企业营销绩效评估可以帮助企业营销部门更好地利用各种营销资源，通过全面考评和分析营销资源的利用效率，减少营销浪费。

（4）企业营销绩效评估可以帮助企业调动营销人员的工作热情，通过奖励和惩罚，激发员工的创造力，提高营销执行力。

（5）企业营销绩效评估可以帮助企业调动营销管理者的积极性，通过检验营销目标的完成情况，提高营销管理者的管理水平。

二、企业营销绩效评估指标体系

随着市场环境及消费者行为的不断变化，企业绩效越来越多地取决于企业商誉、技术创新、组织管理效率、竞争地位、网络资源、品牌价值等非财务要素的综合反映。竞争环境的复杂性也要求绩效评价不仅要揭示企业营销战略及其执行是否带来销售额和利润的增加以及企业盈利能力的提高，还要揭示导致这一结果的原因，为科学地制定营销决策提供依据。因此，企业应争取建立对市场营销业绩更加综合全面的评价体系，考虑除财务评价以外的消费者认知与行为评价、竞争评价、中间顾客评价及创新评价等方面的指标，全面反映企业在竞争中所处的地位、收入来源构成及支持程度、联盟网络水平、差异化能力，及适应环境变化、保证未来获利的能力。

（一）构建企业营销绩效评价指标体系需要考虑的问题

企业营销绩效评价指标体系的构建需要关注以下几个方面的问题：

1. 关注非财务指标。包括市场占有率、产品与服务质量、顾客满意度、品牌价值、与中间商的合作状况、市场应变与营销创新能力等在内的非财务指标日益成为影响企业财务结果和代表企业未来市场潜力水平的重要因素，因而成为营销绩效评价的重要内容。

2. 关注过程评价。空前广泛的市场竞争领域和范围，要求企业必须明确从营销投入到财务产出之间的调整因素及其对营销投入与产出之间转换过程的影响，通过对各项营销活动的资源投入与产出比的考察，判断企业的营销效率，对合理分配营销力量、监控营销成本、揭示营销存在的问题具有重要意义。

3. 关注无形的、长期的绩效。在知识经济时代，反映顾客认知和满意程度、与利益相关者之间关系网络的构建水平、学习与创新能力等无形业绩对企业获得市场成功和持久的竞争优势越来越重要，任何对这些无形业绩指标的轻视都可能导致企业缺乏发展后劲。

4. 全方位关注相关者利益。在呼唤可持续发展的时代，企业作为经营网络中的主要单元，越来越多地体现出其社会性。企业的营销活动与营销行为对众多利益相关者包括顾客、股东、企业管理者、员工、供应商、经销商、竞争者、社区、政府甚至国家等都将产生深刻影响，因而对其营销绩效的评价必将成为一个涉及多方面主体与因素的系统工程，需综合平衡、协调以实现利益相关者的利益。在追求经济价值的同时兼顾社会价值，实现整体收益最大化应，是评价现代企业市场经营业绩的重要方面。

（二）企业营销绩效评估的指标体系

关于企业营销绩效评估指标体系的设计，有一些不同的方法和依据，最有代表性的是平衡计分卡、关键成功因素法和目标管理法。这里，我们采用孙淑英、王秀村和刘菊蓉在2006年发表于《中国软科学》杂志的文章中的营销绩效评价指标体系。其运用实证研究的方法，经过多次修正，得出一套比较符合市场环境和企业现状，又与国际评价接轨的营销绩效指标体系。该评价指标体系具有一定的综合性、战略性、可行性和关键一致性，具体内容如表11－2所示。

表11－2　企业营销绩效指标体系

企业营销绩效指标体系	消费者认知评价指标	消费者满意度
		知名度
	消费者行为评价指标	新顾客总数
		顾客投诉
		顾客忠诚度
	中间商方面的评价指标	中间商满意度
		中间商投诉
		准时交货
	市场竞争类评价指标	市场占有率
		相对消费者满意度
		相对认可质量
	营销创新方面的评价指标	新产品数量
		新产品收益
		新产品利润
	财务评价指标	销售额
		利润率
		市场营销费用

资料来源：孙淑英，王秀村，刘菊蓉．我国企业营销绩效评价指标体系构建的实证研究［J］．中国软科学，2006（1）：132－137.

1．消费者认知评价指标。消费者认知评价指标包括消费者满意度和知名度两个指标。

（1）消费者满意度，是消费者对企业产品、服务或品牌的一种肯定态度。消费者满意度的高低反映了消费者眼中公司产品、服务或品牌表现的优劣，通常用消费者满意度指数来进行测量。具体的做法是：①对特定的消费者群体进行市场调查；②请被调查者分项目对企业的产品、服务或品牌打分；③计算每个被调查者在各项目的平均得分；④按公式将每个被调查者的平均得分加总平均，即为消费者满意度指标值。该指标值越高，表示消费者对企业产品、服务或品牌的满意度越高，企业的营销效果越好。

（2）知名度，是指产品、服务或品牌被消费者熟悉的程度，其中最重要的是品牌知名度。品牌知名度是品牌在消费者心目中的认知强度，分为：不知道、知道；不记得、记得；首选、次选、经常选、偶尔选、不选。品牌知名度的测量与消费者满意度类似。在其他条件相同时，品牌的知名度越大，消费者购买该品牌产品的可能性越大，企业的营销效果越好。

2. 消费者行为评价指标。消费者行为评价指标主要反映新顾客总数、顾客投诉和忠诚度。

（1）新顾客总数，等于本期顾客总数减去上期顾客总数。它用来衡量企业营销活动吸引或赢得新顾客的数量。新增顾客数量越大，企业的市场发展越快，企业未来的发展潜力也越大。相关数据可以从企业销售部门获得。

（2）顾客投诉，是顾客对企业管理和服务不满的表达方式，是企业营销效果的一个负向指标，可以从顾客投诉次数和顾客不满程度两个方面进行测量，顾客投诉指标的分值是二者的加权平均（视情况而定）值。如何利用处理顾客投诉的时机赢得顾客的信任，把顾客的不满转化为顾客满意，锁定他们对企业和产品的忠诚，获得竞争优势，已成为企业营销实践的重要内容之一。

（3）顾客忠诚度，指顾客对企业产品、服务或品牌的长期信赖与重复购买行为。它是顾客满意度不断强化的结果，可以分为多个层次，如情感性忠诚、意向性忠诚和行为性忠诚。情感性忠诚是顾客的一种偏爱；意向性忠诚是顾客的优先选择倾向；行为性忠诚则是顾客的重复性购买行为。该指标值可以通过对企业现有顾客（如根据企业的客户资料随机抽样）的调查和统计分析得出，也可以根据企业的销售数据，通过计算重复购买率得出。

3. 中间商方面的评价指标。中间商是企业营销渠道的构成环节，包括批发商、零售商和其他类型的经销商。中间商的评价是指中间商对企业在产品、交货期、合作等方面做出的综合评价，由中间商对企业的满意度、投诉和是否准时交货构成。

（1）中间商满意度，即中间商对企业的满意程度，可以通过对中间商的调查和统计分析进行测量。具体做法与顾客满意度的测量相同。中间商满意度越高，越容易与企业形成长期的合作关系，越会采取积极的行为促进企业和最终顾客的沟通，从而使企业掌握顾客的消费需求、市场信息和同类产品各企业的情况，为企业采取适当的营销策略提供信息。

（2）中间商投诉，由中间商对企业的不满而引起，是企业营销效果的一个负向指标。中间商投诉指标也可以从中间商投诉次数及不满程度两方面测评，计算方法与顾客投诉指标的计算相同。

（3）准时交货指标，是反映制造企业的营销效果的指标，是中间商满意的重要条件。

4. 市场竞争类评价指标。市场竞争类评价指标是企业进行绩效评估的常用指标，包括市场占有率、相对消费者满意度和相对认可质量。从市场竞争的角度评价企业的营销绩效，是指可以通过了解企业与主要竞争者之间的实例对比情况，确定企业在市场上的相对地位。

（1）市场占有率，也称市场份额，是指在一定时期和一定市场范围内，一个企业产品或服务的销售量占该类产品或服务整个市场销售总量的比例。企业产品的市场占有率越高，表明企业的经营能力和竞争力越强，公司的销售和利润水平越好、越稳定。它反映了竞争者实力的对比关系。

（2）相对消费者满意度，是指消费者将本企业与竞争者的产品和服务做对比之后，对企业产品和服务的满意程度。该指标也需要通过市场调查和统计分析得出。具体做法与消费者满意度的测量相同。只是在问卷题项表述上，要将本企业与竞争者的产品和服务进行比较。

（3）相对认可质量，是指在消费者将本企业产品的质量与竞争者产品的质量对比之后，对企业产品质量的认可程度。消费者对企业产品质量的感知会直接影响消费者对企业品牌的评价，直接关系到该企业的生存。

5. 营销创新方面的评价指标。营销创新是企业创新能力的重要体现。通过创造新的产品或服务（服务包括新的营销方法）满足市场未满足的需求，企业能够更高效地为顾客创造价值，获取竞争优势。从便于操作的角度出发，营销创新可以通企业新产品的数量、收益和利润测量。这些数据可以从企业内部销售数据中获得。

（1）新产品数量，是指一定时期内企业设计、生产和向市场推出的新产品数量。因为新产品的开发需要营销职能部门的积极参与，在很大程度上反映了企业对市场和竞争变化的适应性，所以，新产品数量越多，企业的营销创新能力越强。

（2）新产品收益，反映了企业开发新产品所带来的综合效益，既包括财务收入，也包括顾客满意、品牌价值等无形资产。

（3）新产品利润，不但能够衡量企业新产品开发的效果，还能够用来评价企业未来增长的潜力。新产品的利润越高，说明企业新产品开发的效果越好，越符合市场需求的方向，企业未来的发展前景越好。

6. 财务评价指标。良好的财务绩效是企业赖以生存的基础和前提，企业财务效果是企业营销绩效业绩的最终体现，是企业营销决策和执行所产生的结果。该指标越好，说明企业的销售能力越强，市场竞争力越强。

（1）企业的销售额，是企业影响力的重要表现，而且是企业获得利润以及其他效益的前提，反映了企业在一定时期内实现的价值。在一个固定时期内，销售额的提升取决于四个因素：产品销售量的提高、单位价格的提高、周期内购买消费频次的增加、产品种类的增加。

（2）利润率，是企业营销的获利能力，是评价企业营销效益的主要指标。该指标值越大，反映企业的获利能力越强，产品的附加值越高，营销效果越好。

（3）市场营销花费，直接反映企业对市场营销的重视度。一般情况下，高的市场营销花费会带来有效的市场营销绩效。

三、企业营销绩效评估的程序

营销绩效评估的步骤包括设计评估指标体系、收集评估数据、选取评估方法和评估实施与结果分析四个步骤。

（一）设计评估指标体系

评估指标体系是指描述评价对象功能或属性的标准以及量化方法。因为描述一个复杂对象（如企业的营销活动）功能或属性的指标往往不止一个，而是很多个，所以需要将各种指标，构成一个多个指标的体系。在具体操作时，企业一般需要参考某一现成的指标体系（如某项研究建立起来的或企业以前使用过的指标体系），再根据具体情况增减一些指标，在经过检验之后确定自己的指标体系。在对每一个指标进行说明时，需要指出其测量方法和数据来源。

（二）收集评估数据

评估数据既可能来自企业内部，如评估中用到的财务数据，也可能来自企业外部，如顾客满意度和忠诚度。前者的收集较容易，后者则需要通过市场调查才能收集到。对那些需要通过市场调查才能收集的数据，评估者需要运用市场调查与分析方法进行具体操作。

（三）选取评估方法

评估方法是指对指标体系测量的结果进行综合计量的方法。因为用多指标体系无法直接比较不同的评价对象（如一个企业不同时期的营销活动或几个企业同一时期的营销活动）的优劣，所以需要借助某种方法，将多指标体系转化成单指标体系进行比较。常用的营销绩效评估方法有层次分析法、多层模糊评价法、BP 神经网络法和数据包络法。每种方法都各有优劣，并无绝对的好坏，因此企业可以根据自己的情况进行选择。

（四）评估实施

评估实施是将评估数据带入模型（评估方法）求解的过程。经过计算，评估者会得到一些企业营销绩效的数值。在此基础上，评估者需要根据事前确定的规则，对企业的营销绩效做出综合判断，并对评估结果做进一步的分析，发现存在的问题，找出问题根源，提出解决方案。

本章小结

本章介绍了营销计划、组织和控制的内容。营销计划是企业实施营销工作的前提。市场营销组织是指企业内部涉及市场营销活动的各个职位及其结构，随着市场营销观念的发展变化，市场营销组织的形式也随之改变。企业的市场营销活动要想取得成功离不开对市场营销计划的执行情况进行监督、检查和有效的控制，因此，营销执行与监控非常重要。

市场营销审计是企业对其营销环境、营销目标、营销战略和营销活动所做的全面、系统、独立和定期的检查。市场营销审计具有全面性、系统性、独立性和定期性。市场营销审计的基本内容包括市场营销环境审计、市场营销战略审计、市场营销组织审计、市场营销系统审计、市场营销盈利能力审计和市场营销职能审计。

企业营销绩效是指企业营销方案实施后实现营销目标的程度以及营销活动的投入产出比，在对企业的营销绩效进行评估时，企业需建立综合全面的评价体系，将非财务指标、过程指标、无形和长期指标、相关利益者指标等考虑在内。营销绩效评估的步骤包括设计评估指标体系、收集评估数据、选取评估方法和评估实施与结果分析四个步骤。

关键术语

市场营销计划（Marketing Plan）；市场营销组织（Marketing Organization）；市场营销执行（Marketing Implementation）；市场营销控制（Marketing Control）；市场营销审计（Marketing Audit）；市场营销绩效评估（Marketing Performance Evaluation）

复习思考题

1. 市场营销计划的主要内容有哪些？
2. 市场营销组织的主要类型有哪些？每一类型有何特点？
3. 市场营销执行的过程包括哪些步骤？
4. 市场营销控制的程序是什么？有哪些方法？
5. 简述市场营销审计的含义、特性及主要内容。
6. 企业营销绩效评估指标体系都包括哪些方面？
7. 企业营销绩效评估的一般程序是什么？

本章案例

三只松鼠：顾客决定你的 KPI

2014 未来之星排名：07，安徽三只松鼠电子商务有限公司

综合得分：20.515

2013 年营收（万元）：27 205

2011～2013 三年平均增长率：583%

还记得那个卖萌、卖坚果卖成第一名的“三只松鼠”吗？如今，“三只松

鼠”不仅是互联网上这一类目的领导品牌了，而且是全国这个类目上的领导品牌。“我觉得我们的壁垒已经完全形成了。”萌大叔章燎原底气十足。支持章燎原这番底气的，是拥有包括食品研究院、信息技术研究部、食品检测中心等13个部门，全国百余个上游供应链资源，全国四大物流分仓以及几万平米的分装工厂的安徽三只松鼠电子商务有限公司。

此时距“三只松鼠”创立还不到两年半时间。

2012年2月16日成立的“三只松鼠”，目前拥有的在线会员数已达到350万。“6月19日之后，我们称之为一个‘解放之战’。我们要让全国几十亿消费者中，还没有在网上买过坚果的，到网上来买。”章燎原宣布了他的计划，要在2014年6月19日发动一场坚果大战。与他豪迈放言相呼应的，是资本市场对“三只松鼠”的热捧。安徽省工商局2014年4月21日完成的变更登记上显示，创始人章燎原的占股减少至50.33%，与两个主要投资方已是各执半壁江山。

卖萌只是手段，“追求极致的用户体验”才是核心，章燎原反复强调这点。“在移动时代，你一定要做到让顾客来找你，而不是你去找顾客。因为你的展现太少了，而顾客是多样化的。”“三只松鼠”所探究的问题一直是，“怎样去激发消费者购买三只松鼠这个产品后，记住这个产品，并且去传播这个产品”。为此，最直观的一个做法是“强化沟通环节”。三只松鼠吸引“主人”历来是强项，方法就是在每一个环节上完全的人格化，寻找所有可能的沟通机会。“主人”写一条微博，几个官方微博会立刻形成互动调侃；在微信上给松鼠“闺蜜”留言，“闺蜜”会马上跟“主人”回话；在客服上咨询一个产品，“小清新组”或“重口味组”会即刻启动聊天模式。

支持这一运作体系的，是一套全新的KPI考核系统。三只松鼠有一整套颇有技术含量的ERP流程管控系统，而今这个流程又添了新的秘密武器，从而改变了“三只松鼠”的整个员工考核体系。2014年7月以后，章燎原将彻底成为“甩手掌柜”。新开发的可追溯软件针对客户开放了一个端口，让三只松鼠的每一包坚果都能做到品质与服务的两个可追溯。“扫一下二维码，输入可追溯码，这个产品的前世今生，直到到你手上的三十多个‘点’都是被控制的。”章燎原表示。既可以从食品安全环节追溯这袋坚果的来源、加工、质检，也可以从服务上了解到，当时是哪个客服在沟通，聊了些什么，哪个工人为你分包，一直到哪个快递员给你打包发出去。

因此，顾客的一个表扬与批评直接决定一个客服或者打包人员的工资升降。章燎原宣称：“我们搭建了一个平台，让消费者跟我们无缝对接，让他们直接来评价我们。未来互联网组织架构的变革，就是让你的客户，完全说了算。”当然，这样的考核系统，在具体的操作阶段能否顺利施行，还有待考证。

高速发展与年轻团队之间的不协调在2013年曾困扰着三只松鼠。而今，三只松鼠通过三种办法开始着手解决这一问题。

首先，在管理上相对开放，章燎原甚至会“无为而治”。其次，依据互联网快速变化的形式将组织架构扁平化，尽量做到三个级别就到终端。“三只松鼠”从2014年年初采取的就是七人一组的小组化管理方式，让其成为创业母公司中的创业子公司，每一个小组长成为创业子公司的领导层，而小组长成为母公司层面最重要的关注点。最后，在公司管理架构当中，形成自下而上的管理方式。“我们公司的内部管理文化当中，员工是为用户创造顾客体验的，而公司的上级领导是为下级创造用户体验的，这样形成一条链。”

截至2014年6月，“三只松鼠”上半年的销售额将近4亿。疯跑的“松鼠”背后决胜的王道早已不仅是卖萌而已。对于“三只松鼠”的未来，章燎原表示：“我们考虑未来战略的时候，不管PC端、移动端如何发展，我们只掌握一点，未来一定是以用户为中心这样一种模式，未来的选择权一定全部在用户这一端。”

（资料来源：黄文潇，三只松鼠：顾客决定你的KPI［EB/OL］．［2014－06－25］．http：//www. iceo. com. cn/mag2013/2014/0625/292768. shtml，有改动。）

案例思考题

1. “三只松鼠”营销绩效管理的核心思想是什么？
2. 针对“三只松鼠”这一类型企业进行营销绩效评估，应注意哪些问题？

第十二章　网络营销

【学习目标】

区别于传统营销，网络营销在时间与空间上都有着传统营销所不能比拟的优势。基于计算机技术和互联网的发展，网络营销帮助企业提升核心竞争力，已成为企业营销活动中必不可少的内容。通过本章的学习，应该达到如下目标：

- 了解网络营销的概念、特点与优势；
- 掌握网络营销与传统营销的区别；
- 掌握影响网络营销的外部环境和内部环境；
- 了解网络营销的未来发展趋势。

引导案例

2014 年，路透社发表题为《华为效仿小米网络营销战略：智能手机销量大增》的评论文章，称华为采用在线销售的战略，1 年间就将荣耀系列智能手机销量提升至2 000万。

华为只用了1 年，就把荣耀品牌智能手机的销量从100 万提升到2 000万，这很大程度上源自对竞争对手小米在线销售战略的模仿。考虑到这一初期迹象，华为高管希望进一步复制小米的高速增长。由于后者在短短几年间就跻身全球五大智能手机厂商之列，因此其他低价中国智能手机厂商不太可能忽视这一点。

低价战略已经引发了价格战，薄利多销成了中国市场的常态。随着这种趋势的进一步蔓延，所有厂商的利润可能都会受到影响。

荣耀品牌总裁刘江峰表示，由于价格竞争越来越激烈，因此这一行业向网上销售转型已不可避免，因为这种模式可以降低分销成本——在传统模式中，这项费用占到手机成本的30%。“电子商务正在极大地改变智能手机行业的传统渠道，我们也应该顺势而为。”刘江峰如是说，而在这之前他刚刚在北京推出了荣耀6 Plus。

（资料来源：中国华为效仿小米在线营销策略 荣耀手机销量激增［EB/OL］.［2014 - 12 - 24］. http：//finance. ifeng. com/a/20141224/13380616_ 0. shtml，有改动。）

第一节　网络营销基础概述

计算机的普遍使用，网络技术的发展，使企业在信息获取的手段和方法以及与外界的沟通交流方面都发生了根本性的变化，改变了企业外部经营运作的操作模式。网络营销就是企业利用网络技术来开展市场营销活动，使传统的市场营销活动在网络时代得到延伸和发展。运用网络技术，为企业拓展自身经营活动的范围和市场空间带来更多的发展机遇，同时也对传统的营销理论和营销实务提出了挑战。

一、网络营销的兴起

1994 年 4 月 12 日，美国亚利桑那州从事移民签证咨询服务的律师坎特（Laurence Carter）和西格尔（Martha Siegel）夫妇把一封“绿卡抽奖”的广告信发到他们可以发现的每个新闻组，这在当时掀起了轩然大波，他们的“邮件炸弹”让许多服务商的服务处于瘫痪状态。更有趣的是，他们虽然仅花费了 20 美元通过互联网发布广告信息，却吸引了250 000个客户，赚了 10 万美元。这就是在网络营销中赫赫有名的“律师事件”，这可以说是第一个网络营销案例。在律师事件之后半年多，1994 年 10 月 27 日，网络广告才正式诞生，这标志着网络营销时代正式开启。而直到 1995 年 7 月，全球著名的网上商店亚马逊才正式成立，这标志着网络开启线上销售业务范畴，但已经比第一个“用互联网赚钱的人”足足晚了 15 个月。

在我国，网络营销起步较晚。1997 年之后，互联网以远远超过人们预期的速度，迅速发展成为真正的全球化网络。发生在这一年前后的部分事件，如亚马逊的成立、网络广告和 E－mail 营销在中国的诞生以及电子商务网站建设的兴起等，都标志着中国网络营销事业已进入萌芽时期。尤其是“山东农民网上卖大蒜”事件，更是我国网络营销史上的经典神话。

2001 年，我国网络营销进入实质性应用和发展时期，主要表现为：网络营销服务市场已初步形成，网上销售环境日趋成熟；网站建设成为企业网络营销的基础，网上销售环境日臻完善；网络广告形式和应用不断发展；E－mail 营销、搜索引擎营销进一步发展。

二、网络营销的概念

朱迪·斯特劳斯（Judy Strauss）等合著的《网络营销》一书，将网络营销定义为，利用信息技术去创造、宣传、传递顾客价值，并且对客户关系进行管理，目的是为企业和各种利益相关者创造收益。拉菲·默罕默德（Rafi A. Mohammed）则将网络营销定义为：通过在线活动建立和维持客户关系，以协调满足公司与客户之间交换概念、产品和服务的目标。

在国内，缪启军（2013）指出，“网络营销是以现代营销理论为基础，通过互联网营销替代传统的报刊、邮件、电话、电视等中介媒体，利用互联网对产品的售前、售中、售后各环节进行跟踪服务，自始至终贯穿于企业经营全过程，寻找新客户，服务老客户，最大限度地满足客户需求，从而达到以开拓市场、增加盈利目标的营销过程。广义上来说，凡是以互联网为主要手段进行的、为达到一定营销目标的营销活动，都可称为网络营销。”王宏伟（2014）认为，“网络营销是一种新型的营销模式，旨在通过利用各种互联网工具为企业营销活动提供有效的支持，具有很强的实践性”。

综合国内外专家学者关于网络营销的定义，本章将网络营销简单地定义为：企业通过使用互联网，对其目标市场进行营销活动，进而实现满足市场需求的活动过程。

明确了网络营销定义，就要理解网络营销的真正意义和目的，有效开展网络营销活动。在认识和理解网络营销时，应注意以下几个方面：

第一，网络营销是企业营销战略的组成部分。网络营销是企业整体营销战略的组成部分，它一方面包括传统营销活动在网络环境下的应用和实现过程；另一方面也包括网络环境下特有的、以数字化形式的产品及无形服务为核心内容的各种营销活动。网络营销与传统市场营销并存，同时在营销实践中得到应用和发展，两者共同为实现营销目标而努力。

第二，网络营销不等于网上销售。网上销售是网络营销发展到一定阶段产生的结果，是企业在网络平台与消费者开展网上交易的过程。网络营销是为实现网上销售而进行的一项基本活动，贯穿于企业开展网上经营的整个过程，包括网站推广、信息发布、顾客服务、网上调研、销售促进和网上销售等内容。简单地说，网上销售只是网络营销的环节之一。

第三，网络营销不是电子商务。网络营销与电子商务存在着密切的联系，但也有一定的区别。网络营销只是一种营销模式，注重通过开展以互联网为主要手段的营销活动来促进商品交易、提升企业品牌价值、加强与顾客沟通及改善顾客服务等；电子商务的内涵很广，其核心是电子化交易，强调的是交易方式和交易过程的各个环节都在网上实现。可见，电子商务与网络营销有明显的区别。网络营销的核心是顾客需求，电子商务的核心则是交易。网络营销是电子商务的重要组成部分。

三、网络营销的特点与优势

进入21世纪，互联网以惊人的速度开始推广。到目前为止，除个别地区没有使用或很少使用，全球几乎都在通过网络实现信息的传播，互联网在企业经营中也起到了举足轻重的作用，网络营销成为现代企业经营中不可或缺的营销方式。而且不同于传统营销方式，互联网所创造的营销范围更加广泛，营销手段也更加灵活，打破了传统营销所带来的障碍，使营销活动变得更加多样化。

市场营销中最重要、最本质的是在组织和个人之间进行信息的广泛传播和有效交换。互联网作为媒介，它的沟通属性是最重要的。作为数字媒介的代表，互联网使企业能够采取以一对一、以一对多，乃至以多对一的互动方式，来开展丰富多彩的个性化营销活动，这是传统的沟通渠道做不到的。

（一）互动性

在互联网上，消费者惯于主动与企业联系和搜索网站信息，这是“拉式”机理，包括一对一、一对多和多对一的沟通方式。例如，在企业的网站上经常会设置论坛、部落、社区、讨论组等，为客户提供服务人员与消费者沟通的场所。消费者提供的情报对企业来说往往都是十分珍贵的。霍夫曼和诺瓦克认为：“消费者可以与媒介互动，公司可以向媒体提供内容，消费者可以为媒体提供有商业导向的内容。”有时候，消费者提供的内容可以直接商业化。例如，在当当网上消费者所写的恰如其分的书评成为促进图书销售的法宝。因为互联网打破了互动的时空限制，网上互动在本质上并不依靠企业和消费者两者相互发送的信息，而主要依靠计算机媒介本身，包括所处的环境。

（二）个性化

网络营销为企业提供了与消费者直接沟通与交流的平台，企业可以通过互联网及时深入地了解消费者的实际需求，并且可以为消费者实现个性化的产品和服务。消费者上网的痕迹都会在网络上留下，通过留下的痕迹，网络营销可以跟踪每一位消费者的消费习惯和偏好，并向其推荐相关产品或服务。

（三）多媒体

通过互联网传递的信息不仅是文字，利用多媒体技术还可以传递声音、图像、动画等，这些信息被有机地融为一体，以超文本的形式生动活泼地展现给顾客，将传统媒体的长处集于一身，从而提高了网络营销对顾客的影响力。

（四）整合性

互联网为整合营销沟通提供了更宽大广泛的范围。网络的开放性决定了从业者的广泛性，由此也决定了网络营销的资源整合性，它不但可以对传统营销的多种营销手段和营销方法进行整合，在网络上体现，还可以对整个网络的传播资源进行整合。网络营销从消费者的需求出发，根据消费者的需求设计产品或服务，并送达消费者。开展网络营销需要企业对营销活动进行统一的规划和协调，以统一的传播资讯向消费者传达信息，以满足消费者需求。

（五）低成本性

遍布全球的各种企业、团体、组织及个人通过互联网跨时空地联结在一起，使其相互之间的信息交换变得唾手可得，网络的开放性和全球传播性也决定了网络营销的低成本性。企业可以利用互联网快速收集消费者信息，并做出及时响应，不仅提升了企业在消费者心目中的形象，也提升了企业快速掌握市场信息、做出应对的能力。网络营销通过电子采购系统实现了交易成本的降低，与消费者的及时互动又大大降低了促销成本，在提高售后服务的效率的同时还降低了企业的运作成本。

四、网络营销的主要内容

（一）网络营销的主要内容

作为新的营销方式和营销手段，网络营销的内容非常丰富。一方面，网络营销活动要求企业决策者能够及时把握消费者的特征和消费者的行为模式，为企业在网上虚拟市场进行营销活动提供依据；另一方面，在网上开展营销活动有助于实现企业的目标，使硬性生产系统和柔性生产系统结合起来，最大限度地满足客户需求，以达到开拓市场、增加利润的目的。网络营销的实质是客户需求管理，主要涉及十个方面的内容。

1. 网上市场调查。网上市场调查即利用互联网的交互式信息沟通渠道搜集信息的过程。调研内容包括对消费者、竞争对手以及整个市场情况的及时报道和准确分析。网络市场调查具有其他调查方式所不具备的几项优势：一是能够把消费者很好地代入互动环节，不仅让消费者参与产品及服务的设计与销售中，还可以更好地了解消费者的实际需求；二是网络技术可以更快捷及时地收集整理数据，不论是对消费者还是企业，均起到了低经济成本、高时效的作用。

2. 网上消费行为分析。建立网络虚拟社区是网上消费行为分析的必要前提，因为网上消费者的特点与传统市场消费群体的特点是截然不同的，开展网络营销必须先对网上消费群体的需求特征、偏好、购买动机和购买行为模式进行深入分析。

3. 网络营销策略的制定。由于企业所处的市场地位不同，而且企业所面对的市场环境也各不相同，所以在实施网络营销时，必须制定与企业相适应的营销策略。企业实施网络营销需要资金投入，并且也有一定的风险，因此企业在制定本企业的网络营销策略时，应该考虑各种因素对网络营销策略制定的影响，如产品周期、消费者年龄及收入、受教育背景等。

4. 网上产品和服务策略。互联网是网络营销的重要沟通渠道，有别于传统的营销渠道策略。通过网络进行产品和服务营销，要结合网络的特点，如网络信息量大、查找速度快、在线货比多家等；企业应及时调整营销策略，重新考虑产品的设计、开发、包装和品牌的产品策略研究。许多传统的优势品牌在网络市场上并不一定是优势品牌。

5. 网上价格营销策略。互联网具有信息资源共享的特点，本着信息基本免费的特点，企业在实施网络价格营销策略时，应注重网络经济的特性，即在网络市场上产品或服务推出的价格策略往往是低价策略甚至免费策略，因此，企业必须考虑到网络经济对企业产品定价的影响和网络经济本身独特的免费特征。

6. 网上渠道选择与直销。互联网在网络营销中最大的贡献就是营销渠道，借助互联网，企业可以直接与消费者进行互动，这种互动快捷而有效。因此，企业可以建立网上直销模式，如戴尔公司的网络直销就是典型的借助网络营销渠道实现的直销，改变了传统渠道中的多层次选择和管理与控制的问题，最大限度地降低了营销渠道中的营销费用。

7. 网络公共关系。网络经济具有双向的信息沟通渠道的特点，可以使沟通双方突破时空限制进行直接的交流，而且操作简便高效，方便企业掌握消费者需求以及企业推广自身的产品与服务，并且网络营销费用低廉。网络经济的这一特点使得在网上开展公共关系十分有效。需要注意的是，网络营销必须遵循网上信息交流与沟通的规则，特别是要遵守一些虚拟社区的礼仪。

8. 网络广告。网络广告是进行网络营销最重要的公关手段。作为在网络媒体上发布的广告，其交互性和直接性的特点具有在报纸杂志、电视广播等传统媒体上发布广告无法比拟的优势，如动态画面、在线互动等。

9. 网络营销渠道管理。在互联网环境下，网络营销渠道不同于传统营销渠道，网络营销渠道的管理更关注渠道政策管理和渠道激励管理。渠道运作规范要求互联网必须具备好的渠道政策。渠道政策实际上关系着整个渠道的健康发展，因此，需要制定科学的、行之有效的渠道管理政策，以保证整个营销体系高质量地运转，而且所有营销渠道成员都必须坚决执行已经制定好的政策，以保证渠道的畅通和对外服务的一致性。

10. 网络营销管理与控制。网络营销依托互联网开展营销活动，必将面临传统营销活动无法碰到的许多新问题，如网络产品质量的保证问题、消费者隐私保护问题，以及信息安全问题等，这些都是网络营销必须重视和进行有效控制的问题，否则企业开展网络营销的效果就会适得其反。

（二）网络营销与传统营销的区别

网络营销借助互联网、计算机、数字交互媒体实现营销目的，它不同于传统营销，企业必须根据虚拟环境的要求，设计出产品、价格、促销和渠道四个方面的营销策略。

1. 产品策略。一般来说，能够在网络上进行销售的产品，都具有便于网络销售和销售成本低于其他渠道的特点。目前，使用网络营销的产品数不胜数，但有些商品需根据消费者嗅觉、味觉、触觉等测试的结果才能做出购买决策，如古玩、贵重珠宝等，均不适于进行网上销售。

美国戴尔公司是使用互联网销售个人电脑非常成功的一家公司，它通过网络平台展示产品信息，消费者通过掌握信息并选择所需商品下单后，由客服人员进行电话沟通进一步确认订单，订单确认后，戴尔根据订单立刻组织生产，在既定时间内完成组装并运至消费者手中，消费者在网络上查阅信息、下单、接通电话确认、进行电子支付后，只需等待即可。这一营销活动使戴尔大大降低了库存成本，使其在竞争市场中获得巨大的利润。需要注意的是，企业开展网络营销时，必须结合网络的特点，重新考虑产品的设计、开发、包装和品牌策略。

2. 价格策略。网络营销降低了库存成本，使企业具有更强的市场竞争力，同时，网络营销还从减少人力与宣传投入中减少了费用成本，这是传统营销很难做到的，因此企业具有了很强的定价能力。此后，人员营销、市场调查、广告促销、经销代理等传统营销手法将与网上营销相结合，并充分利用网上的各种资源，形成以最低成本投入获得最大市场销量的新型营销模式。

3. 促销策略。促销是利用广告、销售促进、直接营销、公共关系和人员推销五种工具，与消费者沟通，把产品的存在和价值传递给目标顾客。传统促销是一对多的、单向的、强迫性的、非个性化的、高成本的促销，企业要通过大量广告、人员等把产品推送到目标市场，而网络营销中的促销是一对一的、双向的、理性的、消费者主导的、非强迫性的、循序渐进式的、个性化的、低成本的促销，更具有人性化消费理念，是未来营销发展的趋势。

4. 渠道策略。在传统营销的销售渠道中，产品须经过生产者、批发商、分销商、零售商等多个环节之后，才能送达最终消费者手中，层层环节不仅提高了销售成本，也占用了大量资源，同时，消费者与生产者的沟通很难快速有效地进行。而网络营销的销售渠道省去了多个环节，只需一个网络平台和物流系统，预定产品就可以在既定时间内完成销售和配送，其在大幅度降低交易成本的同时，也节省了企业与消费者的时间。

与此同时，网络营销和传统营销的区别还表现为目标市场和沟通方式的不同。传统市场营销活动中，目标市场多是针对某一特定消费群体，网络营销的目标市场更多的是针对个性需求者。传统营销中交易双方往往以直接面对面的方式接洽，网络营销中交易双方通过网站、E－mail、BBS 等进行信息的交互沟通。

（三）网络经济下的消费者行为模式比较[①]

在网络经济下，作为媒体的互联网逐渐成为企业营销推广的重要工具。

首先，从用户的角度来看，互联网，尤其是上网搜索改变了用户的消费行为模式。中国互联网络信息中心的调查显示，有77%的互联网用户在购买产品前会上网搜索信息。搜索结果的有无、搜索结果的好坏会直接影响消费行为，通过分享成倍扩散。网络上的信息、评论对购物决策的影响已经逐渐超过传统媒体。

其次，网络营销的效果优于其他媒体。基于用户数据库的分析，网络营销能够实现精准投放。同时，互联网是唯一一个能够集问题识别、信息搜集、评价选

---

① 资料来源：王宏伟. 网络营销［M］. 13 页. 北京：北京大学出版社，2014.

择、决策购买和购后评价这一系列消费者行为于一身的媒体平台，大大提高了用户的购买效率，能够使营销直接产生购买效果。

最后，网络对其他媒体的融合使用户的媒体消费习惯越来越集中于网络，这必然导致广告资源流向互联网，网络广告相对于其他媒体广告将在较长时间内保持较快的增长速度。

第二节 网络营销的发展现状

任何营销活动都会受到环境的影响，网络营销也不例外，环境已成为制约网络营销发展的重要内容。同时，由于网络营销活动不同于传统的营销活动，其影响因素也有不同之处，本节首先对影响网络营销的各种因素进行分析与研究，在此基础上，厘清网络营销发展的几个阶段，并简要陈述网络营销的发展现状。

一、网络营销的发展环境

（一）外部环境

1. 上网人数及构成。网络营销需要一定数量的网络用户作为购买基础，且这一定数量的用户是有现实或潜在需求且有支付能力的消费者群体。所谓购买需求，是指这部分用户群体具有一定的科技水平，能够使用计算机网络购买，且具有一定的购买能力，网络营销企业可以一方面直接收集一手资料，通过网民数量、结构等内容的分析发现营销机会；另一方面也可以收集二手资料，了解网络营销人口环境，从而制定行之有效的营销策略。

2. 政策法律环境。安全问题一直是网络营销的首要问题，保障网络购买的安全，就需要运用相应的政策法律，网络营销、电子商务的法律环境一直是人们关注的焦点。我国开展网络营销的时间不长，相应的政策法规还在不断完善中。

3. 经济环境。企业所处经济环境直接影响着企业的经营运作，在经济环境有利于企业发展时，市场需求旺盛，消费者收入水平较高，具有一定的消费能力。

4. 人文与社会环境。在不同的国家和地区，人文与社会环境的差别非常明显。有利于网络营销发展的价值观是促使企业快速发展的必要条件，营销企业必须重视人文与社会环境的研究。

5. 第三方认证环境。数字证书机制已在国内网上银行领域得到普及，其主要是通过数字证书来完成交易实体的身份鉴别。数字证书的出现，在一定基础上保证了企业与消费者的权益，使消费者在交易时可以保证个人信息的私密性。

6. 电子支付环境。互联网还给营销带来了全新的资金流转环境，这就是电子支付。所谓电子支付，是指网上交易的当事人，包括消费者、企业和金融机构，使用安全电子支付手段，通过互联网进行货币支付或资金流转。

7. 虚拟营销环境。互联网所提供的网络信息服务基本上可以分为三类：固定信息服务，如电子邮件；在线实时通信，如网上聊天室、在线交谈、视频和网络电话等；检索服务，如使用者查询等。

（二）内部环境

1. 供应商。在网络经济条件下，为了适应网络营销的要求，企业与供应商强调共赢，彼此加强了合作。这里的供应商是指向企业及其竞争者提供生产经营所需原料、部件、能源、资金等生产资源的公司或个人。企业与供应商之间既有合作又有竞争，这种关系既受宏观环境影响，又制约着企业的营销活动，企业与供应商良好的关系有利于企业营销目的的实现。

2. 营销中介。营销中介是协调企业促销和分销其产品给最终购买者的公司。营销中介主要包括商人中间商，即销售商品的企业，如批发商和零售商；代理中间商（经纪人）；服务商，如运输公司、仓库、金融机构等；市场营销机构，如产品代理商、市场营销咨询企业等。一般情况下，除了拥有完整分销体系的少数大公司外，营销企业与营销中介组织还是有密切合作与联系的。中介服务能力强，业务分布广泛合理，营销企业对微观环境的适用性和利用能力就强。

3. 消费者。互联网络真正实现了经济全球化和市场一体化。它不仅给企业提供了广阔的市场营销空间，同时也增强了消费者选择商品的广泛性和可比性。消费者是企业产品销售的市场，是企业直接或最终的营销对象。网络技术的发展极大地消除了企业与顾客之间地理位置的限制，创造了一个让双方更容易接近和交流的机制。消费者可以通过网络，得到更多的需求信息，使他的购买行为更加理性化。虽然在营销活动中，企业不能控制消费者的购买行为，但它可以通过有效的营销活动，给消费者留下良好的印象，处理好与消费者的关系，促进产品的销售。

4. 竞争者。竞争者既是对手，又是促进企业发展的朋友，而且竞争是商品经济活动的必然规律。在开展网上营销的过程中，不可避免地要遇到业务与自己相同或相近的竞争对手，向对手学习，取长补短，不断完善自身，是企业提高自己的好办法。

二、网络营销的发展阶段

（一）Web1.0 时代的网络营销（1993—2002 年）

1969 年，阿帕网问世。由于当初是美国国防部高级研究项目署资助了这一项目，故得名。该网络用来进行学术和军事研究。10 年后出现了第一个在线社区 USENET。如今，谷歌的网上论坛已经汇集了 8 亿多条有关在线社区的信息。1993 年，第一批网页和浏览器出现在互联网上，成为互联网发展的转折点。

自 1994 年互联网正式进入商用领域开始，到 2002 年网络经济泡沫破裂结束，是网络经济发展的第一次浪潮。这一阶段主要进行网络基础设施建设，如美国开始国家信息高速公路建设。在第一次浪潮中分裂的行业大多销售有形产品，网络企业经历了大起大落的阶段，回归到传统经营理念后，依靠有效的经营战略和营销措施，同时利用信息技术来提高企业的获利能力。

在互联网 Web1.0 时代，常用的网络营销方式有搜索引擎营销、E - mail 营销、即时通信营销、BBS 营销和病毒式营销。

（二）Web2.0 时代的网络营销（2003—2007 年）

第二代互联网称为 Web2.0 时代。企业和市场利用第二代互联网技术推出了一个又一个夺人眼球的新产品。第二代互联网 Web2.0 不仅把人和机器联系在一起，而且把任何人联系在一个社交网络中。社交媒体（社交网络中的网页）网站数量越来越多，其对网络用户的吸引力远远大于传统媒体的网站。

随着互联网发展至 Web2.0 时代，网络应用服务不断增多，网络营销方式也越来越丰富，包括博客营销、播客营销、RSS 营销、SNS 营销（社区营销）、创意广告营销、口碑营销、体验营销、知识营销、整合营销和事件营销等。这一次浪潮似乎少了些泡沫，因为有短信、广告、游戏、E - mail 等"实实在在"的盈利点支撑企业盈利。

（三）Web3.0 时代的网络营销（2008 年至今）

第三代互联网是在 Web2.0 基础上，不仅把人和人联系在网络中，更使用户深度参与到网络活动中，成为网络的一分子。所以说，如今企业所处的时代是一个"用户共同参与和合作创新的新时代"。这种发展趋势将成为未来几年网络环境的明显特征。美国广告基金会曾经把网络用户的"参与"界定为"受到网络环境的影响，将一个思想火花变成一个品牌创意"。网络厂商可以用各种各样的方式鼓励用户参与，包括上传视频和图片、在博客上张贴评论文章等。

通过对线上营销、线下营销及移动网络营销的整合，网络营销进入网络整合时代。同时，3G、4G 移动网络逐渐成熟，移动网络营销时代到来。

三、网络营销的现状

目前，从网络市场交易的主体来看，网络市场可以分为企业对消费者、企业对企业、国际性交易三种类型，企业对消费者的网上营销基本上等同于商业电子化的零售商务。企业对企业的网络营销是指企业使用互联网向供应商订货、签约、接受发票和付款（包括电子资金转移、信用卡、银行托收等），以及处理商贸中出现的其他问题，如索赔、商品发送管理和运输跟踪等。国际性的网络营销是不同国家之间，企业对企业或企业对消费者的电子商务。互联网的发展，国际贸易的繁荣和日趋一体化，为在国际贸易中使用网络营销技术开辟了广阔前景。具体来说，中国企业互联网应用主要有以下四大类：

第一，沟通类：利用互联网方式完成交流沟通的通用型互联网应用，主要包括发送和接收电子邮件。

第二，信息类：利用互联网获取或者发布信息，进行交流沟通的互联网应用，包括发布信息或即时消息、了解商品或服务信息、从政府机构获取信息等。

第三，商务服务类：利用互联网辅助企业更好地进行商务活动，如网上银行、提供客户服务等。

第四，内部支撑类：利用互联网辅助企业内部管理、内部工作效率提升的相关互联网应用，包括与政府机构互动、网络招聘、在线员工培训、使用协助企业运作的网上应用系统等。

中国互联网络信息中心（CNNIC）发布的《2015 年第 35 次中国互联网络发展状况统计报告——企业互联网应用发展状况》显示，我国网络营销在推广过程中，企业开展的互联网应用种类较为丰富，基本涵盖了企业经营的各个环节。电子邮件作为最基本的互联网沟通类应用，普及率最高，达到 83.0%；互联网信息类应用也较为普遍，各项应用的普及率都超过 50%；而在商务服务类和内部支撑类应用中，除网上银行、与政府机构互动、网络招聘的普及率较高以外，其他应用均不及 50%，尤其是在线员工培训与网上应用系统，普及率一直处于较低水平。我国大部分企业尚未开展全面深入的互联网建设，仍停留在基础应用水平上。

从网络营销使用情况来看，报告显示，截至 2014 年 12 月，全国利用互联网开展营销推广活动的企业比例为 24.2%。从这个数字可以看出，我国的网络营销处于“叫好不叫座”状态，运用网络营销的企业比例还不是很高。虽然很多企业的网站浏览量、产品点击率均很高，但是企业的实际销售量并没有大幅度提高。部分重点行业中，信息传输、计算机服务和软件业开展网络营销的比例最高，达 35.9%，这也说明与互联网有直接接触的企业开展网络营销的概率更高，同时，这类行业网络营销的效果也相对较好。值得注意的是，批发零售业、房地产业、租赁和商务服务业、居民服务和其他服务业等第三产业，开展互联网营销的比例并不高，与制造业、建筑业相比基本持平，甚至更低。而这类行业正是我国目前行业中的主要构成部分，较低的网络营销比例，说明我国传统营销管理仍占据着主导地位。部分行业开展互联网营销的比例情况见图 12 - 1。

中国企业互联网络应用状况调查结果显示，利用互联网开展过营销活动的受访企业中，使用率最高的是利用即时聊天工具进行营销推广，达 62.7%。正如我们所看到的，腾讯公司推出的移动 QQ 和微信，已成为当前网民中使用频率排名最高的即时聊天工具。搜索引擎营销推广、电子商务平台推广依然较受企业欢迎，使用率达 53.7% 和 45.5%，百度和谷歌公司的使用情况依然良好。互联网在网民生活中的渗透范围不断扩大，渗透程度逐渐加深，企业开展互联网营销的方式也随之不断创新，组合式营销、口碑营销、病毒营销等新术语层出不穷，企业对单一、传统营销方式的依赖度逐渐降低，同时对移动营销出现巨大需求。过去一年使用过互联网营销推广的企业，有 22.5% 在搜索引擎营销推广方式上的花费最多，其次是电子商务平台推广方式，占比为 20.6%。与此同时，分别占 21.0% 和 17.0% 的企业认为，搜索引擎营销推广和电子商务平台推广方式的效果

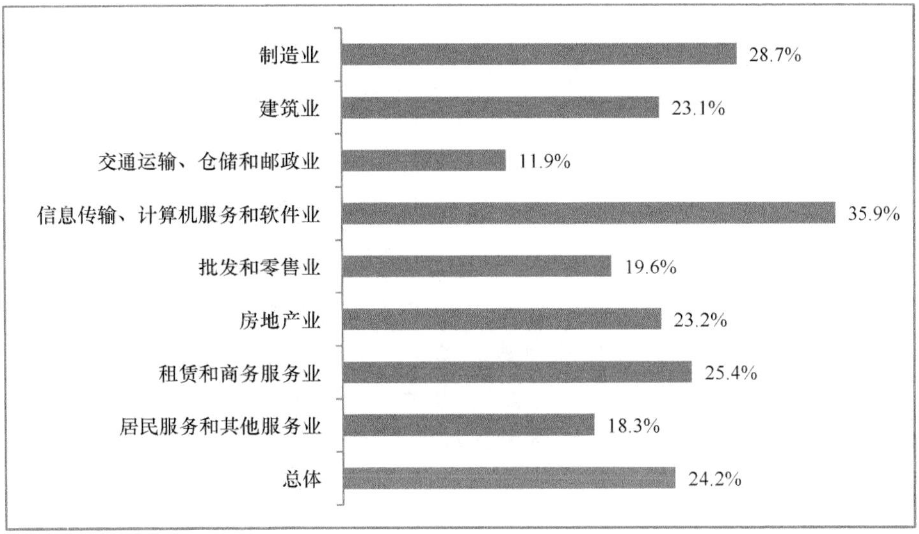

图 12－1　部分行业开展互联网营销的企业的比例

资料来源：CNNIC. 中国企业互联网络应用情况调查［EB/OL］.［2015－02－03］. http：//www. 199it. com/archives/326888. html.

最好。值得注意的是，尽管只有 12. 5% 的企业在即时聊天工具营销推广方面花费最多，但有 16. 2% 的企业认为这种方式的效果最好，间接反映了即时聊天工具营销推广方式的性价比较好（具体如图 12－2 所示）。

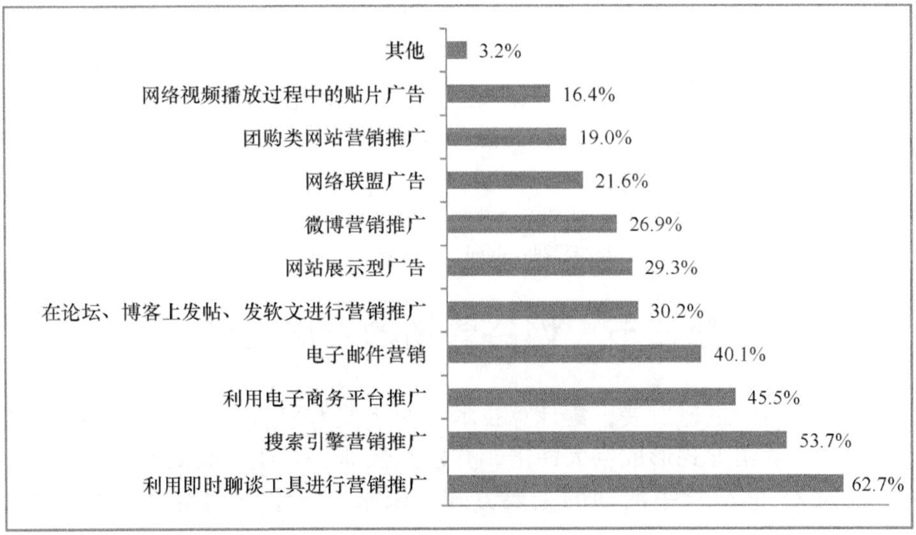

图 12－2　各种互联网营销方式的使用率

资料来源：CNNIC. 中国企业互联网络应用情况调查［EB/OL］.［2015－02－03］. http：//www. 199it. com/archives/326888. html.

案例

褚橙——一颗互联网的橙子

随着现代农业的发展，越来越多的商界大佬进入农业领域，被誉为“昔日烟王”的传奇企业家褚时健也选择在75岁时投身农业，种起了冰糖橙。凭借着全新的农业运作模式、优良的品质和褚时健的影响力，褚橙开始引爆全国市场。2013年，“本来生活网”成功地借助了一场年轻人的营销，利用互联网，把褚橙推向一个新的巅峰，同时也让“本来生活网”借助褚橙这个产品迅速地提升了影响力。

此番运作的关键点有三：

关键点1：褚橙，褚时健种的冰糖橙。“人生总有起落，精神终可传承”。这句话在网上传播非常广泛。然后用一些数字来概括褚老：85年跌宕人生，75岁再次创业，耕耘十载，结出24 000万累累橙果。

关键点2：个性化包装。此外，把包装作为核心传播的素材，并且包装上带着LOGO，图文被转发，LOGO一目了然。

关键点3：十大青年励志微视频。几番营销过后，“本来生活网”已经在全国100个城市拥有注册用户几百万，均是收入高、素质高的文化界人士、白领人士和家庭用户，年龄层28~35岁，女性占55%。

归纳来看，“本来生活网”在褚橙营销中利用传统媒体引发，社会化媒体扩散，个性化包装制造内容，寻找“80后”的代言者作为意见领袖来撬动群体话题的方式，正如褚橙的广告所说，“精神终可传承”。互联网世界总是让很多人觉得有很多创新和创意的空间。

（资料来源：肖明超. 褚橙迅速走红的背后：哪些营销策略值得学习？［EB/OL］.［2013-12-23］. http：//www.chinaz.com/biz/2013/1223/332249.shtml，有改动。）

第三节　网络营销的发展趋势

随着互联网的迅速发展，集计算技术、网络技术和信息技术于一体的网络营销已对传统的营销方式形成巨大冲击，并以其快捷、方便、高效率和高效益的显著优势成为21世纪营销活动的主要方式。未来，网络营销将具有更大的发展空间。

在数字化的世界，只要我们运用科技活动，就会留下相应的数字信息，这些数字信息被称为数据。随着时间的推移，会有越来越多的数字信息，如果把横跨不同设备、不同网站的累积数据搜集起来，就形成了大数据。

大数据能反映出我们的方方面面，如我们如何打发时间，我们会对什么事情感兴趣，我们希望能够买到什么东西等。如果我们能够将这些外部数据和公司内部的日常管理经营数据，如财务数据、营销数据、销售数据、服务数据、供应链管理的数据和消费者统计数据结合起来，就会得到大数据。我们对这一庞大的数据进行分析，能够更加准确地反映客户的真实意图和市场预测能力，因此，网络营销在大数据时代具有极高的营销价值，能帮助企业增强核心竞争力。

一、大数据的特征

1980 年，“大数据”的概念最早出现在美国未来学家阿尔温·托夫勒所著的《第三次浪潮》一书中，但当时并没有引起重视。直到 2009 年，“大数据”才成为互联网行业的热门词汇，最近更被人们高度关注。

大数据目前还没有统一的定义，美国高德纳咨询公司（Gartner）认为，“大数据”是需要新处理模式才能具有更强的决策力、洞察发现力和流程优化能力的海量、高增长和多样化的。维基百科对大数据的定义是：大数据是指利用常用软件工具捕获、管理和处理数据所耗时间超过可容忍时间的数据集。目前，对大数据的定义还很难达成共识，但不同的定义基本都是从大数据的特征出发，具体如下所述。

（一）海量

大量化（Volume），不仅指数量，大量的数据堆积在有效组织和分析的基础上，可以达到对现实世界的高精度预测。例如，借助气象卫星和地面观测站的海量数据，通过超级计算机的分析，可以预测未来的天气变化。大量化是保证大数据分析结果的重要前提。2010 年起，全球数据量跨入 ZB 时代，2011 年全球数据量已经达到 1.8ZB；未来全球数据将爆发性增长，预计到 2020 年，全球数据量将会超过令人恐怖的 35ZB①。

（二）多样

大数据具有多样性（Variety）。大数据包括结构化数据和非结构化数据。对结构化数据而言，是指数据像过去一样以单一的数字和文本形式存在。但是在互联网时代，非结构化数据越来越多，有互联网产生的数据，商业交流产生的数据，政府统计数据，网络媒体、传统媒体产生的数据（比如社交网站、即时通讯工具、微博、微信等），搜索引擎，购物网站、新闻网站、游戏、视频等网站产生的海量用户数据，这些数据的内容和形式正发生飞速地变化。

（三）高速

大数据能够及时有效地快速分析并能够预测出准确的结果，是大数据有意义的前提。高速处理甚至更快的时效处理是大数据分析的大趋势。大数据本质上所

① 黄海，车皓阳，王悦．驾驭大数据［M］．北京：人民邮电出版社，2013：13－18.

代表的是大数据时代社会所独有的一种新型的能力。通过对海量数据进行分析、筛选和判断，获取有巨大价值的产品和服务，获取更深入的洞察力。在大数据时代，数据已经成为全新的、具有高价值的经济资产，就像货币或黄金一样①。

（四）价值化

价值化（Value）是大数据的最终意义——获得洞察力和价值。大数据的崛起正是在人工智能、机器学习和数据挖掘等技术迅速发展的驱动下，呈现这么一个过程：将信号转化为数据，将数据分析为信息，将信息提炼为知识，以知识促成决策和行动。就大数据的价值而言，大数据规模越大，真正有价值的数据相对越少。所以企业在做数据分析时，要把大数据最终做成对企业有意义的决策。

二、基于大数据环境下的网络营销

大数据营销又称为数据驱动型营销，是指以驱动客户高效参与，实现一对一的时效精确营销为目标，在洞悉大数据的基础上，通过搜集、分析、执行从大数据中所得到的洞察结果，以此鼓励客户参与、优化营销和评估内部责任的过程。要实现大数据营销，需要将大数据与公司内部数据有机结合起来，帮助营销部门实现最高的数据利用率，进而帮助企业做出有价值的决策。在基于大数据的营销模型上，首先收集论坛信息、微博信息、社会网络信息、交易信息等数据，然后将这些大数据源放入网络营销模型中，用算法库的方法归类，再运用大数据计算方式，借助计算框架进行计算、数据分析，最后基于这些大数据中提取的信息，将其运用在网络营销中，形成基于大数据的用户行为分析营销、基于大数据的个性化推荐营销以及基于现代通信工具的大数据分析营销（如图 12－3 所示）。

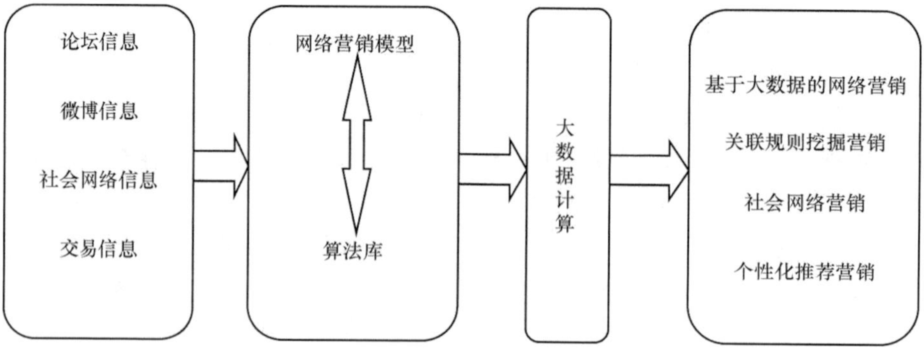

图 12－3　基于大数据的网络营销模型

资料来源：高源．基于大数据的网络营销对策研究［J］．湖北经济学院学报，2014，11（2）：2－4.

① 肯尼斯·库克耶．大数据时代［M］．杭州．浙江人民出版社，2013：15－25.

对网络营销而言，影响其发展的环境成为目前最为关注的焦点，企业所处的内外部环境直接决定了企业的存亡。大数据环境下，企业实施网络营销需要在海量繁杂的数据中用算法挖掘出用户的营销价值，并在合适的媒体上及时达成广告主的营销目标，让广告主、用户和媒体的利益同时得到最大化，是大数据给网络营销带来的新机遇，更是挑战。未来网络营销发展的方向将表现在以下几方面：

第一，各品牌意识到社交媒体营销的重要性，社交媒体广告支出将急剧上涨。企业正从社交媒体投资中看到正面的结果，包括曝光率的增加和访问量的增长，并且将付费发布社交媒体广告视作进一步放大这些结果的途径。Twitter 新推出的广告方案（目前尚处于测试阶段），将由特定的用户动作，例如网站点击、应用下载和电子邮件输入，来触发广告费的有效支付，这意味着中小型企业出资加入这类目标导向的广告方案的可能性要更大。

第二，内容营销的重要性凸显。随着市场营销人员不断看到内容营销策略的好处，以往专门用于搜索引擎点击付费（PPC）、搜索引擎优化（SEO）和社交媒体营销的预算，将会被重新分配给与内容营销相关的工作。案例分析、视频内容、包含大量研究数据的内容，以及遵守 12 项品质标准的内容，都将会成为有效的手段，为企业带来凌驾于竞争对手的优势。企业将会越来越多地在移动内容上有所投入，包括制作在移动设备上易于阅读的短小内容，理解目标用户对移动设备的使用习惯，并将重心放在可以借助移动设备轻松消费的视频和可视化内容上。

第三，整合营销是必然趋势。网络营销是对广告主、媒体和用户从不同角度的服务，而只有整合才能让广告主更准确地把握营销目标，让媒体更准确地把握流量价值。与此同时，整合包括渠道整合和模式整合。其中，渠道整合涉及跨媒介、跨平台、跨终端三个方面，而这“三跨”又离不开大数据的支持，其中所牵涉的数据采集、识别、管理等整合行为都是基于大数据的。因此可以说，整合是网络营销未来发展的必然趋势之一。

第四，实时和精准是网络营销的必然发展趋势。精准营销是以用户在线数据为基础的，这需要依托大数据的挖掘分析技术和商业智能技术，同时通过大数据把它转换成有价值、有意义的数据，这些又都是大数据功效的必然结果。

第五，网络营销的广告模式发生变化，比如，实时交易广告模式（RTB）将会崛起。网络营销领域一直追求精准营销，甚至是用户的一对一营销，未来网络广告依据大数据所呈现的用户的多维画像而将变得越来越精准，广告即为有效信息的趋势将越来越明显。而要实现这一点，就需要对用户的在线行为有更多、更深刻的理解，需要对海量且源源不断的数据加以整合分析，并将结果用于各种决策。为此，不仅需要数据的多样化，还需要数据的可持续性。未来，在网络营销领域，数据从采集到分析到应用的各个环节都将如火如荼地发展着：给用户提供价值服务的产品是营销渠道；提供数据收集、整合、提炼服务的是营销分析；分析结果再通过营销决策系统及时反馈给营销渠道，反馈的形式可以是产品的个性化功能，也可以是营销的个性化广告。

总之，随着信息时代的到来，人类的生产方式与生活方式将以开放型和网络型为导向，这是社会发展的必然结果。21 世纪将是一个全新的、无接触的、网络化的市场时代，网络营销将是每一个商家的必然选择。

本章小结

本章首先介绍了网络营销的概念、特征和主要内容。网络营销是一种新型的营销模式，旨在通过各种互联网工具为企业营销活动提供有效的支持，具有很强的实践性。网络营销不同于传统营销，具有互动性、个性化、多媒体、整合性和低成本性等特点与优势，能够实现网上调查、网上消费行为分析、网络营销策略制定、网络广告和公共关系等十大主要内容。

网络营销的产生与发展是内外环境共同作用的结果，发展至今，大体经历了三个阶段。中国企业互联网应用主要有以下四大类：沟通类、信息类、商务类和内部支撑类。目前，我国网络营销推广已逐步展开，企业开展的互联网应用种类较为丰富，基本涵盖了企业经营的各个环节。

最后，本章还列举了网络营销的未来发展趋势。大数据应用环境下，对企业实施网络营销可谓机遇与挑战并存。大数据是指无法在一定时间内用常规机器和软硬件工具对其进行感知、获取、管理、处理和服务的数据集。它具有大量化、多样化、快速化和价值化四大特征。企业借助大数据这一概念，结合现代科技，构建出基于大数据的网络模型，使网络营销实现了高效互动，为企业做出有价值决策提供便捷。

关键术语

网络营销（On – line Marketing）；内部环境（Interior Environment）；外部环境（External Environment）；互联网（Internet Network）；大数据（Big Data）

复习思考题

1. 网络营销与传统营销的区别是什么？
2. 网络营销具有什么样的特点？
3. 网络营销的主要内容是什么？
4. 大数据的特征是什么？
5. 大数据下的网络营销模型有哪些？

本章案例

互联网2.0营销战略，能否开启罐头行业下一个黄金时代？

在中国的食品工业中，鲜有哪个细分行业的发展历程曲折如罐头行业。罐头源于西方，是200年前欧洲大航海时代刚需的产物，而在美国逐步研发工业量化生产技术后，罐头行业得到了蓬勃发展，在世界主要国家形成了庞大的产业，相应的市场规模也得到了迅速扩张。在以美国、日本和西欧诸国为代表的发达国家，罐头由于在居家生活、旅行、行军等方面的方便性，已有较高的普及，同时有口皆碑。在中国，罐头也曾在中国传统食品工业中扮演过艳惊四座的角色，特别是在20世纪八九十年代，罐头食品一度风靡全国，也成为很多人心中的成长情结。

但是到了现在，罐头行业已不复当年的辉煌，国内消费者对罐头的误解导致其人均消费量远远低于发达国家，市场拓展遭遇瓶颈。而原材料涨价、人工费率提升等生产因素不断加重罐头企业的成本压力，罐头行业分散、集中度低的状况一直没有改观，使全行业面临严峻挑战。其实，中国制造的罐头在发达国家依旧备受欢迎，2013年出口额达到了50亿美元，是全国加工农产品中出口量最大的商品。在这种形势下，不由得让人发问，国内罐头行业的发展前景在哪里？怎么开启罐头行业下一个黄金时代？什么人最爱买罐头？

答案是忙碌的双职工家庭成员。而这一人群现在已经养成网购的习惯。据最新统计，我国网民数量已达到了6.32亿，在成年人群中，互联网普及率已过半，特别是伴随着互联网日渐成熟的电子商务，在智能手机时代将进一步得到突破性发展，更让一些传统行业看到线上营销发展的魅力。相比传统行业过去的线下营销不仅资本大而且耗时耗力，现在的线上营销依托快捷的互联网，掌握了当下人们的购物消费理念，因此，线上营销很容易被客户所接受，而且线上的潜在客户越来越多，对企业自身的发展十分有利。因此，电商市场将是罐头产业接下来最应该力挺的市场。谁想要与传统渠道行业巨头争锋，就不得不在互联网平台上下足功夫。互联网渠道的特殊性是营销先行。人们因产品的营销方式而认识和了解产品，并在对产品感兴趣后主动积极地对产品进行自我探索和产品比对。但互联网营销绝不能忽略产品本身。在所有的成功案例中，网络营销仗打得漂亮、生命力又长久的品牌，都必须有站得住脚的产品品质及品牌口碑。网购人群的第一抉择取决于品牌口碑，但网购人群又常常因价格、性价比、促销等筛选条件而关注产品。相对于传统渠道，它更具有复杂性，同时也更具有颠覆性。目前的罐头行业，谁先玩好电商，谁就有可能为自己的品牌打一个漂亮的翻身仗。

罐头行业的市场容量是不容置疑的。在上海梅林的规划中，仅肉食品类2015年的营业收入预估就有100亿人民币。城市的年轻人生活节奏越来越快，交通成本增加和交通拥堵使人们越来越主动放弃外出购物的生活方式，随着新一代城市人的成长，他们西化的生活方式也进一步影响了其他年龄层，宅在家完成工作、学习、生活、交际、休闲、娱乐的生活方式逐渐成为主导。而罐头食品的半成品将成为大部分人越来越追捧的主要食品。半成品罐头可通过简单加工实现家庭用餐模式，节省时间和精力，提高生活的质量与格调，是人们居家旅行的首选。目前，罐头行业的电商营销力度不大，是市场未完全发力的主要原因。

罐头行业对消费者的沟通目前也处于1.0模式，自说自话。这样的沟通模式即便成倍增长，也始终不能达到深度沟通和认可。而电商平台恰巧是能够实现沟通2.0的最佳途径。互联网的优势在于前台的信息整合，在于用户和网站之间大规模交互的可能性，这个交互可以是即时的，也可以是延时的，可以是同一空间的，也可以是远在异国他乡的。这就决定了互联网可以为线下商业提供一个很好的营销前台，把线下的交易通过互联网的模式呈现出来，最终爆发巨大能量。通过互联网营销2.0，消费者可以自己体验罐头产品和服务并产生口碑，是食品安全最有力的说明。“80后”尚保存着小时候的罐头情结，以触发情结发起营销战役也将促使大量网友自发产生话题，当罐头话题成为热点时，罐头产品便能触发市场爆发的按钮。人们对罐头食品的期待就像对傻瓜相机的期待一样。怎么方便、快捷地使用，能达到哪些出乎预料的美好结果，从储存到食用方法、营养搭配组合、售后服务都需要详细贴心的介绍指导。假如消费者可以单从品牌和产品就联想到浪漫的烛光晚餐或温暖的家庭聚会，罐头半成品的销量将呈现几何倍数增长趋势。

在这个互动口碑为王的电商大时代，越来越多的传统行业看到了线上诱人的市场商机，开始入驻互联网，试图带领自身的行业在互联网时代大展宏图。而罐头行业是否能抓住机遇，通过互联网2.0营销战略开启下一个黄金时代？一切用时间来证明吧！

（资料来源：互联网2.0营销战略，能否开启罐头行业下一个黄金时代？［EB/OL］．［2014－09－29］．http：//www.chinanewscb.com，有改动。）

案例思考题

1. 罐头行业当前面临的营销环境有哪些特点？

2. 假设你将为某一罐头企业制订一份网络营销计划方案，你的方案中会设计哪些内容？

第十三章　关系营销和顾客关系管理

【学习目标】

市场营销的发展一直都离不开与顾客的关系，顾客能够产生购买行为，并能够重复购买，是企业努力经营的宗旨。企业对与顾客关系的培养，即从顾客满意到顾客忠诚，都是经营关系的重点。通过本章的学习，应该达到如下目标：

- 掌握顾客关系管理的含义及内容；
- 掌握顾客满意与顾客忠诚，掌握大客户的开发；
- 掌握 CRM 系统设计的内容，了解 CRM 系统在目前的使用情况。

引导案例

几乎所有的人都知道“顾客就是上帝”这句至理名言，很多营销人员也被一再告诫顾客是公司利润的源泉，让所有的客户对公司的产品或服务感到 100% 的满意是任何公司追求的目标。问题是真的需要 100% 的顾客满意吗？

果农们都知道一个道理——摘去一些羸弱的果实有助于获得更好的收成。许多农民在种植蔬菜和粮食作物的时候也会多撒下一些种子，然后再做适当的选择，通过将优先的资源合理地分配就会收到最大的效果。同样地，作为企业最宝贵的资源——客户，营销部门也需要对它进行适当的分类和筛选，这样才能实现人力、物力的最好回报。

顾客就是上帝并不意味着每个顾客都值得保留，有一些顾客甚至让你多花钱！要想实现成功营销，所有企业都应该仔细考虑下面的问题：

我们的顾客分几类？

维持每一个顾客的成本是多少？

他们都值得挽留吗？

为了管理客户的购车和使用体验，提升客户的忠诚度，实现客户的重复购买和正面的口碑宣传，上海大众汽车 2002 年正式启动实施 CRM 战略，大体分为两个阶段：第一阶段以建立呼叫中心为主，加强客户关系营销的实施和客户数据库的建立；第二阶段以建立经销商自营 CRM 系统为主，实现经销商和大众公司的客户信息共享，形成经销商自我的闭环营销、上海大众汽车和经销商之间的闭环营销。同时在 CRM 系统建立的基础上进一步推出车主俱乐部计划，从而提高客户忠诚度。

（资料来源：周洁如．客户关系管理经典案例及精解［M］．14 页．上海：上海交通大学出版社，2011，有改动。）

第一节　顾客关系管理概述

以顾客导向为中心的营销理念已经成为当前营销活动的重要内容，不同于以市场导向为中心的营销活动，以顾客导向为中心的市场营销更注重当前顾客的实际需求，吸引新顾客，努力实现较高的老顾客比例，培养顾客的忠诚意识，进而保证企业的盈利。

一、顾客关系管理的概念

（一）顾客关系管理的产生

顾客关系管理（Customer Relationship Management，CRM）最早由 Gartner Group 提出，其目的在于建立一个系统，使企业在客户服务、市场竞争、销售及支持方面形成彼此协调的全新的关系实体，进而为企业带来长久的竞争优势。

1. 关系营销的发展为顾客关系管理奠定了理论基础。顾客关系管理的理念来源于关系营销。1982 年，贝里（Berry）首次提出关系营销的概念，正式揭开了理论界研究顾客关系问题的序幕。关系营销的基本思想是企业应培养长期的顾客关系，实现对顾客的有效挽留。这和顾客关系管理的基本理念和宗旨是一脉相承的。关系营销将企业的利益相关者作为企业的合作伙伴而共同创造和分享价值，而关系中最重要的一方就是顾客。在英语中，顾客（customer）和客户（client）的含义是不同的，虽然二者都是消费企业产品的所有个体消费者或组织，但顾客只是一张陌生面孔，而客户的资料却很详尽地存放在企业的信息库中。因此，客户比顾客的概念更亲近一些。顾客关系时代，一个主要的理念就是将顾客视为“客户”，而不是具有代号的陌生面孔。

2. 数据库营销为顾客关系管理奠定了实践基础。数据库营销实际上是关系营销的一种高级形式，其共同特点是为了提高营销的针对性和有效性，在了解顾客需求的基础上去满足顾客需求，以构建长期的顾客关系。数据库的发展为顾客关系管理奠定了重要的顾客资源管理基础。

关系营销、数据库营销和顾客关系管理的关系如图 13 - 1 所示。随着信息技术的发展和实践的深入，人们对信息的把握能力越来越强，对关系的研究逐渐突破营销的范围，开始考虑如何从企业整体的角度出发，通过有效地设计组织流程和信息系统实现对各种信息的有效识别、收集、分析和共享，从而有效地支持关系营销和关系管理。顾客关系管理正是在这种条件下产生的。不过目前对顾客关系管理应用层面的研究多于理论层面的探讨。

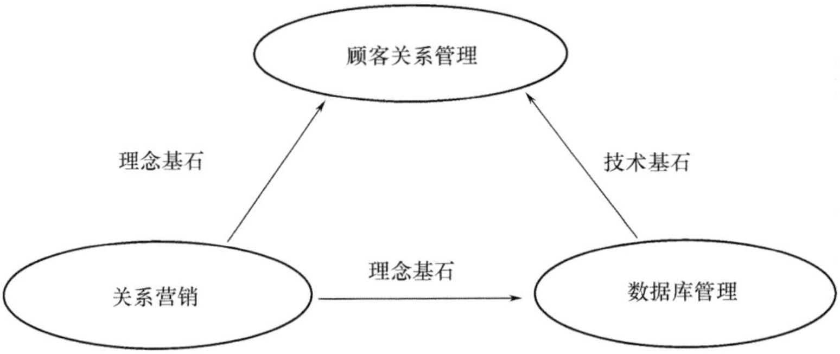

图 13－1　关系营销、数据库营销和顾客关系管理的关系
资料来源：江林．顾客关系管理［M］．北京：首都经济贸易大学出版社，2013：24.

（二）顾客关系管理的含义

尽管 CRM 的思想很早就被提出，但直到近几年，计算机技术、网络技术、信息技术等先进技术快速发展并在企业中广泛运用，CRM 才实现了较大的发展。在 CRM 的发展过程中，对其认知也存在不同的理解，有人认为 CRM 是系统软件，通过软件设计，运用 CRM 软件解决并改善企业与顾客间关系；也有人认为 CRM 是公关关系管理，企业要做好顾客服务。正如财团法人咨询工业策进会（FIND）（2002）对顾客关系管理的定义：CRM 是一种整合并支援企业提供给顾客相关服务的界面系统，它不仅是一套软件系统，也是一种企业再造式流程管理。麦肯锡公司（McKinsey & Co.）董事约翰·奥特（John ott）认为，顾客关系管理是持续性关系营销，强调的重点是寻找对企业最有价值的顾客，以微型区隔（Micro－Segmentation）的概念界定出不同价值的顾客群。根据萨夫拉（Zablah）、贝伦格（Bellenger）和约翰斯顿（Johnson）（2004）的研究整理，有关 CRM 的定义大体可分为四大类，具体如表 13－1 所示。

表 13－1　顾客关系管理的定义和类型

流程观点	CRM 被视为一种流程，将很多子流程归入其中，子流程包括机会确认和顾客知识创造等
策略观点	强调资源预期在关系建立和维护中的效益，这些预期的效益应该以顾客价值生命周期为基础来分配资源
功能观点	强调公司必须着重在发展和取得不同资源方面加大投资，因为这些资源可以促使公司在面对个体顾客或顾客群时能自如地调整自己的行为
科技观点	CRM 是帮助公司建立顾客关系的一种工具

资料来源：Zablah A R，Bellenger D N，Johnston W J. An Evaluation of Divergent Perspectives on Customer Relationship Management：Towards a Common Understanding of an Emerging Phenomenon［J］. Industrial Marketing Management，2004，4（33）：252－261.

本书对顾客关系管理的定义是从其本质出发，总结认为：顾客关系管理是企业通过建立一套管理模式，进行识别、维持与发展目标市场中有价值顾客，而且与其形成长期互动关系的活动过程。

这个概念包含以下几层含义：

第一，顾客关系管理是一个以顾客为中心的系统思想。

第二，顾客关系管理系统软件属于顾客关系管理的一部分。

第三，顾客关系管理就是要打造一个长期持续的互动过程。

二、顾客关系管理的内容

顾客关系管理就是在市场细分后，选定目标市场顾客群体，收集顾客信息，并对信息进行分析整理，找出有价值顾客，努力维持与顾客的关系，培养顾客成为忠诚顾客，并不断完善与提高企业的产品与服务质量，使企业与顾客呈现长久的合作伙伴关系。

（一）收集顾客信息

顾客关系管理必须要对顾客做好信息收集工作，掌握顾客有价值的信息，才能充分了解顾客的实际需求，才能帮助企业照顾好顾客，满足顾客需求。顾客信息一般包括顾客个人信息、购买产品信息、顾客意见信息等。

（二）顾客识别

按照顾客能够为企业提供的价值对顾客进行分类，区分最有价值顾客和潜在顾客，把能够为企业提供巨大价值的顾客作为最有价值的顾客。最有价值顾客往往是创造企业利润的主要群体，企业可以通过收集到的顾客购买次数来决定其是否是最有价值的顾客。

（三）顾客维持

企业应重点培养最有价值的顾客，一般来说，维持一个老顾客所花费的成本大约只是吸引一位新顾客所花费成本的1/6。在企业锁定最有价值的顾客后，深度服务这类顾客，与顾客建立长期互动关系，同时关注潜在顾客，提升企业营销能力，努力将其培养成忠实顾客。

（四）完善产品与服务

营销能力的运用离不开企业产品与服务的提高，企业要做好顾客关系管理，就要在现有条件下做到满足顾客的需求，那么，不断提升与完善产品及其服务，是企业必须要做的工作；对顾客提出的意见与建议，总结后提出改进的重点，并将这些结果有效地在企业内部传递，以便各部门实施改进活动。

三、顾客关系管理的目的

顾客关系管理围绕这些内容推进，旨在追求顾客价值最大化。从沟通的角度来看，顾客关系管理的实践步骤为：

第一，透过沟通，形成顾客关系；
第二，透过顾客关系深化，形成顾客忠诚度；
第三，透过顾客忠诚度深化，形成顾客价值；
第四，进一步深化顾客价值，形成顾客终生价值最大化。

案例

国航旅客忠诚度系统项目（CRM 一期）常旅客模块

国航旅客忠诚度系统项目（CRM 一期）常旅客主线成功上线。常旅客主线成功上线后，新的系统将替换原来已使用了 17 年的常旅客系统。通过国航系统忠诚度计划管理、灵活的规则配置引擎、及时有效的会员服务功能、多维度的报表，并与营销、大客户、产品管理、订单管理高度集成，为会员提供及时、优质的服务，使国航能够迅速准确地发现客户，通过丰富多元的、有针对性的营销手段聚集客户，通过高质量的会员服务提升客户忠诚度，为国航带来更优质的客户资源，从而带来长期稳定的收益。

按照项目最初设立的目标，CRM 一期所包含的客户忠诚度、大客户、市场营销和飞行管家管理四个核心模块已全部按期完成。作为国内航空公司率先实现高度集成的平台化管理，该系统的全面上线对内可以有效降低客户的服务成本，提高运行效率，加强客户服务的一致性，提升对客户需求挖掘和洞察的能力；对外搭建起一个更好的为旅客提供差异化产品和服务的平台，为下一步国航对各客户接触界面相关系统的整合和设计以及 CRM 项目其他模块的扩展奠定了良好的基础。

（资料来源：赵蕊，孟昕．国航 CRM 一期常旅客模块正式上线［EB/OL］．［2013－10－23］．http：//www. airchinagroup. com/cnah/xwzx/zhxw/10/283310. shtml，有改动。）

第二节　顾客关系管理在市场营销中的运用

企业与顾客能够建立长期交易关系是企业顾客关系管理的体现，在激烈的市场竞争中，维持长期的交易关系势必要求企业做到顾客满意。顾客满意并不一定使交易完成，要想使顾客能够重复购买企业的产品与服务，必然要求顾客忠诚于自己，这就涉及顾客忠诚度。与此同时，还要关注大客户关系的管理，这与关系营销的理念也是相吻合的。

一、顾客满意与顾客忠诚

（一）顾客满意

1. 顾客满意与顾客满意度。菲利普·科特勒认为，顾客满意是指一个人通过对一个产品的可感知效果（或结果）与他的期望值相比较后，所形成的愉悦或失望的感觉状态。亨利·阿塞尔也认为，当商品的实际消费效果达到消费者的预期时，就会使消费者满意；否则，就会导致顾客不满意。我们可以用顾客满意度作为衡量顾客满意的一项指标。顾客满意度是顾客接受产品和服务的实际感受与其期望值比较的结果。这个比较结果既体现了顾客满意的程度，也反映出企业提供的产品或服务满足顾客需求的效果。可见，顾客满意是一种期望（或者说预期）与可感知效果比较的结果，它是一种顾客心理反应，而不是一种行为。

2. 影响顾客满意的因素。企业要做到满足顾客需求，提升顾客满意度，改善顾客对企业产品及服务的评价，树立企业的良好形象，必须考虑以下几个方面因素的影响：

（1）产品与服务。顾客对企业所提供的产品和服务的感受值与企业给予顾客的期望值相比，感受值越大于期望值，顾客满意度越高，即顾客越满意。因此，企业要在产品品质、产品价格、售后服务、工作人员服务水平等方面加强管理，提高产品与服务的感受值，与此同时，在向顾客介绍产品、推销产品理念时，要做到不夸大其词，不虚假宣传，保证顾客一定的期望值，使顾客在购买使用后有较高的满意度。

（2）环境。企业营造良好的购物环境，精心设计陈列货品，容易让顾客感受到企业的认真与专业，加之提供便捷的送货服务，配有详细的货品介绍等，也容易让顾客感受到企业的真诚与素养。环境因素直接影响到顾客在选购过程中对企业产品与服务的评价。

（3）企业文化。企业文化蕴含了企业经营理念，并渗透到企业产品、服务、员工素质、品牌形象中。在企业与顾客的接触中，顾客通过这些方面了解企业文化，对企业做出一个整体的评价。

（二）顾客忠诚

1. 顾客忠诚的概念。所谓顾客忠诚，是指在顾客满意的基础上，顾客对某品牌或某企业发展做出长期投入承诺的意识和行为的结合。从上述定义可以看出，顾客忠诚包含两个基本成分：一个是意识成分；另一个是行为成分。前者是指顾客对企业的员工、产品和服务的喜欢和留恋的情感，又称顾客忠诚感；后者受前者影响，往往以实际购买表现出来，包括对该企业产品和服务的再次购买、大量购买、经常购买、长期购买，以及为该企业的产品和服务做有利的宣传等。

从企业盈利情况来看，顾客忠诚是企业收入增长和获得盈利能力的直接原因。顾客忠诚离不开顾客满意，忠诚的顾客一定是满意的顾客，但满意的顾客并不一定忠诚，究其原因，主要是只有形成实际的购买，才能真正体现顾客对企业及其产品的完全满意。

2. 顾客忠诚的实现。顾客满意是驱动顾客忠诚的关键要素，在顾客满意的基础上发展顾客忠诚，那么，在企业的经营运作过程中，从产品的研发、定位、生产、沟通，到企业做宣传、公关、售后服务的整个营销活动，无不渗透着企业做好产品、吸引顾客反复购买企业产品的思想。

（1）寻找正确的顾客。企业所面对的市场是非常广泛的，但企业所拥有的资源是稀缺的，面对这种情况，企业势必要选择可能服务并获利的市场。在选定目标市场后，也并不是目标市场中所有的顾客都会成为购买企业产品甚至反复购买的顾客，不同顾客的喜好、习惯、收入都各有差异，同时，也并不是所有的顾客都适合成为忠诚的顾客，因此，获得顾客忠诚的重要一步就是在对市场进行细分之后，再对顾客进行细分，寻找正确的顾客。

从顾客忠诚定义的角度来看，正确的顾客是态度和行为均表现出对企业以及企业产品满意，并多次或长期购买企业产品的顾客群体。可以对目标市场中顾客的基本信息、购买情况、喜好习惯等进行收集、分析、整理，找出那些多次购买企业产品的顾客，并重点维护与此类顾客的关系。

（2）提升顾客感知价值。顾客价值对培养顾客忠诚至关重要。正是由于价值影响了顾客对企业的评价，所以如果企业打算吸引并且保留住顾客，就应该了解如何为顾客创造和增加价值，以及让顾客感知到放弃与企业的合作会带来的更多的付出。

（3）优化顾客体验。体验是企业给予顾客感官刺激、信息和情感等要点的集合，尤其是在电子商务蓬勃发展的今天，顾客体验已成为企业营销活动中常用的方法之一。企业必须不断优化顾客的体验，使顾客更加了解企业及企业的产品，并通过体验拉近企业与顾客的距离，使企业有更多的机会接近顾客，了解顾客，照顾好顾客，使满意变成非常满意，最终使顾客成为企业的忠诚顾客。

（4）定制个性化服务。尤其是对企业的大客户而言，个性化服务凸显了企业对顾客无微不至的关怀，使顾客感受到自己是众多顾客中最受优待的成员，也最能使顾客感受到被关注、被重视。无论是传统顾客还是当今顾客，对个性化的服务都情有独钟。因此，企业获取顾客忠诚的重要手段，就是通过定制化方式生产出专属于特定顾客的服务或产品。唯有如此，企业才能提供给顾客高于其他竞争者的价值和吸引力。

努力维持顾客关系，能够为企业带来长期的利润增值。世界知名企业惠普公司曾研究自身连续八年营业额的变化情况来捕捉持续的顾客关系为惠普公司带来的企业利润，结果发现，持续的顾客关系不仅降低了企业的运营成本，还使顾客对价格的敏感度降低，同时通过关系推广，使关系网络中的其他企业了解并购买了惠普公司的产品。图 13 – 2 显示了持续顾客关系的盈利增长变化情况。

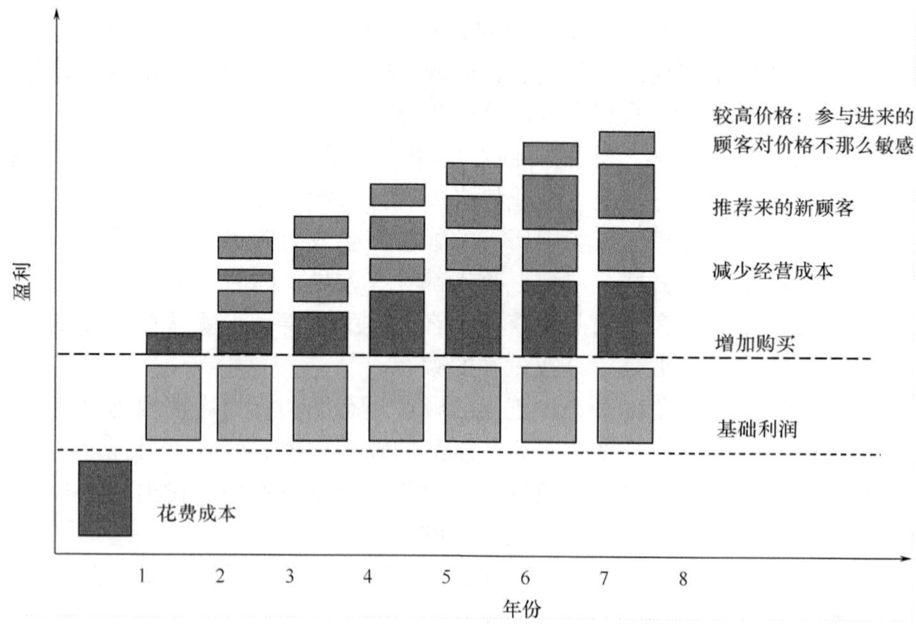

图 13－2　企业持续顾客关系营业额变化情况图

二、大客户关系管理

企业所面对的顾客中，有少数一部分顾客，他们占企业全体顾客数量的比例较小，却为企业提供最多的利润值。这部分顾客群体是企业重点培养与照顾的顾客。

（一）什么是大客户

根据顾客价值理论，应当从两方面来考虑顾客价值：一是企业给予顾客的价值；二是顾客给予企业的价值。在当今市场竞争激烈的情况下，只有企业先为顾客提供价值，才会让顾客满意，从而使其重复购买并成为忠诚客户，为企业增加货币或非货币收入。对于大客户，我们按照顾客给予企业的价值来加以细分和定义。国内外学者研究表明，顾客对企业有如下价值：顾客的购买可以使企业获得更多的收入；如果顾客对企业的渠道或分销商有更多了解的话，他们就善于做出反应，从而降低企业销售成本；企业员工如果与顾客之间保持长期的关系，他们之间相互交往，加深了解，可以降低交易成本；企业的忠诚客户出于对企业的信任与喜爱，自然会为企业做宣传，有助于企业形象的提升；企业老客户对产品的价格敏感度较新客户低，并且愿意尝试企业的新产品或服务。这些都能为企业带来价值。

简言之，所谓大客户，即对企业的产品或服务需求频率高、需求数量大，为企业提供高额利润，对企业的经营能够产生较大影响的重要顾客。从定义中我们可以看到，对于大客户的评判，主要是着眼于这类顾客给予企业的价值，是否忠诚于企业或企业品牌。与企业保持长久互动关系，能够反复多次购买企业产品，是衡量大客户的一个典型标志。按照顾客价值细分客户，形成了一个金字塔式的客户结构，即顾客金字塔法，具体如图 13－3 所示，该图也显示了大客户在企业中的层级位置。

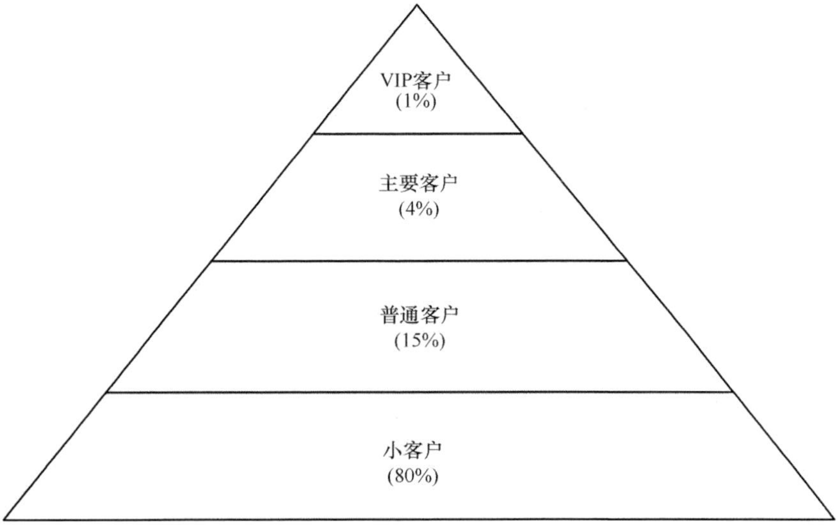

图 13－3　顾客层级金字塔

从图 13－3 可知，根据顾客对企业的价值，可以将客户分为四类：

（1）VIP 客户。此类客户数量不多，但消费者在企业的销售额中占有比例很大，对企业贡献的价值最大，位于金字塔的顶层，一般占总客户量的 1% 左右。

（2）主要客户。主要客户指除 VIP 客户外，消费金额所占比例较多，能够为企业提供较高利润的客户。这类客户约占企业客户总量的 4%。

（3）普通客户。这些客户的消费额所占比例一般能够为企业提供一定的利润，占企业客户总量的 15% 左右。

（4）小客户。这类客户人数众多，但是能为企业提供的盈利却不多，甚至使企业不盈利或亏损，他们位于金字塔的底层。

（二）大客户的开发

1. 区分现有或潜在客户并对其分类。根据企业经营方向和发展的重点，将企业现有客户或潜在客户按照产品类别、客户性质、服务内容等加以分类，以便我们找出为企业带来高额利润的大客户，并找出对大客户小组分类开发更有效的方法。

首先要区分大客户与普通客户。大客户往往大量购买企业的产品，如政府客户、大型企业、垄断性企业等对产品购买量大，企业在对客户信息进行分析后，根据与客户的互动，把大客户进一步分为铂金层客户和黄金层客户。铂金层客户是企业重点培养的顾客，因为其不仅大量购买企业产品，为企业提供高额利润，而且是企业品牌推广的有效传播者。黄金层客户仅次于铂金层客户。

2. 对大客户进行分析。对大客户进行调研是企业的一项重要工作，寻找正确的大客户，能够使企业在人力资源、物流、公共关系上所消耗的成本费用大大降低，同时也能够减少应收款项带来的风险等问题。企业一般可以从客户的流动资产率、净利润率、资产回报率、存货周期等指标进行分析，掌握客户的情况。企业对客户的信息资料掌握得越多越详细，对维持长期互动关系越有利。

3. 客户购买过程分析及记录。企业实现与大客户的第一次交易，一般来说需要一个漫长的过程，企业要有一套完整并有效的营销方案，吸引客户实现第一次购买。通过第一次购买，客户已经对企业以及产品有了初步印象，省去了企业对客户进行产品最基本的介绍，减少了这部分的耗费。企业需要跟进对大客户的关怀，加强与大客户的联系，掌握客户最关心的问题，并以此调整营销方案，促成客户二次或多次购买。在与客户的长期互动中，还包含了客户购买企业其他品牌或产品的情况，这需要企业适时调整产品战略，实现维持长期互动关系的目标。

4. 找出影响客户购买的因素。能够影响客户做出购买决策的因素一般包括购买费用、产品质量、服务水平、政府政策、客户代表地位、客户习惯、客户特点等，应分别针对各因素完善营销方案，提升核心竞争力，以满足客户需求。

案例

新加坡航空的顾客忠诚管理

2010 年，冰岛火山爆发，欧洲受火山灰的影响，航空业损失巨大，取消了 10 万个航班，经济损失达 15 亿~25 亿欧元。覆巢之下无完卵？亚洲的航空业也深受影响，首当其冲的就是新加坡航空公司（简称“新航”），日亏损额达2 069 万港元。因为新航的航空网络覆盖全球 38 个国家和地区的 93 个目的地，其中 1/4 的业务来自欧洲的目的地。国际航空业务成就了新航，此次损失越大，越说明之前的生意好得不得了。自 1972 年从马来西亚航空公司分离出来后，新航锐意进取，不断创新，获得了巨大的成功。目前它是全世界市值最大、利润最高的航空公司，也是全世界仅有的6家五星级航空公司之一。为何一家航空公司，没有国内航线，完全依赖国际市场，在短时间内竟取得如此辉煌的成绩？新航的答案是：保持和提高两个忠诚度，即顾客忠诚度和员工忠诚度。

一方面，对外提高顾客忠诚度管理，即通过提供全方位的人性化服务，打造一流品牌。新航一直强调其顾客哲学和服务文化的重要性，坚持以顾客满意为中心，不懈追求顾客忠诚。

餐饮方面，致力于提供优质的餐饮服务，尽量做到差异化和创新。

客舱方面，高雅的蓝紫色调的座椅间距达1.98米，宽度达58.4米。配有电动脚踏、可调节头、可调节高度的座椅间隔屏幕、物品收纳格、AC电源、阅读灯等。

娱乐方面，新航为所有航班提供优良的娱乐系统。如所有自中国出发的航班，飞机上每个座位都配有“银刃世界”个人娱乐系统，提供超过200种不同类型的娱乐项目。

服务方面，新航的迈克尔·陈（Micheal Tan）说，“我们认为航空公司想要获得成功，就必须是服务创新者而不是价格领导者。以顾客为导向意味着引导顾客导向的新特征和新标准。”1991年，新航率先引进全球卫星通信服务和常规的空中传真服务；1996年11月，新航引进了用于头等舱、商务舱和领先顾客的联网登记系统；1997年下半年，新航在新加坡樟宜机场为没有办理包裹登记手续的乘坐科伦坡穿梭机的乘客安装了自我登机系统等。

重视顾客反馈方面，为了增加非正式的沟通渠道，新航定期进行乘客意见调查，以检测它的服务质量。乘客被要求对新航的空中服务、食物、饮料、招待、飞机内部、机场运行、预定和售票部门的质量进行评分。

技术与创新方面，新航有计划地推行技术创新，如卫星电话服务。新航的飞机在所有的主要国际航空公司中是最新的、机龄最年轻的，因为飞机就要更可靠、更安静和更宽敞。新航也是世界上首家认识到为顾客提供不中间停留这种服务的公司，特别受中间不停顿的飞往远距离的目的地的商务人员欢迎。

另一方面，内部忠诚度管理方面，新航从几个方面着力培养员工的忠诚度，如建立良好的劳资关系，进行有效的人力资源培训，推出获胜途径颁奖制度（WWA）和评选“地面杰出服务”之类的独特激励方式。

新航通过内外两方面保持和提高顾客忠诚度，正是忠诚的顾客带来了高额的商业利润。不可否认，享誉世界的新航无疑是企业学习之典范。

（资料来源：周洁如．客户关系管理经典案例及精解［M］．上海：上海交通大学出版社，2011：40－47，有改动。）

第三节　顾客关系管理的技术支持

借用信息技术和顾客关系管理理念，构建顾客关系管理软件，从硬件角度完善顾客关系管理的内容，也使企业在实际操作中有了更便捷的使用工具。CRM软件是企业 CRM 系统有效实施的技术支持。

一、CRM 系统设计

CRM 系统就是一个积聚了各种数据资料的大型数据仓库分析系统，若干不同的 CRM 应用系统可能需要有关同一商业事件的数据。然而，该数据是企业最前端即销售人员在与顾客接触过程中收集起来的，这也说明 CRM 系统不同于 ERP 系统。CRM 系统位于企业经营运作的最前端，而 ERP 系统是利用企业内部生产、财务等数据进行分析后，为企业生产运作提供帮助的，是位于企业后端的系统。

CRM 系统把收集来的数据加以分类，按不同的使用目的，将这些数据存储在数据仓库中心，这些应用数据可以被直接调用、直接查询以达到数据共享。数据仓库中积聚了各种数据资料，包括有关市场资料、人口统计资料、市场发展趋势以及竞争对手的资料。根据这个强大的数据仓库资料的汇总，再配合适当的软件对相应的数据进行分析，识别在市场竞争中最有价值的顾客群，确定目标市场、目标顾客群，并整合所有资料，将顾客通过多种指标进行分类。然后针对不同的顾客实施不同的策略，为目标顾客群提供完全符合顾客心理的服务，并分析竞争者的优劣，将现有的着眼于顾客拥有量的市场占有率竞争转向保持每一位顾客的生命力的持久性。

CRM 系统的设计内容包括呼叫中心、顾客数据仓库、管理信息系统（MIS）与商业智能、信息技术管理子系统等的一系列 CRM 模块或子系统，如图 13－4 所示。

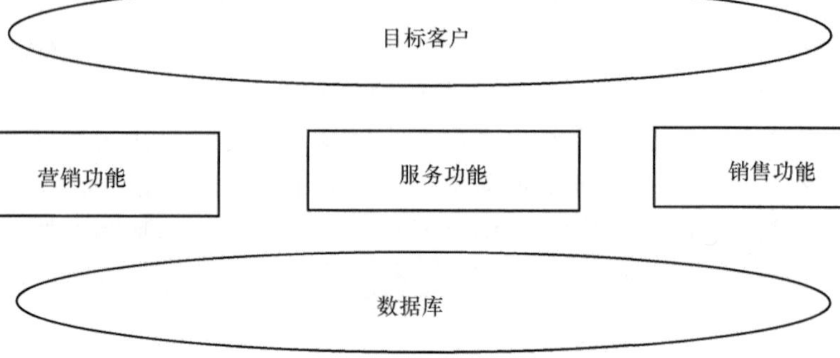

图 13－4　CRM 软件系统的简单模型

（一）呼叫中心

以客户服务为主的呼叫中心具有呼入与呼出双向功能，在处理顾客的信息查询、咨询、投诉等业务的同时，也可以进行顾客回访、满意度调查等呼出业务。目前的呼叫中心已不同于传统的呼叫中心电话业务。CRM 的发展和应用正是利用了呼叫中心这一特征，既运用了当前的信息技术，又利用了电话沟通的直接联系，实现了企业与顾客接触渠道的全面整合。CRM 企业不仅看到了网络的潜力并树立了发展电子商务的信心，而且对利用传统工具弥补目前网络平台和交易中现存的不足也有了充分的准备。这也就是为什么今天的 CRM 系统中仍然包含用信息技术改进的呼叫中心的主要原因。

呼叫中心对推进顾客与企业的联系有很好的作用。虽然从工作效率和费用成本的角度来看，完全利用网络完成的人机界面操作的交易既便捷又便宜，但是在实际操作中，企业在线购物提供的平台系统数据显示，在线购物中的消费者在购物车选定好商品以后，再放弃交易的比例高达 70%。研究发现，当顾客把信任度、消费习惯、运输、安装、付款、评价、售后服务等因素进行通盘权衡的时候，完全网络交易目前还不足以实现满意的销售。

（二）顾客数据库

不论是 CRM 系统还是 ERP 系统，没有翔实的数据支持都无法运行，因此，企业要建立一个内容详尽、功能强大的顾客数据库。为实施 CRM 建立的顾客数据库，对保持良好的顾客关系、维系顾客忠诚、改善营销均发挥着不可替代的作用。同时，顾客数据库还在不断完善与更新，能够为顾客继续购买提供参考。顾客数据库实现了及时预警功能，为企业尽早掌握顾客流失因素、维持顾客关系创造了条件。

（三）管理信息系统（MIS）与商业智能

企业管理信息系统（MIS）主要为 CRM 系统的数据进行辅助分析和规范化管理，MIS 通过对数据的组织规范，可以随时为企业提供各种所需数据，保证企业能够快速、准确地做出决策，大幅度地减轻企业员工的工作强度，加快了处理数据的速度，从而提高了企业管理效率。

商业智能是为了实现数据库数据分析与 MIS 决策支持功能很好的结合而形成的，体现了高端应用系统的优势。商业决策分析智能的任务就是针对企业业务流程和管理过程中产生的大量数据，如订单、库存、交易账目以及顾客资料等，通过挖掘和利用这些数据来增进企业管理者对业务情况的了解，以及支持其在业务管理及发展上及时做出正确判断。

（四）信息技术管理子系统

顾客关系管理系统的各功能模块和相关子系统的运行都离不开先进可靠的技术、软件和硬件以及基础设备来保障，因此，对信息技术的管理也成为 CRM 的有机组成部分。CRM 系统在实施中需要加强信息技术管理子系统的建设。

二、CRM 的应用

CRM 于 20 世纪 80 年代诞生于美国，当前在北美、欧洲等地的发达国家中的发展呈上升趋势。有统计数据表明，2001 年，全球顾客关系管理市场收益是 120 亿美元，2004 年达到 670 亿美元。美国在 2003 年用于实施顾客关系管理系统的预算达到 168 亿美元。近年来，欧美很多企业都已经使用了顾客关系管理系统或准 CRM 系统。全球最大的网络设备供应商思科公司（Cisco）在顾客服务中心全面实施了顾客关系管理，其通过使用网络的在线支持服务占到全部支持服务的 70%，使公司能够快速、及时地妥善处理和分析每一个电话、电子邮件、在线留言等顾客垂询及咨询，该系统的实施每年为公司节省 3.6 亿美元专门针对顾客的服务费用。

然而，CRM 的应用在推广中仍然有限。主要是由于 CRM 的成效要通过一定时间才能显现，而且很难通过系统准确推断顾客为企业提供的潜在利润。与 ERP 相比，ERP 系统可能要花费企业上百万元资金或更多，而 CRM 前期投入要少一些，但从投入产出比来看，CRM 的成本相对较高。当前 CRM 的典型应用就是呼叫中心。呼叫中心运用先进的通信技术和数据库技术集成，通过受过严格培训的客服代表服务于广大顾客。目前，基于先进的 CTI（Computer Telephony Integration）技术的呼叫中心已经能够实现语音和数据的同步。由受过培训的客服代表处理顾客的来电，在自动语音应答系统的指导下，顾客或直接选择自己关心的问题，或转入人工坐席，客服代表可以根据自己的专业知识和屏幕上显示的顾客信息，为顾客提供直接和友好的服务。

2000 年，CRM 进入我国，国内多家大中型企业如海尔、联想、方正等公司开始或正在实施 CRM 系统，还有许多企业也在使用或准备使用 CRM 系统的子系统。CRM 的应用领域当前主要集中在金融、电信、IT 和制造业等经济实力较强、信息化程度较高的行业，其实际的应用实施已取得初步成果。多数制造企业还没有进入真正了解和培育 CRM 能力的阶段，在制造业的一些分领域，如信息化程度相对较高的汽车、机电、制药业，已经出现 CRM 应用的苗头，部分企业已在实施模块化的 CRM，如销售自动化模块和呼叫中心；而一些前期实施过 ERP 的企业，则具备了顺利推行 CRM 的较好基础。总体而言，大多数企业对 CRM 的认知并不全面，仅简单地认为是新的信息系统的引入，小微企业更是对实施 CRM 没有概念。究其原因，主要包括以下方面：

第一，对 CRM 的认知存在错误。正如很多企业对 CRM 的最初认识一样，单纯地认为 CRM 只是一个新的信息系统，或是单纯地认为 CRM 是呼叫中心增加了信息技术的升级版本，错误的认识使 CRM 向企业推广十分缓慢。

第二，资金缺乏，实施 CRM 系统的成本巨大。国外企业成功实施 CRM 的费用大约是 15 万 ~90 万美元，国内实施费用相对少些，但对多数企业而言仍负担过重。尤其 CRM 的投入产出比较高，利润收益显现时间较长，使国内很多企业望而却步。中国营销传播网的 CRM 市场需求调查表明，国内大多数企业可接受的 CRM 的费用集中在 100 万元人民币以下。可见，企业的可接受费用与实际费用之间的差距较大。

第三，缺乏 CRM 实施经验。CRM 进入我国时间较短，并没有被大范围推广和使用，同时，虽然 CRM 在许多国外企业中已成功应用，但由于国内外企业的市场环境与条件有所差异，国内企业很难直接采纳国外企业实施 CRM 的经验，这使国内企业在实施 CRM 时缺乏直接可借鉴的成功经验。

第四，国内少有提供 CRM 解决方案的厂商。目前国内市场上提供 CRM 解决方案的厂商大多数是国外的大企业，如 IBM、HP、Oracle、Siebel 等。这些解决方案一般是按国外企业的内外条件设计的，不一定适合中国企业的实际情况。

第五，相对落后的信息化水平和匮乏的人力资源，使实施 CRM 缺乏基础。我国教育水平发展不平衡，全民受教育程度不均衡，在企业推行信息化的同时，受教育程度和国内信息化水平在相当程度上制约了它的发展，而 CRM 也是企业信息化的一个分支，必然也受到这些不利条件的影响。

本章小结

本章首先介绍了顾客关系管理的产生、概念和主要内容。顾客关系管理理念源于关系营销，它是企业通过建立一套管理模式，识别、维持与发展目标市场中有价值顾客，而且与其形成长期互动关系的过程。顾客关系管理主要包括收集顾客信息、顾客识别、顾客维持、完善产品与服务，旨在追求顾客价值最大化。

企业与顾客能够建立长期交易关系是企业顾客关系管理完善的体现。维持长期的交易关系，实现顾客价值最大化，势必要求企业做到顾客满意和顾客忠诚。与此同时，企业也要注重对大客户关系的管理。

本章最后简单介绍了企业实现顾客关系管理的技术支持——CRM 系统的设计及该系统的应用现状。

关键术语

顾客关系管理（Customer Relationship Management）；顾客满意（Customer Satisfaction）；顾客忠诚（Customer Loyalty）；大客户（Key Client）

复习思考题

1. 什么是顾客关系管理？其内容包括哪些？
2. 影响顾客满意的因素有哪些？

3. 顾客忠诚与顾客满意的关系是什么？

4. 如何开发大客户？

本章案例

米兰婚纱的 CRM

米兰婚纱品牌源于台湾，而黄山米兰婚纱摄影总店成立于2012年，旗下有五家分店，一个后期中心，一个2 600平方米的拍摄基地。公司以婚纱摄影、艺术写真、儿童摄影、全家福摄影等为主。公司应用 XTools CRM 辅助企业顾客关系管理，涉及以下几方面。

一、充分放大现有客户的影响力

婚纱影楼是传统的服务行业，老客户的潜在价值非常大。比如，客户拍完结婚纪念照、宝宝照，也可以推荐给朋友，或者给父母拍金婚照、银婚照。每一个客户服务的产生，都有可能带来更大量服务的产生。

XTools CRM 辨识有价值的客户群体，创造出具有利润的营收成长，尤其是通过消费金额和转介绍量，可以看出哪些是核心客户，然后在客户视图中进行非常详细的分类标记、关系等级标记，重点维护，完善更贴心的个性化服务。

XTools CRM 使企业与客户之间的沟通更加快捷有效，通过方便实用的 CRM 短信群发以及微网功能（企业的微信公众号信息传播），无论是婚纱影楼日常的促销活动，还是客户的建议和需求，都会优先告知老客户，并及时处理反馈信息，包括结婚纪念日祝福，宝宝生日祝福等人性化的客户维系，从而建立更良性的老客户黏着度，提升转介绍的可能性。提升影响目标客户的能力，才是帮助婚纱企业傲视竞争对手，独领风骚的强势能力。

二、用细化流程提升客户体验

由于婚纱影楼是一个服务流程非常复杂的行业，对于每个环节和各个部门之间的细节把控和流畅协作成为管理者日常关注的重点。我们先看一下普遍的婚纱影楼的业务流程：

1. 客户来店咨询，服务人员推荐拍照套系，如果有拍照意向，填写预约单，交付押金。

2. 回访客户，确定拍摄时间。

3. 拍照后，摄影部将底片交给冲印人员。

4. 流程部将客户的照片进行整理装袋。

5. 客户来店选片，选出正片和汰片。

6. 将客户钟意的照片进行后期制作，制作成品，打包发货，或是等待客户取件。

7. 二次消费的可行性拓展：婚照、宝宝照、周年照、父母照。

将客户信息录入数据库，随时跟进，管理者按照逻辑进度对人员、流程和信息进行分析，从而获得清楚的客户目标、可交付内容以及资源分配情况。此外，这还能非常好地帮助业务人员管理日常工作事务，并深度理解（例如，我们正在进行第2阶段，还有哪几个客户就要进行第3步等），帮助了解流程中任意给定时间中分配的工作量。如果没有此阶段，很容易被大量信息搞得不知所措，或者漏掉重要的细节。

三、竞争在拍摄之外

米兰婚纱运用XTools CRM系统可以有效地将客户、管理、员工执行力以及文件的查询结合起来，通过提升业务管理能力，获取更高的客户价值。CRM中的回款记录、回款提醒、预付款记录，可以通过短信提醒业务人员，避免工作疏忽，并且将一系列拍照套餐，如婚纱照、艺术照、儿童宝宝照，以及其他类型照作为产品管理，详细记录在CRM中，并有效地显示在客户视图中，通过更宽广的视角察觉客户的喜好，分析新服务推荐的可能性。

四、大数据获得发展潜力

可能一家企业的数据还不够大数据的规模，但是大数据带来的思维方式和分析方法，对挖掘组织最大潜能具有无可替代的作用。

在产品方面，跟踪影楼的业务并进行梳理，运用XTools CRM进行统计图表分析以及同比环比分析，进一步通过细化、分析、比较，从这些统计数据中了解影楼的哪一套系照片效果最好，更受欢迎，哪些套系可以适当优化，比如，环球旅拍、欧洲行等套餐利润空间更大……必须承认，婚纱摄影属于创意行业，贩售的不仅仅是拍摄团队、标准化过程和高级的设备，还有最具含金量的创意。

在人员方面，XTools CRM综合业务、客户、产品以及部门协作，将企业的业务信息经由收集、分类、分享等过程，通过各类分析报表察觉工作中的细节，及时查缺补漏，优化各部门的配合，帮助指导员工提升业务能力，提高全员皆兵的执行能力，提高客户满意度，从而实现盈利。

五、有一类被忽视的客户，赢在新蓝海

婚纱行业的营销大致面对两类客户：

1. 婚龄人群。这类人群有婚纱摄影的需求，寻找自己钟爱的套餐，是日常工作中较为常见的婚纱摄影消费群体。上面已经阐述很多，此处不再赘述。

2. 有购买力却因为某些原因不愿拍摄婚纱的人群。这就需要通过访谈、沟通、调研，分析原因，并针对这些原因制定影响和培养客户的策略。这也是婚纱摄影行业的蓝海，是可以进一步提升企业盈利能力的成长空间。这些客户虽没有主观愿望，却可以培养和引导。可能大多数婚纱店老板应对红海已经全力投入，较难发现新蓝海。而XTools CRM详尽地记录客户沟通要点，建立起来的大数据

正是突破这一瓶颈的关键。

（资料来源：艺术在市场升华，米兰婚纱的 CRM 观点［EB/OL］．［2015－01－27］．http：//www. erpchn. com/yejiexinwen/32744. html，有改动。）

案例思考题

1. 米兰婚纱在运用 CRM 时，从哪几个方面开展客户关系管理？
2. 请思考米兰婚纱还可以从哪些方面实施客户关系管理。

第十四章　体验营销

【学习目标】

体验营销是社会经济从产品经济时代、商品经济时代、服务经济时代发展到体验经济时代的必然产物，是源于消费者需求新特征的新型营销模式。随着消费者越来越重视参与产品和服务的创造过程中，消费者的体验已经成为企业需要考虑的影响消费者行为的重要因素之一。通过本章的学习，应该达到如下目标：

- 掌握体验营销的基本概念；
- 了解开展体验营销的工具和策略；
- 掌握实施体验营销的基本原则。

引导案例

随着体验营销的广泛应用以及消费者对产品体验需求的提升，越来越多的企业开始重视体验营销的价值。耐克作为老牌的运动系产品的领跑者，更是对体验营销的应用做出了自己的新诠释。

1. 感官体验营销的应用

耐克在香港的旗舰店不但让消费者感受到很多视觉（卖场空间环境）、听觉（店内选择的音乐类型，播放的音量、音调以及韵律等）、嗅觉（店铺内喷洒运动香水）和触觉（产品的面料和质地）等方面的信息，还展示了来自日本和鹤岗的艺术家的三组装置艺术。这些装置艺术不仅让消费者感受到耐克公司将新兴科技与艺术设计相融合的品牌理念，同时也感受到强烈的艺术感官冲击。

2. 情感体验营销的应用

耐克广州品牌体验店内除了出售常规耐克运动产品外，卖场内还有超过100款产品能进行耐克的自主设计服务。消费者只需在计算机上操作，选择不同配色、材质，以及加入专属的个性化符号，便可创造出自己喜欢的个性化的运动鞋服以及装备。设计完的鞋子，耐克公司也会在制作完成后快递给消费者。耐克对于体验式产品的售后服务也非常到位，有些消费者在当初设计的时候非常喜欢自己的作品，但是真正拿到实物后却不喜欢了，对此耐克并没有避而却之，而是愿意给消费者全额退款。耐克公司正是凭着如此独到的营销模式，加上贴心周到的服务，触动了消费者的内心情感。

3. 思考体验营销的应用

根据恩特·H. 施密特的观点，思考营销的三个原则分别是出乎意料、激发兴趣和挑衅，其关键的体验媒介是传播、联合品牌塑造和电子媒介。耐克和苹果通过合作，首次将运动与音乐结合起来，推出了创新的“Nike + Ipod”系列产品。耐克新款运动鞋“NIKE PLUS”的内置传感器可与 Ipod 音乐播放器的无线接收器进行对接，这样 Ipod 在播放音乐的时候，会发出一些信息提示音，告诉跑步者所跑过的路程和速度，同时还会对跑步期间的时间、距离和热量消耗值等数据进行记录，这些记录的信息可以通过耐克公司的专门网站进行分析，来帮助跑步者制订相关的训练计划。

4. 行动体验营销的应用

耐克公司隆重地推出其专业的足球运动装备，并且把足球运动装备的市场重点锁定在“学生”这一特殊消费群体身上。耐克公司选择了组织和赞助篮球比赛，举办“NIKE 蝎斗三对三”篮球赛。这次比赛不但加强了品牌的亲和力和认知度，而且增加了品牌和产品与消费者面对面的沟通机会，可以切实打动学生和影响学生。在这些活动中，参与者充分感知了耐克的品牌文化和产品的特点。这种与消费者直接沟通，让消费者直接体验品牌和产品的方式，使耐克品牌和产品的认知度和好感度得到了很大的提高。

5. 关联营销的应用

广州耐克体验店创建了耐克跑步俱乐部（Nike + Run Club），跑步俱乐部在每周四为本地的跑步爱好者组织夜跑活动，并有跑步运动专家进行现场指导，提供专业跑步训练指导，更为跑步俱乐部成员提供优先试穿耐克最新款跑步装备的机会。这一举措不光培养了耐克消费者的联盟，还推动了跑步运动，建立了企业良好的社会形象。

总结：体验营销应该围绕着消费者这个中心点来展开。对于运动产品而言，企业必须结合自身产品的特点，始终站在消费者体验的角度来构思，切实地将体验贯穿在营销的过程中，这样才能创造新的价值和竞争优势。

（资料来源：王明明，金璐．NIKE 对体验营销的应用分析［J］．卷宗，2012（8）：92.）

第一节　体验营销的界定

随着商品的极大丰富和零售业竞争的日益激烈，消费者不再仅仅满足于寻求商品本身的价值，而是越来越开始追求愉悦的购买过程。因此，一种以满足消费者的体验需求为核心的营销方式——体验营销应运而生，并且得到了长足的发展。

一、体验营销的基本概念

（一）体验营销的含义

体验是一种感觉，是一个人的情绪、体力、智力甚至精神在某一特定水平时所产生的感觉，是个体对某些刺激产生回应的感受。体验通常是由于对事件的直接观察或参与造成的，无论事件是真实的还是虚拟的，只有那些能真正刺激消费者的感官、心灵和大脑，且能够融入消费者生活的体验，才能使消费者感到震撼，从而加深消费者对企业的印象，建立起企业在消费者心目中的形象。

B. 约瑟夫·派恩二世（B. Joseph Pine Ⅱ）和詹姆士·H. 吉尔摩（James H. Gilmore）（1998）对体验营销的定义是：企业以服务为舞台，以商品为道具，围绕消费者创造值得回忆的活动。国内营销界对体验营销的普遍定义是：企业从感官、情感、思想、行动和关联诸方面设计营销理念，以产品或服务为道具，激发并满足顾客体验需求，从而达到企业目标的营销模式。体验营销的目的是创造有价值的顾客体验。哥伦比亚大学商学院教授伯恩特·伦比施密特认为，体验营销是“一种为体验所驱动的营销和管理模式”，它的推行使消费者们获得了新的消费内容，在彼此适应、引导的过程中共同进入一个新的营销模式中，这个过程其实就是人们对体验消费的认识和不断深化的过程。

（二）体验营销的方式

体验是复杂的，又是多种多样的。人们对周围世界的体验可以从多个维度获得，每个维度下的感受方式是不同的。将这些体验形式用特定的媒体创造出来，能够达到有效的营销目的。

1. 感官。感官营销就是利用各种感觉，通过诉求于视觉、听觉、触觉、味觉和嗅觉创造感官体验。感官营销可以用来实现公司和产品的差异化，激励顾客，还能够为产品带来增值①。

例如，我们经常可以在大型超市的食品区看到试吃的样品或者销售员在展示某食品的做法，消费者远远就能闻到食物的香味，这样的做法正是感官营销，通过刺激消费者的味觉或者嗅觉，促使消费者购买或增加购买量。

2. 情感。情感营销就是充分利用顾客内心的感觉和情感创造情感体验，这种体验可能是对某种品牌持有的略微好感（如非耐用品牌或服务或工业产品），也可能是非常强烈的自豪感和欢乐情绪（如耐用品、技术产品或社会营销活动）。由于大多数营销活动对消费者的影响发生在消费过程中，千篇一律的情感广告常常是不可取的，因为不能在顾客消费时激发他们特定的情感。采取情感营销的企业需要深刻理解哪些刺激因素能够激发顾客的某些特定情感或意愿，从而吸引顾客做出选择决策。例如，海尔的“真诚到永远”就是情感营销的体现。

---

① 贝恩特·H. 施密特. 体验营销［M］. 刘银娜，高靖，梁丽娟，译. 北京：清华大学出版社，2004.

当然，海尔的情感营销不仅体现在广告语中，还贯彻在售后服务的行为中，赢得了广大消费者的信任和好评。

3. 思考。思考营销诉求于智力，为顾客创造认知和解决问题的体验。通过让人出乎意料、激发兴趣和挑衅，促使顾客进行发散性思维和收敛性思维。高科技产品通常普遍采用思考营销方式。当然，思考营销并不局限于此，如今很多其他产业也开始在产品的设计、销售和与顾客的沟通中采用思考营销方式。例如，微软推出的“今天你想去哪里?”系列广告活动就是一个很好的例子。

4. 行动。行动营销的目的是影响消费者的身体体验和生活方式，并与消费者产生互动。行动营销通过升华顾客的身体体验，向顾客展示不同的做事方式(如在 B2B 和工业市场)、生活方式，并与之互动。而顾客生活方式的改变可能是被激发或自发的，也可能是由偶像角色引起的（如电影明星或著名的运动员等)。

5. 关联。关联营销包含感官、情感、思考与行动营销的很多方面。然而，关联营销又超越了个人感情、个性，加上“个人经验”，使个人与理想自我、他人或文化产生关联。关联营销诉求于自我改进（例如，期望中未来的“理想自己”）的个人渴望，希望别人（如亲戚、朋友、同事、恋人或配偶）对自己产生好感，让个人和一个较为广泛的社会系统（一种亚文化、一个群体等）产生关联，从而建立个人对某种品牌的偏好，同时让使用该品牌的人们形成一个群体。例如，美国哈雷·戴维森（Harley - Davison）摩托车是一个杰出的关联品牌，通过对激情、自由、狂热等独特品牌个性的登峰造极的演绎，哈雷·戴维森摩托车幻化成了一种精神象征、一种品牌文化。

由此可以看出，体验营销的宝贵之处在于它不是将产品概念强加给消费者，而是通过引导消费者去思考、去行动，从中体会到追求自由以及个性的快乐，从而接受这个品牌。

6. 混合体验营销和完整体验营销。体验营销的核心思想是为顾客提供各种各样的体验。每种体验都有自己独特的结构和营销原理，消费者从每种体验中获得的感受也是不同的。体验提供者可以提供不止一种体验，最终目的是要为顾客创造完美的体验。因此，营销人员应该站在战略的角度努力创造一种同时包括感官、情感、思考、行动和关联等特点在内的整合体验（如图 14 - 1 所示)，这是最理想的。

（三）体验营销的特征

如今，体验营销无处不在，也日渐成为企业之间相互竞争的重要制胜点。为了高效发挥体验营销的作用，企业在开展体验营销之前应该对体验营销的特征有所了解。那么，体验营销与传统营销有何区别？体验营销下的消费者需求的特点有哪些？体验营销有哪些特征呢？

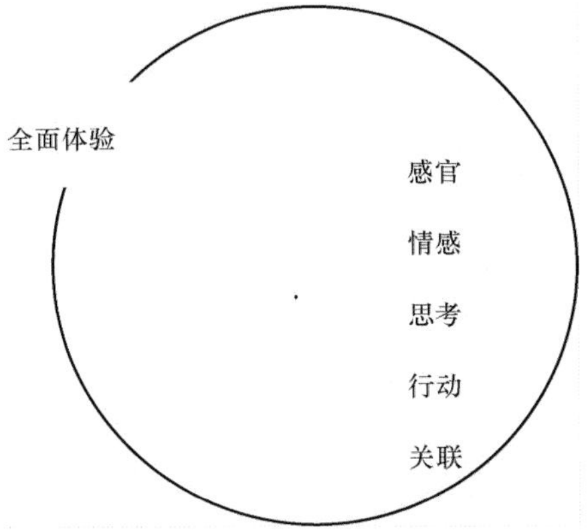

图 14－1　体验营销的最终目的

1. 体验营销的三个特征。随着经济的发展和生活水平的提高，人们对产品价格的敏感度逐步下降，而产品或服务所带来的心理效益则发挥着越来越重要的作用。这说明精神需求将逐步超越物质需求成为人们的主导性需求，以满足人们的体验需求为目标的体验营销将在竞争激烈的市场上大放异彩。作为新兴营销方式的体验营销有着如下三个特征：

（1）需要消费者的主动参与。消费者的主动参与是体验营销的根本所在，也是体验营销区别于传统营销的显著特征。离开了消费者的参与，体验是不可能产生的，体验营销也就无从谈起。此外，消费者参与程度的高低也会直接影响体验的产出。例如，在果园采摘体验中，积极的采摘者总会获取较为丰富的经验，而心不在焉的参与者则往往获得较少的体验。

（2）以消费者体验需求为中心。由于当今的大部分消费者已不再单纯满足于购买产品，而是更着重于在产品购买过程中所产生的满足感。因此，企业在提高产品本身的使用价值时，更应该开展各种营销沟通活动，满足顾客的体验需求，使顾客在物质和精神上得到双重的满足。体验营销要求企业切实站在消费者的立场上，从消费者的感觉、情感、思想、行动与关联五个方面进行产品和服务的设计和思考，提供可以满足不同体验诉求的产品和服务。

（3）认为消费者是理性和感性的结合体。对一个体验营销人员来说，顾客既是理性的又是感性的。正如贝恩特·H. 施密特所指出的："体验式营销人员应该明白，顾客同时受感情和理性的支配。也就是说，顾客因理智和一时冲动而做出购买行为的概率是一样的。"这是体验式营销的基本出发点。

2. 体验营销与传统营销的区别。根据以上体验营销的主要特征，体验营销和传统营销之间的主要区别如下（见表 14－1）。

（1）传统意义上的营销认为顾客非常理智，顾客的决策过程是解决问题的过程，消费者在分析、比较、评价后再决定购买；注重消费者的标准化和定制化的需求，强调商品特色和消费者的利益；侧重产品的价格和产品的功能属性对消费者的吸引力。

（2）体验营销除了关注产品本身，如产品的特色、分类和在竞争中的地位，更关注顾客的感受，认为消费者是理性和感性相结合的决策者，注重顾客在消费时的体验和顾客的个性化需求，突出的是消费者的“情感共鸣”。

表 14－1　传统营销和体验营销的区别

	传统营销	体验营销
区别	注重产品的特色和消费者利益	关注顾客利益
	把消费者看成理性决策者	消费者是理性和感性相结合的决策者
	侧重价格和产品功能	在客观性能的基础上，产品的外观、形状、款式、色彩、消费环境营造等都在考虑范围之内

二、消费者体验营销框架

（一）顾客体验层次

由于体验是在大环境下进行的，顾客体验不仅包括产品，贝恩特·H. 施密特在《顾客体验管理》一书中把顾客体验分为由外而内逐渐深入的四层（如图 14－2所示）。顾客体验的层次以品牌为核心，向外延展，其他三个层次都围绕着品牌展开。

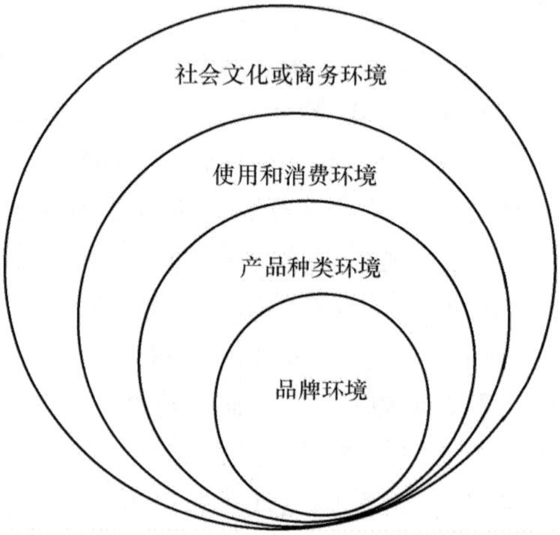

图 14－2　体验营销的四个层次

1. 社会文化或商务环境。顾客体验最外层的是社会文化或商务环境。在社会文化环境中，触发顾客体验的媒介有书籍、电影、杂志、广播、报纸等。而在商务层次上，触发顾客体验的媒介则包括电视财经报道、报纸财经专版、财经杂志等。

2. 使用和消费环境。顾客体验向内更进一步是顾客在品牌的使用或消费过程中所处的环境。在这种情况下，触发顾客体验的媒介主要根据顾客个人的需要而定，如不同的职业会有不同的媒介偏好，有些人喜欢看财经杂志，有些人喜欢看财经报道。

3. 产品种类环境。顾客体验再深入一层是产品种类提供的环境，触发消费者体验的媒介可能是某一特定的报纸、杂志。

4. 品牌环境。顾客体验的最内层是品牌提供的环境。从品牌体验层次上触发顾客体验的媒介可能有娱乐杂志、时装杂志等。

（二）体验营销工具

具体实施感官、情感、思考、行动和关联模式需要通过一定的体验媒介或工具进行。体验媒介是营销人员创造感官、情感、思考、行动和关联营销活动时的战术实施部分，包括传播、视觉和语言标识、产品本身、联合品牌塑造、空间环境、网站和电子媒介、人员。

1. 传播。体验传播媒介包括广告、公司外部和内部的传播（如目录杂志、宣传册和时事通讯、年报等）以及塑造品牌的公共关系活动。

（1）广告。与其他体验媒介一样，广告能够创造出包括感官、情感、思考、行动和关联中的任何一种，不同类型的体验形式通过广告展现的机理也是不同的。例如，感官电视广告通常使用快节奏的音乐、快速切换的画面，让观众感觉眼花缭乱。这些广告动感十足，而且能够在很短的时间内给顾客留下深刻的印象。比较而言，情感电视广告通常反映的是生活的一个侧面，慢慢引导观众进入角色，逐步建立起情感。通常，情感广告的持续时间不会超过1分钟。思考广告通常比较平静，为了引人深思，这类广告一般开始时都是画外音，然后屏幕才会出现正文。行动广告一般展示行为结果或是生活方式。而比较典型的关联广告大多展示的是可能与顾客有所关联的人或群体。

（2）目录杂志。目录杂志是介于杂志和产品目录之间的一种东西，它通常有以下特色：不仅包括像产品目录一样的产品介绍和价格，还包括一些很有艺术特色的摄影图片以及一些有关生活方式和形象问题的文章。目录杂志是公司行动广告和生活方式品牌塑造的重要组成部分，越来越得到零售商的青睐。

2. 视觉和语言标识。视觉和语言标识是主要的企业识别特征。标识体验媒介包括名称、徽标和标志。

（1）名称。有很多产品拥有体验性质的品牌名称，如Sunkist（一种柑橘类水果）、Skin - Soft（雅芳公司的一种护肤产品）、Silverstone（杜邦出品的一种不粘锅的烹饪器具制作材料）以及Tide and Cheer（一种清洁剂）等。工业企业不常使用具有体验性质的名称，他们通常偏好使用创办人、缩写词或是描述性、功能性的名称。

（2）徽标和标志。Nickelodeon 是一家儿童有限网络运营商。他们的徽标设计遵循了一定的原则：所有的徽标一律采用 Pantone021 橙色，文字采用白色，字体一律采用粗体，且采用的标识无论在哪里出现都保持字体一致。此外，设计者可以任意发挥创作各种不同的形状和设计方案，无论是动物形状、足印、太空船，还是爆炸的炮竹形状等。徽标设计的创新反映了公司和孩子们的丰富想象力之间的联系，孩子们甚至可以设计自己的徽标。

3. 产品本身。产品体验媒介包括产品设计、包装和产品展示以及作为包装和卖点重要组成部分的品牌个性。

如今产品设计已经不存在主流风格。由于消费者对独特性和个性的需求越来越高，只有那些能够创造独特体验和感受的产品，才能够赢得消费者的关注和购买。例如，苹果公司的手机、iPad、电脑等经典大方的设计确实给消费者带来了视觉和触觉上的良好感受，让消费者争相购买。此外，消费者也越来越关注产品包装。由于产品包装能够让消费者产生对产品本身的期望，因此，消费者对产品包装的体验如何很大程度上直接影响着他们的购买意愿。但是，产品的包装并不是越高档、越华丽越好。例如，华而不实的“天价月饼”但不能给消费者带来真正满意的消费体验，还造成了资源浪费。

4. 联合品牌塑造。联合品牌塑造体验媒介包括活动营销和赞助、建立联盟和合作伙伴关系专利许可、产品在电影中的展示和联合营销活动以及其他类型的合作活动。例如，万事达信用卡公司负责全球推广和赞助的高级副总裁曾指出：“仅仅是让顾客看到或听到一种品牌是远远不够的，还要让他们去体验。而赞助是体验营销的重要催化剂和组成部分。”活动营销的目的是和消费者生活环境、工作环境和娱乐环境之间建立起一种情感上的、值得回忆的联系。企业需要定性理解某个具体活动是否可行，同时还应采用量化方法研究实现目标的有效性和实施频率。

尽管媒体广告通常声势浩大，能够吸引消费者的注意力，但是很少能够直接影响消费者的购买意图和决策。因此，为了弥补媒介广告的不足，越来越多的营销人员开始通过活动营销的方式获取影响力。

5. 空间环境。空间环境包括建筑、办公场所、工厂、零售和公共场所以及交易摊位。体验环境通常能给人留下最全面的印象，体验环境也是品牌文化的一部分，即隐藏在品牌之后的公司管理层的价值观和行为方式。例如，宜家（IKEA）的卖场环境就充分体现了这一点，通过营造一个可充分融入、轻松而舒适的购买环境而给消费者留下了良好的印象。

6. 网站和电子媒介。互联网的交互性使很多企业能够为消费者创造体验的理想空间，如各种类型的聊天工具、交友平台、购物网站等，这些都给消费者提供了丰富的信息和体验。对电子商务而言，传递恰当体验是关键，正如比尔·盖茨所言：“那些把电子商务不仅仅看成是一种数字收银机的商人将会做得更好。当然，销售是最终目的，但是销售本身仅仅是消费者在线体验的一部分。”

7. 人员。人员包括销售人员、公司代表、服务提供者、顾客服务提供者以及所有和公司或品牌有关联的人。销售人员在顾客体验中的重要性是不言而喻的，有时候销售人员的几句溢美之词就可能促使消费者购买。

（三）体验营销方式的选择

既然体验营销是企业营销战略中的重要组成部分，对于吸引和维持顾客有着积极的意义，那么，企业应该如何选择体验营销方式呢？即企业需要回答为什么选择某种体验营销的宣传方式？如何做决策？此外，一旦决定选用某种体验营销方式，将怎样在各种媒介形式和信息充斥的环境中应用这种方式？实际上，体验营销方式的选择主要取决于消费者、竞争者和对行业发展趋势的分析。具体需要分析的关键问题有：

- 谁是目标消费群？
- 消费者最欣赏产品的哪方面：感官、情感、思考、行动还是关联体验？
- 竞争对手采用的是哪种体验方式？是否取得了成功？
- 整个行业的发展趋势和方向在哪里？业内有没有运用独特的体验方式而取得成功的小型竞争对手？

一旦企业选定了合适的体验方式，有关战略实施的决策也需要随之调整，以便和体验方式保持一致。对于调整的相关问题有：

- 关于感官体验：企业在体验营销中应当追求一种美感还是娱乐和刺激？应该选择哪种诉求？是否有足够的资源和创新潜力，持续不断地保持这种感官感受，而且还能不断地推陈出新，给人们带来多样的感官感受？
- 关于情感体验：情感体验的目标是什么？是创造一种气氛或特殊的情感吗？是一种什么样的情感？怎样才能把整个消费体验情感化？
- 关于思考体验：怎样激励创造性思维？应该关注收敛性思维方式还是发散性思维方式？应该让顾客感觉到出乎意料，还是饶有兴趣？
- 关于行动体验：应该定位于身体体验、生活方式体验还是品牌互动体验？如果想改变人们的生活方式，应该采用哪种方式？
- 关于关联体验：目标消费群的相关参照群体、团体和文化是什么？如何使消费者认同这些群体？应该促进品牌社群的建立吗？

对于以上问题的回答可以让企业更加明确选择哪种体验营销方式更适合自己，也能够在很大程度上指导企业体验营销的实践以及帮助企业了解在体验营销过程中应该关注的重点问题。

第二节　体验营销策略

一、实施体验营销的原则

体验营销的实施需要依据一定的原则进行，而不是随性而为。企业在实施体验营销时应遵循的原则有适用性原则、合法性原则、适度性原则和经济性原则。

（一）适用性原则

适用性原则主要是指体验营销模式的适用范围和行业选择。体验营销要求产品本身具备一定的体验特性，消费需要有一个明显的过程，才能有体验产生的时间和空间。例如，旅游、餐饮、房地产、信息技术、电信、医疗器械、家用电器、汽车、化妆品等行业就比较适合采用体验营销模式①。

（二）合法性原则

合法性原则主要是指体验营销的实施需要按照法律法规标准执行。在法制社会中，任何经营行为都要受到国家法律法规的约束，体验营销本身、体验营销实施过程中具体的操作环节和内容，都应该在国家政策和法律法规允许的范围之内。与体验营销密切相关的法律法规包括《消费者权益保护法》《反不正当竞争法》《商标法》《广告法》《劳动法》《公司法》《产品质量法》《合同法》等。例如，在商场或者大型超市中经常会有一些销售化妆品的人员向女性顾客推销免费美容体验，很多不知情的顾客会信以为真，但是体验之后，他们就会被强迫购买高价位但质量一般的化妆品或者是办理美容卡。这样的体验营销就违背了合法性原则，在很大程度上侵犯了消费者的权益，因此是不可取的。

（三）适度性原则

适度性原则主要涉及社会伦理规范、社会道德标准、社会文化要求的软约束问题。体验营销活动能否被顾客接受，与地域差异有很大关系。因为每个国家和地区的风俗习惯和文化都存在差异，价值观也有所不同，因此价值批判的标准也不同，评价的结果自然有差异。在这种情况下产生营销道德甚至过度营销的问题，均是为了探讨营销执行的道德尺度和道德标准的问题。

（四）经济性原则

经济性原则是指投入和产出、经营效率与效益。企业最重要的目标之一是盈利，盈利才能使企业有能力不断地为社会创造价值。因此，企业在进行体验营销的过程中，应关注财务指标、投入产出的经济指标，做好短期核算、短期效益与长期投资、长期回报之间的平衡，既要关注当前的投入产出效率，又要兼顾企业的长远发展。

二、体验营销实施策略

根据相关研究成果，我们可以将体验经济时代下企业体验营销战略的实施路径归纳如图 14 – 3 所示。

---

① 郭国庆．市场营销学通论［M］．北京：中国人民大学出版社，2013.

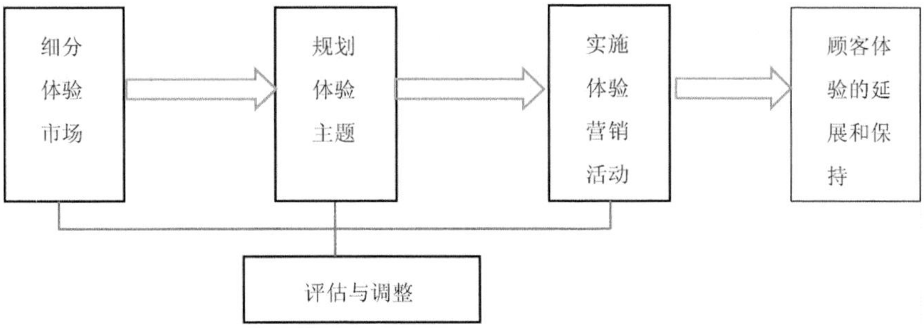

图 14－3　体验营销战略实施路径

（一）消费者需求的调研与体验定位

现代市场营销遵循“顾客导向”，强调“以消费者为中心”，根据顾客需求开发产品和推广产品，因此，体验营销必须关注顾客的体验需求，研究消费者的体验心理和感受，这样才能触动消费者的心灵。在体验营销背景下，影响消费者体验心理的要素有产品价格、产品质量、产品外观、服务和口碑等。

其一，产品价格。产品的价格往往间接反映其质量和价值水平，同时也是消费者取得产品所需付出的代价。这种代价是企业生产产品的回报，也是产品得到消费者认可的标志。巧妙的定价能够让消费者乐意购买，并且从购买中体验到购物的乐趣。在美国，大约 4/5 的食品价格尾数是 9 或 5。

其二，产品质量。产品的质量具体表现为满足人们需要的稳定性、持久性、可修复性、操作的简便性、对工作环境的适应性和良好的技术经济指标等。质量是产品的生命，没有质量保证的产品是无法在市场上长期存活的，企业应该重视产品的质量对消费者体验的影响。

其三，产品外观。产品的包装是能够给消费者带来视觉享受和期待的因素。与产品档次相符的包装能够给人一种愉悦的感官体验。随着社会经济的发展，人们对生活品质的要求不断提高，产品外观在促进销售、塑造品牌形象等方面的作用日益增大，很多企业对产品的外观也越来越重视。

其四，服务。服务是产品的附加价值，如免费安装、送货上门、预约维修等。良好的服务能够让消费者感受到企业的实力，体验到额外的利益。而服务中的任何错漏或瑕疵都会直接给消费者带来负面的体验，这种失望情绪的积累会逐渐摧毁消费者已经建立的忠诚。

其五，口碑。这是消费者对某一产品的评价，而且该评价会影响消费者对该产品的心理感觉。当消费者周围的人对某一产品的评价都不错的时候，他们在购买时就会默认该产品很好，所以口碑是影响消费者心理体验的要素之一。

此外，影响心理体验的因素还不只这些，其他如产品的功能、销售环境、销售人员等都会对顾客的体验心理产生影响，营销人员在制订营销计划时应该全面考虑和把握。

（二）开发有体验特征的产品和主题

体验产品和体验方式是体验营销的核心内容，能否开发出具有浓厚体验特征的产品载体和具有冲击力的体验主题，是企业所实施的体验营销模式成败的关键。因此，在产品开发环节和主题设计的过程中应重视追求要素的体验特性与冲击力，才能吸引消费者。

（三）营造具有亲和力的体验场景和舞台

体验场景和舞台是体验营销得以实施的载体，也是顾客获取体验的客体和来源。体验营销重点在于创造顾客愉悦难忘的感受，并期望由此驱动消费者的购买行为和品牌忠诚。因此，应关注场景营造的亲情气氛和美学。温馨的、舒适的、轻松的、美观的、充满人情味的体验场景能够有效激发消费者的热情，拉近与顾客的心理距离，进而增强信任感。

（四）选择合适的体验传播媒介和方式

为了达到体验营销的目标，企业必须借助一定的传播媒介来传播体验信息，通过影响潜在顾客形成体验效应。体验传播媒介和方式的选择应因时而异、因产品而异、因企业而异，媒介的选择还应遵循一定的原则，如有效性、经济性、可信度和影响力标准。传播的有效性是指能否针对目标消费群，媒介的经济性是指媒体投入与效益产出的核算，媒介的可信度和影响力是其美誉度和权威性表现的标准。

（五）组织与开展有效的体验营销活动

在体验营销活动的组织实施过程中，营销人员首先要开展内部体验，提高员工的参与度，让员工精神饱满、热情洋溢。同时，让营销人员了解即将开展的体验营销活动的具体实施细则和应该注意的事项，从而提高他们的专业水平和专业精神，因为员工表现的好坏直接影响顾客的体验感觉生成及体验满意度的评价。此外，营销人员内部的体验可以预先测试活动的有效性，提出改进意见，完善体验营销计划。其次，有效的体验活动有赖于顾客的积极参与，因此，要提高顾客的参与度。在此过程中，企业要兼顾体验主题的内容新颖性和体验成本，体验过程的新颖、简单易操作与低成本是吸引顾客积极主动参与的内在动因，这里的成本包括货币成本、时间成本和精神成本。

（六）延展并保持顾客体验

完美的体验活动应该延续到体验之后，甚至需要有一个不断强化的过程，才能够使消费者业已形成的美好体验逐渐演变成习惯，并由此形成顾客的信任和忠诚。因此，体验营销必须具有延续性，这就需要引进顾客关系管理。顾客关系管理是一种后续的营销策略，它的目标是通过与顾客的交互式沟通，建立良好的长期顾客关系，培养顾客忠诚度。企业在实施顾客关系管理的过程中，一方面需要建立完善的顾客资料，了解顾客的需求偏好，提供差异化个性化服务，另一方面必须与顾客适时有效地进行沟通交流，加强彼此情感的联络与相互依赖，以维系、巩固现有顾客，吸引和开发新顾客。

例如，现在的很多行业，如餐饮业、服装业等，越来越重视对顾客重复购买或消费的投资。通常使用的方法是推荐顾客办理会员卡，给予顾客一定的折扣，让顾客的购买体验更加愉快和满意。此外，在办理会员卡的时候记录顾客的生日信息，企业可以在顾客生日的时候发送祝福或生日优惠促销信息，从而提醒消费者想起曾经的愉快消费体验或经历，激发消费者再次光临购买的欲望。而餐饮业推出的定期餐券优惠也是为了延续消费者的体验，但这种营销方式发挥作用的前提是消费者先前的消费体验是愉快且满意的。因此，延展或保持顾客体验的重要基础是为顾客提供满意的首次体验，这是企业应该重视的。

第三节　顾客体验管理

通常消费者在打算购买某个产品之前总会在头脑中勾勒出一个对产品大致的想象，也就是对产品的期望。然后，消费者会按照期望的样子寻找并购买计划购买的产品。同样，消费者在体验之前，也会对体验有一定的期望。只是体验期望是一个更加抽象的概念，消费者很难描述，也很难参照期望的感觉去寻找某种体验。因此，对顾客体验期望的管理有一定的难度，但是顾客体验期望对企业的体验营销管理却有着十分重要的意义。了解并管理顾客的体验期望，企业可以举办迎合消费者期望的体验营销活动，从而在市场上掌握一定的主动权和竞争优势。

一、管理顾客的体验期望

（一）顾客的体验期望

顾客体验期望是在体验行为发生之前产生的，是顾客对体验企业或体验产品的综合条件的预期[①]。人们通过体验所要获得的满足往往是经过酝酿、精心计划的。当这些计划被付诸行动时，就会成为人们的心理预期，即体验期望。

顾客体验期望的产生过程通常是体验主体对有关体验产品或部分媒体信息的获取过程，是因消费者的心理状态与实际所处环境之间的矛盾而激发的体验欲望。顾客体验期望的形成受到以下因素的影响：广告的影响（包括电视广告、平面广告、户外广告等）、亲朋好友的推荐（即对某种产品的认同和对某种产品的否认，又称为“口碑”）、先前消费行为的影响以及对自身需求的认识等。

顾客的期望不是一成不变的，它具有可转移性和可替代性。当消费者购买了某项体验，但该体验与体验期望之间存在差距时，消费者不可能放弃已经购买了的这项体验，而是会通过调整体验期望来实现满意的体验效果。例如，消费者会

---

① 张艳芳．体验营销［M］．成都：西南财经大学出版社，2007.

努力从现实消费中捕捉不在体验期望范围内，但是可以带来愉快体验的其他机会。也就是说，当消费者的体验期望不能够被满足时，就可能产生期望转移或被替代的情况。

与产品购买行为类似，在体验行为过程中，顾客感知到的体验与期望值之间存在一定的偏差，实际体验值与期望值之间的差值就是顾客满意度。顾客满意度受到很多方面因素的影响，如消费者本身对周围世界的感受能力、获得归属感的人际关系能力、消费者的感性思维能力以及企业的体验营销活动的针对性等。企业不能只满足于达到顾客满意度，还应该努力超越顾客的期望值。只有超越了顾客的体验期望，企业才能拥有更加忠诚的顾客。

（二）顾客体验效果分析

进行体验效果分析的首要任务是识别那些影响顾客体验感觉的要素。这些要素中，有些影响比较直接，如服务员的表现；有些影响比较隐蔽，如餐厅墙壁的色调。这些要素可以归纳为四个方面，即产品、服务、设施和互动过程，它们共同构成客户的体验。

然而，对于不同的体验互动过程，这四种要素对消费者体验效果的贡献程度会因产品、服务和行业性质而有所差异。例如，在一些体验营销中，员工扮演着不太重要的角色，如电影院的工作人员对观众欣赏影片的影响就很小，而饭店的工作人员对顾客体验的影响就很大；对网上销售商，客户在浏览和选购产品的过程中，公司或店铺设施对顾客商业体验的影响就比较小。因此，企业对顾客体验效果的分析应具体考虑体验过程中构成要素的重要性程度，不应一概而论。

（三）顾客体验满意度管理

由于顾客的体验期望与体验满意度之间有一定的关系，即如果实际体验远远低于消费者的体验期望，那么，消费者的体验满意度就低。为了达到良好的体验营销效果，提升顾客的体验满意度，企业可以从两方面努力，一方面是提升消费者的体验内容和体验对象的质量及其与消费者期望之间的对应程度，另一方面是通过各种营销组合方式影响顾客的体验期望。两者的前提都是对顾客的体验期望有所了解和掌握，因此，企业应找到了解顾客体验期望的方法和途径。

随着线上团购以及网上评论的盛行，企业对顾客体验期望和满意度的了解途径更加丰富。以餐饮业为例，顾客可以通过网上购买的方式获得优惠的用餐券，然后去实体店消费。但在真正消费之前，消费者会对这次消费体验有个预先的期望，大多数情况下都是美好的。进入店内消费之后，消费者的真实体验感受就会随之产生，这里的体验感受是实际消费过程中各种因素的综合，可能包含等候的时间、上菜的速度、服务员的态度、店内的环境、菜品的新鲜度等。消费完成之后，体验满意度就会自然产生。如果真实体验值比期望值高，那么消费者对此次消费就是满意的，反之则是不满意的。通常，消费者会将此次消费的感受以评论的形式反馈到企业网站上，企业可以通过分析顾客的评论来鉴别他们的体验满意度，以及评论包含的对消费体验的预期。如果消费者提出的是对服务员态度方面的不满意，那么，企业应该改进体验营销中的员工培训这一环节；同样，如果消费者体验不满意的方面在于企业自身可以主动改进的方面，那么，企业应该积极响应，迅速完善，从而实现对顾客满意度的管理。当然，企业也可以从管理顾客期望方面入手。顾客期望的产生与所面对的刺激物是有关联的，如果面对的是美好的画面，那么，产生的期望会略高于画面中展现的内容。因此，为了不让顾客的体验产生太大落差，企业应该在营销推广中真实呈现与产品或服务相关的内容，而不应只为吸引消费者的购买刻意夸大不实的产品内容。这样才能缩小顾客的体验期望与真实体验之间的差距，甚至让顾客的实际体验高于体验期望，从而引起消费者较高的满意度和好评。

在电子商务高度发达的今天，企业对顾客体验期望和体验满意度的管理有着很高的可行性，而且也将成为越来越重要的体验营销管理方式。

二、管理顾客体验的“关键时刻”

“关键时刻”（Moment of Truth）的概念是由斯堪迪纳维亚航空公司总裁詹·卡尔森通过实践总结得出的，随后形成了一整套理论，并造就了与“北美学派”齐名的服务管理中的“诺丁学派”。詹·卡尔森于1981年成为斯堪迪纳维纳航空公司总裁，当时该公司境况不佳，但他仅用一年时间就使该公司由亏损3 000万美元转变为盈利100万美元。他将其成功归因于有效地实施了“关键时刻”，因为在意识到顾客体验“关键时刻”的重要性之后，他重组了公司，并且尽力做到服务的完美无缺。

（一）体验遭遇与关键时刻

作为消费者的你在饭店就餐时可能会遇到这样的情境：温馨舒适的就餐环境、新鲜可口的饭菜、服务员亲切热情的态度和周到的服务。这些都是让你满意的体验。但是，你也可能会遇到这样的情境：糟糕的饭菜、嘈杂脏乱的就餐环境、服务员冷漠的态度等。这些都会让你的心情大打折扣。但无论积极的经历还是消极的体验，以上这些都属于体验遭遇。也就是说，任何体验的中心环节都是“体验遭遇”，是顾客直接接触企业的某些方面并与之发生交互作用的活动，而它通常处于体验营销人员所营造的环境之中。借助媒体技术，体验也可以发生在距离体验提供者相当遥远的顾客身上，如网上购物、远程教育等。

消费者体验遭遇的每一点都是企业经营的关键时刻。关键时刻是指顾客光顾公司任何一个部门并与之发生接触的瞬间，这些关键时刻决定了顾客对企业的印象，从而导致顾客决定下次是否再次光顾或者是否继续购买该企业的产品。企业对顾客体验“关键时刻”的管理可以从多个方面进行，如培养关键主角、关注体验营销中的重要细节等。

1. 培养关键主角。一线员工往往是体验时刻的关键主角，他们接触顾客的关键瞬间可能决定着能否为企业创造利润。由于一线员工往往与顾客发生直接接触，也是执行和监管体验营销活动成果的主要参与者。所以，企业领导者或管理者应该给予一线员工适当的指导，这样他们才肯承担责任和风险，而不是一味地规避麻烦。同时，应该奖励在体验营销执行中表现突出的员工，激发出他们的积极性，提升他们参与的热情。

2. 关注细节。卡尔森是这样发现“关键时刻”的：他询问乘客在乘坐斯堪迪纳维亚航空公司的飞机旅行后有何感想和结论，结果他发现，假如乘客看到放在自己面前的碟子没有刷干净（如有咖啡渍），他们就会认为该公司也很可能忽略了飞机发动机的检修，那么，乘客就不再可能继续乘坐这家公司的飞机了。卡尔森和员工无法理解这种逻辑，因为清洗碟子的人员又不负责发动机检修，乘客怎么能认为碟子上的咖啡渍和发动机有没有检修有关呢？其实，人们通常会在看到一些显而易见的表面现象后就对公司的总体形象加以概括，这就是第一印象的力量。这些个别现象很大程度上影响着顾客的后续决策行为，即是否购买或继续购买该公司的产品或服务。可见，体验营销中的细节问题往往成为影响关键时刻的重要因素，这是营销人员在开展体验营销中应该特别关注的方面。

（二）关键时刻模型

体验营销中的关键时刻涉及很多因素，不同的因素发挥的作用和重要性存在差异，如图 14－4 所示，营销人员应全面把握各因素的影响。

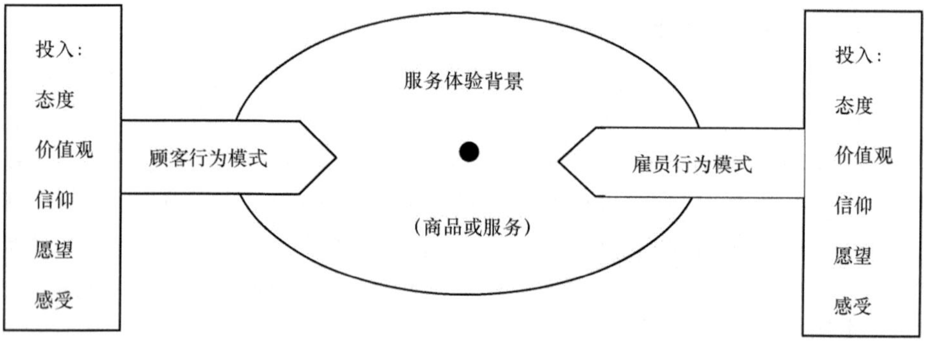

图 14－4　关键时刻模型

资料来源：贝恩特·H. 施密特. 体验营销［M］. 刘银娜，等，译. 北京：清华大学出版社，2004：63.

1. 服务体验背景。人们的一切活动都是在一定的背景下进行的，同样，一切商业活动也都是在一定背景下进行的。显然，特定的背景下更适合做特定的事。例如，办公室是工作和办公的地方，喝茶聊天显然不太合适，而咖啡厅、酒吧则更适合聊天。

从公司的角度来看，我们把公司中所有与顾客有关的部分都称作服务体验背景。在关键时刻模型中，服务体验背景是在关键时刻发生时的所有社会、身心和心理的冲撞。以下是一些有关服务体验背景的因素，如果把它们加入顾客和雇员的行为模式中，将对关键时刻产生很大的影响：

（1）计划开展或正在开展的体验营销中，有形的和心理的两方面服务体验背景如何？

（2）体验营销中的服务体验背景给顾客的第一印象如何？

（3）体验营销中的服务体验背景能否让顾客满意？

（4）如果在体验营销过程中，计算机系统重复出现问题，应怎样处理，以保证顾客第一？

（5）如果体验营销过程中，计算机系统出现故障，雇员是否知道该怎么做？

2. 行为模式。行为模式包括顾客的行为模式和雇员的行为模式。顾客和雇员在关键时刻的思维方式、态度感受和行为模式对顾客体验的关键时刻有着很大的影响。每个人的行为模式都是由很多投入组成的，包括个人的态度、价值观、信仰、愿望、感受和期望。有一些投入对顾客和雇员行为模式的影响是一样的，这样双方就很容易交流，而且能够对同一个关键时刻达成共识。但其他投入的影响则恰好相反。

顾客行为模式中有可能帮助顾客形成行为模式的投入要素是：以前同样的经历；对公司的看法；以前的经验对公司期望的影响；消费者已有的态度、信仰、价值观和道德标准等；从亲戚朋友处得到的对公司的反应。

帮助形成雇员行为模式的投入要素有：公司对雇员的要求；有关雇员和顾客的规章制度；雇员感情的成熟程度；由以往经验形成的态度、信仰和价值观；提供产品和体验的工具、方法。

3. 和谐。关键时刻服务体验背景、顾客行为模式和雇员行为模式三者之间必须保持一致。三者和谐一致才能保证关键时刻的顺利实现，特别是顾客行为模式和雇员行为模式的和谐。如果顾客和雇员之间发生争执，双方各执一词、僵持不下，那么可能是由于两者不匹配的投入要素形成了不和谐的行为模式所致，从而导致顾客体验中关键时刻的失误。

本章小结

本章首先介绍了体验营销的概念，重点阐述了体验营销的方式、体验营销与传统营销的差别以及体验营销的特征。体验营销在媒介选择和应用上也与传统营销有一定的区别。

对体验营销的实施原则和实施策略，本章做了相应的阐述。体验营销的实施原则有适用性、合法性、适度性和经济性四个方面，而在具体的策略实施上，企业应当综合考虑产品、环境、顾客等方面的因素。

最后，本章介绍了体验营销中的顾客体验管理。其中涉及顾客体验期望、关键时刻、顾客体验满意度等概念，并提出了顾客体验管理应关注的重点。

关键术语

体验营销（Experiential Marketing）；感官（Sensation）；情感（Feeling）；思考（Thoughts）；行动（Action）；关联（Relation）；关键时刻（Moment of Truth）

复习思考题

1. 体验营销方式有哪些？各有什么特点？
2. 体验营销与传统营销有哪些区别？体验营销的特征有哪些？
3. 体验营销的媒介工具有哪些？
4. 实施体验营销的原则是什么？
5. 体验营销的实施策略包括哪些？

本章案例

星巴克的体验式营销与顾客忠诚

星巴克诞生于1971年，曾经是美国西雅图的一家小咖啡店，现在已发展成为全球最大的咖啡连锁店品牌。星巴克的营销模式带给传统营销的冲击绝不亚于其扩张速度。星巴克以咖啡的名义所整合的文化元素，在释放心灵、回归本我、自在率真层面上与消费者高度契合，产生共鸣，并且把咖啡消费与体验环境和享受气氛极好地融合在了一起。星巴克的营销称得上是体验营销的范本，其体验营销策略可以从感性体验和理性体验两个角度来分析。

一、感性体验

为了让所有热爱星巴克的人都能品尝最纯正的咖啡，星巴克要求一切都必须符合最严格的标准，无论是原料豆及其运输、烘焙、配制、配料的添加、水的滤除，还是最后把咖啡端给顾客的那一刻。星巴克以独创的“星巴克烘焙法”烘焙咖啡豆来挑逗消费者的嗅觉，在磨豆以及煮咖啡时所散发出来的香味相当浓郁。此外，为保全室内既浓郁又自然的咖啡香味，星巴克内全面禁止吸烟、严禁员工擦香水，并且绝对不采用添加化学香精的调味咖啡豆。

星巴克在中国的店面不管是外观建筑还是室内设计，都融合了中国的风格，这些是吸引消费者视觉及触觉体验的原因之一。以上海为例，位于城隍庙商场的星巴克门店的外观就像现代化的庙宇。而濒临黄浦江的滨江分店则设计了有着宫殿般华丽的花园玻璃帷幕。室内则分为三个区域：中国式样的木质桌椅区，美国式的宽大舒服沙发区域和现代酒吧式的高桌高凳区域。店外还设置露天区域，让消费者感受到质感、高雅、稳重及温馨的感觉。色调一般选择暗红与橘黄色，加上各种柔和略带暖色的灯光，还会挂上体现西方抽象派风格的艺术作品，再贴心地为顾客摆放一些时尚流行的报纸杂志、精美的欧式饰品等，写一些诸如“咖啡是你一辈子的情人”等温暖的话语。这一切都营造出一种独特的星巴克的氛围：浪漫、神秘、自由、适合静思的绿洲。

为了让顾客放松心情，星巴克甚至买下一家公司专门出版星巴克的音乐，专门负责挑选适合星巴克播放的音乐。进入星巴克，你会感受到空中回旋的音乐在激荡你的心魄。星巴克把自己定位成一间真正顾客至上的咖啡店，把满足顾客情感的体验放在首位，这就是星巴克致力推动的所谓的“第三空间”——家庭与办公室之外的第三空间，让忙于工作的现代人有一个可以喘息的场所。星巴克提供的这些感性体验烘托出一种“星巴克格调”，这种格调即“浪漫”。舒尔茨说：“我们追求的不是最大限度的销售规模。我们试图让我们的顾客体会品味咖啡时的浪漫。”星巴克努力把顾客在店内的体验化作一种内心的体验——让咖啡豆浪漫化，让顾客浪漫化，让所有感觉都浪漫化。星巴克还培养出了队伍庞大的“星巴克人”，他们对星巴克无比忠诚。“我不在办公室，就在星巴克；我不在星巴克，就在去星巴克的路上。”这句家喻户晓的经典广告语很好地诠释了这一点。

二、理性体验

首先，进入新市场之前，星巴克会先请当地公关公司调查本地目前最关心的热点问题，结合城市的风土人情，举办一场别开生面的社区活动，并将活动所得捐赠给慈善机构。星巴克还会邀请当地媒体记者、美食家、知名大厨和各大餐厅老板，举办咖啡品尝大会，营造热闹的气氛。这些活动使星巴克友好地融入了当地社区机制，也在短时间内累积起了旺盛的人气。

另外，星巴克为了宣传咖啡饮用知识，常通过自己的店面以及到一些公司开办“咖啡教室”或成立咖啡俱乐部，坚持不懈地宣传和教导并与消费者进行互动。而星巴克的“熟客俱乐部”除了固定通过电子邮件发新闻信，还可以通过手机传短信，或是在网络上下载游戏，一旦过关就可以获得优惠券。星巴克还定期编制各种印刷精美的咖啡常识小册子，陈列在店堂供顾客免费索取。星巴克一方面鼓励顾客之间、顾客与员工之间口头或书面地交流这些体验，另一方面也鼓励员工之间分享工作体验。受过专业训练的员工会主动向买咖啡豆的客人讲解各种咖啡豆在风味上的特色，把对烘焙咖啡的热情传染给消费者。通过和消费者亲切地互动，把产品融入人际交流的过程中，一点一滴地建立品牌忠诚度。

其次，星巴克特别强调它的文化品位。这种文化品位也给人们打上了地位、身份的标记，满足了顾客的关联体验。星巴克推出的随行杯使购买者感觉自己是忠诚的“星巴克人”，觉得购买星巴克的咖啡是一件值得骄傲的事。星巴克出售的不是咖啡，而是人们对咖啡的体验，这也是星巴克的价值主张之一。星巴克的成功在于它创造出“咖啡之道”，让有身份的人喝“有道之咖啡”，体现个人的地位、品味和展示自己的与众不同。

最后，员工的忠诚度也是非常重要的。星巴克的创始人把本来用于广告的支出用于员工的福利和培训，还实施“咖啡豆股票”，把每个员工和公司的总体业绩联系起来，在减少员工流动性的同时，相应提高了他们的工作热情和积极性，也提高了他们的忠诚度。这样，当员工面对顾客的时候，往往能把自己最和善和诚恳的一面展示给顾客。实际上，星巴克的软件设施完善了，顾客的忠诚度自然而然也就提高了。

（资料来源：杨春丽. 体验营销对顾客忠诚度的影响——对星巴克体验式营销的探析［J］. 新课程学习·上旬，2013（3）：151－153.）

案例思考题

1. 星巴克的体验式营销涉及哪几种体验营销方式？
2. 总结并阐述星巴克的体验式营销取得成功的主要原因。

第十五章　营销道德、伦理与社会责任营销

【学习目标】

市场营销观念的内涵不断丰富和变化。20 世纪 70 年代由杰拉尔德·查特曼和菲利普·科特勒提出的“社会营销”观念认为，企业应以市场需求和社会效益为中心，发挥企业优势，以满足消费者和全社会的长远利益。越来越多的企业意识到，营销活动不仅能保持或提高顾客利益，也能保持或提高社会福利。许多力量正驱使企业实践更高水平的社会责任。企业不仅要承担经济责任和法律责任，还要承担伦理责任和慈善责任。通过本章的学习，应该达到如下目标：

- 理解营销道德和伦理的基本内涵；
- 掌握社会责任营销的概念、特征、种类和作用；
- 理解中外企业实施社会责任营销的现状和经验。

引导案例

回收问题不只是个别企业需要面对的问题，包括经营零售和饮料业务在内的整个餐饮行业，都必须和供应商、回收站以及政府部门合作，为减少浪费做出有意义和可持续的变革。星巴克对此提出了非常宏大的环保目标，到 2015 年公司百分之百的饮料用杯都将采用可重复使用或可回收使用的杯子。

2008 年，星巴克请麻省理工学院和组织学习协会探索饮料杯回收的系统化思维方式。他们采用问题解决方法，分析了整个流程中各个模块之间的衔接方式，并于 2009 年和 2010 年召集了两次咖啡杯峰会活动，吸引了政府官员、原材料供应商、纸杯生产商、零售商和饮料企业、回收部门、竞争对手、环保组织与学术专家的积极参与。在 2011 年波士顿的咖啡杯峰会上，包括甜甜圈、麦当劳和蒂姆霍顿咖啡等竞争对手在内的 150 多位行业领袖总结了前两次峰会的经验，继续寻求通过合作探索解决方案的可能性。在这次会议上，美国食品包装协会宣布成立纸张回收联盟，把这次活动向整个行业推动一大步。

（资料来源：[美] 菲利普·科特勒，大卫·赫斯基尔．正营销——获取竞争优势的新方法 [M]. 北京：机械工业出版社，2013：24.）

第一节　市场营销道德与伦理

有良知的营销人员面临许多道德困境，对最需要做的事通常不是很清楚。由于不是所有的管理者都有高尚的道德观，因此公司需要制定营销道德规范。

一、市场营销道德

市场营销道德是市场经济的伴生物。随着商品经济及企业营销活动的不断发展，企业为社会及广大消费者提供日益丰富的产品，为国家做出日益巨大的贡献。但也有一些企业从褊狭利益出发，做出了一些违反法律及营销道德标准的事情，例如，毒胶囊事件，使消费者致命的假酒假药事件，伪劣化妆品事件，使农民颗粒不收的种子事件，几十元成本的服装按千元以上价格出售的虚假暴利销售事件，等等。西方国家对市场营销道德的研究始于20世纪60年代，至80年代此类研究成为学术界研究的热点之一。1987年，美国证券交易委员会前主任约翰·夏德（John Shad）捐资2 300万美元在哈佛大学商学院建立了目前全球最大的企业伦理问题研究中心，其研究的重点是企业营销道德。其他国家如英国、法国、意大利、德国、日本等也先后开展了对市场营销道德的研究，提出企业经营管理者应当遵循的道德标准。有的提出市场营销决策人应具备的社会与道德责任；有的提出经营管理道德已发生了危机，呼吁管理者重视树立营销道德观等。企业的营销行为是否合乎道德标准，历来是营销学界饱受争议的研究课题。

（一）营销道德的内涵

道德是评价某决定和行为正确与否的价值判断，评价某决定和行为是否被大众所接受。

市场营销道德是指消费者对企业营销决策的价值判断，即判断企业营销活动是否符合广大消费者及社会的利益，能否给广大消费者及社会带来最大的幸福。这势必涉及企业经营活动的价值取向，要求企业以道德标准来规范其经营行为，履行社会责任，维护和增进全社会和人们的长远利益。凡有悖于此的行为，皆属于非道德行为。

最基本的道德标准已被规定为法律和法规，并成为社会遵循的规范，企业必须遵守这些法律和法规。营销道德不仅指法律范畴，还包括未纳入法律范畴而作为判断营销活动正确与否的道德标准。企业经营者在经营活动中应当遵循这两种类型的营销道德。

（二）营销道德的标准

判断市场营销道德的标准是什么？这在很多情况下并不像人们想的那么容易。有些违背营销道德的行为，诸如虚假广告、合谋定价，贩卖假酒、假药、假种子等普遍为社会所痛恨的行为，其对道德的违背是一目了然的。然而，某些营销行为是否违背道德，因个人价值观及生活经历的不同而有不同的见解。比如，什么是欺骗性广告？在人员推销中哪些行为构成行贿？又如，以顾客身份从竞争对手获取营销情报是否道德？再如，对儿童做广告是否道德？等等。

西方国家伦理界对营销道德的判断标准涉及两大理论：

一是功利论，主要以行为后果来判断行为的道德合理性。未造成不良后果，则该行为就是道德的，否则就是有问题的或不道德的。

二是道义论，主要从处理事物的动机来审查是否道德，并从直觉和经验中归纳出人们应当共同遵守的责任和义务，以这些义务的履行与否来判断行为正确与否。

现实中，通常将功利论与道义论相结合来判断营销行为的道德性。遵循营销道德的营销行为，使营销人员个人、企业和顾客的利益保持一致，从而有利于企业实现经济效益和社会效益。违背营销道德的营销行为使企业的利益与顾客的利益相悖，虽使企业一时受益，但不利于企业的长远发展，更有损社会公众的利益。因此，使营销行为沿着营销道德的轨道进行，对企业和社会双方都是大有裨益的。

（三）企业营销活动中的道德问题

企业营销活动始于市场营销调研，通过市场营销调研了解现实和潜在顾客的需求，发现市场营销机会，然后选择目标市场，针对目标市场需求的特点，制定市场营销组合策略。市场营销道德贯穿于企业营销活动全过程。

1. 产品策略中的道德问题。为广大消费者提供货真价实、优质产品及优质服务是企业最基本的社会责任，如果违背这一原则，就会违背营销道德。产品策略中存在的道德问题主要体现在以下几个方面：

（1）产品缺乏应有的质量，产品实际上提供的利益较少。

（2）企业有时出于自身利益考虑，不愿披露与产品有关的危险。例如，对儿童玩具中所含有的有害化学元素可能因儿童的吮吸而致病，对家用电器可能由于使用不当而发生爆炸等危险未加以披露。

（3）产品包装不能提供真实的商品信息或包装过多造成社会资源的浪费及环境的污染等。

相应地，如果从实利论与道义论二者相结合的观点来看产品策略中的道德问题则有：从动机看，企业为牟取暴利而欺骗顾客，如变相涨价、哄抬物价掠夺消费者的利益；为了压垮竞争对手而实行差异性歧视价格或实行垄断价格；与动机相联系，在手段上采取欺骗、诱惑及强制方法迫使顾客购买产品。从后果看，顾客购买产品后造成严重的经济损失。如果从企业应承担的社会责任看：企业未按照价值规律进行公平交易，损害了企业及消费者的合法权益；企业未能为用户提供真实价格信息，不利于消费者的购买抉择。

2. 分销策略中的道德问题。分销是指产品从生产者向消费者转移所经过的路线。产品由生产者直接销售给消费者，称为直接销售。这主要涉及生产者与消费者的购销关系；产品由生产者通过中间商销售给消费者，称为间接销售，这主要涉及生产者、中间商、消费者间的购销关系。各渠道成员根据各自的利益和条件相互选择，并以合约形式规定双方的权利和义务。违背合约有关规定，损害任一方的利益，都会产生道德问题。例如，当合约规定，零售商只能销售某一企业的产品，而不准销售其他企业的产品，但零售商为了自身利益，不顾合约规定，销售其他企业的畅销品，这显然是违背道德的。同样，生产者凭借自身的经营优势，为了自身利益，控制供货，采用威逼手段对中间商减少或停止供货，或者生产者依凭自己的垄断地位，迫使中间商屈从自己的指挥，限制中间商只能从事某种特别的经营活动等，均会引发道德问题。

3. 促销策略中的道德问题。促销是指通过人员推销或非人员推销（包括广告、宣传报导、销售促进等）的方式，将商品（或服务）及企业本身的信息传递给广大顾客，引起他们的兴趣及购买行为。企业的责任在于将产品及企业自身的真实信息传递给广大用户，但在信息沟通过程中经常产生道德问题，诸如虚假和误导性广告，操纵或欺骗性销售促进、战术或宣传报道。这里主要阐述在广告及人员推销中的道德问题。

4. 市场营销调研中的道德问题。市场营销调研往往涉及调研人员同委托者、调研人员同受访者、委托者同调研人员三个方面的关系。各方只有履行彼此的道德责任，方能保证营销调研任务的顺利完成及调研资料的真实和可靠。市场营销调研过程中的道德问题主要反映在以下几个方面：

首先，从调研人员对委托者的道德责任看，委托者有权要求调研人员保守业务秘密，未经委托者许可，不能泄密；调研人员必须根据委托者的要求，保证调研工作质量，如问卷设计要认真，访问次数不偷工减料，调研人员要严格培训；调研人员要向委托者真实反映其调研所采用的方法、调研时间、调研对象、调研地点、访问方式及问卷反馈率等，使委托者据此推断所调研的资料是否可靠。若调研人员违背以上任何一点，必然会引起道德问题。

其次，从调研人员对受访者的道德责任看，调研人员要尊重受访者的权利，例如，受访者可拒绝接受调研人员的访问；调研人员要尊重受访者的尊严和隐私权；访问者不要在受访者繁忙或不便时去访问，并对受访者身份进行保密；未经受访者许可，不能随意公布受访者提供的资料。

最后，从委托者对调研人员的道德责任看，委托者必须依约支付调研费；委托者要公正、全面地发表调研成果，不能断章取义而对读者产生误导。

二、市场营销伦理

（一）市场营销伦理的内涵

营销伦理（Marketing Ethics）是20世纪80年代兴起并于20世纪90年代末，

并在21世纪初得到迅速发展的一门新的交叉学科。它是商业伦理学的分支，根据伦理学的道德原理对企业经营活动中的营销新策略、营销行为进行道德评价和伦理批评，是判断企业的营销活动是否符合消费者和社会的利益，能否给广大消费者带来最大幸福的一个有效的价值标准。

营销伦理，简单来说，就是处理营销过程中利益各方相互关系的准则。在企业、消费者和社会三者的关系中，最主要的是经济关系，直接表现为某种利益关系。这种关系的正确处理，除依靠法律外，还需要正确的伦理观念指导。

营销伦理涉及企业组织伦理和个人伦理两个层次。一方面，从企业总体来看，现代企业处于复杂的社会大系统中，企业的经营行为相当程度上通过产品销售或提供服务表现出来；另一方面，从营销人员的行为来看，他们在营销活动中更是直接代表了企业的行为，即营销伦理由营销活动中的个体表现出来。反过来，顾客及社会公众则是通过企业销售产品或服务时的行为来判断其是否符合法律规定和社会道德要求。

利益冲突使营销伦理成为一个无法回避的问题，直接的、巨大的竞争压力使营销者常常比其他企业人员面临更多的道德与利润的两难选择，信息不对称为不道德营销行为提供了机会，而营销活动的性质又决定了它更容易受到社会各方的关注，所有这些都使营销伦理问题变得非常突出、非常重要。

（二）营销伦理的意义

营销伦理的意义体现在以下几个方面：

第一，营销秩序诉求。人类行为需要秩序，营销行为同样需要秩序。而秩序的建立不仅需要法律规范，也需要伦理道德的规范。

第二，资源配置诉求。顾客至上不仅是营销管理原则，也是营销伦理原则，体现了以人为本的思想。以消费者为中心进行营销，社会资源也能有效地进行配置，避免资源浪费或无效率。

第三，社会责任诉求。企业是社会生态中的主要成员，要对社会负责，依靠社会，回馈社会，贡献社会。

（三）营销伦理失范的表现

营销伦理影响到企业各个方面的活动，包括营销策略的制定，目标市场的选择，产品策略、价格策略、分销策略以及促销策略中的人员推销、广告、营业推广等策略的制定和运用。

市场竞争的结果就是优胜劣汰。这就要求企业提高整体素质，包括提高营销伦理水平，运用现代营销思想来开展营销工作。目前有相当数量的企业为了追求眼前利益，不增加科技投入、提高生产率、降低成本，不加强全面管理、提高产品质量、增强竞争力，而是在营销中采取各种卑劣的手段，投机钻营，造成营销伦理的严重缺失。究其本质，这些企业缺少法律、道德意识，是严重的利己主义思想在支配着它们的营销活动。具体来说，我国企业营销伦理失范主要表现在以下几个方面：

1. 市场调研的伦理失范。个人隐私保护问题是市场营销伦理中的一个重要方面。通过市场调研，营销商可以获得大量的顾客的个人数据。由于相当数量的企业缺乏必要的用户隐私保护政策和措施，用户提供的个人身份、联系方式、健康状况、信用和财产状况等信息很容易被窃取和侵犯。此外，企业进行市场营销调研时，为充分调动公众参与的积极性，通常会有一定的馈赠承诺，但有些承诺并没有得到兑现。

2. 产品策略的伦理失范。产品质量低劣、计划性的产品淘汰、品牌冒充、包装信息不真实、产品认证虚假等问题一直是产品策略方面的首要伦理问题。消费者购买商品时追求货真价实，而一些企业对产品的真实信息存在故意夸大或隐藏；在追求市场份额和销售量时，部分企业盲目地计划性淘汰产品，即故意把产品在实际需要升级换代前就淘汰，而未考虑消费者是否真正需要这种产品或能否承担由此而造成的购买费用的增加；在产品包装方面，某些企业故意用非正常尺寸的包装来吸引消费者的眼球，造成价格比较的困难；在品牌冒充方面，相当数量的企业故意在品牌上造成细微差别，造成混淆。

3. 分销策略的伦理失范。分销策略中的伦理失范主要涉及两个方面：一是生产商与中间商之间的问题。生产商与中间商未能完全履行相关经营合同，或生产商供货不及时或供货不足，或对渠道成员进行过分压榨，或中间商返款不及时。二是经销商与消费者之间的问题。例如，过多的空口承诺、误导信息、“价格同盟”以及产销双方相互推诿责任等仍然在坑害消费者。

4. 促销策略的伦理失范。由于信息不对称，企业在促销时往往夸大产品的特色或性能，引诱或操纵消费者购买已滞销的廉价货或进行事先内定的抽奖；采用贿赂、送礼、回扣、宴请、娱乐等不正当行为进行促销，采用有偿新闻等不正当的公共宣传手段。

5. 定价策略的伦理失范。消费者要求企业公平、合理地定价，但部分企业采用价格歧视、掠夺性定价、垄断价格等定价策略攫取不正当的高额利润。价格歧视是企业对同一种产品索取两种或两种以上的价格，企业对其出售的产品进行差别化定价，但这种价格的差异并非由产品和服务成本的差别造成的，而是由信息不对称决定的。部分企业甚至故意向消费者宣传虚高的“出厂价”或“批发价”，同经销商建立“价格共谋”，共同欺骗消费者。

（四）营销伦理的影响因素

影响企业营销伦理水平的因素有多种，概括起来主要有以下两类：

1. 外部因素。外部因素主要有市场因素、文化因素及政府因素。市场因素，如一些企业在市场供不应求、产品不愁销路时，就会凭借其对某些产品的垄断地位，采用某些非经济手段参与市场竞争，而很少考虑社会及消费者的利益。在文化因素方面，我国除了以社会主义文化作为主流文化外，还存在西方资产阶级文化及历史遗留下来的封建主义文化，这些文化交融在一起，对企业经营哲学及企业文化产生了复杂的影响，从而影响企业营销伦理。政府因素主要包括政府立法调控体系是否健全，政府对企业违法及违德行为采取何种态度等。如果政府立法完善，执法有力，就会对企业形成一种外在的压力，使之不敢违规；反之，政府立法不全，执法不严，则必然给某些企业违法与违德行为以可乘之机，加剧及扩大企业的非道德行为。

2. 内部因素。内部因素如领导者的经营哲学、企业文化及企业职工素质等。企业领导者是企业的人格化，是企业的头脑和心灵，其个人哲学必然融入企业经营决策的规定与实施中。只有领导者具有正确的经营哲学，在制定营销决策时，才能既考虑企业的利润目标，又考虑消费者及社会的利益，而体现企业营销决策的道德性。企业文化是直接影响企业营销伦理的重要内部因素。企业文化制约着营销决策的动机，规范着营销决策的内容，对营销决策的实施也起着不可忽视的作用。另外，企业职工素质的高低对企业营销伦理水准有极大影响。许多企业发展的事实表明，企业职工的文化、业务及思想素质高低同企业营销道德水准呈正相关的关系。

上述分析表明，制约企业营销伦理水准的因素很多，这些因素对营销伦理的作用不是孤立地发生的，它们相互联系、彼此渗透而交融在一起而共同作用。要提高我国企业营销伦理水平，必须不断完善外部因素与内部环境。一是借助企业外部的社会压力，如法律的、社会道德的、社会舆论的，等等，主要起促进作用；二是借助企业内部的自我压力，即自我约束力，主要起规范作用。只有在二者共同作用下，企业才能建立和维持一定的营销伦理水平。

案例

谷歌及其商业伦理

谷歌（Google Inc.，NASDAQ：GOOG）是一家美国上市公司，于1998年9月7日以私有股份公司的形式创立，主要业务内容是互联网搜索引擎。谷歌多次入围《财富》100家最佳雇主榜单，并荣获2013年“最佳雇主”。

谷歌要求其工程师每周都花一天时间在个人感兴趣的项目上，这样的政策导致谷歌具有非凡的创造力，围绕搜索引擎推出了无数让人耳目一新、拍手叫绝的产品，如Google Earth、Android、Gmail、Google拼音输入法、Google翻译、自动驾驶汽车等。

从商业角度来衡量，谷歌绝对是21世纪初最成功的IT公司之一。同样，在道德领域，谷歌多年来也保持着非常良好的口碑。不作恶（Don't be evil）是谷歌一项非正式的公司口号，也是谷歌做事的行为准则或商业伦理。不作恶（Don't be evil）就是拒绝邪恶的事物。不作恶就是用户第一。但是每个搜索引擎都会说自己是用户第一，那么，衡量的标准就要看在和商业利益冲突的时候你能否坚持这一点。谷歌“不作恶”的商业伦理，其本质是要维护用户的利益，哪怕是放弃商业利益。实际上，谷歌以其创新精神和“不作恶”的商业伦理，在世界范围内获得了广泛赞誉。谷歌确实不仅仅把商业伦理印刷到纸面上或是在口号上喊，而是为了维护这一行为准则有过激烈且声势浩大的斗争行为。

（资料来源：王海涛．由“棱镜”事件看Google的商业伦理，2013年7月9日。http：//www.beeui.com/p/907.html，有改动。）

第二节　社会责任营销

一、社会责任营销的内涵

（一）企业社会责任

企业社会责任的理念始于20世纪中叶。1953年，霍华德·博文（Howard R. Bowen）在《商人的社会责任》（*Social Responsibilities of the Businessman*）一书中提出了“商人必须承担社会责任”的观点，掀起了企业社会责任研究的热潮。1963年，约瑟夫·麦奎尔（Joseph W. McGuire）在其《商业与社会》（*Business and Society*）一书中写到，“社会责任的观点认为企业不仅要遵循经济和法律的规则，也要承担在这些规则之外的特定的社会责任”。

基思·戴维斯（Keith Davis）（1973）认为，企业社会责任是超过对企业的狭隘经济、技术、法律要求，需要企业考虑和应对的其他事务；阿奇·B.卡罗尔（Archie B. Carroll）于1979年对企业社会责任的概念做了总结，提出了企业社会责任的金字塔模型，指出企业社会责任包含四个层面，即经济责任、伦理责任、法律责任和慈善责任。图15－1是卡罗尔的金字塔模型。

实际上，西方关于企业社会责任的含义有各种不同的表述和不同的理解与定义，但基本内涵和外延是一致的。经济学家任玉玲根据我国具体国情提出了企业社会责任的八大方面：明礼诚信、科学发展、可持续发展、保护环境、文化建设、发展慈善事业、保护职工健康、发展科技。这八大责任被视为我国企业的“社会责任标准”（如图15－2所示）。

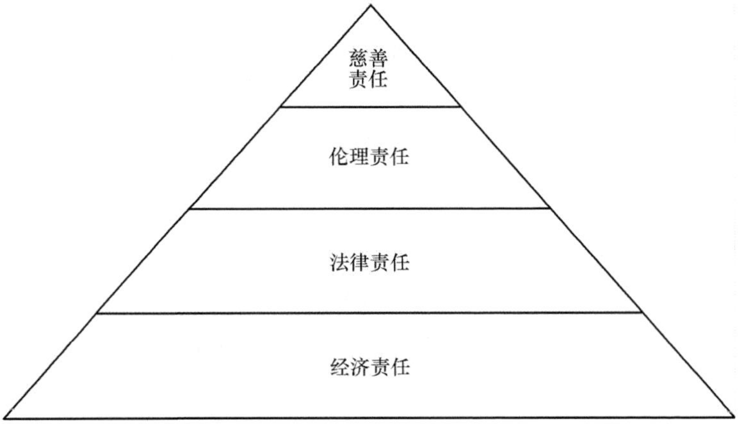

图 15 - 1　企业社会责任金字塔模型

资料来源：Carroll A B. A Three - dimensional Conceptual Model of Corporate Performance [J]. Academy of Management Review, 1979, 4 (4): 497 - 505.

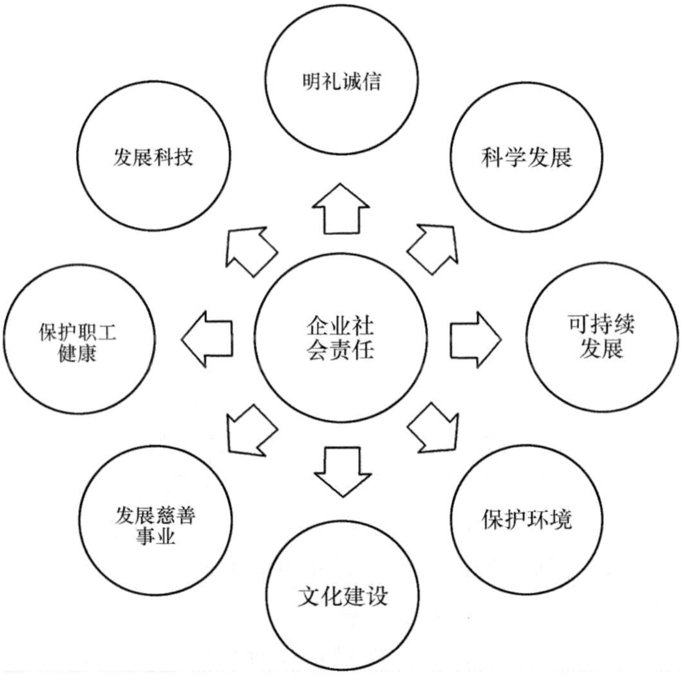

图 15 - 2　企业社会责任标准

（二）社会责任营销

1. 社会责任营销的概念。社会责任营销这一概念是由美国运通公司（American Express）首先提出的，它是全球在营销活动中利用与公益事业相结合的市场营销将信用卡的使用与公司捐赠相对应的第一家公司。1981 年，运通公司与旧金山的“精美艺术团体”联合开展宣传活动，该公司的旅游服务部把“社会责任营销”作为一项服务标识，向美国国家专利局申请注册。运通公司专门成立了一项自由女神维修基金，用户每次刷运通卡或者申请新卡，企业都会捐赠一定比例的资金到该基金。此次活动共筹集了 170 万美元的维修基金，运通卡使用率提升了 27%，新卡申请率猛增了 10 个百分点。可以说，运通公司在企业身体力行实践社会责任的同时，也快速提升了品牌的知名度和美誉度。

社会的不断发展必然要求企业将社会利益纳入其关注范围，企业的社会责任营销也将势在必行。菲利普·科特勒在 2005 年出版的新书中，将营销的疆界从商界扩大到一个新的责任领域，此时的营销超越了非营利市场和社会营销，他把这种营销称为社会性营销。

所谓社会责任营销，是指企业通过承担一定的社会责任（如为慈善机构捐款、保护环境、建立希望小学、扶贫），借助新闻舆论影响和广告宣传来改善企业的名声，提高企业形象的层次，提升其品牌知名度，增强客户忠诚度，最终增加销售额的营销形式。因此，社会责任营销的核心就是信任营销。社会责任营销的目的，实质上就是与客户建立信任的纽带，取得客户的信赖，最终得到“基业长青”的回报，实现企业和社会“双赢”的目的。

2. 社会责任营销的特征。从企业的角度来看，社会责任营销具备以下几个特征：

（1）主动性：企业积极主动履行社会责任。

（2）合作性：企业与非营利组织合作，实现“双赢”。

（3）宣传性：以社会责任为诉求点，以公益活动为载体，与消费者及社会大众沟通。

（4）双重目的性：产生公益效益，实现经济利益。

社会责任营销是社会营销观念的具体体现，但又与“社会营销”的概念有所区别。社会营销专注于个体的行为改善，而且在通常情况下由非营利组织自身完成。社会责任营销的覆盖范围更广，社会营销可以认为是社会责任营销的一个子集。社会责任营销是通过对消费者、对社会的关心来提升企业知名度，以企业形象的提升来带动产品形象的提升，不同于单纯提高产品市场占有率、树立产品形象的一般性促销活动。社会责任营销以关心消费者、关心社会的实际行动来引起消费者的共鸣，自然而然地对企业产生良好的印象。社会责任营销侧重于整体性，以塑造企业形象、勇于承担社会责任为诉求点。

案例

乐购，加入可持续发展联盟

2011 年 12 月 12 日，乐购宣布加入可持续发展联盟。可持续发展联盟是集合全球业务、学者、政府和非政府组织协同合作的一个独立小组，旨在驱动消费产品的可持续性。由乐购资助的英国曼彻斯特大学可持续消费研究所（SCI）也成为该联盟的研究成员。对于已拥有 16 个欧洲成员的可持续发展联盟来说，乐购的加入成为其在欧洲地区更强有力的立足点。

加入可持续发展联盟进一步推动了乐购的可持续发展计划，在国际公认的碳信息披露项目中，乐购获得了英国绿色零售商的称号。2010 年，乐购为全球节省了 20 亿英镑的能源成本，而且计划到 2050 年实现碳的零排放。由于乐购在全供应链中注重环境和社会的可持续发展，所以它将与其他企业合作推动消费品市场的可持续生产和消费，而可持续发展联盟近来在荷兰建立的欧洲分公司已成为这一伙伴关系的基地。

（资料来源：根据《全球 6 个企业社会责任营销案例》，2012 年 6 月 1 日，http://www.shichangbu.com/article-3490-1.html，资料编写。）

二、社会责任营销的分类

根据不同的分类标准，企业的社会责任营销活动可以分成不同的类型。

（一）基于活动时间类型的分类

巴恩斯（Barnes）和菲士哲布斯（Fitzgibbons）（1991）将企业的社会责任营销活动分为两类：持续进行的（ongoing）和一次性完成的（one-shot）。一次性完成的社会责任营销活动可以是一天完成的（如“Halloween coupons”对汉堡王和美国畸形儿基金会的推广活动），也可以是季节性的、阶段性的，或是取决于活动完成的时间（如美国运通与自由女神及爱丽斯基金会的合作）。这种一次性完成的项目最大的优势在于活动成本的可控制性，但是弊端在于因曝光时间较短，所带来的收益较少，且短期的公益行为易带来消费者对企业动机的怀疑。

相比之下，持续性的社会责任营销活动会得到公众的广泛认可，随着时间的流逝，消费者通过社会责任营销活动与企业发生联系，对他们而言，消费该公司的产品和服务被看作参与公益事业、实现自我“社会人”的价值观的机会。

（二）基于利益相关者理论的分类

根据卡罗尔（Archie B. Carroll）提出的企业社会绩效模型四分类法，马丁利（Mattingly）和伯曼（Berman）在 2006 年正式提出技术性企业社会责任（TCSR）与制度性企业社会责任（ICSR）①，其中TCSR是企业针对主要利益相关者（primary stakeholders）的社会责任活动，即针对当地社区、顾客、股东、雇员以及供应商等的社会责任活动。而ICSR是企业针对企业次级利益相关者（secondary stakeholders）的社会责任活动，即包括政府、消费者维权团体、特殊利益团体等的企业社会责任活动，具体如履行政府的各项法律法规、慈善捐助、赞助社会公益事业等。

（三）基于公益事业类型和范围的分类

顾慧中（1996）按照公益事业类型的不同，将社会责任营销分为以下四种：

1. 人性化社会责任营销。现代社会生活节奏加快，工作压力渐增，人与人的交往、沟通越来越少，人情越显冷漠。人性化社会责任营销针对这种现象，显示企业人性化的一面。这种社会责任营销活动最常见，如义卖产品，将其所得捐助敬老院、孤儿院等。

2. 新闻性社会责任营销。新闻性社会责任营销通过揭示消费者普遍关心的具有新闻性的事件，把握契机，对新闻事件中的人物或事件予以支持和帮助，进而展开营销活动。例如，一些企业的待岗下岗职工生活困难，经新闻媒介披露后，许多企业为下岗人员再就业创造条件，如东方航空公司招聘“空嫂”等，便是新闻性社会责任营销。

3. 参与性社会责任营销。吸引消费者大众共同参与的参与性社会责任营销，从民心的角度，对某种社会现象提出善意的建议或尖锐的批评，唤起消费者大众的共同参与，以达到关心社会、回馈消费者的目的。例如，针对假冒伪劣产品充斥市场的现象，一些名牌产品生产厂家及商场采取悬赏等系列营销活动，“邀请”消费者积极参与并使其受益。

4. 趋势化社会责任营销。社会在不断地前进，同时也存在某些负面效应，企业预示未来的发展及揭示需面对的问题，引起消费者的注意，及顺应时代发展而开展的营销，即趋势化社会责任营销。例如，某净水器企业针对水资源日渐减少、水质污染而进行节水征文研讨、街头宣传等营销活动。

（四）基于企业投资公益事业的形式的分类

企业履行其社会责任，做良好企业公民，投资公益事业的形式多种多样。按照其捐赠投资形式的不同，可以将社会责任营销分为以下五种类型：

1. 慈善捐赠性社会责任营销。企业对其关注的公益事业直接给予资助，这种资助可以是企业提供的产品或服务。例如，2014年胡润百富榜上，60岁的中国大陆首富王健林捐赠4.4亿元，主要捐赠在文体方面和捐赠给各地慈善总会。2013年，加多宝向雅安灾区捐款1亿元用于灾后重建，并投资3亿元在地震灾区建立生产线，以提供就业岗位等造血方式长期支持灾后重建工作。这是最传统的

---

① Mattingly J E, Berman S. Measurement of Corporate Social Action: Discovering Taxonomy in the Kinder Lydenburg Domini Ratings Data [J]. Business and Society, 2006, 45 (1): 20-46.

企业公益活动形式，而且数十年都以一种被动、临时的方式操作。

2. 销量决定型社会责任营销。企业承诺给予产品销售额来捐助某项特殊的公益事业或者向其捐赠一定比例的营业收入。通常情况下，这种活动会有一个预先声明的时间段，针对某种特定的产品，并且面向某一个特定的公益机构。捐赠可以是实际数额的现金，也可以是一定比例的销售数额。Pracejus，Olsen 和 Brown（2003）提到了至少三种类型的企业比例捐赠方式：抽象的（例如，收益的一部分将被捐出）、可估计的（例如，利润的一部分被捐出）和可计算的（例如，营业额的一部分被捐出）。在我国，这种形式的营销活动被称为“义卖”。

2002 年，农夫山泉启动“阳光工程”，以“每卖一瓶水就捐一分钱”的形式从销售额中提取费用用于公益事业，半年时间向全国 24 个省 39 个市（县）的 397 所学校捐赠了价值 501 万元的体育器材，获得极大成功。

3. 公益事业冠名型社会责任营销。将公益事业冠以公司或产品的名称是许多热衷公益事业的企业常用的做法。例如，宝洁公司和中国青少年发展基金会从 1996 年开始合作至今，17 年来，风雨同舟，互勉向前，共同为农村贫困地区基础教育事业添砖加瓦。截至 2013 年 6 月，宝洁已累计向希望工程捐款7 000万元人民币，在中国 28 个省援建宝洁希望小学 200 所，超过 20 万名儿童受益。

4. 主题活动型社会责任营销。企业组织自己的员工、消费者或其他利益相关者，以主题活动的形式为某项公益事业做宣传，或者筹款。2014 年 6 月 5 日，3M 公司携手上海市妇联儿童和家庭工作部、绿化和市容管理局，共同启动了 2014 年“百万家庭低碳日——向污染宣战”世界环境日主题系列活动。3M 选择在世界环境日推出这一系列活动，旨在倡导环保生活理念，引导市民对水质、空气质量的关注，动员更多人投身到这场全国性的治理污染攻坚战中去。3M 中国有限公司希望通过此次活动，征集环保创意，让低碳生活成为一种生活态度，走进千家万户。

5. 基金或奖项型社会责任营销。随着相关法规逐步完善和民间机构登记注册放开，中国基金会数量在近年呈现迅猛增长态势。截至 2012 年 12 月，中国基金会的总资产已达到 604 亿元，年度捐赠总收入 337 亿元，年度公益总支出 256 亿元。其中，非公募基金会增加的势头尤其显著。根据中国社科院 2012 年 12 月 17 日发布的民间组织蓝皮书，非公募的数量已接近公募的 1. 5 倍。企业逐渐成为发起成立非公募基金会的重要力量，如“比尔和梅琳达 · 盖茨基金会”“通用电气基金会”“可口可乐基金会”等。

此外，2008 年以来，华为“播种通信未来种子”计划是 ICT 人才培养的旗舰项目，旨在发展本地 ICT 人才，传授知识，促进人们对于电信行业的了解和兴趣，鼓励各个国家及地区参与建立数字化社区的工作。目前该计划已涉及 14 个国家的 50 所大学，为数千名大学生提供了奖学金。

三、社会营销责任的利益

企业社会责任与企业财务绩效的关联问题一直是企业社会责任研究中的热点

之一。马戈利斯（Margolis）和沃尔什（Walsh）（2001）曾对95篇文献进行分析，试图建立企业社会责任和财务绩效的关系①。社会责任投资学习网站（sristudies. org）也列举了333篇讨论企业社会责任与财务绩效的文献。虽然两者关系的检验尚未得出一致的结论，但一般来说，企业社会责任活动，诸如与顾客、雇员保持更紧密的联系等，能促进企业财务绩效的提升。2002年，美国德保罗大学的柯蒂斯·C. 沃思豪（Curtis C. Versehoor）教授和伊丽莎白·墨菲（Elizabeth Murphy）副教授进行了一项专门针对企业社会责任和财务业绩的研究，发现“最佳公民企业”的整体财务状况要远远优于标准普尔500强的其他企业。美国商务社会责任国际协会（Business for Social Responsibility，BSR）负责为企业提供信息、工具、培训和咨询服务，帮助企业在业务经营和战略制定过程中实现企业社会责任。其研究和经验表明，实现社会责任能为企业带来一系列的切实利益，包括：销售和市场份额增长；强化品牌定位；提升企业形象和影响力；提高企业吸引、激励和维持员工的能力；降低经营成本；增加对投资者和财务分析师的吸引力。越来越多的企业实践和众多的研究成果也充分说明了社会责任和企业绩效之间的正向关联度，这种正相关关系的逻辑基础是社会责任营销为企业提供了大量的利益，足以补偿其付出的成本，企业完全可以将社会责任转化为实实在在的竞争力。归纳来看，这些利益主要体现在以下六个方面：

第一，实现“企业公民”，提高社会效益。企业注重社会和生态效益，把目光放得更长远，希望将其理念和价值观传递给社会，以此来积极影响社会，同时也给企业自身营造一个广阔的发展空间，正如万科将“企业公民”写入其十年发展规划中。2006年伊始，万科以“变革先锋，企业公民”为年度口号，开始关注企业社会责任。从王石捐款100万“号召人们保护珍稀物种，维护生物多样性”，到汶川大地震万科对汶川人民的援助，再到2010年上海世博会以“尊重的可能”为理念而建造的万科馆，万科在各个角落都留下了公益的足迹。

案例

万科

万科创始于1984年，但万科从事房地产行业是在1988年。1988年，万科在创始人王石的领导下进行了一次讨论，即公司应该走怎样的道路，当时公司制定

① Margolis J D，Walsh J P. People and Profits：The Search for a Link between a Company' s Social and Financial Performance［M］. London：Psychology Press，2001：41.

了一个核心价值观，即“透明、简单、规范、责任”八个字。其实，“责任”当时就在这八个字的价值观中。因此，万科把企业自身的发展看作一种责任，同时也把企业对行业和社会发展的贡献看作一种责任。万科要把自己变成一个多元相关的城市配套服务商，同时，在环境和社会方面，万科也有相应的思考和行动。

首先，最基本、最核心的责任体现在经营层面。万科2014年的销售金额是2 151亿元。这个数字的背后可能代表两样东西：一是企业的能力，比如，如何创新以及对城市发展、环境保护的贡献；二是企业的压力，企业到了这样一个规模后进行创新转型以及履行社会责任方面可能有更大的难度。在经营过程中，很重要的一项是纳税，纳税对社会的发展、国家的稳定是非常重要的。万科经营收入在民营企业中的排名是第十位，纳税方面在2013年却排在第一位，每一个工作日向国家缴纳的税款就有1亿元。

其次，责任体现为对绿色生态的坚持。万科2014年通过绿色认证的开工面积是860万平方米，比上年增长45%。在万科的公益框架里，生态有两条主线：第一是绿色环保，希望在企业层面、在供应链层面以及整个社会当中，倡导和推动绿色环保；第二是健康文化，在万科11人的高管团队里，有6位参与马拉松，他们带动全体员工参与运动，一线高管去年平均减重一公斤。

2003年，王石登上珠峰时，可以说是万科绿色环保事业的元年，从那年开始，万科对环保、低碳事业有了更多行动和讨论。2010年，王石再次登上珠峰，这次对在珠峰脚下的营地进行了垃圾清理。之后短短三年时间里，60%的万科社区都实现了垃圾分类。2013年，总裁郁亮也登上了珠峰，手上紧握的正是雪豹保护计划启动的旗子，这些都贯穿着社会责任，尤其是绿色建筑的责任。2014年，万科在全国60个城市举办了6公里“城市乐跑”，一共有15万人参与健康跑步活动。

一、万科的住宅产业化

目前，中国已经成为最大的二氧化碳排放国，其中，建筑的建造和使用占了很大的比例。作为最大的开发商，万科积极探索如何更加低碳、环保地造房子。

2003年，万科集团开始实行住宅标准化运动。最初的动机是提高质量、减少误差、提高精度。实际上，住宅产业化能节约更多的木材、水，节约更多的能源，也大量减少了建筑垃圾。住宅标准化不仅在集团内快速复制了许多由多层公寓和情景洋房组成的住宅小区，还进行了标准化部品的设计和研发，形成了万科的标准化部品库。这些标准化部品遵循的是工业化的生产和安装方式，对提高成品质量及保证其质量的稳定性很有帮助，所以在非标准化的项目上也得到了广泛应用。2003年，集团还发布了万科的“双标”文件，即《住宅使用标准》和《住宅性能标准》。这是万科一系列内控标准开始建立的标志。

万科推动住宅产业化的同时，也遇到了很大的挑战，比如，住宅产业化在中国没有施工标准，没有成熟供应链提供支持。另外一个最直接的问题就是生产价格太高。2007 年，住宅产业化成本比传统的施工方式要高 40%，在没有政府补贴和相关标准的情况下，万科坚持去做，这本身也是在承担社会责任。

在这个基础上，万科作为全球首家房地产开发商加入了世界碳减排计划，承诺向同行免费开放所有的有关住宅产业化的技术专利，同时承诺到 2018 年，万科预计累计减少 140 万吨二氧化碳的排放量。

二、万科如何看待绿色环保

万科认为绿色首先是一种创新，环保低碳和企业效能的提高其实是一回事。坚持绿色环保，其实也促进了技术创新，通过整合资源去做一件创新的事情，这就是企业核心竞争力的提高。另外，对企业来说，万科变成了行业规则和标准的制定者和推动者，更有利于技术发展和创新。回过头来看，万科从事绿色环保，并不是因为道德上多么高尚，而是万科看到了其中真正的价值。

（资料来源：冯楠．万科的企业公民实践，中国建设报，2015 年 1 月 21 日。http：//www. chinajsb. cn/bz/content/2015 -01/21/content_ 150663. htm，有改动。）

第二，促进销售和市场份额的增长。社会责任营销是市场营销和公益活动的有机结合，公益活动是市场营销的载体。社会责任营销其实是企业与公益组织合作，充分利用其权威性、公益性资源，搭建一个能让消费者认同的营销平台，促进销售的营销模式。它是一种非常有效的营销模式。

科讯通讯公司自 1993 年起就一直在调查美国消费者和员工对企业与公益活动的态度，2011 年，该公司将调查范围扩展到美国之外的其他 9 个国家，结果发现，“全球范围内的消费者都认为企业在帮助改变世界这个问题上具有明确责任”。总体来看，在来自加拿大、巴西、英国、德国、法国、俄罗斯、中国、印度、日本和美国的10 000名受访者中，94% 的人表示愿意选择支持公益事业的企业品牌。20 世纪 80 年代初美国运通公司修复自由女神像可以说是一个非常富有启发意义的公益性营销活动。运通公司不再采取简单的捐款，而是成立了一项自由女神维修基金，用户每次刷运通卡或者申请新卡，企业都会捐赠一定比例的资金到该基金。结果，此次活动共筹集了 170 万美元的维修基金，运通卡使用率提升了 27%，新卡申请率猛增了 10 个百分点。又如，可口可乐在中国赞助了规模最大的公益活动——希望工程，使可口可乐在中国未来的潜在市场树立了良好的品牌形象，为可口可乐的成功“下乡”做好了前期准备。

第三，强化品牌定位，提升企业形象。普林格尔（Pringle）和汤普森（Thompson）（2001）在其著作《品牌精神》（*Brand Spirit*）一书中，举例说明了与慈善或公益事业相关的企业或品牌可以极大地推动其“品牌精神”。具体来说，企业行善促使消费者正在超越“实用产品性能或理性产品收益等实际问题，进入品牌特征和形象的感情和心理层面。消费者正在接近马斯洛人类需求层次金字塔的顶端，即自我实现阶段”。企业以社会责任营销的形式承担社会责任，实现了公众的期望，必然会赢得良好的口碑，树立良好的企业形象，使品牌知名度在拥挤的市场中脱颖而出。同时，企业投身社会公益事业后，可获得比捐助额多得多的社会资源和无形资产，扩大企业的社会影响力。此处的社会资源包括企业名誉与信誉的无形传播及政府资源和其他社会资源的凝结，尤其是媒体的无形宣传，给企业带来了种种好处，它是广告所不能实现的。

第四，提高企业吸引、激励和维持员工的能力。在知识经济时代，企业的生存和发展越来越依赖员工的个人主动性和创造性。根据现代激励理论，良好的工作、生活环境，优厚的福利待遇，会对员工形成一种很好的激励，能鼓舞员工的士气，激发员工的热情，提高员工的忠诚度和创造性，使员工全身心地投入工作中，进而提高效率。企业善尽社会责任，投身公益事业，是企业价值取向的一个重要组成部分，它所形成的企业价值观会无形渗透到企业经营管理的每一个环节中，从而增加员工的归属感、荣誉感和自豪感，同时也有利于增进企业管理层和员工、员工与员工的交流，增强企业凝聚力，并推动企业走上规模化发展之道。根据《2011 年科恩通讯公司公益营销发展调查》，69% 的受访者表示企业对社会和环境问题所做的承诺会影响他们选择在此工作的意愿。与不参加公益活动的员工相比，参加企业公益活动的员工更能表现出对企业的强烈忠诚度和自豪感。

与此同时，大量实践表明，企业可以通过实施营销和社会活动，特别是通过改变商业实践的方式，实现经营成本的降低，同时利用捐赠和激励等方式来提高企业销售额。例如，美国电话电报公司（AT&T）通过向植树节基金会捐款鼓励客户接受无纸化、电子化账单。此举不但实现了数百万美元用纸、印刷和邮递成本的节约，使大量树木免遭砍伐，而且资助了数十万棵树木的种植。

第五，融洽社会关系，赢得大众支持。企业生存和发展离不开利益相关者的支持。企业积极承担对利益相关者的社会责任，将会获得利益相关者的支持，营造一个良好的竞争环境。

首先，企业承担社会责任会获得政府支持。具有社会责任意识的企业无疑会受到政府的信赖，对其活动予以鼓励并减少管制。这种监管力度一定程度的降低可以使企业与竞争对手相比获得更好的经营环境，有助于企业竞争力的增强。

其次，企业承担社会责任能够增强合作伙伴对企业的信心，有利于发展长期合作关系。目前，欧美几乎所有的企业都对其全球供应商实施社会责任评估和审核，很多跨国公司开始把供应商的社会责任状况作为能否获得订单的附加条件。

最后，企业承担社会责任将受到投资者的青睐。在美国，可持续和有社会责任的投资（SRI）相对于专业投资管理公司的传统投资，正在实现不断地快速增长。麻省理工学院的卡洛琳·弗莱莫（Caroline Flammer）研究了 1980～2009 年企业宣布的正面和负面环境新闻与其股价走势的关系，发现“那些对环境负责的企业往往会出现显著的股价增长，而对环境不负责任的企业则完全相反，股价出现重大下跌”①。

第六，获得进入国际市场的通行证。世界经济论坛放言，具有社会责任感是决定企业能否在全球化运作中取得成功的决定性因素之一。对我国很多企业而言，是否通过国际社会责任体系认证，是决定其能否与国外企业进行合作的前提条件。2010 年 11 月 1 日，国际标准化组织在瑞士日内瓦发布《社会责任指南标准》（ISO 26000）。ISO 26000 的开发制定，既可看作社会责任运动自身发展的必然结果，也可视为各利益相关方和谐共生、实现可持续发展的现实要求。如今，这更是跨国公司全球经营的基本思路。

第四节　企业的社会责任营销

一、企业社会责任营销现状

（一）跨国公司在中国的企业社会责任营销现状

跨国公司在中国的历史可以追溯到 1978 年，当时松下设立北京分公司，但跨国公司在中国的企业社会责任实践直到 20 世纪 90 年代才受到关注。在全球化背景下，超脱狭隘民族观念的全球市场营销战略成为跨国公司全球营销的核心，相应地，社会责任营销便成为各跨国公司在华营销战略的首选。

跨国公司在我国的社会责任营销主要锁定在儿童、教育和文化体育事业三个领域，采取的主要方式包括：向慈善机构捐款，与慈善组织合作开展慈善项目，参与社区活动，赈灾，资助公共图书馆，捐建学校等。近年来，跨国公司逐渐开始关注环境、健康与安全问题，改善自身产业链管理，并改进企业社会责任的相关培训②。

改革开放以来，在华跨国公司在企业社会责任营销实践方面取得了巨大的成绩。跨国公司在我国开展社会责任营销的成功绝不是偶然的，出色的商业化运作使社会责任营销变成社会受益、企业有利的双赢行为，并使企业有动力不断地进行循环投入。

首先，社会责任营销在跨国公司眼里绝对是常规行为，许多企业在内部设有专门负责企业公益活动的“公益事业部”，企业高层直接管理不同地区和市场的公益项目，并将每年固定比例的销售收入用于公益投入。例如，大众（中国）于 2012 年年底正式成立了企业社会责任部门，该部门有清晰明确的使命、角色

---

① Caroline Flammer. Corporate Social Responsibility and Shareholder Value：The Environmental Consciousness of Investors ［EB/OL］．［2011 - 07 - 18］．Available at SSRN：http：//ssrn. com/abstract = 1888742.

② 卜岚林，布卢姆菲尔德，安嘉理．跨国公司在华企业社会责任指南：盈利与诚信［R］．北京：商道纵横，2013.

和职责，专职负责企业内部的各种社会责任事宜。2013 年，大众（中国）正式组建社会责任管理委员会，委员会由董事会成员组成，整体负责大众在华的社会责任战略、管理和活动规划。三星 2012 年成立“中国三星社会责任委员会”，由大中华区总裁牵头全权负责管理中国三星的社会责任业务。

其次，在价值链中重新定义生产力。跨国企业通过加强业务流程，可以实现双赢，从而在提高产品质量、可靠性，改善服务，降低成本和提高声誉的同时，保护重要的自然资源，促进社会发展。在公益项目的选择上，跨国公司总是将企业社会责任营销纳入企业整体战略。在选择公益项目时，跨国公司一方面从企业文化和企业认同的价值观方面来考虑，在选择阶段就避开可能同公司价值观冲突或容易引发争议的项目；另一方面尽可能将公益项目同企业提供的产品或服务紧密结合起来。

案例

沃尔玛的“可持续发展 360 计划（Sustainability 360）”

沃尔玛认为，“保障商业效率与盈利和成为良好的环境管理者是我们能够同时实现的目标”。为了使其企业社会责任战略更加贴近顾客和有利于环境，沃尔玛设计了“可持续发展 360 计划”。该计划包括 13 个可持续价值网络，每个网络分别关注一个特定的业务领域，如建筑、食品、包装和运输等。该网络的建立旨在为沃尔玛的员工和供应商、环保人士、NGO、学者、政府领导提供交流意见的渠道。2011 年，沃尔玛的废物排放降低了 80%，为顾客节省了 10 亿美元，利用了 11 亿千瓦时的可再生能源。沃尔玛公司称与利益相关方的协作，有助于公司生产高质量、价格合理、来源合乎道理和环保标准的产品。

（资料来源：菲利普·科特勒，大卫·赫斯基尔．正营销——获取竞争优势的新方法［M］．北京：机械工业出版社，2013：24.）

最后，在确定公益项目并捐赠款项之后，跨国公司没有任其发展，而是积极跟进这一项目乃至为这一公益项目本身大力宣传，并在公关、广告活动上积极配合项目的宣传，凸显企业形象。

（二）中国企业社会责任营销现状

经济的崛起将中国推至全球商业舞台的中心。与此同时，随着社会和环境问题的突出以及公众参与程度的加深，公众对企业社会责任营销的期望不断提高。在中国，企业社会责任营销是一个较新但迅速普及的概念。社会责任营销理念鼓励企业在产品安全、环境保护、劳动者权益和社会发展等方面遵守最低要求，同时也要求企业尊重包括雇员、消费者、供应商及当地社区在内的所有利益相关方，将利益相关方的期待融入企业的商业模式中。

1. 相关法律规章制度的出台。我国有关企业社会责任的法律法规在内容和标准上逐渐与国际标准同步。2006 年 1 月 1 日，《中华人民共和国公司法》修订案正式施行，在法律上明确规定了企业要承担的社会责任，而在新的《公司法》中也设计了一套充分强化企业社会责任的具体制度，强化企业社会责任理念，最终形成以《公司法》为核心，以《劳动法》《消费者权益保护法》《安全生产保护法》《环境保护法》等相关部门法为补充的法律体系，使这些规定企业社会责任的法律法规构成了我国企业经营的刚性底线，促使企业承担社会责任。

2008 年，国务院国有资产管理委员会（SASAC）发布了《关于中央企业履行社会责任的指导意见》，鼓励国有企业（SOE）参与社会责任报告。2008 年 9 月，商务部发布了《外资投资企业履行社会责任指导性意见（草案）》，意在对跨国公司在华的社会责任营销行为设置底线。该草案包括但不限于 26 部中国法律规章及 19 部国际惯例。

2. 中国企业日臻成熟。政府倡议、媒体和公众披露让中国公众认识到了企业社会责任的价值。许多企业也承诺将遵循相关国际准则来履行社会责任。

国家认证认可监督管理委员会的统计数据显示，截至 2014 年第一季度，103 230多家中国企业获得了ISO 14001环境管理体系认证。此外，其他一些全球标准与指标被引入中国，如联合国全球契约。

3. 企业社会责任报告数量增加。2015 年 1 月 15 日发布的《中国企业社会责任报告（2014)》显示，从对 2014 年度1 007家企业发布的社会责任报告的研究来看，在我国政府、资本市场、行业协会等多方力量的推动下，中国企业社会责任报告数量持续增长，发展速度保持良好态势，2014 年增至1 526份，同比增长 24.0%，国有企业和上市公司为主力军。

4. 中国社会责任营销发展趋势。《中国企业社会责任报告（2014)》对企业社会责任报告的信息披露情况及报告管理的内容分析，基本涵盖企业所在行业及年度重大责任议题。结合公司年度重大活动或事件，在报告显著位置设置专题进行专项披露，反映公司的亮点事件，表现较好。从具体议题披露情况来看，相比大气污染防治（34.9%）和水污染防治（33.9%）等“公共”问题，企业更乐意披露社区公益和慈善（77.0%）等信息，而反腐与合规（62.7%）、职业病防治（57.1%）、供应商管理（56.9%）等议题表现相近。

尽管中国企业发布的企业社会责任报告数量明显增加，但报告的质量总体还有待提高和完善，各企业的报告在质量和数量上都有很大差距。中国企业走向国际化，将促使它们改善企业社会责任的报告和实践。

综观中国一些企业，在担负社会责任方面最突出的问题主要表现在六个方面：一是无视自己在社会保障方面应起的作用，逃避税收以及社保缴费；二是较少考虑就业问题，将包袱甩给社会；三是一些企业唯利是图，自私自利，提供不合格的服务产品或虚假信息，与消费者争利或欺骗消费者；四是依靠压榨企业职工的收入和福利为所有者谋利润，企业主堕落为资本的奴隶；五是缺乏提供公共产品的意识，有的企业靠国家的优惠政策积累大量财富后，回报社会的意识淡薄；六是缺乏公平竞争意识，一些在计划经济时期延续下来的垄断企业，大量侵吞垄断利润，排斥市场竞争。

二、中国企业社会责任营销缺失的原因分析

（一）企业经营者社会责任意识参差不齐，缺乏全面正确的认识

通过项目组的实地调查发现，无论是企业管理者还是企业员工或公众，普遍认为，企业经营者社会责任意识淡薄，缺乏对企业社会责任全面、正确的认识，是导致企业社会责任缺失的最主要原因之一。例如，一些经营者认为，在我国经济社会发展的当前阶段，企业应承担的社会责任就是要把企业经济效益搞上去，并保证劳动者持续就业，而其他责任应主要由政府或其他组织承担，企业承担的社会责任越多，则企业经济效益必然受到损害；一些经营者把企业社会责任与捐赠、救助等社会公益责任直接画等号，忽视了企业应承担的基本社会责任和中级社会责任。如果企业经营者社会责任意识淡薄，那么，他（她）不可能带领企业积极承担社会责任；如果经营者不能全面、正确认识企业社会责任，那么，企业很难有效承担社会责任。从一定意义上讲，企业社会责任就是企业经营者社会责任。

（二）地方政府部门执法不严、监管不力，企业违规违法的受惩罚成本小

依法开展生产经营活动是企业应承担的基本责任。但是，由于我国市场经济的法律法规体系不完善，加上地方政府的执法不严、监管不力，极大地助长了企业不守法、不讲诚信、不负责任的行为。近年来，频频发生的毒奶粉、黑煤窑、黑砖窑、苏丹红、假药等事件都在一定程度上折射出了地方政府执法不严、监管不力的问题。该问题一方面与地方政府某些官员的法律意识淡薄、社会责任感缺失有关，另一方面与地方政府过分追求政绩及地方保护主义有关。过分追求政绩的思想使地方政府对当地企业污染环境、弄虚作假、恶意拖欠等行为视而不见。此外，在一些地方，官商勾结、以权谋私等问题也增加了执法的难度。

（三）消费者维权意识淡薄和维权能力弱小

如果消费者普遍拥有较强的博弈能力和维权能力，就可以让消费者的权利成为真实的权利。但目前的实际情况是，我国消费者维权意识普遍不强（维权意识在很大程度上体现为法律意识），并且法律法规不健全、执法不严等因素抑制了消费者整体的维权能力。消费者维权意识和维权能力薄弱，极大地助长了企业不负责任的行为。消费者维权意识和维权能力薄弱还与消费者不负责任的消费行为有关。购买假货、水货是许多消费者习惯的购买行为。从这个角度讲，促进理性消费理念的形成，可以让消费者的潜在力量成为真实的决定力量，让那些缺少社会责任感的企业

在消费者用脚投票中感受到市场的力量。当然，消费者维权能力的培养离不开制度保障，如对消费者知情与监督的保障，对消费者维权行为的保障。

（四）社会诚信环境不完善

缺乏诚信的社会大环境也是助长企业不负社会责任的重要原因。如果政府官员社会责任意识淡薄且不愿意承担社会责任，如果周围的企业都不重视、不履行企业社会责任，如果消费者普遍采取不负责任的消费行为（如购买冒牌商品），那么，在这样的环境中，企业很难产生履行社会责任的积极性。而从目前的情况来看，我国能够积极且有效履行社会责任的企业属于少数，加上一些政府官员不负责任行政、一些消费者不负责任消费，使企业失去了承担社会责任的压力，更失去了履行社会责任的积极性。

（五）公司治理结构不完善

公司治理和企业社会责任之间是一种相互依存、相互促进的关系，完善的公司治理机制是企业认真、有效履行社会责任的制度保证，而企业积极承担社会责任的主要表现之一是推动公司治理结构的完善和良性发展。目前，我国许多企业特别是大型国有企业或国有控股公司都存在内部治理结构不完善的问题，如董事长或总经理"一言堂"、经营者激励约束机制不健全、董事会中专业委员会的作用得不到有效发挥、监事会监督乏力等。公司治理结构不完善，导致企业行为短期化和重大决策失误、信息披露不规范、资产流失等问题出现。

企业履行社会责任的相关法律不完善。我国现在虽然已经制定了《产品质量法》《反不正当竞争法》《消费者权益保护法》《劳动法》《广告法》等一些法律法规，对企业营销活动的社会责任进行了规范，但法律体系还不够完善，与法律法规配套的行业道德规范、社会舆论监控还不是很成熟，执法力度不够，很多企业做出许多违法的市场营销行为，漠视了法律的履行和社会责任的承担。

三、对中国企业实施社会责任营销的建议与启示

（一）树立社会责任意识，将企业履行社会责任纳入社会管理范畴

国家有关方面应建立《企业社会责任中国标准》认证体系。一方面，我国已成为世界第二大经济体，经济发展的质和量得到了提高，建立企业社会责任中国标准可以推动企业履行社会责任逐步走向规范，提高中国企业在国际上的竞争力。同时，建立企业社会责任中国标准也是同国际接轨的体现。从国家层面来看，要让每个公民都履行社会责任；从企业层面来看，在经理人与全体员工中导入企业社会责任意识 CSR，树立企业在为股东创造价值的过程中必须确保利益相关者即员工、客户等的权益，承担相应的环境责任、社会责任的理念。

（二）科学分析企业与社会责任的关系

承担社会责任，不能仅停留在观念层次，关键在于将社会责任纳入企业日常经营管理中。要明晰企业社会责任工作的关联点和重点；擅长运用科学方法和工

具以确定重要社会责任营销议题，例如，甄别企业社会责任议题重要性的一个有效方法就是GRI实质性原则，即利用内部因素与外部因素来确定某一问题是否重要和为什么重要，这些因素涉及企业使命、竞争策略、利益相关方直接表达的顾虑、社会期望和责任、企业对供应链和消费者的影响以及国际标准与协议的遵循。除GRI实质性原则外，还有其他被广泛运用的方法，如ISO 26000框架和“全面质量管理”。

（三）选择企业要缓解的社会问题

企业通过“行善”之路来推动自身发展已成为一种必然趋势。对通过企业社会活动支持的公益事业来说，可从以下几个方面来为公益事业和支持这些事业的慈善机构提供各种收益：

第一，通过支持推广性宣传活动，提升公众对公益事业的关注（如星巴克咖啡提升大众对食品来源问题的关注）。

第二，通过鼓励顾客和社区中的其他人向公益事业捐赠的方式支持募捐活动（如英国航空公司15年来坚持鼓励乘客把零钱捐给儿童慈善机构）。

第三，通过提供推广和授权使用销售渠道，提升对公益相关活动的社区参与。

第四，支持影响个人行为变革，以及可促进公众健康（如可口可乐非洲基金会的“艾滋病预防”活动）、安全（如联邦快递的“儿童步行安全”活动）和环境保护（如百思买支持旧电脑回收的活动）的行业性实践行为。

第五，提供资金和其他资源帮助慈善机构和公益事业，保障收支或扩展活动范围。

第六，通过在社区推广志愿活动和支持员工志愿服务，增加志愿服务者数量，为公益事业贡献专业技能、创意和体力劳动（如IBM在2011年为期一天的活动中，在120个国家支持30万员工投入志愿活动，共创造了280万小时的服务）。

（四）争取责任标准认证

目前，国际上制定了一些企业社会评价标准。如前联合国秘书长安南于1999年1月提出了对企业应承担的经济、教育、环境和尊重基本人权的社会责任进行规范的“全球协议”。一些非政府组织也制定了企业社会责任标准，如ISO 14000标准、SA 8000标准等。企业社会责任标准已经成为企业进入公司供应链或产业链，以及产品出口的重要“敲门砖”。

本章小结

本章首先阐述了市场营销道德和伦理的含义，明确了当前市场营销道德问题和伦理失范的一些重要问题。在现代市场营销观念下，倡导企业不仅要承担经济责任和法律责任，还要承担伦理责任和慈善责任。

在此基础上，本章论述了社会责任营销的基本概念、特征、类型和作用。按照不同标准可以将社会责任营销划分为不同类型。实施社会责任营销有利于提高社会效益，促进销售和市场份额的增长，强化品牌定位，提升企业形象，提高企业吸引、激励和维持员工的能力，融洽社会关系，进入国际市场。

最后，本章着重对当前中国企业实施社会责任营销的现状和问题进行了分析，并提出了相应的建议。

关键术语

社会责任（Social Responsibility）；社会营销（Social Marketing）；企业社会责任（Corporate Social Responsibility）

复习思考题

1. 什么是企业社会责任?
2. 试述社会责任营销的定义及其特征。
3. 试说明社会责任营销的重要意义。
4. 请结合案例说明当前企业应如何有效实施社会责任营销。

本章案例

好时的全球企业社会责任报告

“自我们制订初始目标以来，我们发现好时公司在企业社会责任的很多方面都能有所贡献，并能真正产生重大影响。我们改进了企业社会责任策略并在这份报告中公布了最新企业社会责任框架，这正是我们以好时的价值观指导工作方式之最佳实践，也显示了我们的企业社会责任实践日臻成熟，更加专注的同时也更好地融入了我们的业务。”好时公司总裁兼首席执行官约翰·P. 毕德瑞（John P. Bilbrey）如是表示。

2014 年 5 月 17 日，好时公司发布了第三份企业社会责任报告，阐述了好时公司在达成一系列企业社会责任目标上所取得的重大进展。从环境可持续发展到道德合规采购，好时公司提前数年达成了多项企业社会责任目标。该报告阐述了好时公司完成 60% 既定企业社会责任目标的情况，包括提前完成并超越环保目标的要求以及第一年的可认证目标。接下来，公司正在为完成剩余 40% 的目标而努力，预计进展顺利，将按时达成目标。此外，报告中增加了全新的环境目标，并公布了最新的企业社会责任框架，作为未来企业社会责任工作的指导。

好时公司在环保方面取得了重大突破。公司以2013年为基线制定了新的2017年目标，降低环境影响将对公司2017年实现100亿美元的年营业收入发挥重要作用。好时公司全新设立的环保目标包括：

- 将温室气体排放再减少10%；
- 在另两家工厂实现零垃圾填埋目标；
- 实现90%的回收利用率；
- 将产生的废物再降低5%；
- 将排放再减少15%；
- 将绝对用水量再减少17%；
- 完成最少25个包装可持续发展计划，累计减少1 600万磅包装材料。

一、好时共享美好

在报告中，公司公布了最新的企业社会责任框架——“好时共享美好：卓越经营、改善生活、创造美好未来”（Hershey Shared Goodness：Good Business，Better Life，Bright Future）。

“好时共享美好”为该报告提供了指导原则，它以公司长期秉持的信念为基础，即好生意简单来说就是道德合规且有效经营。公司需要拥有稳健且可持续发展的商务运营知识、能力和财务资源，才能为员工、消费者和社区改善生活，并最终为有需要的儿童创造美好未来做出贡献。公司最新聚焦的企业社会责任策略为其严谨的业务增长愿景提供了有益补充。

约翰·P. 毕德瑞强调：“设立远大目标一直是促使我们的员工和业务大幅增长的重要动力。企业社会责任亦然——我们需要提升对企业社会责任的管理方式，并鼓励利益相关方的参与——‘好时共享美好’体现了当初弥尔顿·好时先生（Milton Hershey）‘做好的事，才能把事做好’的创业理念，并将为我们当前和未来的发展提供更大优势。”

好时公司企业社会责任策略的核心是一个简单的愿景：通过提供美味的零食，为人们带来一份欢笑、一段好时光，通过一点一滴的善举为世界带来美好。100多年来，好时的品牌意义早已超越了美味的零食，更是对消费者、客户、员工和社区的公平、道德和可持续经营的承诺。

好时被外界公认为杰出的企业公民。2013年，好时同时入选道琼斯全球和北美可持续发展指数，成为食品、饮料和烟草行业中入选世界指数的仅有的13家公司之一，并在经济、环境和社会标准三个类别中，排名前90%。

好时此份企业社会责任报告是根据全球报告倡议组织（GRI）最新G4标准编写的。

二、关于好时中国企业社会责任

在中国，好时公司长期携手非营利孤儿院“上海慈善之梦”，为兔唇儿童的手术和康复提供帮助。好时公司在资金和奶粉尿布等儿童用品捐助的基础上，通过“Good to Give Back 爱心奉献周”等形式，积极招募员工志愿者，鼓励员工参与，为兔唇儿童提供看护，并通过形式多样的读书、游戏等互动活动，用关爱和陪伴为兔唇儿童扫去自卑的阴霾，带来欢笑和对未来的美好憧憬。此外，好时中国还与全球联合之路（United Way Worldwide）合作发起了“课后欢乐时光”公益项目，带给民工子弟儿童关爱与陪伴。

三、关于 Hershey 好时公司

好时公司（NYSE：HSY）总部位于宾夕法尼亚州赫尔希市，是全球甜食行业领导者，其产品有巧克力、糖果、薄荷糖和其他美味的零食。好时目前在全世界约有13 000名员工。公司在全世界有80 多种品牌，年营业收入超过71 亿美元，其著名品牌包括：Hershey's（好时牛奶巧克力）、Reese's（锐滋牛奶巧克力花生酱杯）、Hershey's Kisses（好时之吻巧克力）、Jolly Rancher（暴风果水果味糖果）和 Ice Breakers（沁动爽口糖）。

在好时，美好一直都不仅仅意味着提供美味的产品。120 年来，好时致力于以公平、合乎道德和可持续地方式运营，以实现卓越经营及对社会产生积极影响。这意味着为员工、消费者、社区改善生活，并最终为有需要的儿童创造美好未来。作为这一承诺的体现，公司创始人于1909 年建立了弥尔顿·好时（Milton Hershey）学校，该校现由好时信托公司（Hershey Trust Company）管理。学生在该校接受教育、住房和医疗护理，健康成长，成为好时公司成功的直接受益者。

（资料来源：好时，全球第三份企业社会责任报告［EB/OL］.［2014 - 05 - 17］. http：//www. meigu18. com/201405/8662. html，有改动。）

案例思考题

1. 好时公司是如何践行社会责任营销的?
2. 根据好时公司的案例，谈谈企业在社会责任营销中应该注意哪些问题。

参考文献

[1] 郭国庆．市场营销学通论［M］.6 版．北京：中国人民大学出版社，2014.

[2] 郑玉香，范秀成．市场营销管理理论与实践新发展［M］．北京：中国经济出版社，2014.

[3] 菲利普·科特勒，加里·阿姆斯特朗，洪瑞云，等．市场营销原理［M］．亚洲版·3 版．李季，赵占波，译．北京：机械工业出版社，2013.

[4] 菲利普·科特勒．营销管理（全球版）［M］.14 版．王永贵，等，译．北京：中国人民大学出版社，2012.

[5] 菲利普·科特勒．营销管理（全球版）［M］.8 版．梅汝和，等，译．上海：上海人民出版社，1994.

[6] 菲利普·科特勒，凯文·莱恩·凯特．营销管理［M］.13 版．王永贵，于洪彦，等，译．上海：格致出版社，上海人民出版社，2010.

[7] 万后芬．市场营销学［M］．武汉：华中科技大学出版社，2011.

[8] 王永贵．服务营销［M］．北京：北京师范大学出版社，2007.

[9] 格雷厄姆·胡利，奈杰尔·皮尔西，布里吉特·尼库洛．营销战略与竞争定位［M］.5 版．楼尊，译．北京：中国人民大学出版社，2014.

[10] 郭国庆．市场营销学通论［M］.6 版．北京：中国人民大学出版社，2014.

[11] 翟国忠．营销管理［M］．北京：经济管理出版社，2014.

[12] 孔锐，高宏伟，韩丽红，等．市场营销决策与管理［M］．北京：清华大学出版社，2013.

[13] 梁文玲，许先，宣锋．市场营销学［M］.2 版．北京：中国人民大学出版社，2014.

[14] 李桂华，卢宏亮．组织间营销［M］．北京：清华大学出版社，2013.

[15] 江林．消费者心理与行为［M］.4 版．北京：中国人民大学出版社，2011.

[16] 江林．消费者行为学［M］．上海：上海交通大学出版社，2010.

[17] 郭国庆，汪晓凡．市场营销学通论［M］.4 版．北京：中国人民大学出版社，2010.

[18] 王永贵．组织市场营销［M］．北京：北京大学出版社，2005.

[19] 维克托·迈尔·舍恩伯格，肯尼迪·库克耶．大数据时代：生活、工

作与思维的大变革［M］. 杭州：浙江人民出版社，2013.

［20］周庭锐. 市场调查：应用 R 软件［M］. 北京：中国人民大学出版，2012.

［21］菲利普·科特勒. 市场营销原理［M］. 北京：机械工业出版社，2006.

［22］托尼·普罗克特. 营销调研精要［M］. 吴冠之，等，译. 北京：机械工业出版社，2004.

［23］李左峰. 品牌管理［M］. 北京：中国经济出版社，2014.

［24］菲利普·科特勒，加里·阿姆斯特朗，洪瑞云，等. 市场营销原理［M］. 亚洲版·3 版. 李季，赵占波，译. 北京：机械工业出版社，2013.

［25］菲利普·科特勒. 营销管理［M］. 全球版. 14 版. 王永贵，等，译. 北京：中国人民大学出版社，2012.

［26］万后芬. 市场营销学［M］. 1 版. 武汉：华中科技大学出版社，2011.

［27］岳俊芳. 市场营销学［M］. 3 版. 北京：中国人民大学出版社，2010.

［28］许绍李，张庚淼，邓胜梁. 市场营销学［M］. 西安：陕西人民出版社，2004.

［29］菲利普·科特勒. 营销管理［M］. 8 版. 梅汝和，等，译. 上海：上海人民出版社，1994.

［30］郭国庆. 市场营销学通论［M］. 北京：中国人民大学出版社，2013.

［31］章金萍. 市场营销学实务［M］. 北京：中国人民大学出版社，2013.

［32］卡尔·麦克丹尼尔，小查尔斯·克丹兰姆，小约瑟夫·姆，海尔. 市场营销学［M］. 8 版. 时启亮，朱洪兴，王啸吟，译. 上海：上海人民出版社，2009.

［33］王方华，顾锋. 市场营销学［M］. 上海：上海人民出版社，2003.

［34］李飞. 钻石图定位法［M］. 北京：经济科学出版社，2006.

［35］弗兰克·布拉德利. 战略营销［M］. 文瑜，译. 北京：华夏出版社，2005.

［36］梁文玲，许先，宣锋. 市场营销学［M］. 2 版. 北京：中国人民大学出版社，2014.

［37］小威廉·D. 佩罗，约瑟夫·P. 坎农，杰罗姆·E. 麦卡锡. 市场营销学基础［M］. 18 版. 孙瑾，译. 北京：中国人民大学出版社，2012.

［38］吴作民，张珣. 营销管理［M］. 北京：清华大学出版社，2012.

［39］郭国庆，钱明辉. 市场营销学通论［M］. 4 版. 北京：中国人民大学出版社，2011.

［40］庄贵军．营销管理［M］．北京：中国人民大学出版社，2011.

［41］菲利普·科特勒，加里·阿姆斯特朗．市场营销学［M］.9 版．吕一林，等，译．北京：中国人民大学出版社，2010.

［42］戴维·L. 库尔茨，吉恩·E. 布恩．市场营销学［M］.12 版．罗立彬，马跃，译．北京：北京大学出版社，2009.

［43］迈克尔·所罗门．埃雷格·马歇尔．埃尔诺拉·斯图尔特．所罗门营销学［M］．李东贤，杨露，刘青，等，译．北京：中国人民大学出版社，2009.

［44］余明阳，杨姗姗．品牌营销管理［M］．武汉：武汉大学出版社，2008.

［45］郭国庆．市场营销学通论［M］.6 版．北京：中国人民大学出版社，2014.

［46］杨勇．市场营销策划［M］．北京：北京大学出版社，2014.

［47］孔锐．市场营销决策与管理［M］．北京：清华大学出版社，2013.

［48］瞿国忠．营销管理［M］．北京：经济管理出版社，2008.

［49］郭国庆．市场营销学通论［M］.6 版．北京：中国人民大学出版社，2014.

［50］［美］菲利普·科特勒，加里·阿姆斯特朗，［新］洪瑞云，等．市场营销原理［M］．亚洲版·3 版．李季，赵占波，译．北京：机械工业出版社，2013.

［51］［美］菲利普·科特勒．市场营销原理［M］.14 版．郭国庆，译．北京：清华大学出版社，2013.

［52］吴健安．市场营销学［M］．北京：清华大学出版社，2013.

［53］吴健安．市场营销学［M］．北京：高等教育出版社，2011.

［54］纪宝成，等．市场营销学教程［M］．北京：中国人民大学出版社，2002.

［55］郭国庆．市场营销学通论［M］．北京：中国人民大学出版社，2014.

［56］［美］菲利普·科特勒，加里·阿姆斯特朗，［新］洪瑞云，等．市场营销原理［M］．亚洲版·3 版．李季，赵占波，译．北京：机械工业出版社，2013.

［57］［美］菲利普·科特勒．市场营销原理［M］.14 版．郭国庆，译．北京：清华大学出版社，2013.

［58］吴健安．市场营销学［M］．北京：清华大学出版社，2013.

［59］吴健安．市场营销学［M］．北京：高等教育出版社，2011.

［60］梁文玲，许先，宣锋．市场营销学［M］.2 版．北京：中国人民大学出版社，2014.

［61］［美］菲利普·科特勒，加里·阿姆斯特朗，［新］洪瑞云，等．市场

营销原理［M］．亚洲版·3版．李季，赵占波，译．北京：机械工业出版社，2013.

［62］郭国庆，汪晓凡．市场营销学通论［M］.4版．北京：中国人民大学出版社，2010.

［63］庄贵军．营销管理［M］．北京：中国人民大学出版社，2011.

［64］王宏伟．网络营销［M］.2版．北京：北京大学出版社，2014.

［65］聂元昆，贺爱忠．营销前沿理论［M］．北京：清华大学出版社，2014.

［66］杨旭，汤海京，丁刚毅．数据科学导论［M］．北京：北京理工大学出版社，2014.

［67］丽莎·亚瑟．大数据营销如何让营销更具吸引力［M］．北京：中信出版社，2014.

［68］程虹．网络营销［M］．北京：北京大学出版社，2013.

［69］黄海，车皓阳，王悦．驾驭大数据［M］．北京：人民邮电出版社，2013.

［70］肯尼斯·库克耶．大数据时代［M］．杭州：浙江人民出版社，2013.

［71］江林．顾客关系管理［M］．北京：首都经济贸易大学出版社，2013.

［72］戴国良．顾客关系管理：精华理论与实务案例［M］．五国图书出版股份有限公司，2013.

［73］岳俊芳．市场营销学［M］.3版．中国人民大学出版社，2013.

［74］万后芬．市场营销学［M］．武汉：华中科技大学出版社，2011.

［75］周洁如．客户关系管理经典案例及精解［M］．上海：上海交通大学出版社，2011.

［76］郭国庆．市场营销学通论［M］.6版．北京：中国人民大学出版社，2014.

［77］张艳芳．体验营销［M］．成都：西南财经大学出版社，2007.

［78］贝恩特·H. 施密特．体验营销［M］．刘银娜，等，译．北京：清华大学出版社，2004.

［79］郭国庆．市场营销学通论［M］.6版．北京：中国人民大学出版社，2014.

［80］菲利普·科特勒，大卫·赫斯基尔．正营销——获取竞争优势的新方法［M］．北京：机械工业出版社，2013.

［81］菲利普·科特勒，加里·阿姆斯特朗，洪瑞云，等．市场营销原理［M］．亚洲版·3版．李季，赵占波，译．北京：机械工业出版社，2013.

［82］菲利普·科特勒．营销管理（全球版）［M］.14版．王永贵，等，译．北京：中国人民大学出版社，2012.

［83］万后芬．市场营销学［M］．北京：华中科技大学出版社，2011.

［84］菲利普·科特勒，凯文·莱恩·凯特．营销管理［M］.13 版．王永贵，于洪彦，等译，上海：格致出版社、上海人民出版社，2010.

［85］王永贵．服务营销［M］．北京：北京师范大学出版社，2007.

［86］王方华，周祖城．营销伦理［M］．上海：上海交通大学出版社，2005.

［87］菲利普·科特勒．营销管理［M］．全球版·8 版．梅汝和，等，译．上海：上海人民出版社，1994.

图书在版编目（CIP）数据

现代市场营销学/江林，徐磊主编. —北京：首都经济贸易大学出版社，2017.1

ISBN 978-7-5638-2580-6

Ⅰ. ①现… Ⅱ. ①江… ②徐… Ⅲ. ①市场营销学 Ⅳ. ①F713.50

中国版本图书馆 CIP 数据核字（2016）第 262747 号

现代市场营销学

江　林　徐　磊　主编

责任编辑 薛晓红

封面设计 砚祥志远·激光照排 TEL：010-65976003

出版发行 首都经济贸易大学出版社

地　　址 北京市朝阳区红庙（邮编 100026）

电　　话 （010）65976483　65065761　65071505（传真）

网　　址 http：//www.sjmcb.com

E-mail publish@cueb.edu.cn

经　　销 全国新华书店

照　　排 首都经济贸易大学出版社激光照排服务部

印　　刷 北京九州迅驰传媒文化有限公司

开　　本 710 毫米×1000 毫米　1/16

字　　数 253 千字

印　　张 23

版　　次 2017 年 1 月第 1 版　2017 年 1 月第 1 次印刷

书　　号 ISBN 978-7-5638-2580-6/F·1441

定　　价 37.00 元
